旭日·中国文化丛书

『四书』系统下的儒家经学与政教秩序

周春健 编

CBCCI
中山大學
禅宗与中国文化研究院
Chan Buddhism and Chinese Culture Institute
•SUN YAT-SEN UNIVERSITY•

国家社科基金重大项目『四书学与中国思想传统研究』（项目号：15ZDB005）阶段性成果

巴蜀书社

图书在版编目(CIP)数据

“四书”系统下的儒家经学与政教秩序/周春健编.
—成都:巴蜀书社,2019.12
ISBN 978-7-5531-1215-2

Ⅰ.①四… Ⅱ.①周… Ⅲ.①儒家 ②四书—研究
Ⅳ.①B222.15

中国版本图书馆 CIP 数据核字(2019)第 210404 号

“四书”系统下的儒家经学与政教秩序 周春健 编

责任编辑	李 蓓
出 版	巴蜀书社 成都市槐树街 2 号 邮编 610031 总编室电话:(028)86259397
网 址	www.bsbook.com
发 行	巴蜀书社 发行科电话:(028)86259422 86259423
经 销	新华书店
照 排	成都完美科技有限责任公司
印 刷	四川五洲彩印有限责任公司
版 次	2019 年 12 月第 1 版
印 次	2019 年 12 月第 1 次印刷
成品尺寸	250mm×175mm
印 张	33
字 数	470 千
书 号	ISBN 978-7-5531-1215-2
定 价	105.00 元

目　录

域外四书学研究

四书学影响下的经学与政教

弁言

周春健

本书是陈少明教授主持的国家社会科学基金重大项目“四书学与中国思想传统研究”（15ZDB005）的阶段性成果，是在同名学术会议论文集基础上编辑而成的。

2017 年底，我们在中山大学哲学系召开了一次四书学会议，主题定为“‘四书’系统下的儒家经学与政教秩序”，这也是“四书学与中国思想传统研究”项目的一个子课题。在邀请函中，我们拟定了这样一段话：

> 自宋代四书学确立以来，儒家经学发展的格局发生了重要变化，从过去的以《五经》为主演变为以《四书》为主。这一经典系统的更易，不仅意味着思想和义理层面的变化，而且还带来了基于经典系统和政教秩序的转变。讨论这一转变，对于深入认识四书学与中国思想传统的关联，具有重要学术意义。

这番话，正是我们召开此次学术会议的“问题意识”。如陈少明教授在开幕式致辞中所言，本次会议不同于以往多从“理学”角度讨论四书学的做法，而是试图兼摄儒学所具备的“制度”和“精神”的两个系统，以深入考察四书学在中国思想史上的实际地位与影响。

两天的会议紧张而有序，与会学者共提交论文40余篇，围绕会议主题展开了热烈的讨论。会议结束后，博士生仝广秀撰写了一篇会议综述，对此次会议进行了较为全面的总结。今置于所收诸论文之前，其实有一点“代序言”的性质。

湖北大学文学院的聂运伟先生，一直关注本次会议的召开。他不仅亲自与会指导，而且会后还在他任执行主编的《文化发展论丛》2018年第1卷开辟两个专栏。一为“高端访谈”，首篇即为《思想史与哲学张力中的经典解释学——陈少明先生访谈录》，主要访谈内容即围绕“四书学与中国思想传统研究”项目展开。二为“经典阐释”，共收录三篇文章：一为仝广秀所撰会议综述，另外两篇均为此次四书学会议论文，分别是中国社科院陈静教授的《从批评到赞扬：简论“参也鲁”诠释意向的改变》、广东外语外贸大学毛国民教授的《朱熹〈家礼〉四书学理念探究》。此亦反映出本次四书学会议在学界反响之一斑。在此，谨对聂运伟先生致以衷心谢意！

编辑这部论文集之前，曾向各位作者征询过意见，最终得到授权者，共有现今的22篇。依照文章内容，大致厘为四组，分别为：“《四书》文本义理诠释”、“四书学形成、流变及其哲学意蕴”、“域外四书学研究”、“四书学影响下的经学与政教”。绝大部分论文之内容，仝广秀在会议综述中已有评述。需要略为交待者，有如下几篇：

中国社科院罗传芳教授原作《体系与路径——儒学结构的特征及其演进》替换为《道德的现代视域与“五常”新解》、中山大学哲学系马永康教授原作《康有为的〈论语注〉与“发明孔教”——以对朱子的批评为线索》替换为《康有为的〈中庸注〉与孔教》，二文皆归入“四书学影响下的经学与政教”一组。

中山大学哲学系廖钦彬教授和台湾大学中文系史甄陶教授当初均未曾与会，我得知二位有相关大作后申请收入论文集，二位均慨然应允。钦彬兄大作《探析近现代日本作为方法的〈论语〉研究——从武内义雄、和辻哲郎到白川静》是关于日本四书学研究的佳构，甄陶君大作《从〈大学〉到〈诗经〉——刘玉汝〈诗缵绪〉研究》则试图探讨传统五经学在四书学影响下所展现出的新面目，均极合乎此次会议主题。

中山大学哲学系资深教授、禅宗与中国文化研究院院长冯达文先生，不惟提交大作《孔子思想的哲学解读——以〈论语〉为文本》，还允准本书纳入“旭日·中国文化丛书”出版，提携后学之情怀，令人备受感动！

在四书学会议召开和论文集编辑过程中，得到中国哲学学科带头人陈少明教授、陈立胜教授的关怀和指导，博士生全广秀亦出力颇多。

已亥仲春　于习之堂

守先待后："四书"系统下的儒家经学与政教秩序学术研讨会综述

仝广秀（中山大学哲学系博士生）

四书学在宋代的兴起和确立，是儒学史上的重要转折，使得中国学术格局产生了重大变化，由原来的以《五经》为主体演变为以《四书》为主导。这一经典系统的更易，不仅意味着诠释方法和思想义理层面的转化，同时也带来了政教秩序与文教制度的相应变革。如果对《四书》与"四书"之学的相关问题缺乏深入探讨，对四书学与经学的相互缩结、彼此影响不加详细审视，对四书学施加于政教秩序的形塑作用缺乏系统研究的话，就无法真正认识四书学与中国思想传统的关联，也无法真正理解现代中国的道路选择与文明形态。

从上述问题意识出发，由国家社会科学基金重大项目"四书学与中国思想传统研究"课题组、中山大学跨文化哲学研究平台、中山大学禅宗与中国文化研究院主办的"'四书'系统下的儒家经学与政教秩序"学术研讨会，于 2017 年 12 月 8 日至 10 日在中山大学召开。大会共邀请了中国社会科学院、华东师范大学、同济大学、湖南大学、四川大学、重庆大学等十余所院校和机构的50余位学者参加，并获赐论文40余篇。学者们各抒嘉言、胜义叠见，对上述问题进行了细致而全面的交流探讨。从先秦诸子到近现代思想家，从晚周、宋末到晚明、晚清，几乎每一个重大的历史转折时期和重要人物，会议均有讨论，展现出整全的学术视野和融贯的历史纵深感。

中山大学哲学系陈少明教授在会议开幕式上指出，儒家经学素有两个系统，前一个系统与政治、制度相关联，后一个系统与精神相关联。本次会议正是意在兼顾这两个系统，实现学术理念与社会现实的贯通。四书学是经典学问，政教秩序则是与时俱进的新问题。一代有一代之政教，而政教背后的理念和原则却有其恒久价值和鲜活生命力。本次会议乃是就经典学问来谈新问题，通古今之变，具有继往开来、守先待后的现实意义。会议的主要内容和特色，可以归纳为以下几个方面。

一、《四书》文本本身的义理诠释

中国社会科学院哲学所赵金刚研究员《孟子与诸侯——经史互动当中的孟子思想诠释》和广州市社会科学院政法所孙占卿研究员《立中道以距杨墨——孟子对政治合法性的拨乱反正》都以《孟子》为研究对象，并着力发掘《孟子》的政治向度。《孟子》一书主要展现孟子与种种不同身份之人的对话，有弟子，有论辩对手，也有诸侯。赵金刚研究员指出，孟子游历列国、游说君主，具有很强的政治关怀。然而后世对孟子的研究往往偏重心性，并认为其太过理想主义，“迂远而阔于事情”。事实上，孟子并非不切实际、不知变通，在面临不同的政治处境时，孟子会相应地采取不同的言辞。在与梁惠王、齐宣王、滕文公等诸侯的交谈中，在面对三家分晋、齐国伐燕等历史事件时，孟子的理想从未脱离具体的时空境遇，而是切实立足于战国时代的政治现实。对孟子之历史语境的还原，势必有助于进一步贴近孟子的理想与主张。

孙占卿研究员认为，学界对孟子政治思想的研究往往遵循从心性到王道的论说结构，但对于一个政治思想家来说，现实问题才是其学说的直接动力，孟子亦不例外，“距杨墨”即是其面对的具体现实。杨、墨的“无父无君”势必会否定人伦和政治生活的合法性，孟子的“距杨墨”则意在持守中道，捍卫以敬德保民、孝悌人伦为基础的政治合法性。孟子的这一努力，在价值多元逐步消解价值本身的当今社会，也具有重要的时代意义。

华侨大学国际儒学研究院杨少涵教授《〈中庸〉“王天下有三重焉”诸说疏释》和中山大学哲学系赖区平研究员《〈中庸〉戒惧慎独三义与儒家修身工夫的三种进路》，都以《中庸》为研究对象。杨教授着眼于《中庸》第廿九章“王天下有三重焉”句，通过详细爬梳从古至今对该句的十余种解释并考校其得失，指出对“三重”之确切所指的把握必须紧扣《中庸》文本本身，在两种情况下予以辨析：一种是“三重”当指“上焉者”句中的善、征、信或“下焉者”句中的善、尊、信；另一种是“三重”或为后儒因孔子论三代之礼并涉《祭统》“三重”而作的旁批，后人误将其羼入正文。赖区平研究员则着眼于《中庸》“君子戒慎乎其所不睹，恐惧乎其所不闻。莫见乎隐，莫显乎微，故君子慎其独也”之所谓“戒惧三义”，通过比较郑玄、朱熹、王阳明、邹守益等的不同解释，总结出儒家修身工夫的三种进路，即以事（身）为焦点的经学进路、以意为焦点的理学进路和以本体（心）为焦点的心学进路。这三种进路也是儒家修身学的三个演变阶段，有着因应各自时代的正当性，足以为修身学的当代实践提供参照。

中山大学哲学系张丰乾教授《君子之察言、观色、辨行》主要基于《四书》文本，探讨了“知人”这一哲学实践活动的展开方式和重要意义。张教授指出，“言”、“行”、“色”与国家兴亡密切相关，不可不审慎敬畏，孔子以“知言”为“知人”的基础，孟子也将“得言”视为“养气”的开始。在《论语》中，孔子对日常生活中言行的适宜有着详细规定，与之相反的“巧言令色足恭”则在被批判之列。与此相应，君子应当将谨言慎行、贤贤易色作为修身要求。通过梳理和考察《四书》中的相关文本，张教授揭示了“言”、“行”、“色”对应的其实是人的两种认知功能——听与视，一个人是否具备美好德行的修养，最终要表现于外在的仪容和言行举止之上。因此，察言、观色、辨行就成为君子“知人”的必要途径。

二、“四书”之学的形成、流变及其哲学意蕴

1. 儒学转型与四书学的兴起

四书学的兴起堪称儒学的重大转型，既包括了经典系统的更易，也意味者学术范式与结构的改变。因此，如何从整体上把握这一范式转变，对儒学演进的体系、方法等作一提纲挈领式的考察，就显得极有必要。中国社会科学院陈静教授《从批评到赞扬：简论“参也鲁”诠释意向的改变》和罗传芳教授《体系与路径——儒学结构的特征及其演进》正是从宏观的高度来审视作为儒学转型的四书学之兴起，归纳和揭示了这场转型的理路、特征和历史意义。

陈静教授选取了《论语·先进》“参也鲁”句为着眼点，通过对比汉儒和宋儒对此句的不同解释，以小见大地展示了学术转型的发生与四书学的基本特征。“参也鲁”是孔子对弟子曾参的评价，从汉代孔安国到宋初邢昺，一直对这一评价作出批评性的解释。“鲁”往往作“鲁钝”解，是孔子对曾参德行之失和心性不足的否定性评价。这种批评的解释立场，到了二程则发生了变化，程子将“鲁”解释为“笃实”，并将其视为曾参传承“圣人之道”的前提。程子之后，从杨时、张栻到朱子、赵顺孙，都沿袭了这一解释，并进一步从“诚笃”、“功夫”等方面予以发挥。陈教授指出，这种从批评到赞扬的解释态度之转变，体现了理学道统说的形成，建立起了孔、曾、思、孟的道统传承谱系。宋儒重新解释“参也鲁”并推重曾子，正是为了标举道统的地位，使得未来的历史能够在道统的指引下展开。儒学史上的这场转型与宋儒建构道统的努力，对于今天仍旧处在转型期的中国文化来说，无疑具有积极的借鉴意义。

罗传芳教授首先从宏观角度对儒学的不同类型进行了区分和辨析，将四书学亦即宋明理学定位为一种道德哲学。罗教授指出，相对于原始儒家而言，宋明儒学显得更加精致和圆融，它虽然也设立了“天”或“天理”作为最高统摄，但其夙求和归旨依然在于道德心性。宋代四书系统对五经系统的取代，即为一个不断内在化的过程，思孟学派中的心性之学得到张扬，理论建构的程度越来越高，这是罗教授对儒学体系的总体定位。儒家道德体系根植于人自身，具有完满的自足性，以“仁”为核心和根本。这一结构性体系规定了儒学贯通内外的进路，将道德心性外在化，最终返回本心，实现内在超越。因此，致力于“知行合一”的阳明心学，正是儒家道德哲学和德性伦理的体现。罗教授最后将视线落在当下，指出儒家道德哲学有其固有缺陷，只能不断反求诸己而无法达致外在突破，这也影响了社会政治结构和学术框架的突破。这不啻为值得我们认真思考的现实问题。

2. 朱子四书学研究

朱子既是《四书》经典体系的确立者，也是四书学的集大成者，因此朱子四书学堪称整个四书学史的枢要。聊城大学哲学系唐明贵教授《〈论语〉诠释与朱子理学体系的建立》通过爬梳《朱子语类》、《论语集注》等著作，揭示了朱子如何通过诠释《论语》而建构起自己的理学体系。唐教授将朱子的建构工作归纳为本体论、心性论、工夫论三个方面：朱子将《论语》中的“天”解释为存在本质意义上的“天理”，从而建立起理学体系的本体范畴；将《论语》中的“性”解释为“受之天理”，建立了禀理成性的心性论；将《论语》中有关人伦日用的实践性内容予以充分阐释，建立起一套敬义夹持、内外交融的修身工夫。通过朱子的上述努力，理学体系达到了完全成熟的高度，产生了广泛而深刻的影响。

南昌大学哲学系许家星教授《朱子的道统世界》着眼于朱子道统说这一理学体系中最具创见、意义深远的核心话语，详细探究了其确切含义、来龙去脉和重要意义。许教授指出，朱子道统当指道之统绪，包含传道之人、传道之书、传道之法三方面内容。因此，朱子道统说是由人物谱系、经典文本、核心范畴三个主干构成的精密系统。这一系统由两条平行进路构成：一为二程－《四书》－工夫的道德教化之路，一为濂溪－《太极图说》－本体的形上超越之路。朱子通过诠释《四书》旧典和树立《太极图说》新典的方式，实现了经学与道学的融合，构建了一套贯通形上形下的理论体系。道统体系的建构体现了朱子的历史继承性和时代创新性，对今天的中国哲学研究不无启发。

华东师范大学哲学系陈乔见教授《朱子对孟子性善论的“哥白尼倒转”》聚焦于朱子的人性论与《孟子》诠释，对孟子与朱子各自性善论的理路进行了比较和考评。孟子性善论的最终理据在于“人皆有之”和“我固有之”的先天道德情感，既非出于理论建构目的的人性假设，也非出于信仰或信念，而是基于人的某种普遍性事实及其规范作用。孟子对性善的证成，主要诉诸经验的方式。朱子性善论则主要是先验的理解方式，即先验地预设一纯善无恶的本体，以此作为性善的根基，如此便改变了孟子对普遍事实和经验的定位。陈教授最后评价了朱子性善论的得失：其得在于挺立本体，增强了性善论的超越性和普遍性；其失则在于从发生学的角度讲，颇难自圆其说。从现代学术发展视域来看，孟子基于经验事实的伦理自然主义应当更容易得到证成。

华南农业大学哲学系雷静教授《标准所凸显的位与正心——朱熹〈大学〉视野下之〈皇极辨〉的哲学诠释》从朱子四书学出发，以《皇极辨》为研究文本，辨析了朱子哲学中的几个关键概念。朱子在《皇极辨》中用“标准”来诠释“极”，取代了汉唐儒者“中”的释义，同时又吸收并囊括了“中”的方位含义，并赋予“中”以本体支持，以之为“位”的存在根据。另一方面，朱子所采用的“标准”一词，还是由日常语言到哲学语言的上升。而作为日常语言的“标准”所蕴含的“限格”之义，则被朱子用来诠释“正心”，这也体现了朱子联结道德与治道的努力。

中山大学哲学系（珠海）王堃教授《坤道：女性伦理在工夫过程中的形成——朱熹女性伦理导论》选取了“坤道”这一概念，在工夫论视域下考察朱子的女性伦理。王教授指出，朱子工夫论使德性映现在主体的内在体验过程当中，其特征可概括为敬义夹持、涵养而致知的“坤道”。“坤道”作为一个念念接续的工夫过程，具有形式客观、材料主观的特性。在这一过程中，由

"终之"进于"知至"而映现的"明德"的唯一性，赋予男女以履行义务的平等地位。王教授进一步总结了朱子女性伦理的体系性，将其概括为"月映万川"、"智崇礼卑"、"权为变经"三个层次。

中山大学哲学系张清江研究员《理学生死论辩中的性、形与气——以朱熹对张载"水冰"比喻的批评为中心》着眼于朱、张二子的对话，从二子在生死问题上的分歧入手来考辨理学中的某些关键概念。张载以"水冰"之象解释生死，涉及体与性的关系；但这一比喻却招致朱子的批评，认为其中羼入了佛教轮回的因素。张清江指出，二子在讨论生死问题时，都立足于天道流行的宇宙论架构，并以性、形、气等概念作为基本的观念要素，这是理学论述的共同场域；但由于对这些观念要素的涵义及其关系存在理解差异，二子发展出了不同的义理形态。最典型的差异在于对性气关系的界定：张载将之界定为"不一不异"的体用关系，朱子则严守形上形下之分，以确保形上之"性"的超越性与规范性。

3. 朱子之后的四书学

四书学在朱子之时臻于圆融之后，并未停下发展演化的脚步，后世儒者多有推进和发挥之功，使得四书学在朱子之后的各个时代呈现出多种样貌。广东第二师范学院政法系王光松教授《陈白沙春阳台静坐事件考》以明代前期大儒陈献章为研究对象，以白沙"春阳台静坐"这一明代思想史上的重要事件为切入点，详细梳理了在门人记述、白沙自述和学派谱系之下对该事件进行记述的不同版本，通过考察不同版本或追慕或批评的不同态度，揭示了学派内部思想与权力的关系，并对"思想事件"之生成机制做了分析。

南京师范大学文学院杨新勋教授《明李元阳本〈论语注疏解经〉析论》从文献学的角度，考察了明儒李元阳于嘉靖年间主持刊刻的《论语解经注疏》之版本源流与利弊得失。此本以元十行本之嘉靖重校修补本为底本，在版式和行款方面做了较大完善，对底本也做了全面校改，但也出现了不少误刻和误改。现代通行的北京大学出版社《十三经注疏》本和北京大学《儒藏》本皆未参考李元阳本，殊为遗憾。

同济大学哲学系陈畅教授《从“以知解独”到“以自解独”——论阳明学派慎独工夫转向及其哲学意义》通过梳理阳明学的发展脉络，提出关于明清之际“自性理转向经史”的学术思想转型的一种理解方案。陈畅教授指出，阳明后学刘宗周、黄宗羲的慎独哲学代表着阳明学派的思想转向，这便是阳明心学体系中开出的、与明清思想转型有着内在关联的气学进路：二子建立了以元气论取代知觉论的心性论体系，实现了心学在主体性中追求“先天之学”、“天地无心而成化”的客观性目标。

中山大学哲学系（珠海）姚育松研究员《责任伦理与儒家工夫论：船山〈读四书大全说〉另解》以明清之际的大儒王夫之及其《读四书大全说》为研究对象，指出船山工夫论可透过韦伯所提倡的“责任伦理”，获得另一种可透过生活经验来想象并联结经典思想的诠释方法。儒家式的责任伦理之道德格律，也可由此总结为层层推进的四项：有志并有智、有必不为无必为、常经胜于权术、泊然于生死存亡。

安徽大学徽学研究中心徐道彬教授《论戴震对朱熹的传承与礼敬》指出，戴震以“遂情达欲”商兑于朱子“存理灭欲”之说，成为乾嘉以后中国思想史上无法绕过的话题，也成为后世注目朱、戴关系的单一焦点。然而除了二子的差异之外，戴震对朱子学术思想和治学方法上的诸多传承，以及对朱子个人的始终礼敬，也应得到后世的关注与反思。

华南师范大学政治与行政学院许雪涛教授《宋翔凤〈大学古义说〉的解经意涵》通过详细的文本解读，指出身为今文经学家的宋翔凤解释《大学》侧重外在治世，而非宋学那样偏于内在；在方法上表现出汉学家侧重训诂的特点，在内容上强调礼义的阴阳五行宇宙论背景；同时对诚意心性也有发挥，展现出调合汉宋的特点。

曲阜师范大学历史文化学院王晶《内外之道哲学的省思——徐复观〈大学〉"诚意"章诠释评析》聚焦于现代新儒家的四书学，指出徐复观将《大学》之"诚意"与"正心"分别进行二阶段划分："诚意"第一阶段为意自身的坚持，第二阶段则贯彻于行为之上；"正心"第一阶段则为保持本心自己发露，可不涉"诚意"，第二阶段则是为防止心由生理欲望滋长而做的"诚"的功夫。徐复观的解释将"正心"之意扩大，使"诚意"与"正心"义理得到发挥，体现了新儒家之"四书"阐释的特色。

4. 域外四书学研究

四书学作为华夏文明的经典学问，不仅在本土得到长足发展，更在域外开枝散叶；不仅在朝鲜半岛、日本、东南亚等东亚文明圈素有传承，更远播海外，成为中西文化交流的重要内容。中山大学博雅学院傅锡洪研究员《从伊藤仁斋的鬼神论看"四书"体系的瓦解与儒学的日本化》着眼于日本四书学，以 17 世纪思想家伊藤仁斋为研究对象。幕府时代的日本思想界以朱子学为主导，但自伊藤仁斋开始则试图用回到孔孟原初思想的方式来反对朱子。仁斋反对朱子以阴阳解释鬼神的思路，认为鬼神无形无声，不可闻见，如此便瓦解了天人之道的贯通，以人道否定天道，使天道、天理等超越性观念被悬置起来，从而开出了日本儒学的独特面貌。

中山大学哲学系王慧宇研究员《早期来华耶稣会士对儒家修身观念的释译——以罗明坚拉丁文〈中庸〉手稿为例》选取16世纪来华传教士罗明坚的《中庸》拉丁文译稿为切入点，指出罗明坚用“Pietas”一词来翻译《中庸》的核心概念“仁”，而Pietas的词义十分丰富，有忠诚、虔敬、仁慈、友善、悲悯等多重含义。罗明坚的这一译法正是考虑到“仁”作为至德要道的优先性和统摄性，体现出其对儒家德目概念的深入辨析。

深圳大学哲学系余树苹教授《创新的孔子与唤起式教化——〈通过孔子而思〉中的孔子形象》以美国学者郝大维、安乐哲的经典著作《通过孔子而思》（*Thinking Through Confucius*）为研究文本，考察了西方汉学家在处理中国思想传统时的方法和关切。余教授指出，该书特别强调孔子的“创新性”，并将这一观点贯穿始终。在该书作者看来，孔子是一位“文化实证论者”，既认可文化传统的权威性，同时又具备哲学思考的创造性。而在教化问题上，孔子以“言”、“礼”、“乐”为基本内容，以典范为标杆来进行唤起式教育。

三、四书学影响下的经学与政教

1. 四书学与经学的互动

在四书学的义理与方法的影响下，传统以《五经》为诠释对象的经学也相应地发生了变革，呈现出不同形态，与四书学形成了缩结和互动。湖南大学岳麓书院殷慧教授《宋代礼理融合视野中的〈中庸〉诠释》与广东外语外贸大学政法学院毛国民教授

《朱熹〈家礼〉四书学理念探究》，均探讨了礼学与四书学的关系。殷慧教授指出，《中庸》兼具阐述礼义和阐发义理的双重功能，宋代的《中庸》诠释也兼顾了追寻礼乐秩序和创造理学新形态的统一。殷教授拈出“中和”这一《中庸》之核心概念，比较了汉唐经学和宋代理学对这一概念的不同界定。在汉唐经学中，“中和”属于礼学范畴，着眼于国家、社会层面，旨在节制欲望、“使其行得中”；宋代理学话语中的“中和”则既沿袭了以往对秩序的强调，又拓展出重视个人修养工夫的一面，强调礼乐刑政与道德性命的融会贯通。同时，宋代理学家吸收佛道思想，进一步主张体认天理、克制私欲，强调礼与理的统一。

毛国民教授指出，作为宋代礼学代表作的《朱子家礼》当中，也蕴含着诸多四书学理念：《家礼》将天理、人事仪则相贯通，落实于人生和社会关怀；主张从中央集权到地方自治的治理模式之转化，积极倡导庶民生活方式的礼仪化；与四书学“修齐治平”的伦理实践相结合，敬宗聚族，缘顺人情，崇尚入世。上述理念的贯入，实现了礼学与理学的交融，使得《家礼》伴随着四书学系统一并对后世产生了久远影响。

华南师范大学政治与行政学院刘体胜教授《试论朱子的春秋学——朱子四书学视域下的考察》与重庆大学博雅学院黄铭教授《“行夏之时”的春秋学解读》，主要关注春秋学与四书学的关系。刘体胜教授指出，朱子并无明确的春秋学著作，对《春秋》的态度也颇为游移不定，但若将这一问题置于朱子四书学的视域中进行考察，则未尝不可总结出朱子本人的春秋学。对于春秋学史上的某些关键问题，朱子皆有自己的主张。例如在孔子与《春秋》的关系问题上，朱子调合了孔子“修”《春秋》与“作”《春秋》两种观点，认为孔子既有对鲁国旧史的因袭，也有创造、创制的一面；在“一字褒贬”的问题上，朱子表示明确反对；在《春秋》“义例”问题上，朱子则认为义例是周公所确立、鲁史所固有，孔子本人并未制定义例。正朔问题一直是春秋学中的关键问题，因此《论语·卫灵公》“行夏之时”章在春秋学中有着充分讨论。黄铭教授首先探讨了“行夏之时”如何落实于春秋学这一问题，通过梳理和比较汉代何休“不显改周正说”与宋代胡安国、朱子“夏时冠周月说”，指出春秋学之所以将“行夏之时”纳入诠释范畴，是因为关涉孔子是否改周之正朔。而春秋学视域下的诠释包含两个层面：一方面关注“继周”而王，属于官方层面的改正朔问题；一方面关注“夏时得天之正”，属于民间层面的自用夏时。这两个层面其实可以合二为一，如果将孔子“继周”视为立万世法，那么通三统的夏时就与得天数的夏时相吻合，同时也与历史事实相符。

2. 四书学与政教理念

四书学的兴起与发展，对中国传统政教秩序产生了深刻影响，既表现在文教制度、治理模式等政治实践层面，也作用于家国观念、政治正当性等理论层面。与学术思想的转型相伴生，政教秩序也进行了相应变革，不仅在制度方面有所损益，而且也获得了政治理论资源的扩充。前述殷慧教授对宋代礼理融合的研究和毛国民教授对《朱子家礼》的研究，即体现了四书学理念对习俗与礼法的形塑作用；刘体胜教授对朱子春秋学的研究和黄铭教授对胡安国、朱子论正朔问题的研究，则体现了四书学为政治正当性证成所提供的思想资源。四川大学哲学系曾海军教授《重问哲学何为——以晚周诸子论民为中心》立足于“民”这一古典政教秩序的关键对象，从民生、民性、民情等角度考察了晚周诸子的政教关切。曾教授指出，现代哲学学科建立以来，晚周诸子遭遇了“被哲学”的命运，其真正的思想意图却隐而不彰。事实上，诸子的思考率皆出于“民”，以政治生活为导向，关注具体的人伦日用与群体规范。晚周诸子对“民”的关切，为华夏政教的开展奠定了基调。

曾海军教授着眼于周秦鼎革的思想激荡时期，贵州大学哲学系王进教授《〈四书〉与“天下国家”的建构——以郝经〈使宋文移〉为中心》则着眼于宋元鼎革的思想转型期，以元儒郝经《使宋文移》为研究对象，探讨了郝经如何利用四书学理念突破传统夷夏观，建构起一套“天下国家”的政治共同体表达。作为经学视野下被视为“夷狄”的元朝之国使，郝经的使命不仅在于消解既有的夷夏之分，还要说服南宋接受崭新的天下秩序。通过“仁—天下”的理论建构和“理—势”的现实分析，郝经不但成功化解了基于传统夷夏观的宋元对立，曲折地完成了儒家的文明教化理想，而且在现实政治领域构建了一个包容各民族的“天下国家”，使中国重新成为一个大一统帝国。朱子四书学所蕴含的哲学性、义理性和抽象性，为郝经的政治论说提供了思想资源，对于“天下国家”的建构具有奠基意义。

中山大学哲学系马永康教授《康有为的〈中庸注〉与孔教》和中山大学博雅学院陈慧教授《崇雅尚理——章太炎的文章观念与政教重建》关注的是另一个思想剧变时期——晚清民国，并以该时期的两位思想大家康有为、章太炎为研究对象。马永康教授指出，康有为批评朱子注《论语》过分偏重心性，且未能区分今古文，以至于遮蔽了“大同、神明、仁、命之微义”。因此，康有为试图重释《论语》以阐发微言，强化孔子之道的社会政治维度和宗教性，为“发明孔教”张本。康有为的意图在于使“孔教”重新对社会生活发挥指导作用，其实质是处理宗教化儒学与现代性的关系问题。

陈慧教授指出，章太炎发挥《齐物论》中的“两行”之“至教”，并将其与儒家“名教”相结合，突破了原有的以儒学为中心的学术格局，完成了以训诂典章之学与名理之学为两大基石的“国学”建构。与此相配合的是章太炎的文章观念：文章体式与政教兴衰密切相关，文章形态对政教类型具有塑造作用。因此，文章也应实现“名教”与“至教”的结合。章太炎从中提炼出“雅”、“理”两大标准，据此重塑文章典范，大力标举魏晋文的价值并以之替代唐宋古文。“崇雅、尚理”成为章太炎重建华夏政教文明的两大特征，既因应了西方文明的挑战，又保障了自身的主体性。

3. 四书学与文教制度

当四书学理念落实于政治实践层面，势必对具体的制度设计产生直接影响，其中最典型的莫过于以科举制为代表的文教制度。中山大学哲学系周春健教授《元代科考程式“兼用古注疏”考论》、中山大学历史系刘勇教授《从经筵讲章到科举读本——以张居正辑〈四书直解〉的刊行和文本变动为例》和华南师范大学马克思主义学院陈椰教授《晚明制义的四书新诠——以杨起元为个案》，都探讨了四书学与科举制的互动关系。

周春健教授着眼于元仁宗皇庆年间恢复科举这一历史事件，揭示出四书学与元代文教之间若即若离的关系。当时的科考程式为：《四书》依据朱子《四书集注》，《诗》、《书》、《易》三经“兼用古注疏”，《礼记》“用古注疏”。此规定有着特殊的学术渊源及缘由，与唐、宋、明、清皆有不同。其重要意义在于，“兼用古注疏”可以使“治经者不敢妄牵己意而必有据依”，“使治经者必守家法，以求至当之归”。这一独特的历史现象一方面表明四书学已被元廷所接受，另一方面又说明程朱理学在元代尚不及明、清那样稳固，同时也反映出元代学术“犹有研究古义之功”的品格。

刘教授以万历初年在张居正主持下、由经筵讲章结集而成的《四书直解》为例，考察了在晚明极为兴盛的商业出版的直接助推下，经筵讲章与科举读本之间的转换和互动情形。刘教授指出，若从“经筵内”这个特定角度进行观察，《大学》文本和解释完全呈现出一元化取向。但经筵场域之外的《大学》文本解释，却呈现出多样化的观念主张，并得以付诸实践。这种内外差异可从制度规范与自我主张之间的落差加以审视，也即知识精英应付科举制度的要求与满足自我价值需求之间的两面性。从经筵讲章向科举读本的转化，也带来了正统文本及其意识形态的转化。

陈椰教授以晚明儒者、泰州后学杨起元的制义为个案，梳理了晚明科考制义推动下的《四书》诠释的多元面向：首先，由于深受王阳明“尊心”立场的影响，使得晚明四书学颇有新意；其次，由于“心”的主观开放性而具有超悟的特点，使得此时的四书学面临叛离正统政教的危机；再次，由于世俗化的时代诉求，此时的《四书》诠释更加肯定现实功利的追求，试图取得内在修养与外在事功之间的平衡；最后，服务于科举的《四书》讲章、制义文选点评一类书籍，有力推动了学术思想的普及、下传，对政教秩序发挥了客观影响。

经过近两天的热烈讨论，本次“‘四书’系统下的儒家经学与政教秩序”学术研讨会取得了圆满成功，产生了积极、良好的效果。正如中山大学哲学系陈立胜教授在闭幕式上所说，大会主要有论域跨度大、研究方法多元、具备跨文化视野三个特点。每个伟大的文明共同体都应当关注自身的精神高度与政教传统，应当承担起通变古今、守先待后的文明使命。我们希望通过本次会议，能够重新唤起对德行教化的重视，发掘并接续古典政教秩序的积极因素，激励学术界进一步开展相关研究。

“四书”系统下的儒家经学与政教秩序

《四书》文本义理诠释

◎ 孔子思想的哲学解读
◎ 君子之察言、观色、辨行
◎ 正之的工夫：《论语·为政》前八章读解
◎ 《中庸》“王天下有三重焉”诸说疏释

孔子思想的哲学解读

——以《论语》为文本

冯达文（中山大学哲学系）

一、何谓哲学？

书写《中国哲学史》，首先要论及的，无疑是孔子和集中体现孔子思想的《论语》。要揭明孔子不仅是思想家，更是哲学家；《论语》并非仅属人生格言，且有深邃的哲学义理。可是哲学是什么？评定一个思想家是不是哲学家，一本著作是不是哲学著作，标准是什么？这就复杂了。

我们看20世纪初甚有影响的胡适写的《中国哲学史大纲》。胡适认定："凡研究人生切要的问题，从根本上着想，要寻一个根本的解决，这种学问，叫做哲学。"[①] 对人生而言，什么东西更切要、更根本呢？他列举了六项，其中第一项便是"天地万物怎样来的"[②]，这一项属于"宇宙论"。为了满足"宇宙论"要求，胡适把《周易》放进孔子篇章里加以讨论。这便显得十分牵强。

① 胡适：《中国哲学史大纲》，上海：上海古籍出版社，1997年，第1页。

② 胡适：《中国哲学史大纲》，第1页。

稍后，冯友兰编撰的《中国哲学史》（上、下册），首先介绍了西洋哲学涉及的范围，以为一般包含三大部：宇宙论、人生论、知识论。“所谓中国哲学者，即中国之某种学问或某种学问之某部分之可以西洋所谓哲学名之者也。”① 冯友兰这是以西洋哲学为判准裁决中国哲学。在孔子那里，与宇宙论相关联的，只有“天”、“天命”一类概念。可是，冯先生认为“孔子之所谓天，乃一有意志之上帝，乃一‘主宰之天’也”②。然则孔子为宗教家，而非哲学家也。及于1947年发表的《中国哲学简史》，冯先生把哲学定义为“对人生的系统的反思”③。该书把宇宙看作人类生存的背景，弱化了宇宙论作为哲学根基的意义，在论及孔子之时才稍及孔子的“天命”观。然而，弱化了宇宙论，必亦减杀哲学味。由此可见亦还显不足。

倒是冯友兰先生又以形式上的系统与实质上的系统，对中西哲学的差别做出区分④，甚有启发。但是，如果中国哲学，特别是孔子的思想只重视“实质”，如何才可以避免人们把这些“实质”当作杂乱的经验内容看待，从而得以回护其哲学属性？这无

---

① 冯友兰：《中国哲学史》，《三松堂全集》第2卷，郑州：河南人民出版社，2000年，第245—249页。

② 冯友兰：《中国哲学史》，《三松堂全集》第2卷，第303页。

③ 冯友兰著，赵复三译：《中国哲学简史》，北京：新世界出版社，2005年，第3—4页。

④ 冯友兰称：“中国哲学家之书，较少精心结撰，首尾贯串者，故论者多谓中国哲学无系统。上文所引近人所谓‘吾国哲学略于方法组织’者，似亦指此。然所谓系统有二：即形式上的系统与实质上的系统……中国哲学家之哲学之形式上的系统，虽不如西洋哲学家；但实质上的系统，则同有也。讲哲学史之一要义，即是要在形式上无系统之哲学中，找出其实质的系统。”（冯友兰：《中国哲学史》，《三松堂全集》第2卷，第252—253页。）

疑也是一大难题[1]。

近二三十年，杜维明、葛瑞汉（英）、郝大维（美）、安乐哲（美）等一批学者对孔子和儒家作为哲学的研究有了更深入的展开。杜维明在《论儒学的宗教性》一书中，就有限的个人在参与群体的永续性的发展中如何实现自我的转化与体认到神圣的终极意义并得以证成"天人一体"观，很好地回应了作为哲学架构必须涉及的普遍性问题[2]。葛瑞汉则指出，孔子的思想虽然似乎是面向凡俗的，但在人际间的礼仪习俗中便蕴含有神圣的东西[3]。郝大维、安乐哲更用"点域论"揭示，孔子作为特殊的个人，通过消弭部分与整体的区分，得以成为万物之域中意义与价值的一

① 牟宗三以外延的真理与内容的真理对中西哲学作出区分，与以形式的系统与实质的系统作出的区分相似。牟先生称："外延的真理不参入主体，内容的真理系属主体。牟此说也极有见地。但不同人构成为不同主体，如何可以获得客观普遍性意义？这也不是没有问题的。"（牟宗三：《中国哲学十九讲》，台北：台湾学生书局，1983年，第20—21页。）

② 杜维明称："人虽然束缚于大地，但却力求超越自身与天结合……由于我们束缚在大地上，所以我们是有限的。我们是存在于特定时空的独特的个人，我们每一个都遭遇到和生存于一个独特的人的处境之中。然而，我们之嵌陷于某一特定的尘世处境，并不妨碍我们参与群体的，而且事实上也是神圣的终极的自我转化的工作。"（杜维明：《论儒学的神圣性》，《杜维明文集》第3卷，武汉：武汉出版社，2002年，第468页。）杜先生这是从人参与群体生活证成"天人一体"。

③ 葛瑞汉特别谈到孔子的礼仪行为。他称述："礼仪行为，通过行为者不经分析而产生的交互作用发挥影响，的确有着性质上不同于作为目的之方法的计划的行为功效。有'德'之人没有关于习俗的抽象知识，但却能用轻易得来的技能与美德驾驭它们，虽然'无为'，但能强化周围的秩序。在孔子的凡俗的一面有这样一种认识，神圣的东西被理解为独立于个人意志之外的向善的力量，它并非源于外在的精神领域而是固着在人际间的礼仪关系的自发性（spontaneity，或译为'自然'——译者注）之中。"（[英] 葛瑞汉著，张海晏译：《论道者：中国古代哲学论辩》，北京：中国社会科学出版社，2003年，第32—33页。）葛瑞汉在这里即揭明孔子思想虽然基于凡俗，但神圣的东西就隐含在凡俗世间礼仪的承传中。

个独特焦点，从而使自身和自己传播的思想获得了宗教性品味①。

依上述论说可见，大概一个思想家要被认作哲学家，一部著作要成为哲学论作，从存在论的维度看，必须关涉普遍性与永恒性问题；从认识论或功夫论的维度看，必须关涉与普遍性、永恒性相应或为普遍性、永恒性所需的先验性或超验性问题；从价值论的维度看，必须关涉由普遍性、永恒性引发的神圣性问题。上述各名家为了确认孔子是哲学家，《论语》是哲学著作，都致力于揭示孔子和《论语》已经很好地回应了这些问题。他们的努力诚为后来者指点了方向，但是否已经把所有问题解决得十分圆满，则还有待检讨。

二、《论语》中孔子作为哲学家的困惑

孔子之为哲学家，《论语》之为哲学著作，这种判定之所以成为学界的一大困扰又使学界的解说得以不断推新，就在于孔子与《论语》在传递与表达思想上有一种独特的途径与独特的言说方式。

孔子是让自己的思想根植于世间的日常生活与日常情感。也就是人们所说的，他是于世间日常生活、日常情感的流出处，指点为仁（人）之道。

① 郝大维、安乐哲用“点域论”谈作为个人的孔子与作为整体的“天”的关系。他们写道：“在孔子的内在宇宙中，个体处在一个消弭了部分与整体区分的世界，他得以成为万物之域中意义和价值的一个独特焦点，而获得整合化性质以实现这同样的结合事业。”（[美] 郝大维、安乐哲著，何金俐译：《通过孔子而思》，北京：北京大学出版社，2005 年，第 243 页。）他们又称孔子“真正参与到意义创建的事业。因此，儒家传统中，不仅‘天’是人格化的‘天’，而人也是‘神’化的人”。（[美] 郝大维、安乐哲著，何金俐译：《通过孔子而思》，第 302 页。）郝大维、安乐哲以此说明天与人的一体性。

孔子立足于世间日常生活、日常情感流出处指点为仁（人）之道，这种做法在《论语》中随处可见。如谈及“孝”：“父母在，不远游，游必有方”（《论语·里仁》），“父母，唯其疾之忧”（《论语·为政》），“父母之年，不可不知也，一则以喜，一则以惧”（《论语·里仁》），即是。而“孝”与“悌”就是“仁”的起点与根基。可见被认作孔子的核心概念的“仁”即缘于“情”。及樊迟直接问“仁”，孔子答以“爱人”，“爱”自亦为“情”。孔子又称：“夫仁者，己欲立而立人，己欲达而达人。”（《论语·雍也》）仁者之推己及人，亦依于情感。牟宗三称：“孔子从那个地方指点仁呢？就从你的心安不安这个地方来指点仁。”① 亦即认孔子以“情”（不安之心）说“仁”。李泽厚更称孔子与《论语》建构起来的仁学体系实属“情本论”②。

然而，世间日常生活是不断变动的，面对不同生活境遇，其情感之发生也必是有所不一的。因此，孔子论“仁”便亦不一。如前引樊迟问仁，孔子答以“爱人”。这是我们最喜欢引用的一句话，证见孔子以“爱”为“仁”。但在另一场合孔子却又说：“唯仁者能好人，能恶人。”（《论语·里仁》）这就不是只讲“爱”了。及孔子称“刚、毅、木、讷近仁”（《论语·子路》），此则以“仁”为个人的精神品格。孔子再称“博学而笃志，切问而近思，仁在其中矣”（《论语·子张》），此更从求学态度论“仁”了。显见，孔子只是随境随情所到处指点“仁”之所在，并未通过抽象的方式作“类”的归纳。“仁”不成为一个“类”的概念。

---

① 牟宗三：《中国哲学十九讲》，第 78 页。

② 李泽厚称：“孔学特别重视人性情感的培育，重视动物性（欲）与社会性（理）的交融统一。我以为这实际上是以‘情’作为人性和人生的基础、实体和本源”；“在‘学’的方面，则似乎不必再去重建各种‘气’本体、‘理’本体、‘心性’本体的哲学体系了。‘情本体’可以代替它”。（李泽厚：《论语今读》，北京：生活·读书·新知三联书店，2004 年，第 8-16 页。）

"仁"为精神取向，"君子"则具"仁"之人格化意义。孔子论"君子"也说法不一。如："君子怀德，小人怀土；君子怀刑，小人怀惠"（《论语·里仁》）；"君子喻于义，小人喻于利"（《论语·里仁》）。这是从超越功利的角度谈"君子"，是孔子最常说的一类话语。然孔子又说："君子欲讷于言而敏于行"（《论语·里仁》）；"君子思不出其位"（《论语·宪问》）；"君子不忧不惧"（《论语·颜渊》）；"君子以文会友，以友辅仁"（《论语·颜渊》）；"君子所贵乎道者三：动容貌，斯远暴慢矣；正颜色，斯信矣；出辞气，斯远鄙倍矣"（《论语·泰伯》）等等。这里所谓"君子"广泛涉及个人的精神品格和待人接物的不同态度。显见孔子对"君子"也并未给出一个具"类"意义的定义。

"仁"、"君子"作为孔子与《论语》的核心概念都未被作抽象的处理，都可以从不同的角度作不同的理解，然则，孔子思想又如何能够满足哲学的普遍性与永恒性诉求呢？

又，如何可以成"仁"，得以做"君子"？

孔子说："仁远乎哉？我欲仁，斯仁至矣。"（《论语·述而》）孔子又说："有能一日用其力于仁矣乎？我未见力不足者。"（《论语·里仁》）这无疑是认为"仁心"作为人的自然—本然情性，是自然—本然具足，无待于外的，故求仁得仁。及君子所为，也只不过是自己"笃于亲"以为民之榜，样使民"兴于仁"而已[①]。"笃于亲"既源出于自然—本然情性，"兴于仁"便亦是自然—本然情性之感通。自然—本然者，即无需着意、无需用功，如孟子所说"良知"、"良能"即是。诚然，这里强调的是"仁"的先验性。

---

① 《论语·泰伯》称："君子笃于亲，则民兴于仁。"《论语·颜渊》又称："君子之德风，小人之德草，草上之风，必偃。"

然而，我们又知道，《论语》中之孔子是极其重视“学”与“思”的。《论语》所载孔子教诲的第一句就是“学而时习之，不亦说乎！”孔子后来叙述自己成长的经历又称：“吾十有五而志于学。”其在教学过程中更反复告诫：“学而不思则罔，思而不学则殆”（《论语·为政》）；“好仁不好学，其蔽也愚；好知不好学，其蔽也荡”（《论语·阳货》）；“君子学以致其道”（《论语·子张》）等等。这都认为要作“学”与“思”的功夫，才能成“仁”、作“君子”与求得“道”。此又似以“经验”为入路了。

孔学究竟是经验的，还是先验的，这不免也是个问题。

再，仁人君子与外在世界具有怎样一种关系？

按，孔子强调仁人君子是从每个个人的内在情感自然—本然地证成的，自当极重人无惧于外的自立自主性。外在世界有被指为鬼神的，孔子却“不语怪力乱神”（《论语·述而》），又或称“敬鬼神而远之”（《论语·雍也》）；有被指为“天命”或“天道”的，弟子子贡却称“夫子之言性与天道，不可得而闻也”（《论语·公冶长》）；孔子自己表示，如果自己认信的“道”不能为“天命”所接纳，宁可“乘桴浮于海”（《论语·公冶长》）。这都表达了一种无所畏惧的自主意识与对外界的抗争精神。

然而，在《论语》里，孔子更多的还是强调人要有敬畏感。如：“道千乘之国，敬事而信”（《论语·学而》）；“君子敬而无失，与人恭而有礼”（《论语·颜渊》）；“居处恭，执事敬，与人忠”（《论语·子路》）等等。尤其令人不解的是，孔子甚至还称：“君子有三畏：畏天命，畏大人，畏圣人之言。小人不知天命而不畏，狎大人，侮圣人之言。”（《论语·季氏》）依此又见，孔子并未感觉到自己有主体性，有自我作主精神。

人是不是可以自我作主，属价值论范畴。显见，在价值论问题上，孔子似乎也有并不一致的说法。

前面提到的各家，对孔子这些不一致的甚至是矛盾的说法，已做出种种解释，但总觉到还不够圆满。由之，下面我也试图有所新解。

三、孔子思想对普遍性与永恒性的回应

首先涉及的问题自当是，孔子和《论语》立足于世间日常情感，面向的都是具体的、各别的且变动不居的事相，可以满足哲学的普遍性与永恒性诉求吗？

我们知道，依西方哲学传统，具有普遍永恒意义的哲学建构，必须超越具体、各别、变动不居的现实现象世界，舍弃为时空所限定的任何经验内容，取纯逻辑的推演，作形式化的处理，才可以完成[①]。这种建构方式，引为基督教的一神论信仰，便是必须割断与世间污浊生活的关联，终极追求才能证成。就是说，普遍与永恒、“真”和“善”，都只有在世间生活之外，才可以求得。

然而，掏空世间生活给出的东西，其实只是一个假设，怎么可能在真实的世界中与“真”和“善”相遇呢？

我们看孔子与孔子后学的思路。依孔子和儒家的看法，在现实世间中，每个个人都有父母兄弟姐妹；每个个人的生命成长与生活经历，都离不开父母兄弟姐妹，这才是人最具真实性的存在

① 郝大维、安乐哲称：“在柏拉图的《蒂迈欧篇》（*Timaeus*）中，理念或形式独立于宇宙并且提供宇宙创造的范型。亚里士多德‘不动的原动者’（Unmoved Mover）是第一实体，是万物之永恒不变的非物质之源。它是用以说明所有运动、变化以及我们对自然界认知的原理。原理，恰如其定义本身所表明的那样，从来都不是由宇宙或者任何内在于它的要素决定的。”（［美］郝大维、安乐哲著，何金俐译：《通过孔子而思》，第14—15页。）郝大维、安乐哲在这里揭明的，正是西方哲学的传统。

状况。而且，每个个人的生命成长与生活经历，不仅离不开自己的父母兄弟姐妹，亦离不开社会他人，离不开社会他人的父母兄弟姐妹，这同样是人最真实的存在状况。这里所谓“最真实的”，就意味着它不是“空”或“无”的，不是理论假设；它是指不管什么地域、什么年代、什么族群，每个个人每时每刻都无法割舍、无法离弃的。这不正意味着，回归现实世间生活，不仅可以找到“真”与“善”，且已然体现有普遍性、永恒性诉求。

依西方哲学的思路，人们也许会说，现实世间每个个人不都是具体的与有限的吗？由一个个具体、有限的人拼凑起来的公共生活与交往，怎么可能具有普遍性与永恒性意义？实际上，这种看法是把人与社群、与历史切割开来，作原子式或单子式的认定，才会发生的问题①。

要知道，在孔子把视域遍及世间日常生活之“在在处处”时，固已涵盖所有时空场域的一种普遍性与经久性；而于“在在处处”指点“为仁之道”时，又已确认所处的时空场域不是经验性的、杂散的凑合，而是蕴含有内在关联的连续统一体。因为每个个人都与亲族、社会他人、整个世界一连续统一体密不可分，因之，每个个人以自己的具体有限的努力，为父母兄弟姐妹和社会他人做出奉献，即可以在族群乃至世界无限的延续与发展中证得普遍与永恒。像孔子面对川流不息的河水所表达的“逝者如斯夫”（《论语·子罕》），那种立志把自己的不懈努力汇融于天地宇宙整体生生不已的生命感悟；孟子的“万物皆备于我，反身而诚，乐莫大焉”（《孟子·尽心上》）一语所传递的我与万物一体

① 黑格尔曾指出：“在考察伦理时永远只有两种观点可能：或者从实体性出发，或者原子式地进行探讨，即以单个的人为基础而逐渐提高。后一种观点是没有精神的，因为它只能做到集合并列，但精神不是单一的东西，而是单一物与普遍物的统一。”（［德］黑格尔著，范扬、金企泰译：《法哲学原理》，北京：商务印书馆，1961 年，第 173 页。）黑格尔此说诚可参照。

产生的那种愉悦的心理情感，都正是从有限融入无限才可以成就的精神心态。不妨说，哲学追求上的普遍性、无限性，西方学人所取的形式的进路，其实只是从外延的覆盖性上立论的；孔子及其开创的儒学关切的却是内涵（冯友兰先生所谓“实质”），是从随时随地、在在处处做价值的肯定与证成（“当下即是”）而求取的。价值的肯定性延伸为存有论做更清晰的表达，便有西晋时期儒家学者裴頠为回应“贵无论”作的《崇有论》。该论指出，每一物类、每个个人及其活动固然是具体的、各别且有限的，但所有具体、各别、有限的事物、个体及其活动的总和，就可以满足哲学所需的整全性与无限性要求①。裴頠的回应准确地体现了孔子和儒家的基本立场。孔子与后学的这些回应表明，立足于现实世间生活，可以建构起哲学体系。哲学所追求的普遍性与无限性，可以在现实世间生活中给出。

孔子之为哲学家，《论语》之为哲学文本，应该从这一视角得到理解。

四、孔子与《论语》的先验性品格

论及回落到现实世间生活何以能够满足哲学建构的先验性问题，则如上述所说到的，孔子深信在世间日常生活中培育的情感具自然—本然性。孔子和孟子都认定，在世间日常生活中与父母

---

① 裴頠《崇有论》称：“夫总混群本，宗极之道也。方以族异，庶类之品也。形象著分，有生之体也。化感错综，理迹之原也。夫品而为族，则所禀者偏，偏无自足，故凭乎外资。是以生而可寻，所谓理也。理之所体，所谓有也。有之所须，所谓资也。资有攸合，所谓宜也。择乎厥宜，所谓情也。识智既授，虽出处异业，默语殊途，所以宝生存宜，其情一也。”（参见［唐］房玄龄等撰，《晋书》第4册，北京：中华书局，1974年，第1044页。）

兄弟姐妹朝夕相处孕育的“亲亲之情”，和与社会他人的父母兄弟姐妹经常交往而培育的同类同情心、不忍人之心，实是无需经受后天的任何训习而自然一本然具足的。如孔子所说“我欲仁，斯仁至矣”，孟子认“亲亲之仁”、“敬长之义”为“不学而能”、“不虑而知”之“良能”、“良知”，即是。自然一本然具足者，即没有被经验知识过滤、改变过的，无疑就是先验的。诚然，孔子哲学不乏先验性品格。

问题在于：如果孔子（和孟子）立足于世间日常生活中自然一本然地孕育的亲亲之情、不忍之心，确认这种亲亲之情、不忍之心是无需经过后天训习，已然具足于心的，为什么他又反复强调要有“学”与“思”的功夫？“学”与“思”不就是传递经验知识吗？如果孔子仅仅只是一个传递经验知识的教书先生，又岂能称之为哲学家呢？

要回答这一问题，必须注意以下两点：

其一是，如上所说，孔子没有“类”的概念。孔子在在处处缘“情”而发，指点为“仁”之道，却并没有给“仁”下一个“类”定义（“仁者爱人”亦是针对具体个人的）。孔子不讲“类”，不作“类”归，或被指认为孔子没有抽象能力，但这其实恰恰显示孔子没有把“仁”放进知识论的框架去作处理，从而使“仁”保持其先验性。这就意味着，孔子不作“类”的归纳，并不是孔子的不足，而恰恰是孔子的好处。由之，“仁”不至于蜕变为功利计算的手段与装饰物。

其二是，孔子所处的时代，还没有展开“百家争鸣”。一旦被卷进“百家争鸣”中去，思想的沉淀与传播便不得不采取论辩的方式，为说“理”的知识建构所纠缠。孔子很幸运，他只管随情所发、随心所欲地说自己想说的。这也确保了孔子思想的先验性。

弄清楚以上两点，我们就可以回答，孔子为什么还要讲“学”和“思”；“学”与“思”被认作经验性训习，与他的思想的先验性如何保持统一？

我们看《论语》，孔子所涉及的“学”的科目与内容，无非是《诗》、《书》、《礼》、《乐》和《春秋》，有没有涉及《易》，则难有定论①。我们知道，孔子自称是“述而不作，信而好古”的。这意味着他和他的弟子们所“学”、所“思”的，与他们本持的信念是一致的。而他们本持的信念，其实亦是在《诗》、《书》、《礼》、《乐》的世代承传与熏习中受得的。世代承传与熏习受得的信念伴随着他们生命的成长，已然（自然—本然地）构成他们的本心本性，而“学”与“思”的作用，只在于唤醒这种本心本性，激发与强化这种心性。这就可见，“学”与“思”的提倡，不仅不存在经验与先验的紧张性，反倒是，在生命成长过程中自然—本然禀赋的价值信念，借助“学”与“思”，提升到了自觉的层次上。孔子思想被赋予凸显主体性意义，正是借助这种提升实现的。

五、孔子的“敬畏”感与神圣性诉求

接下来的问题是，孔子的“敬畏”感又怎样理解？

---

① 依《论语·泰伯》记孔子语“兴于诗，立于礼，成于乐”；《论语·季氏》记孔子诲儿子伯鱼“不学诗，无以言”，“不学礼，无以立”；《论语·子罕》记孔子自述“吾自卫反鲁，然后乐正，《雅》《颂》各得其所”；《论语·卫灵公》又记孔子答颜渊问“乐则《韶》《舞》，放郑声，远佞人。郑声淫，佞声殆”等等，可知孔子主要以《诗》、《书》、《礼》、《乐》为教。《春秋》则为孔子所整理。《论语·子路》记：“子曰：‘南人有言曰，人而无恒，不可以作巫医。善夫！’不恒其德，或承之羞。子曰：‘不占而已矣。’”依此，孔子似亦涉《易》，不过不占重要地位。

按，价值信念既是在自然—本然中孕育，借自觉—自主加以提升的，作了提升之后，人人便都可以自我作主证入圣道，孔子为什么还要讲“恭”、“敬”、“畏”呢？讲“恭”、“敬”、“畏”，意味着有一种外在的、比自己更有力量的东西作主导，这才需要我们采取一种情感的态度。

这实际上是如何看待人在价值认取上的内在主体性与某种外在客观支配力二者之间的相互关系及由之引发的宗教性问题。

学界面对这一问题，大体有三种解释方式：

一是认为，孔子保留有人格神信仰，他的“天”、“天命”观念，都直接传袭了殷商西周的神学意识。“敬畏”感表达的就是对神的至上性的一种认信。如上引冯友兰先生所说，即持这种看法。郝大维、安乐哲也以为“《论语》中的‘天’毫无疑问是拟人性的……他对天的认识无疑还是保留了拟人性的神的痕迹”[①]。时下流行的多种教材也多持这种见解。然而，依这种见解无法解释孔子“不语怪力乱神”、“唯性与天道不可得而闻也”等话语。

二是以为，孔子“知天命”、“畏天命”一类提法，都不可以理解为有一种外在的律令或主宰。钱穆称述，孔子在面临危难之时，才“发信天知命之言”，以表达对自己认取的“道”的自信[②]。李泽厚认定“知天命”、“畏天命”，“可理解为谨慎敬畏地承担起一切外在的偶然，‘不怨天，不尤人’，在经历各种艰难险阻的生活行程中，建立起自己不失其主宰的必然，亦即认同一已

① ［美］郝大维、安乐哲著，何金俐译：《通过孔子而思》，第206页。

② 《论语·子罕》篇记：“子畏于匡。曰：‘文王既没，文不在兹乎！天之将丧斯文也，后死者不得与斯文也。天之未丧斯文也，匡人其如予何？’”钱穆释称：“孔子临危，每发信天知命之言。盖孔子自信极深，认为己之道，即天所欲行于世之道。自谦又甚笃，认为己之得明于此道，非由己之知力，乃天意使之明。此乃孔子内心诚感其如此，所谓信道笃而自知明，非于危难之际所能伪为。”（钱穆：《论语新解》，北京：生活·读书·新知三联书店，2002年，第224—225页。）

的有限，却以此有限来抗阻，来承担，来建立，这也就是‘立命’、‘正命’和‘知天命’”[①]。钱穆、李泽厚此间的解释，实从文化使命的承担的角度论“天”说“命”。但李泽厚把外在世界的变迁看作是偶然的，则会使使命承担的强度及其崇高感弱化。

三是认定，孔子着意凸显的，是人的主体性问题，“天”、“天命”在孔子思想中并不占有重要地位。牟宗三即称：“孔子所说的‘天’、‘天命’或‘天道’当然是承《诗》《书》中的帝、天、天命而来。此是中国历史文化中的超越意识，是一老传统。以孔子圣者之襟怀以及其历史文化意识（文统意识）之强，自不能无此超越意识，故无理由不继承下来。但孔子不以三代王者政权得失意识中的帝、天、天命为已足，其对于人类之绝大的贡献是暂时撇开客观面的帝、天、天命而不言（但不是否定），而自主观面开启道德价值之源、德性生命之门以言‘仁’。孔子是由践仁以知天，在践仁中或‘肫肫其仁’中知之，默识之，契接之，或崇敬之。故其暂时撇开客观面的帝、天、天命而不言，并不是否定‘天’或轻忽‘天’，只是重在人之所以能契接‘天’之主观根据（实践根据），重人之‘真正的主体性’也。”[②] 牟宗三此说极其强调孔子思想凸显的“真正主体性”，并执认孔子“暂时撇开客观面的帝、天、天命而不言”。但孔子是“与命与仁”的，是否只顾及人的主体性而减杀对天、天命的敬畏感，还有待商榷。

我虽对上述说法多有借资，但也不全然同意。

我以为孔子一方面重视人在价值信念上的自然—自主性（从自然—本然经学思进达自觉—自主），另一方面也讲“恭”、“敬”

① 李泽厚：《论语今读》，第52—53页。

② 牟宗三：《心体与性体》，台北：台湾正中书局，1968年，第21页。

甚至“敬畏”，表显着以下三层意思：

其一是，在世间日常生命成长过程中，在自然—本然状况下内化为我们本心本性的价值信仰（构成内在主体性），就源自于体认着世代相继的思想传统，接续着先贤先圣的精神血脉（可指为外在客观性）。由之，我所禀得的价值信念，就不仅仅是属于我个人的，此即所谓“天生德于予”；我如何去做，也不仅仅是个人行为，此即所谓“文王既没，文不在兹乎”。我们承载着以往一代又一代灌注于我们生命的血脉，又承担着把这些血脉一代又一代往下传递并使之绵延不断的使命，责任重大，任重道远，岂能不抱恭敬、敬畏之心？“畏天命”、“畏圣人之言”正当此意。

其二是，社会历史的变迁又总有不如人意的时候。这种变迁或决定于自然世界有其不为人力所能任意改变的节律，这固然亦须我们敬而畏之。孔子“闻风雷必变”，颜渊死，孔子太息“天丧予，天丧予”即此。但这种变迁更可能源自上层统治者（大人）的失德，且仅仅由于个人或少数人一时的失德，就可以导致整个社会的长期的混乱（如孔子面对的现实），这无疑尤其可畏。在这种情况下的“畏”，并不是出自对上层权威人物的惧怕，而只是忧心于在失德情况下权威的滥用给社会带来的深重灾难。孔子把“畏大人”与“畏天命”、“畏圣人”并列，实表达了他对已经陷入深重灾难的现实状况的深重忧虑[1]。

其三是，作为一名君子，面对由上层人物失德而引发的社会的深重灾难，也不可以丧失崇高的价值理想，反倒要以更加敬谨的态度去持守这种理想，日夕警惕自己是否有所松懈。自己个人

① 钱穆注“畏大人”一语称：“大人，居高位者，临众人之上，为众人祸福所系，亦非我力所能左右，故不可不心存敬畏。”释全章则称：“畏者戒之至而亦慧之深。禅宗去畏求慧，宋儒以敬字矫之，然谓敬在心，不重于具体外在之当敬者，亦其失。”（钱穆：《论语新解》，第435页。）钱穆谓“敬”有“具体外在之当敬者”，诚是。

的持守和影响他人与社会的努力，在改变恶的变迁方面也许只起到微不足道的作用，但也要把它看作历史赋予的神圣使命而以顽强不息的精神心态去做出努力。孔子周游列国 14 年“累累如丧家之犬”，却还要“知其不可而为之”，他的这种具有献身性的精神心态，也体现了一种敬畏感。这似乎是孔子面对当时的时势（命）更加强调的一种敬畏精神。

诚然，孔子立足于世间日常生活、日常情感建构起来的以价值追求为核心的哲学体系，是必然认信价值意识的自然—自主性的。但如果讲求自然—自主性，便难以避免把个体自我推向一种绝对性。阳明后学出现的“满街都是圣人”的格局，即是过分强调个体自我的自主—自足性的结果。孔子虽然认信价值意识形成的自然—自主性，但他是置入世代相继的文化传统与精神血脉来谈这种自然—自主性的，这就使个人于自然—本然中习得的价值意识，因为承接着世代相续的文化传统与精神血脉而获得一种超越个体自我的、客观的乃至神圣化的意义。

孔子让价值哲学、价值意识回归日常生活、日常情感，似是凡俗的；但是，他从凡俗中指点出神圣所在。如果哲学的架构不可以缺失神圣的维度，那么孔子其实已经做得很圆满了。

六、孔子哲学作为一种范型开启的意义

通过以上分析可见，孔子思想能够回应与满足哲学所需的普遍无限性、先验性、神圣性等诉求。它具足作为哲学体系的共同品格。

然而，孔子哲学毕竟又不同于西方哲学。西方哲学的传统形态是通过舍弃现实生活、剥离经验内容，在纯形式的意义上建构

起来的。因为太纯粹了，也与神的追求相契接了。

孔子不然。他从来不舍离现实生活世界，从来都是对生活世界充满感情，寄予期望的。这就显示，孔子固具足作为哲学体系所需的共同品格，也呈现出自己的个性特色，表显为一种独特的范型。

孔子哲学的这种个性特色、独特范型，可以用什么来标识，用什么话语去界说呢？

许多学者会用“仁学”、“仁者爱人”来标识，去界说。但这似乎只是一种伦理学的视角，缺失哲学的维度，而且与宗教家难有区别。宗教家就很推崇无条件的、不加分别的“普遍之爱”[①]。我们大可不必让孔子扮演宗教家的角色，也不必与宗教家比“爱”。那么，如何表征孔子哲学的独特范型呢？

我以为更能体现孔子哲学的独特范型的，是孔子的运思方式和由运思方式积淀而成的文化精神。

孔子的运思方式，就其回落到现实世间生活去考量社会与人生的问题而并未诉诸上苍而言，体现出一种理性的取向；而回落现实世间生活，关切的却是人与人的情感，这又是有价值的，体现出信仰的取向。孔子的哲学作为一种独特范型，实际上可以界说为在理性与信仰之间保持平衡与张力的类型。所谓在理性与信仰之间保持平衡与张力，是指：其理性的取向，是有信仰作底蕴的，因而不至于脱落为工具，“以义取利”所说即是；其信仰的取向，又是经过理性洗礼的，因而不至迷失于狂躁，“天下有道则见，无道则隐”所指即是。

---

① 《新约·马太福音》记称：“我告诉你们，要爱你们的仇敌，并且为迫害你们的人祷告。这样，你们才可以作天父的儿女。因为，天父使太阳照好人，同样也照坏人；降雨给行善的，也给作恶的。假如你们只爱那些爱你们的，上帝又何必奖赏你们呢？”（《新约》，南京：中国基督教协会，1997 年，第 9 页。）这是讲“普遍的爱”。

孔子回归现实世间日常生活、日常情感建构起来的这样一种哲学范型，与西方抛离世间日常生活、日常情感而以逻辑抽象与演绎的方式去建构哲学，亦可以说就是两种不同的哲学范型吧！对两种不同的体系或范型，我们没有必要简单地做孰优孰劣的比较。但还是应该指出，西方哲学通过抽象确立一个终极原则，对现实社会固有批判的意义，然待其需要给现实社会作正面建构时，却又不得不引入各别经验。如西方近代倡设的“人人生而平等说”，就是抽去了人与人的种种差别确立的。待人们感到不平等时，它可以化为批判的武器。可是在现实社会中如何加以贯彻？小孩有没有平等投票的权利？妇女有没有投票的资格？凭什么做出判定？无非是一些关于成熟不成熟的经验考量。经验的引入，已使哲学追求从先验往下坠落。况且，经验的选取，既无先验作依据，又必带主观随意性。由此不能不导发先验原则与经验现实的紧张性，和由这种紧张性连带引出的无限与有限、绝对与相对、世界与自我等种种的紧张性。现实有限个人回归不到无限世界，不得不感到焦虑乃至恐惧。西方哲学热衷谈“焦虑”、“恐惧”，大概源于此吧！

孔子则不然。

一方面，孔子是理性的，面向现实的。这就使自己可以容纳现实的变迁与经验的内容。孔子承认“权”的重要性，孟子称孔子为“圣之时者”（《孟子·万章》）。孔子与孟子这种容纳变迁的心态即显示出一种理性。

另一方面，孔子又是很有价值持守的。理性的面向，是正视现实，但不随波逐流。理性面向的意义是从现实具体情况出发，去做价值的指引与提升。《中庸》所谓“尊德性而道问学”、“极高明而道中庸”，即是指：“德性”作为“极高明”的追求，不是悬空的，要从“道问学”切入，要从日常平庸的世间生活开始，以及在“极其必要”的时候，亦可以“杀身成仁”、“舍生取义”。此所谓“极其必要”，即不是盲目的，而是经过理性的选择与考量的；但不管如何考量，仁义作为终极追求，都是绝不可以放弃的。

尤需指出的是，孔子及其开创的儒家在信仰与理性之间保持平衡与张力的运思方式和文化精神，不特构成儒学作为一个哲学学派的独特品格，而且在铸造中华民族的国民性中发挥了重要影响。我们看中国历史：一方面，两千多年从来没有发生过大规模的宗教战争，此即表现了中国国民性的理性态度；另一方面，中国历史上也曾出现过分裂割据，但终以统一为归结，此实如钱穆所说，乃因中国人讲求“情”的内在融和①。

当今世界，价值信仰与工具理性各自被推向了极端：信仰没有经过理性的洗礼，变得极其盲目而张狂；理性缺失信仰做底蕴，完全蜕变为利益争夺的工具与伪装。各种对抗由此引发且变得愈加激烈。面对当今世界的这种现实，也许，孔子和儒家及其铸造的中国国民性在理性与信仰之间保持平衡与张力的独特架构，和关注现实又力图把现实往价值信仰提升的实践精神，会更有魅力吧！

---

① 钱穆先生对东西文化做了一种类型上的区分。他写道：“西方之一型，于破碎中为分立，为并存，故常务于‘力’的斗争，而竞为四围之斗。东方之一型，于整块中为团聚，为相协，故常务为‘情’的融和，而专为中心之翕。……故西方史常表现为‘力量’，而东方史则常表现为‘情感’。西方史之顿挫，在其某种力量之解体；其发皇，则在某一种新力量之产生。中国史之隆污升降，则常在其维系国家社会内部的情感之麻木与觉醒。……以治西史之眼光衡之，常觉我民族啴缓无力者在此。然我民族国家精神命脉所系，固不在一种力之向外冲击，而在一种情之内在融和也。盖西方制为列国争存之局，东方常抱天下一统之思。”（钱穆：《国史大纲》，北京：商务印书馆，1996 年，第 23—25 页。）钱穆此论甚有见地，仅录以供参考。

君子之察言、观色、辨行

——基于《四书》的考察[①]

张丰乾（中山大学哲学系）

“四书”之为《四书》，首先是基于程朱等人对于“道统”的认定，朱熹在《四书章句集注》之中，特别写作《大学章句序》、《中庸章句序》及《读〈论语〉〈孟子〉法》予以申论。然而，从学术研究的角度，无论怎样地“同情理解”，对于“四书”之为《四书》的内在线索以及和其他文献的关系，还是很有必要做出论述和分析的。先哲时贤对此已有不同程度的探索[②]，从《四书》中广泛讨论的言、行、色的问题出发，不失为一种可行的方案。

一、“一言”

人生在世，所讲、所听、所览言语何其多！然而，很多时候，很多情形下，特别是与政教兴衰、方法总结、人物臧否和主

① 本文系国家社科基金重大项目“四书学与中国思想传统研究”（15ZDB005）的阶段性成果。

② 参见陈少明《“四书”系统的论说结构》，载于刘笑敢主编《中国哲学与文化》第9辑，桂林：漓江出版社，2011年。

旨概括等方面有关的语境中，“一言”显得非常关键。

一家仁，一国兴仁；一家让，一国兴让；一人贪戾，一国作乱；其机如此。此谓一言偾事，一人定国。（《大学》）

朱熹章句曰：

偾，音奋。一人，谓君也。机，发动所由也。偾，覆败也。（《大学章句》）

朱熹之章句，是沿用了郑玄的说法；而孔颖达则为此处的“言”做了界定：

注：“一家”、“一人”，谓人君也。戾之言利也。机，发动所由也。偾，犹覆败也。

疏：谓人君一言覆败其事，谓恶言也。

（《礼记正义》卷六十《大学第四十二》）

能否颠覆和败坏事情的一句话或一个说法往往是由君主所言的，故帝王说话有“一言九鼎”及“金口玉言”之称[①]，乃是强调其事关重大和难以更改。但这种“一言”是否就是“恶言”，恐怕不能一概而论。

---

① 西晋夏侯湛所著《抵疑》中有“金口玉音”之说，其中也多论及“言”的问题。如：“仆，东野之鄙人，顽直之陋生也。不识当世之便，不达朝廷之情，不能倚靡容悦，出入崎倾，逐巧点妍，呕喁辩佞。随群班之次，伏简墨之后。当此之时，若失水之鱼，丧家之狗，行不胜衣，言不出口，安能干当世之务，触人主之威，适足以露狂简而增尘垢。纵使心有至言，言有偏直，此委巷之诚，非朝廷之欲也。”见于《晋书卷五十五·夏侯湛列传》。“金口玉言”当然也不仅仅指帝王之言。

定公问："一言而可以兴邦，有诸？"孔子对曰："言不可以若是，其几也。人之言曰：'为君难，为臣不易。'如知为君之难也，不几乎一言而兴邦乎？"曰："一言而丧邦，有诸？"孔子对曰："言不可以若是，其几也。人之言曰：'予无乐乎为君，唯其言而莫予违也。'如其善而莫之违也，不亦善乎？如不善而莫之违也，不几乎一言而丧邦乎？"（《论语·子路》）

有些言语的效果取决于当事人对它的理解和态度，也取决于当事人的地位和能力，确实比较微妙。孔子认为"一言以丧邦"和"一言以兴邦"的说法固然不能完全现实化，但他随即引用了当时有人讲的话"为君难，为臣不易"，重点强调如果知道为君之困难，那么日常说辞和政令举措就不会轻率，这不就与"一言而可以兴邦"接近吗？鲁定公又问："一句话可以丧邦，有没有这样的事呢？"孔子也回答说："话不能这么讲。"有人说他自己做君主也没有什么高兴的，除非臣子们都对他惟命是从。孔子随即评论："如果他自己讲的话是好的，那么臣子不违背也是好的。如若他自己讲的话不好，却让大臣们不能违背，那这不就几乎一言可以丧邦么？"[①] 这里其实就是讲"慎言"的具体落实，也就是每一句话都要谨慎。那么，每一句话都谨慎对于什么人来说更为重要呢？在孔子看来就是国君，因为国君是天下的"独夫"，这才有"一言而可以兴邦"、"一言而可以丧邦"的问题。

上文孔子讲到言行与国家兴亡的关系，下面的这段话则是反

① 关于"几"的理解，有"近"（何晏等）和"期"（朱熹）之不同。笔者认为，结合下文，当以"近"为是。

过来讲的，说的是国家与语言之间的关系。

> 子曰："邦有道，危言危行；邦无道，危行言孙。"（《论语·宪问》）

表面看来，"危"在这里显然与后面的"孙"（逊）相反；但无论是"邦有道"还是"邦无道"，孔子都主张"危行"，只是言和行的次序不一样。孔子这句话的意思是说，当国家政治清明时，言行可以端正高尚。而当国家比较混乱时则要"危行言孙"，即行为端正，言语方面要谦逊。从这里我们不难看出，孔子并没有把"言"与"行"严格地对立起来，而是说无论邦有道还是无道，行为都应该端正，而言语则可以根据具体情况有所调整。

《说文·危部》："危，在高而惧也。"在《论语》中，对"危"最恰当的解释应该是"高峻"[①]，这里的"危"不仅仅是"高"和"惧"。根据《论语》原文，即可理解为，当国家政治清明的时候，那么在言行方面就不妨高峻一点；当国家无道的时候，行为上仍然可以高峻，但是在语言上则应该更加谦逊（卑）。因为在国家局势比较危险和困难的时候，很多事情可能没办法通过"言"来改变，而是要通过行为来改变。孔子之言，不仅是对个人的提醒，也是对执政者的警戒。

> 危，高峻也。孙，卑顺也。尹氏曰："君子之持身不可变也，至于言则有时而不敢尽，以避祸也。然则为国者使士言孙，岂不殆哉？"（朱熹《论语集注》卷七）

① 危，高峻也。孙，卑顺也。尹氏曰："君子之持身不可变也，至于言则有时而不敢尽，以避祸也。然则为国者使士言孙，岂不殆哉？"（朱熹《论语集注》卷七）

朱熹所引尹焞之解中“持身不可变也”指“危行”而言，也非常有启发性。

在人物臧否方面，特别是对于引人注目的人物，各种说法都会有。子贡善于思考发问，是孔门弟子中“言语”科的代表，尤其以善于经商和游说四方闻名于世，和诸侯分庭抗礼，而对孔子终身服膺，以至于有人问他为什么对孔子那么恭敬：

> 陈子禽谓子贡曰：“子为恭也，仲尼岂贤于子乎？”子贡曰：“君子一言以为知，一言以为不知，言不可不慎也！夫子之不可及也，犹天之不可阶而升也。夫子之得邦家者，所谓立之斯立，道之斯行，绥之斯来，动之斯和。其生也荣，其死也哀，如之何其可及也？”（《论语·子张》）

子贡的“一言以为知，一言以为不知”，特别是“言不可不慎”的回答显然具有普遍意义：“知其然，不知其所以然”的闲谈或局限于势利的偏见往往会在不经意间流露出来。但子贡的辩驳并非就此停止，而是继续阐述孔子之“不可及”。难怪司马迁也感叹：

> 子赣既学于仲尼，退而仕于卫，废著鬻财于曹、鲁之间，七十子之徒，赐最为饶益。原宪不厌糟糠，匿于穷巷。子贡结驷连骑，束帛之币以聘享诸侯，所至，国君无不分庭与之抗礼。夫使孔子名布扬于天下者，子贡先后之也。此所谓得势而益彰者乎？（《史记·货殖列传》）

然而，子贡本人也有被孔子贬抑，及被原宪指摘而觉得惭愧和不快的时候：

子贡利口巧辞，孔子常黜其辩。问曰：“汝与回也孰愈?”对曰：“赐也何敢望回！回也闻一以知十，赐也闻一以知二。”

孔子卒，原宪遂亡在草泽中。子贡相卫，而结驷连骑，排藜藿入穷阎，过谢原宪。宪摄敝衣冠见子贡。子贡耻之，曰：“夫子岂病乎?”原宪曰：“吾闻之，无财者谓之贫，学道而不能行者谓之病。若宪，贫也，非病也。”子贡惭，不怿而去，终身耻其言之过也。（《史记·仲尼弟子列传》）

言语的过失会带来羞耻感，子贡之所以“终身耻其言之过也”，也许是因为他和孔子之间本来有过关于贫富的对话，而他当时还受到了孔子的称许：

子贡曰：“贫而无谄，富而无骄，何如?”

子曰：“可也。未若贫而乐，富而好礼者也。”

子贡曰：“《诗》云：‘如切如磋，如琢如磨。’其斯之谓与?”

子曰：“赐也，始可与言《诗》已矣！告诸往而知来者。”（《论语·学而》）

子贡与孔子的对话不止“一言”，但是围绕贫富之时如何修身这个话题，引用《诗经·卫风·淇奥》中的一句诗，又揭示出“切磋琢磨”的学问之道，堪称佳话。而关于《诗经》的主旨，孔子曾用“一言以蔽之”的方法：

子曰：“《诗》三百，一言以蔽之，曰‘思无邪’。”（《论

语·为政》）

针对事情的纷繁芜杂，人们常用“一言难尽”来概括。但从哲理的角度，即使是“天地之道”，也可以“一言而尽”：

天地之道，可一言而尽也：其为物不贰，则其生物不测。（《中庸》）

“一言”可能指一句话、一个词、乃至一个字。

子贡问曰：“有一言而可以终身行之者乎？”

子曰：“其恕乎！己所不欲，勿施于人。”（《论语·卫灵公》）

孔子说“恕”作为德目可以行之终身，但这个答案来自子贡对于有没有此种“一言”的追问。

二、“知言”、“畏言”、“慎言”、“先行其言”

《论语》中的“言”、“行”经常作动词用[①]，但与普通的历史叙述不同，“言”与“行”的内容和方式往往是思考和选择的对

① 《说文·言部》：“言：直言曰：言，论难曰语。”段玉裁注：“《大雅》毛传曰：‘直言曰言，论难曰语。’论，《正义》作答。郑注《大司乐》曰：‘发端曰言，答难曰语。’注《杂记》曰：‘言，言己事；为人说为语。’”《说文·行部》：“行，人之步趋也。”段玉裁注：“步，行也；趋，走也。二者一徐一疾，皆谓之‘行’，统言之也。《尔雅》：‘室中谓之时，堂上谓之行，堂下谓之步，门外谓之趋，中庭谓之走，大路谓之奔。’析言之也。引伸为巡行、行列、行事、德行。”

象，比如“可与言”、“不可与言”、“难与言”、“行有余力”、“行诈”、“行不履阈”等。而作为名词的“言”、“色”、“行”同样是孔子及其弟子进行哲学反思的对象。

对于“言”，孔子把它和“命”与“礼”相提并论，指出了对三者不知所导致的三种“无以”。

子曰：“不知命，无以为君子也。不知礼，无以立也。不知言，无以知人也。”（《论语·尧曰》）

孔子对于“知人”的重视，以“知言”为基础。而在《尚书》中，则是从能力的角度，突出“知人”的重要性。

皋陶曰：“都！在知人，在安民。”禹曰：“吁！咸若时，惟帝其难之。知人则哲，能官人。安民则惠，黎民怀之。能哲而惠，何忧乎驩兜？何迁乎有苗？何畏乎巧言令色孔壬？”（《尚书·虞书·皋陶谟》）

在《孟子》中，则有著名的“知言养气”之辨，由“不动心”和“得言”发端。

曰：“敢问夫子之不动心，与告子之不动心，可得闻与？”

“告子曰：‘不得于言，勿求于心；不得于心，勿求于气。’不得于心，勿求于气，可；不得于言，勿求于心，不可。夫志，气之帅也；气，体之充也。夫志至焉，气次焉。故曰：‘持其志，无暴其气。’”

“既曰‘志至焉，气次焉’，又曰‘持其志无暴其气’

者，何也？"

曰："志壹则动气，气壹则动志也。今夫蹶者趋者，是气也，而反动其心。"

"敢问夫子恶乎长？"

曰："我知言，我善养吾浩然之气。"

"敢问何谓浩然之气？"

曰："难言也。其为气也，至大至刚，以直养而无害，则塞于天地之闲。其为气也，配义与道；无是，馁也。是集义所生者，非义袭而取之也。行有不慊于心，则馁矣。我故曰，告子未尝知义，以其外之也。必有事焉而勿正，心勿忘，勿助长也。无若宋人然：宋人有闵其苗之不长而揠之者，芒芒然归。谓其人曰：'今日病矣，予助苗长矣。'其子趋而往视之，苗则槁矣。天下之不助苗长者寡矣。以为无益而舍之者，不耘苗者也；助之长者，揠苗者也。非徒无益，而又害之。"

"何谓知言？"

曰："诐辞知其所蔽，淫辞知其所陷，邪辞知其所离，遁辞知其所穷。生于其心，害于其政；发于其政，害于其事。圣人复起，必从吾言矣。"

"宰我、子贡善为说辞，冉牛、闵子、颜渊善言德行。孔子兼之，曰：'我于辞命则不能也。'然则夫子既圣矣乎？"

曰："恶！是何言也？昔者子贡、问于孔子曰：'夫子圣矣乎？'孔子曰：'圣则吾不能，我学不厌而教不倦也。'子贡曰：'学不厌，智也；教不倦，仁也。仁且智，夫子既圣矣！'夫圣，孔子不居，是何言也？"（《孟子·公孙丑上》）

孟子阐述"浩然之气"，也是由"其难言也"开始，并把

"知言"具体化为对六种辞令的认知和把握，以去其害。他对自己所说的内容有充分自信，认为"圣人复起，必从吾言"；而对别人的议论，则以"是何言也"表示质疑。

孔子所希望的则是"不失人，亦不失言"。

> 子曰："可与言而不与言，失人；不可与言而与之言，失言。知者不失人，亦不失言。"（《论语·卫灵公》）

《诗经·郑风·将仲子》："人之多言，亦可畏也。"后世简略为"人言可畏"。对于自己的言行要谨慎，而对于"圣人之言"，则要敬畏。

> 孔子曰："君子有三畏：畏天命，畏大人，畏圣人之言。小人不知天命而不畏也，狎大人，侮圣人之言。"（《论语·季氏》）

孔子这段话，笔者曾从"畏"的角度讨论过[①]。圣人之言之所以要"畏"，之所以这般重要，一个主要的原因就在于，圣人之言代表了人类社会最高的价值标准和行为原则，是天命的代言，而被广泛认可和普遍印证的。

孔子批评言谈之中不涉及正义却实行小恩小惠的现象；而他的学生有若强调讲求信用而接近正义，其效果是"言可复"。

> 子曰："群居终日，言不及义，好行小慧，难矣哉！"

① 参见拙文《〈论语〉中的戒、慎、畏》，载于《古典研究》2016年秋、冬季合卷/总第二十七、二十八期。

(《论语·卫灵公》)

有子曰:“信近于义,言可复也;恭近于礼,远耻辱也;因不失其亲,亦可宗也。”(《论语·学而》)

对于他人的信用如果接近“义”,那么语言才是可以重复的。“复”可以理解成“复述”或“复查”。这就是说,如果一个人的信用是建立在“义”的基础上,那么他的语言是可以重复的,经得起检验的。

孔子更加突出的是“敏于事而慎于言”,换言之,即“讷于言而敏于行”。

子曰:“君子食无求饱,居无求安,敏于事而慎于言,就有道而正焉,可谓好学也已。”(《论语·学而》)

子曰:“君子欲讷于言而敏于行。”(《论语·里仁》)

上述第一段话是对“好学”的阐述,讲的是做事要积极敏捷而言语要谨慎。君子之所食、所居、所为都是属于“行”的方面,在这些方面的“无求”正是君子的体现。“慎于言”和“讷于言”相互发明,而“言”又往往是“行”的先导。

子贡问君子。子曰:“先行其言,而后从之。”(《论语·为政》)

子贡向孔子问君子的所指时,孔子说“先行其言,而后从之”,即是要先实践自己的言语,再去说。其实这也就是“言可复”。

子张学干禄。子曰："多闻阙疑，慎言其余，则寡尤；多见阙殆，慎行其余，则寡悔。言寡尤，行寡悔，禄在其中矣。"（《论语·为政》）

孔子告诉学生子张如何求得俸禄时，讲到要"多闻阙疑，慎言其余"。听闻广博，但对于不明白的地方先要存疑，而不要主观臆断。这里的"慎言"是强调即使是自己很有把握的东西，讲出来时也要非常谨慎。"多见阙殆，慎行其余"也是讲多方见识而规避风险，其余方面的"行"也一样要谨慎。在"多"、"慎"、"寡"的辩证和实践中，酬报自然就在其中了。乍看起来，孔子似乎答非所问。但是仔细分析，就能体会到孔子认为"慎言"和"慎行"是建立在"多闻阙疑"和"多见阙殆"的基础上的。"慎言"有时候甚至体现为"言之不出"。

子曰："古者言之不出，耻躬之不逮也。"（《论语·里仁》）

古代的人如果做不到自己所说的会感到很羞耻，所以宁肯不讲话。老子也讲"轻诺则寡信"。这也是言辞与行为的关系问题。在言行之间，可以由言的方式推断出行的后果。

子曰："其言之不怍，则为之也难。"（《论语·宪问》）

司马牛问仁。子曰："仁者，其言也讱。"曰："其言也讱，斯谓之仁已乎？"子曰："为之难，言之得无讱乎？"（《论语·颜渊》）

"怍"惭愧的意思。孔子在这里讲，一个人大言不惭，那么他将所说落实到行为上时也会很难。而“仁者”讲话是和缓谨慎的。《说文·言部》：“讱，顿也。从言，刃声。《论语》曰：‘其言也讱。’”段玉裁注：“顿之言钝也。”“其言也讱”正好和“巧言”相对。

子曰：“君子耻其言而过其行。”（《论语·宪问》）

孔子在这里阐述了另一件让君子感到羞耻的事情——“言而过其行”，亦即言行不符。

以上所讨论的言行关系，可以用《中庸》之中的一段“子曰”来概括：

> 子曰：“道不远人，人之为道而远人，不可以为道。《诗》云：‘伐柯，伐柯，其则不远。’执柯以伐柯，睨而视之，犹以为远。故君子以人治人，改而止。忠恕违道不远，施诸己而不愿，亦勿施于人。君子之道四，丘未能一焉，所求乎子，以事父，未能也；所求乎臣，以事君，未能也；所求乎弟，以事兄，未能也；所求乎朋友，先施之，未能也。庸德之行，庸言之谨；有所不足，不敢不勉，有余不敢尽；言顾行，行顾言，君子胡不慥慥尔！”

孔子从“不远”的角度，论述道的切近和普遍，即体现在平常的有德之行及谨慎之言，不知之处不敢懈怠，而有余之处不敢用完。言行之间全面对照，君子为什么不是忠厚诚恳的呢?!

三、“言”、“语”与“行”、“色”

《论语·乡党》这一篇中记载了孔子生活起居方面的一些表现，其中就有许多与“言”和“色”有关：

孔子于乡党，恂恂如也，似不能言者。其在宗庙朝廷，便便言，唯谨尔。朝，与下大夫言，侃侃如也；与上大夫言，訚訚如也。君在，踧踖如也，与与如也。

君召使摈，色勃如也，足躩如也。揖所与立，左右手，衣前后，襜如也。趋进，翼如也。宾退，必复命曰：“宾不顾矣。”

入公门，鞠躬如也，如不容。立不中门，行不履阈。过位，色勃如也，足躩如也，其言似不足者。摄齐升堂，鞠躬如也，屏气似不息者。出，降一等，逞颜色，怡怡如也。没阶，趋进，翼如也。复其位，踧踖如也。

食不语，寝不言。

虽疏食菜羹，瓜祭，必齐如也。

席不正，不坐。

有盛馔，必变色而作。迅雷风烈必变。

升车，必正立执绥。车中不内顾，不疾言，不亲指。

色斯举矣，翔而后集。

第一段话讲的是孔子与不同社会地位的人讲话分别是怎样的。这里的“言”也带有动词的用法，应该作动名词，表示说话的方式。“孔子于乡党，恂恂如也，似不能言者。”“恂恂”是不善言辞的样子。讲的是孔子不喜欢在乡党面前炫耀自己。“其在宗庙朝廷，便便言，唯谨尔。”孔子在宗庙朝廷这类严肃的场合是“便便言”，既能言善辩，但又非常谨慎。这表示孔子对于宗庙朝廷的事情积极参与，但是发表言论时十分谨慎。“朝，与下大夫言，侃侃如也；与上大夫言，訚訚如也。”同样是朝廷，与等级比较低的官员讲话时“侃侃如也”，即轻松愉快的样子。而与等级较高的官员交谈则是“訚訚如也”，即中正和悦的样子。“君在，踧踖如也，与与如也。”讲的是孔子在君王面前讲话比较恭敬紧张，但是又“与与如也”，即比较镇定。从这里我们可以看出孔子与不同社会地位的人交谈时有不同的方式和态度。

第二段话讲的是如果国君命令孔子招待外宾，孔子“色勃如也”。这即是说当孔子身担重任时面部表情会相应地发生变化。这也与“易色”相关。“足躩如也”是走得很快的样子。孔子平时看起来虽然会显得木讷，但在这种场合下却行动十分敏捷。“揖所与立”就是向身边的人作揖。“左右手”的意思应该是说当对方在自己左边时则用左手与之行礼，如果对方在右边则用右手行礼。“衣前后，襜如也”是说衣服前后摆动，着装比较讲究。“趋进，翼如也”说的是孔子往前走的时候姿态如同鸟张开双翼。当宾客回去时孔子一定向君主复命，说“宾不顾也”，即宾客没有再回头了。从此处也可以看出孔子担任重任时每一个环节都是一丝不苟的。

而孔子对于日常生活中的言行也有要求：“食不语，寝不言。”这就是说，吃饭和睡觉的时候就不说话了。“不语”、“不言”既可以保证吃饭睡觉的质量，亦可以避免在饭桌和床榻上轻率为言。“有盛馔，必变色而作”是说孔子看到盛宴美食也会改变自己的表情，并且站起来。对于“变色而作”有不同的解释，笔者认为孔子应该是觉得对于这些盛宴美食自己受之有愧，或者觉得过于铺张浪费，他并不是那么心安理得地享用，所以面部表情也会发生变化。

“升车，必正立执绥。车中不内顾，不疾言，不亲指”讲的是坐在车中时端正姿态，抓稳扶手，并且不左顾右盼，不很快说话，也不指指点点。

“色斯举矣，翔而后集。”对于这句话，一般的解释是说孔子看君主的脸色，如果君主的脸色比较难看就会选择离开。（“翔而后集”也被理解为飞鸟的行为。）“翔而后集”是说离开后仍然会回望，对自己的离开做谨慎的思量。我们现在再来思考一下“易色”的问题。“贤贤易色”是说看到贤者自己的脸色应该由不好变为好。而当别人“易色”，由好变为不好，从友善变成不友善时，自己应该选择离开，但是这种离开应该是谨慎考虑的结果。

四、“巧言”、“令色”、“足恭”；“察言观色”

对于“巧言”，古书中多有警惕指斥之词；“令仪令色”指美好的行为和面容，而“巧言令色”则是被正人君子所批评的。

《诗·小雅·雨无正》：“哿矣能言，巧言如流，俾躬处休。”

《尚书·虞书·皋陶谟》：“能哲而惠，何忧乎驩兜，何迁乎有苗，何畏乎巧言令色孔壬！”

《尚书·周书·囧命》：“慎简乃僚，无以巧言令色，便辟侧媚，其惟吉士。”

《春秋繁露·五行相胜》：“水者，司寇也，司寇为乱，足恭小谨，巧言令色，听谒受赂，阿党不平，慢令急诛，诛杀无罪，则司营诛之，营荡是也。”

《后汉书·郎顗传》：“今三公皆令色足恭，外厉内荏，以虚事上，无佐国之实。”

《魏书·恩倖传序》：“夫令色巧言，矫情饰貌，邀眄睐之利，射咳唾之私，此盖苟进之常也。”

孔子对于“巧言”、“令色”、“足恭”都给予批评：

子曰：“巧言令色，鲜矣仁!”（《论语·学而、阳货》）

包咸注：“巧言，好其言语。令色，善其颜色。皆欲令人说之，少能有仁也。”

邢昺疏：“此章论仁者必直言正色。其若巧好其言语，令善其颜色，欲令人说爱之者，少能有仁也。”（《论语注疏》卷一）

子曰：“巧言乱德；小不忍则乱大谋。”（《论语·卫灵公》）

“巧言”就是非常机巧的言辞。“令”本义是“美好”的意思。“巧言令色”在现代汉语中演变为贬义词，但是在早期古典文学作品中“令色”指美好的外在仪态。《诗经·大雅·烝民》中讲道：“仲山甫之德，柔嘉维则。令仪令色，小心翼翼。”这是说仲山甫这个人有很好的德行，言行举止美好又谨慎。“色”与“容”是同义词，指的都是外在的仪态。

《诗经》是孔子一个重要的思想资源，而在《论语》中孔子引诗将“巧言”与“令色”并列的时候，“巧言令色”就变成了贬义词。所以我们要注意的一点就是在《论语》中，“巧言”与“令色”总是一起出现的。《尚书》中的“巧言令色”，也为贬义。

皋陶曰："都！在知人，在安民。"禹曰："吁！咸若时，惟帝其难之。知人则哲，能官人。安民则惠，黎民怀之。能哲而惠，何忧乎驩兜？何迁乎有苗？何畏乎巧言令色孔壬？"（《尚书·虞书·皋陶谟》）

慎简乃僚，无以巧言令色，便辟侧媚，其惟吉士。（《尚书·周书·冏命》）

孔子讲，当一个人既"巧言"又"令色"时"鲜矣仁"，即很少有仁德。孔子强调"刚毅木讷近仁"，而"巧言令色"与"刚毅木讷"刚好相反。这当然不是绝对的，只是说巧言令色的情况很少有仁德。"巧言令色"不仅在《学而》篇出现，还在《阳货》篇中出现，这是不太常见的，所以可以想见大概孔子对这个说法很重视，或者孔子的学生们对老师的这个说法印象很深刻。

子曰："巧言，令色，足恭，左丘明耻之，丘亦耻之。匿怨而友其人，左丘明耻之，丘亦耻之。"（《论语·公冶长》）

"足恭"是身体形态非常恭敬的样子[①]。孔子说对于"巧言令色足恭"，左丘明耻笑之，自己也耻笑之。"匿怨而友其人"说的是把自己的怨恨隐藏起来而与别人保持友好。而这里的"友"也是"巧言令色"的一种表现。所以孔子认为这种做法也是可

① 《礼记·表记》："君子不失足于人，不失色于人，不失口于人，是故君子貌足畏也，色足惮也，言足信也。《甫刑》曰：'敬、忌而罔有择言在躬。'"

耻的。

在春秋时期，一些大思想家如左丘明和孔子都思考“巧言令色”的问题，这说明在当时的社会上大概存在着大量“巧言令色”之徒，所以引起了左丘明和孔子等人对“巧言令色”问题的关注。

而“巧言乱德；小不忍则乱大谋”则是强调机巧的语言使德行受到破坏以致混乱。“小不忍”的表现常常就是没有在细节方面谨言慎行。

“巧言”或“虚言”几乎遍布生活的各个领域，孔子特意归纳出“六言六弊”。

> 子曰：“由也，女闻六言六蔽矣乎?”对曰：“未也。”“居！吾语女。好仁不好学，其蔽也愚；好知不好学，其蔽也荡；好信不好学，其蔽也贼；好直不好学，其蔽也绞；好勇不好学，其蔽也乱；好刚不好学，其蔽也狂。”（《论语·阳货》）

既然对美德和善行有所喜好而不知学习的人都会表现出某种偏颇，那么“察言观色”就显得尤为必要。“察言观色”是一种特别的能力。

> 子张对曰：“在邦必闻，在家必闻。”子曰：“是闻也，非达也。夫达也者，质直而好义，察言而观色，虑以下人。在邦必达，在家必达。夫闻也者，色取仁而行违，居之不疑。在邦必闻，在家必闻。”（《论语·颜渊》）

孔子在这段话中讲了“达”和“闻”的关系。孔子说真正通达的人是“质直而好义，察言而观色，虑以下人”，即是说本质正直好义，并且“察言而观色”，考虑如何尊重别人。这里“言”和“色”就成了“察”和“观”的对象。我们对他人和周边环境的了解往往是通过“察言观色”进行的。而“闻”是“色取仁而行违，居之不疑”，即表面上采取“仁”的立场，实际行为却违反了“仁”的原则，但因为没有引起别人的怀疑，所以也能有好的名声。这里的“色取仁”其实也就是“令色”，即表面上看起来仁爱忠厚。

孔子总结了在贵族属下做事的三种过失，都和“言”有关。

> 孔子曰：“侍于君子有三愆：言未及之而言谓之躁，言及之而不言谓之隐，未见颜色而言谓之瞽。”（《论语·卫灵公》）
>
> “瞽”，无目，不能察言观色。（朱熹《论语集注》卷八）

前面两种是“过犹不及”，而朱熹以“不能察言观色”解释“瞽”稍显偏颇，因为孔子已言“未见颜色而言谓之瞽”，“未见”与“不能”还是有区别的。而孟子的“不见诸侯”，引起了关于“观其色”的讨论：

> 公孙丑问曰：“不见诸侯，何义？”
>
> 孟子曰：“古者不为臣不见。段干木逾垣而辟之，泄柳闭门而不内，是皆已甚。迫，斯可以见矣。阳货欲见孔子而恶无礼，大夫有赐于士，不得受于其家，则往拜其门。阳货瞰孔子之亡也，而馈孔子蒸豚；孔子亦瞰其亡也，而往拜之。当是时，阳货先，岂得不见？曾子曰：‘胁肩谄笑，病于夏畦。’子路曰：‘未同而言，观其色赧赧然，非由之所知

也。’由是观之，则君子之所养可知已矣。”（《孟子·滕文公上》）

孟子引用了几个例子以及曾子和子路之语，以论证察言观色的多种角度和“义”的原则。他所说的“所养”，当然也包括“养气”。

在《论语·宪问》中也有一个言语、笑容和行为基于“时”、“乐”和“义”的例子。

> 子问公叔文子于公明贾曰：“信乎，夫子不言，不笑，不取乎？”公明贾对曰：“以告者过也。夫子时然后言，人不厌其言；乐然后笑，人不厌其笑；义然后取，人不厌其取。”

孔子问公明贾，公叔文子是否真的“不言，不笑，不取”；公明贾回答说，公叔文子讲话很符合时宜，所以人们都不讨厌他的言论；他感到快乐了才发笑，所以人们不讨厌他的笑；他依道义而有所取，因此人们都不讨厌他的获取。“三不厌”的原因在于公叔文子不苟言笑和不谋私利。孔子重视“信”，但是并不意味着他完全反对“巧”。

> 子曰：“情欲信，辞欲巧。”（《礼记·表记》）

这里的“情”就是指情貌，“情欲信”就是说情貌应该追求可信；而“辞欲巧”即“欲修辞”，追求言辞的巧妙。如《周易·乾卦·文言传》所论：

> 九三曰“君子终日乾乾，夕惕若厉，无咎”，何谓也？

子曰："君子进德修业。忠信所以进德也。修辞立其诚，所以居业也。知至至之，可与几也。知终终之，可与存义也。"

如果说"忠信"是对"质"的提升，那么"修辞"就是对"文"的升华，又称为"润色"。

子曰："为命，裨谌草创之，世叔讨论之，行人子羽修饰之，东里子产润色之。"（《论语·宪问》）

裨谌、世叔、子羽和子产都是郑国人。"为命"，是"为诸侯命"，即制定诸侯会盟时所遵守的一套制度。这套制度是非常具权威性的，因为这套制度是有人草创，有人讨论，有人修饰，还有人润色的。"润色"就是加工文字言辞，使它们看起来比较温润光彩，有感染力，而不是"干巴巴"的。

孔子对于"忠信"格外重视：

子张问行。子曰："言忠信，行笃敬，虽蛮貊之邦行矣。言不忠信，行不笃敬，虽州里行乎哉？立，则见其参于前也；在舆，则见其倚于衡也，夫然后行。"子张书诸绅。（《论语·卫灵公》）

子张问孔子"行"的问题，而孔子的回答却包括言、行两个方面。他说，讲的话要忠实、有信用，做事踏实而恭敬。若能如此，即使在文明很落后的地方也是可行的；假若不如此，即便在熟悉的地方也寸步难行。孔子甚至很具体地说到站立要端正，身体微向前倾，这是表现对人的尊敬；在车中时，也要倚靠在衡木上以保持好的体态。"子张书诸绅"是说子张将孔子讲的话书写在丝绸上。从此处我们也可以想见，《论语》中孔子的许多话就是解疑答难，而被学生随机做了“笔记”。

五、“易色”；“好好色”；“色难”

在《论语》的阐释之中，对于“贤贤易色”的含义，历来争议比较多。

> 子夏曰：“贤贤易色；事父母，能竭其力，事君，能致其身；与朋友交，言而有信。虽曰未学，吾必谓之学矣。”（《论语·学而》）

子夏所言，其实是关于“学”的三个问题：其一是“贤贤易色”；其二是“事父母”和“事君”，亦即“行”的问题；其三是朋友交往中“言”的问题。在一般的情形下，“言而有信”可谓普适价值。“信”的字根就是“言”。《说文·言部》：“信，诚也。从人、从言。”之所以强调“言而有信”，也在于“言”可以作为欺骗他人的最方便的工具。子夏把“贤贤易色”放在“学”的首位，也是因为面部表情最直接地表现了自己的心理活动，也最容易引起别人的注意。对于贤者的尊重，首先就体现在面容的变化上。但是，对于“贤贤易色”的解释，却有很大分歧。

何晏注：“言以好色之心好贤则善。”邢昺进一步解释：

> “贤贤易色”者，上“贤”，谓好尚之也；下“贤”，谓有德之人。易，改也。色，女人也。女有姿色，男子悦之，故经传之文通谓女人为“色”。人多好色不好贤者，能改易

好色之心以好贤，则善矣，故曰“贤贤易色”也。（《论语正义》卷一）

按照邢昺的解释，前面这个“贤”作动词，是推崇的意思；后面这个“贤”作名词，指有德行的人。所以“贤贤易色”即推崇贤能之人。“易”是更改的意思。“色”指女色。“人多好色不好贤者，能改易好色之心以好贤，则善矣，故曰‘贤贤易色’也。”这即是讲不要沉溺于女色，而要改变自己的好色之心去好贤。假若我们不以句法来考虑，这个说法是很有针对性的，古代君主多有沉迷于女色的现象。

但我们仔细考察一下，就会发现这里其实有一个微妙的差别。《大学》中讲“诚意”时说道：“所谓诚其意者，毋自欺也。如恶恶臭，如好好色，此之谓自谦。”这就是说，内心诚恳无欺，像讨厌难闻的气味，喜欢好看的容色一样。所以“易色”与“好色”是有差别的，“易色”并不能等同于“易好色”。而《论语》中孔子也明确讲到过“好德如好色”。因此，“易色”应该有另外的考虑。

1993年湖北荆门出土了一批竹简，《五行》是其中的一部。而在长沙马王堆也发现了写在帛书上的《五行》篇。《五行》篇中提到了“玉音玉色”，即声音和仪态都如玉石般温润，并且《五行》篇中讲“玉音玉色”是在“见贤人”时。所以我个人认为“贤贤易色”是强调对于贤人的尊敬要由内而外，我们不仅要从内心尊重贤者，更要在与之交往时改易自己的仪容态度。其实在生活当中，即便内心欣赏他人，但对其表现出鄙夷和冷漠的情况并不鲜见。

子张问曰：“令尹子文三仕为令尹，无喜色；三已之，无

> 愠色。旧令尹之政，必以告新令尹。何如?”子曰：“忠矣。”曰：“仁矣乎?”曰：“未知，焉得仁?”（《论语·公冶长》）

这里孔子认为令尹子文称不上“仁”，但他是“忠”的，忠于自己的职位。我们要关注的问题在于这个“无喜色”和“无愠色”上。由此我们可以引申出相关的问题：为什么要讲“易色”呢?这个“色”有“愠”有“喜”，而孔子希望的是“温”。这同样说明面部表情是人内心活动的一个重要表现。令尹子文“无喜色”、“无愠色”就说明他心态非常稳定，不把个人得失看得过于重要，而且体现于面部表情。子夏所言“君子三变”中，首先也是突出面部表情给人的印象，并和行为及语言的特征相并提。

> 子夏曰：“君子有三变：望之俨然，即之也温，听其言也厉。”（《论语·子张》）

子夏说与君子交往会发现三个变化：远远看上去很严肃端正，接近他时却很温和，而听他讲话也很严肃。

值得注意的是，孔子对于子夏关于“孝”的问题，回答说“色难”。

> 子夏问“孝”。子曰：“色难。有事，弟子服其劳；有酒食，先生馔，曾是以为孝乎?”（《为政》）

我们先来看一下《论语正义》中的解释：

> 此章言为孝必须承顺父母颜色也。“子夏问孝”者，弟子子夏问于孔子为孝之道也。“子曰：色难”者，答之也。

言承顺父母颜色乃为难也。“有事，弟子服其劳，有酒食，先生馔，曾是以为孝乎”者，孔子又喻子夏，服劳、先食不为孝也。先生，谓父兄。馔，饮食也。曾，犹则也。言若家有劳辱之事，或弟或子服其勤劳，有酒有食，进与父兄饮食，汝则谓是以为孝乎？言此未孝也。必须承顺父母颜色，乃为孝也。

《论语正义》认为这一章讲的是“孝”要保持对父母颜色的承顺，即不逆父母的颜色。有事务时年轻人先去做，有酒食时长辈先食，孔子并不认为这就是“孝”。孔子说“色难”，是因为做到承顺父母的颜色很难。这就要求子女去体会父母的情感和心绪，并与之保持一致。我想大概是子女在父母面前往往容易露出怠慢之色，这种怠慢不见得就是不尊敬，而是习惯不以和颜悦色对待父母。

“色”的含义，当然不止于“面容”。

孔子曰：“君子有三戒：少之时，血气未定，戒之在色；及其壮也，血气方刚，戒之在斗；及其老也，血气既衰，戒之在得。”（《论语·季氏》）

这里讲的是“戒色”的问题。孔子讲人在年轻的时候，血气未定，应该对自己的情欲有所节制。这里的“色”就不是我们之前讲的表情仪态了，而是性别意义上的色。“好色”是常见的不良行为。

子曰：“吾未见好德如好色者也。”（《论语·子罕》）

根据《史记·孔子世家》，孔子说这句话的一个背景是孔子到卫国见到了南子，与南子同车出行，结果路上行人都目不转睛地看着南子，却没人理会孔子。“好色”是一个生理本能的自然反应，而“好德”是需要克服许多欲望的。而儒家的理想是希望能“好德如好色”，对美好德行的追求也能自然生发并毫不犹豫。从这里我们也可以发现，儒家在方法论上并不太讲绝对的对立，小人和君子、好色与好德都有转化的可能。最典型的是孟子。在《孟子》中有一段孟子与齐宣王的对话。齐宣王说：“寡人有疾，寡人好色。”孟子引《诗经》中的话，说周朝的太王也好色，但他把这种好色之心推广到民众身上，让民众之中没有怨女，因此使民众生活安定。我认为这是儒家难能可贵的地方之一，儒家认为最崇高的道德标准与最本能的欲望之间是可以沟通的。

除了“易色”，这里孔子还讲到了“辟色”的问题。

> 子曰：“贤者辟世，其次辟地，其次辟色，其次辟言。”（《论语·宪问》）

孔子在这里讲，面对失道之世，贤能的人首先要回避这个世道，其次回避某一个地方，其次回避某些人的脸色，再其次回避某些人言。我们要注意的一点是，对于失道之世、地、人、言，孔子主张贤者采取“辟”的态度，其实也是分辨世人行为、地域风俗、表情态度及舆论环境，概言之，也是察言观色的立体化。这里的“辟”并非消极地回避，而是积极地觉察，然后与之划清界限，不同流合污。

六、“思”与“言”、“色”、“行”

人之为人，在于能思。但君子之思和一般人的思虑有何区别？孔子列出了九个方面：

> 孔子曰：“君子有九思：视思明，听思聪，色思温，貌思恭，言思忠，事思敬，疑思问，忿思难，见得思义。”（《论语·季氏》）

“思”其实也是追求的意思。“色思温”、“言思忠”，是说君子要注意保持仪容温润，保持言辞忠信。视、听、色、貌、言、事、疑、忿、见，这些都是日常生活的基本行为，而哲学家对这些最易被忽视的日常行为都要进行反思，并且有明确的目标，方可称为君子之思。而小人则不同：

> 子曰：“色厉而内荏，譬诸小人，其犹穿窬之盗也与！”（《论语·阳货》）

“色”有令、有温、有喜，还有厉。孔子在这里说，“色厉内荏”这种外表看起来很严厉凶恶，内心其实很恐惧，这就如同小人一样，只不过是打洞穿墙行窃的小偷罢了。《礼记·表记》中有一处可以参照的文献：

> 子曰：“君子不以色亲人；情疏而貌亲，在小人则穿窬之盗也与？”

孔子指出，在人际交往中，君子不会拿出讨好的面容（令色）来和别人亲近，实质上疏远而表面上亲近，犹如打洞穿墙的行窃之举，是“德之贼”。换言之，君子与人的亲近不是仅仅表现在外在的仪容上的，而是应该有实实在在的亲近的感情。孔子在这里可能是用反问方式对学生进行告诫。

那么，怎样才能被称作一个“士”呢？孔子认为首先要做到“行己有耻”。

> 子贡问曰：“何如斯可谓之士矣？”子曰：“行己有耻，使于四方，不辱君命，可谓士矣。”曰：“敢问其次。”曰：“宗族称孝焉，乡党称弟焉。”曰：“敢问其次。”曰：“言必信，行必果，硁硁然，小人哉！抑亦可以为次矣。”曰：“今之从政者何如？”子曰：“噫！斗筲之人，何足算也！”（《论语·子路》）

前文已述，“言”有“信”的功能，但是孔子在这里却说：“言必信，行必果，硁硁然，小人哉！”即是说执守于“言必信，行必果”的人是小人。孔子已经充分认识到，任何的言行无论经过多么缜密的思考，无论有多少充足的根据，总是具有暂时性和随机性的。这也就是说，所有的言行背后都有它不可信、不可行的因素。甚至，在某些情况下，“言必信，行必果”反而会带来灾害。一个人“言必信，行必果”在何种情形下值得信任，要思考其言行本身的基础是否牢靠，前提是否合理。不过，孔子认为那并不是最糟糕的情况。当子贡“图穷匕见”式地问及当时的从政者在什么样的档次上时，孔子也顺理成章地、毫不隐晦地说：“唉！见识和气量都很小的人，哪能够算得上！”可见，孔子对于人物言行的臧否，也包含着他的批判意识。其中也包括他对学生的严厉批评：

> 宰予昼寝。子曰：“朽木不可雕也，粪土之墙，不可圬也；于予与何诛？”子曰：“始吾于人也，听其言而信其行；今吾于人也，听其言而观其行。于予与改是。”（《论语·公冶长》）

孔子对于宰予的批评，可谓登峰造极，但其中也包含着他的自我批评。他检讨说，之前是“听其言而信其行”，现在却是“听其言而观其行”。“讷于言而敏于行”是对自己言行方面的要求，而“听其言而观其行”是对他人言行的态度，不要把“言”和“行”轻易地等同起来。“听”和“观”表达的都是一种比较冷静的态度。

在严厉批评子路把“正名”视为迂阔之举的时候，孔子进一步阐述了“名”、“言”、“行”之间的必然联系：

> 子路曰：“卫君待子而为政，子将奚先？”子曰：“必也正名乎！”子路曰：“有是哉，子之迂也！奚其正？”子曰：“野哉，由也！君子于其所不知，盖阙如也。名不正，则言不顺；言不顺，则事不成；事不成，则礼乐不兴；礼乐不兴，则刑罚不中；刑罚不中，则民无所错手足。故君子名之必可言也，言之必可行也。君子于其言，无所苟而已矣。”（《论语·子路》）

子路问孔子，如果去卫国为政的话最先做什么，孔子回答“正名”。概言之，“正名”就是“君君、臣臣、父父、子子”。鲁国与卫国是兄弟之邦，鲁国的人也很乐意去卫国从政。但是卫国在某一段时期里内政十分混乱，混乱的表现就是君不君、臣不臣、父不父、子不子，君臣父子相争。因此孔子有针对性地讲“正名”。但是子路很不以为然，还说老师很迂阔。孔子斥责说，子路很粗野，君子对于自己不知道的东西不会乱讲。“名不正，则言不顺”讲“正名”是为了“言顺”。这里就有一个问题：“言”如何“顺”呢？而“言不顺，则事不成；事不成，则礼乐不兴；礼乐不兴，则刑罚不中；刑罚不中，则民无所错手足。”所以，前提都是“名正”。“故君子名之必可言也，言之必可行也。君子于其言，无所苟而已矣。”孔子认为君子去命名的必定是可以讲清楚的，讲出来的必定是可以依之去行动的。君子对于自己说的话无任何苟且之处。综观这段话，更多人注意的是前面的“正名”思想，而孔子其实都是围绕“言”来讲的。“言”的一个重要功能是“名”，“名”一方面要落实于“言”或文字上，而另一方面要落实到“实”上，即要可行。语言在这里就像一个中枢。“君子于其言，无所苟而已矣”其实也是“慎于言”的另一种表达方式。

既然“言”可以用来作为欺骗人的工具，那么人在什么时候会讲真话呢？我们来看一下孔子的学生曾子的一段话：

> 曾子有疾，孟敬子问之。曾子言曰：“鸟之将死，其鸣也哀；人之将死，其言也善。君子所贵乎道者三：动容貌，斯远暴慢矣；正颜色，斯近信矣；出辞气，斯远鄙倍矣。笾豆之事，则有司存。”（《论语·泰伯》）

曾子提及“鸟之将死，其鸣也哀”，相当于运用《诗经》中的“比”的手法。濒死的鸟儿发出鸣叫，其中的悲哀是毫无伪装的。“人之将死，其言也善”是说当人真正面对死亡时才能非常坦率地讲一些话。那么曾子自己在这种情况下讲了什么话呢？他说：“君子所贵乎道者三：动容貌，斯远暴慢矣；正颜色，斯近信矣；出辞气，斯远鄙倍矣。”“动容貌，斯远暴慢矣”是说当别人怠慢甚至想侵害你时，假如你改变自己的面部表情，比如表现出警觉、愤怒等等，那么暴虐和怠慢就会远离你。我们前面讲“言而有信”，这里是“正颜色，斯近信矣”。按照曾子的说法，如果你的面部表情很端正也是可以让人信任的。“出辞气，斯远鄙倍矣”是说讲话有所修饰就不会显得鄙陋。这里讲的都是“言”和“色”的问题。曾子说，人们的“言”和“色”都应该注意，有所修饰。

“慎言”是指未讲话之前以及讲话之中的严谨态度。而有一些“法语之言”、“巽与之言”却是应该直接依从和演绎的：

> 子曰：“法语之言，能无从乎？改之为贵。巽与之言，能无说乎？绎之为贵。说而不绎，从而不改，吾末如之何也已矣。”（《论语·子罕》）

“法语之言”、“巽与之言”讲的都是“言”，但邢昺的《论语正义》是这样解释的：

> 此章贵行也。“子曰：法语之言，能无从乎？改之为贵”者，谓人有过，以礼法正道之言告语之，当时口无不顺从之者。口虽服从，未足可贵，能必自改之，乃为贵耳。“巽与之言，能无说乎？绎之为贵”者，巽，恭也；绎，寻绎也。谓以恭孙谨敬之言教与之，当时闻之，无不喜说者。虽闻之喜说，未足可贵，必能寻绎其言行之，乃为贵也。“说而不

绎，从而不改，吾末如之何也已矣”者，谓口虽说从，而行不寻绎追改，疾夫形服而心不化，故云末如之何，犹言不可奈何也。

根据邢昺的说法，这一章表面上看来是在讲“言”，而实际上讲的是“行”的问题。“法语之言，能无从乎？改之为贵”讲的是假如人有过错，“以礼法正道之言告语之，当时口无不顺从之者。口虽服从，未足可贵，能必自改之，乃为贵耳”。“礼法正道之言”一般没有人会在口头上反对的，简单地接受和顺应“礼法正道”并不可贵。可贵的是在行为中能按照“礼法正道”去改正自己的言行。“巽与之言，能无说乎？绎之为贵。”“巽”是“恭敬”的意思。“绎”是“演绎”，即推广的意思。口头上虽然顺从高兴，但行为上却不去更改、思考、探究并积极推广，孔子对此是无可奈何的。邢昺也认为这是很令人痛心的，虽然表面上看起来信服，其实内心没有发生任何变化。从孔子“吾末如之何也已矣”的慨叹来看，思想也有它失效的地方，不论讲得多么好也可能对其行为于事无补。所以，关键还是在于自己的认识。

“言”与“色”分别对应的是人的两种认知行为——听与视。哲学家的可贵之处在于对生活的反思。这种反思归根结底体现在哪里呢？儒家希望一个人内心美好德行的修养最终能表现于外在的仪容和言行举止上。

七、“进”“退”之间；“无言”；“不大声以色”

孔子因材施教，对于同样的问题，会根据提问者的禀性给出不同的回答，乃至于看起来自相矛盾。

子路问："闻斯行诸？"子曰："有父兄在，如之何其闻斯行之？"

冉有问："闻斯行诸？"子曰："闻斯行之。"

公西华曰："由也问闻斯行诸，子曰'有父兄在'；求也问闻斯行诸，子曰'闻斯行之'。赤也惑，敢问。"子曰："求也退，故进之；由也兼人，故退之。"（《论语·先进》）

子路和冉有都问孔子是不是听闻了一个道理就要付诸行动。孔子对子路说有你的父兄在，怎么可以听闻了一个道理就去付诸行动呢，这是基于子路喜欢抢占别人机会的特点，而予以抑制；而对于遇事退缩的冉有，则鼓励他听闻之后就付诸行动。这也是孔子"中庸"方法的生动体现。

孔子对于学生"言传身教"，问答频繁，但他同样也非常看重"无言"的意义。

子曰："予欲无言。"子贡曰："子如不言，则小子何述焉？"子曰："天何言哉？四时行焉，百物生焉，天何言哉？"（《论语·阳货》）

孔子对学生说，自己不想说话了。子贡就说，如果老师不讲话，学生们将传述什么呢？孔子回答："天何言哉？四时行焉，百物生焉，天何言哉？"孔子的意思是说，天又说了什么呢？四时和万物也一样在各自运行生发。这里孔子讲"无言"，即认为上天的德行让万物生长，让四时运行，并不依靠"言"来实现。同时，孔子也认为面部表情的庄重，也不意味着论说的笃实。

子曰："论笃是与，君子者乎？色庄者乎？"（《论语·先进》）

《中庸》最后一章连引七篇《诗经》中的诗句，均是从"不"或"无"的角度阐明"德"的特性，并阐明君子之道和理想的政教并非疾言厉色，而是"无声无臭"。

《诗》曰"衣锦尚䌹"[1]，恶其文之著也。故君子之道，暗然而日章；小人之道，的然而日亡。君子之道淡而不厌，简而文，温而理，知远之近，知风之自，知微之显，可与入德矣。

《诗》云："潜虽伏矣，亦孔之昭！"[2] 故君子内省不疚，无恶于志。君子之所不可及者，其唯人之所不见乎。

《诗》云："相在尔室，尚不愧于屋漏。"[3] 故君子不动而敬，不言而信。

《诗》曰："奏假无言，时靡有争。"[4] 是故君子不赏而民劝，不怒而民威于𫓧钺。《诗》曰："不显惟德！百辟其刑之。"[5] 是故君子笃恭而天下平。

《诗》云："予怀明德，不大声以色。"[6] 子曰："声色之于以化民，末也。"

《诗》曰"德輶如毛"[7]，毛犹有伦。"上天之载，无声无

---

① 《诗经·国风·卫·硕人》、《诗经·国风·郑·丰》，皆作"衣锦褧衣"。
②《诗经·小雅·正月》之篇。
③ 《诗经·大雅·抑》。
④ 《诗经·商颂·烈祖》。
⑤ 《诗经·周颂·烈文》。
⑥ 《诗经·大雅·皇矣》。
⑦ 《诗经·大雅·烝民》。

臭”[1]，至矣！

这些论述都和“君子慎其独”有关[2]，需另文专述。

① 《诗经·大雅·文王》。

② 朱熹《中庸章句》：“子思因前章极致之言，反求其本，复自下学为己谨独之事，推而言之，以驯致乎笃恭而天下平之盛。又赞其妙，至于无声无臭而后已焉。盖举一篇之要而约言之，其反复丁宁示人之意，至深切矣，学者其可不尽心乎！”

正之的工夫：《论语·为政》前八章读解

柯小刚（同济大学人文学院）

在《论语·为政》篇中，“为政”出现了两次：开头的“为政以德”和将近结尾处的“奚其为为政”。此外，“政”字只在“导之以政”章出现过一次。“导之以政”不如“导之以德”，正合开头说的“为政以德”。“以德”包含着对“以政”的某种否定。否定“以政”不是否定政治，而是否定“以政”的政治。政治须有本，本立而道生。政治不应局限于事务，虽然政治永远不能脱离事务。“为政以德”、“奚其为为政”说的都是这个道理。

庸俗儒家或对儒家的庸俗解说，把儒家降低为仅仅是政务官的思想。但对孔子来说，政治既不值得特别关注，也不值得特别不关注。特别关注和特别不关注，都失之特别。政治没那么特别，与四时之行、百物之生一样平常，一样不平常。故《中庸》云“人道敏政，地道敏树。夫政也者，蒲芦也”，生物之道也。特别热衷政治，害生贼物；特别不关心政治，物贼生害。

子曰：为政以德，譬如北辰，居其所，而众星共之。

“共”（拱）是动词，“居”未尝不是动词。“居其所”并不是一蹴而就地躺在某个不可移易的“位”上。自命其位不易、其命不易的桀、纣恰恰没有“居其所”；惴惴焉修德不已、临深履薄的周文王才是“居其所”。居位以德，故为政以德。“政者正也”（《论语·颜渊》），为政者，正之不已也，非居某位而尸之也。故“居其所”者，北辰之不息也。《诗》云“上天之载，无声无臭”（《诗经·大雅·文王》），文王所以“纯亦不已”（《中庸》）也。纯，其静也；不已，其动也。动非不静也，静非不动也。譬如北辰，居其所之象也。

“居其所”非“居其位”也。《说文》：“所，伐木声也，从斤户声。《诗》曰‘伐木所所’（今本作‘伐木许许’）。”“所”引申为所在、处所，可能来自“寻声知处”、“随响定位”的日常经验；进而衍生出“所以”、“所由”，可能也是基于“如影随形”、“如响应声”的生活经验。所以，“居其所”并不像“居其位”那样占据一个固定的位置，而是具有更多动态的物我感应之义，以及在物我感应中时时反省自我、认识自我、调整自我之义。这样的“居其所”与“居敬”的修身、“以德”的“为政”有着同样的动态、自反、即时生发的特点。

甚至书法中的入道经验也是类似的，如虞世南《笔髓论·契妙》云：“必在澄心运思，至微至妙之间，神应思彻；又同鼓瑟轮音，妙响随意而生，握管使锋，逸态逐毫而应。”① 书法自然是写出字形，分章布白。但字的空间结构不是固定的填墨占位，而是笔笔相生地即时生发出来的。这个生发过程犹如“伐木所所”的动态感应定位方式，是一种“神应思彻”的随感随生、且应且写，如“鼓瑟轮音，妙响随意而生，握管使锋，逸态逐毫而应”。

① 更多相关分析，可参拙著《心术与笔法：虞世南笔髓论注及书画讲稿》，杭州：浙江人民美术出版社，2016年。

所以，“兵无常阵，字无常体矣。谓如水火，势多不定，故云字无常定也”（《笔髓论·释草》）。无常形而随感生形，无定势而应时得势，故书法可以修身，可以体仁，可以成为一种德性工夫。“为政以德”，书法亦以德。德者，体天命之在我而应之者也。故《笔髓论》有“辨应”、“契妙”，辨心、手、力、管、毫、字诸德之应，以契于道之妙也。道者，率天命之性而行之者也。为政以德，则政有道；作书以德，则书有道。

无论“为政以德”还是“书法修身”，都是天人之际的工夫。《诗》云“天命靡常”，《书》云“皇天无亲，惟德是辅”。我之命，我之位，并无一劳永逸的常定之处。每时每刻，我都需要在与他人和事物的感应关系中反省自己，重新认识自己，调整自己，找到自己的“所”——“天之所命”和“我之处所”，以及我的“所以”、“所由”、“所安”。这便是“居其所”和“修德”的实质内容。随响定处而知其所，日新其德而知其命。居之不已，体之不息，仁者之事也。

《中庸》云：“为政在人，取人以身，修身以道，修道以仁。”仁所以通道，道所以立身，身所以成人，人所以为政。仁者，为政之本也。“子曰：知者乐水，仁者乐山；知者动，仁者静；知者乐，仁者寿。”山象静，而其所以为仁者，以其动植蕃衍、大蓄生命之动于其中也。北辰之居其所，亦仁者之象也，大蓄能容之象也，至健而静之象也。道非仁不通，政非仁则扰。仁者之为政，行于道而已。政行于道，则物尽其性，人尽其能，自然正义（义者，宜也），众星共之，无不顺遂也。

子曰：诗三百篇，一言以蔽之，曰：“思无邪。”

“政者，正也。”为政，正之也。政本于自然正义，为政是为了回到自然正义或事物的本来状态，自然合宜。诗三百或正或变，莫非为政之诗（参后章“奚其为为政”）。政得其正，物得其宜，则正风正雅，正诗也；政不正，物不平，则变风变雅以刺之，正之之诗也。一言以蔽之，曰思无邪，莫不正也。

子曰：导之以政，齐之以刑，民免而无耻。导之以德，齐之以礼，有耻且格。

为政以德，则自然导之以德。导之以德，即道之以德。道、导本一字也。德者得也，得之于天者也。道者导也，使物各行其道也。道之以德，即让每一个人发现自己的道路，成为他自己。导之以政，则政不关己，更不成己成物，徒然强制，非仁政也。故导之以德，则道行而政有本；导之以政，则道蔽而政无根。

物各得其宜，各行于道，则不齐而齐矣。“齐之以礼”即此义也。礼者立也，礼者体也。各适其性，各称其情，各得其体，则物各能立。物各立其所立（“不患无位，患所以立”），则虽高低参差而自然能齐。耻、格皆自齐之象也。刑滥害性，则形齐而情实不齐也，故免而无耻。

子曰：吾十有五而志于学，三十而立，四十而不惑，五十而知天命，六十而耳顺，七十而从心所欲不逾矩。

此章夫子自道，是学问生命的历程，也是自我立法的政治（正之）历程。“矩”非政乎？“从心所欲”非为乎？为政至此，莫不自然合宜，无以加矣。虽然，必始于向学之志。“志”者，心之所之，纵也（“从”通“纵”），一以贯之者。虽七十之纵心，犹十五志学之所达，涵养厚积之功也。《诗》云“周道如砥，其直如矢”（《小雅·大东》）。

古希腊人以生命为弓。弓矢一发而其势渐缓；学则日见醇厚有力，以至于“从心所欲不逾矩”之境，真气弥漫，浩焉无极。故学者体力愈衰，而心力弥坚，以有所存养也。其生命异于常人者，以其身之弓与心之反弓（反躬）也。身之弓如逆旅，“不亡以待尽”（《庄子·齐物论》），心之反弓却可以养气，存存不息，老而愈壮。《诗》云：“骍骍角弓，翩其反矣。”（《小雅·角弓》）

身之为弓的势能大概在四十岁前后由盛转衰，心之反弓（反躬）却恰恰在那时才开始成熟。希腊史撰常以四十岁左右为“鼎盛年”，大概也有这两方面的考虑。在孔子的生命历程中，“四十而不惑”构成一个转折点，或者说一个重新出发点，“十五志学”是一个尚且抽象的出发点，“四十不惑”才达到更加真实的出发点，其间的关键是“三十而立”。“志学”朝向远方，“立”却在当下。当下站稳，然后可以重新出发。

“四十而不惑”，并没有说“不惑于什么”。“不惑”是生命整体情态的“无择”、“安行”①。行之日久，则可以知矣。“知天命”之“知”正是“不惑”的结果，正如“耳顺”之“顺”直接导向“从心所欲而不逾矩”之“从”与“不逾”。“知天命”是“不惑”之大者，“从”而“不逾”是“顺”之大者。

“不惑”是否定性表述，“知天命”和“耳顺”是肯定性表述，“从心所欲而不逾矩”则是肯定（从心）加否定（不逾）的表述。“不惑”、“知天命”就心说，“耳顺”就身说，“从心所欲而不逾矩”则就身、心两面一起说。“从心”自然是心；“不逾矩”是礼，自然更多属于身。礼者体也，礼者立也。礼仪规矩相关于身体的“位”、“立”与适时之宜，并不是僵死的教条。礼是

① 如《孝经·卿大夫章》：“口无择言，身无择行。”

心对于身的反躬，以及身之为弓对于心之为矢的涵养、蓄势与发动。箭矢的势能和方向与弓相反相成。身心亦如之。所以，如果说身体是一张弓的话，心就是箭矢，或者说心矢是反弓（反躬）。

“三十而立”、“六十而耳顺”是心之反躬的两个着力点。一个医脚，一个医头，都是从身体出发，做心的工夫。从头到脚，心之反躬重整了生命这张弓。在这个过程中，身弓之势的日渐衰颓（如弓拉到尽头就拉不动了）转化为心矢反弓的厚积工夫。非如此，虽七十不能纵心矣，虽纵心不能不逾矩矣。纵心是心矢之有得于身弓，不逾矩是身弓之有得于心矢也。身心弓矢相反相成，生命学问与修身工夫所由作也。

孟懿子问孝。子曰：“无违。”樊迟御，子告之曰：“孟孙问孝于我，我对曰无违。”樊迟曰：“何谓也?”子曰：“生，事之以礼，死，葬之以礼，祭之以礼。”

《为政》出现了两次“无违”，一次在此章，论孝；一次在三章之后，论学，如：“吾与回言终日，不违如愚，退而省其私，亦足以发。”这一章说完“无违”之后，并没有结束，接下来也有个“以发”——换一个对象（樊迟），继续发明“无违”之义：“生，事之以礼；死，葬之以礼，祭之以礼。”从生到死，在与如在，孝道的生命比“一辈子”还长[①]。比生命还长的是道，不可须臾离之道，故曰无违。

孟武伯问孝。子曰：“父母唯其疾之忧。”

---

① 参拙文《慎终追远与往来井井》，见收拙著《在兹：错位中的天命发生》，上海：上海书店出版社，2007年；拙文《鸢飞鱼跃与鬼神的如在》，见收拙著《道学导论（外篇）》，上海：华东师范大学出版社，2010年。

"其疾"指父母之疾还是指子女之疾，历代有争论。不过，无论根据哪种解释，都不妨碍这里说的是疾病之忧。疾病是一种切身之痛，子女的孝和父母的慈爱也是出于生命深处的一种"痛"。生命的孕育是艰难的，出生和死亡都是痛苦的。如果没有生命本质中的切身之痛，孝和慈都是不需要的，也是不会产生的。

为政亦如是。"作《易》者，其有忧患乎?""忧国忧民"之"忧"出于人类生活方式之病。没有什么政体是完美的，各有其病。万物亦如是。读《易》可知之矣。哲人"有终身之忧"者，忧此者也。"唯其疾之忧"者，唯此忧之深也。

孟武伯不是一般老百姓，是为政的贵族。孔子答孟武伯问孝，未尝不蕴含为政的告诫。"以孝治天下"，人所常谈，而孝与政治的深层关联，可能在"疾"——无物能免之疾，无人能免之疾。岂不痛哉？今读此章，当于此深思之。

> 子游问孝。子曰："今之孝者，是谓能养，至于犬马，皆能有养，不敬，何以别乎?"

今日能"有养"已属难得。农村由于青壮年进城务工，空巢老人无人照顾，时有耳闻。城市社区老年化也越来越严重。无论城乡，都在建立社会化的养老机构，逐渐解决"有养"问题。然而，"不敬，何以别乎"?

现代社会的"不敬何以别乎"问题，比起古代的情形，要严重得多。这不是程度上的，而是根本性质上的。大规模的社会化"有养"工程，现代社会有长足进步。然而，"有养"工程越大越进步，"不敬何以别乎"的问题就越深、越严重。因为，"社会工程”的解决形式本身就预设了人的物化。老人首先不是被作为人，而是作为需要解决的社会问题，来得到处理。在工程化的处理中，老人首先不是作为人，而是作为需要吃喝拉撒睡的动物或需要消耗资源的消费者，来得到给养。

在貌似平常的事情，譬如教师资格证、医师资格证、律师证等认证制度，乃至于身份证、结婚证、房产证等更加日常的证件制度中，每一个现代人可能从根子上，从“我之为我”、“你之为你”、“人之为人”的根子上，早就已经为了“有养”的社会管理目标而丧失了“不敬何以别乎”的批判意识。人变成了一张纸，乃至变成一个数字。“养”有了，“人”却没了。

“敬”是人之为人的生命状态。在“敬”中，人与亲人和陌生人，人与身边的事物和天地万物，都保持一种本源的共在关联。“敬”可以表现为“爱”，但又不只是“爱”。“爱”是一种“情”，“敬”却出自“天命之谓性”的“性”。

人各有性，物各有性。出于性的敬总是带有距离和尊重，共在而不狎侮，关爱而不加诸人。这种本源的共在感和不可化约的他者性同时并存在于“敬”中。所以，“敬”不但是“有养”成为“孝”的前提，也是所有社会制度和资源分配关系之为属人制度和属人关系的根本。理学家多以“敬”为一切修身工夫之本，良有以也。

子夏问孝。子曰：“色难。有事，弟子服其劳，有酒食，先生馔，曾是以为孝乎？”

“色”是父母之色，还是子女之色，《论语》注疏史上有争论。包注主前者，郑注主后者[1]，两种解释在后世都有继承者。不过，无论解释为父母之色的顺承，还是子女之色的和顺，首先都需要深思什么是色？为什么“色难”？

上章“敬”就心言，“有养”就身言。本章“有事，弟子服其劳，有酒食，先生馔”就身言。“色”呢？心非直接可见，而见于色。身体状态有时亦非直接可见（如内脏病变），却亦可见于色，故中医有望诊。色属身，还是属心？如果色只属身，如何可以以色观心？如果色只属心，如何可以望诊而知身体状况？正如脸之为“面”这个名称所示，色可能是身心之间的界面。

身心之间的界面在脸。唯脸有色，这是一件极不平常的事情，虽然人们早就习以为常，不以为意。身体的皮肤无不有肤色，有时还会因为某种原因变色，如日晒变黑、过敏发红等等。但是，只有脸有“色”，作为身心之界面的面色。

脸也是人与人之间的界面。人与人相见不叫见身，也不叫见心，却叫“见面”。唯面可见。先见面，通过见面而渐识其人，渐知其心。

脸面与容色有这样一种身心界面和人我界面的性质，所以，“色”可以成为修身工夫和人伦工夫的着力点。可以由此出发，向内向外，自知知他，成己成物。

“色”作为身心工夫的着力点，譬如面部表情的自我觉知和自我调整，可以反过来有益于身心状态的调整。“色”作为人伦工夫的着力点，譬如在人伦生活中，包括对父母的孝道实践中，自我觉知面部表情和辞气的色彩，可以反过来促进心中的诚敬和身体的服劳。或者根据包咸的解释方向，对父母容色和辞气的善

---

① 参刘宝楠《论语正义》中的综述和辨析，北京：中华书局，1990 年，第 52 页。

感，能听言外之意，察颜外之色，可以带来最细致的体贴关怀。所以，“色难”说的可能是临界工夫之难。

能做工夫的地方，往往都是临界的地方。书法经验可以有助于说明这个问题。书法作品是从哪里生发出来的？笔？手？心？虞世南《笔髓论·辨应》辨析了这个问题。心、手、力、管、毫中的任何一个环节都不能独立创作书法，只有诸环节之间相感相应才能做到①。每两个环节之间的相感相应都发生在临界之中。

临界之大者，在心中之意兴与落纸之字态之间的界面。书兴发动自然在先，但由于“惟笔软则奇怪生焉”（蔡邕），一落笔就会发生差异，不可能与预期的完全相同（可参德里达所谓“书写与差异”）。然后，这个差异立刻就会反馈回来，调动意兴的生新。如此，心中的意兴和纸上的字态就形成了一个活生生的对话界面。如果对话进行得好，书兴和字态可以相互激发逗引，不断生出新的东西；对话进行得不好，则有可能互相牵制埋怨，写不出生趣。

“生意”、“生趣”只能在活生生的对话界面中才能产生。所以，在先的书兴和“意”并不是控制论意义上的计划，书写过程也绝不是这种计划的单向度暴力实现。书兴只是对话过程的发动，并且在对话过程中持续培养、生发。纸上字态也并不是控制论意义上的结果，而是对话伙伴，在与意兴的动态对话中持续生成笔势和字形、行气和章法。

这种对话状态可以称为“诚之”的过程——在对话中逐渐回到更加真实的自己，在对话中逐渐接近更加真实的他物，在身心内外的界面中持续生长日新，成己成物。《中庸》所谓“不诚无

① 更多分析可参拙著《心术与笔法：虞世南笔髓论注及书画讲稿》，杭州：浙江人民美术出版社，2016 年。

物”，岂虚言哉！

所以，类似于孝道的情形，在书道中，真正难的并不是书兴（人们常常书兴大发，然而不一定带来好的作品），也不是字形字态（笔画和字形能写好，却不一定构成好作品）；真正困难的，是书兴和字态之间的互相对话、双向调适和即时生发。正是在人书之间的界面中，有书法生气的生长点，有书法工夫的着力点。

孝道亦如是：在身心之间的界面中，在人我之间的界面中，有心之“敬”与身体“服劳”的生长点，有人伦日用的着力点。这个界面，这个生长点和着力点，就是“色难”的告诫所指向的工夫——诚之不已，纯亦不已。

《中庸》“王天下有三重焉”诸说疏释①

杨少涵（厦门工学院国学院、华侨大学国际儒学研究院）

引　言

《礼记·中庸》有“王天下有三重焉”一句：

王天下有三重焉，其寡过矣乎！

《礼记·中庸》原不分章，东汉郑玄（127—200）注亦不分章，直到唐代孔颖达（547—648）疏始分为2卷33章。宋代以后为《中庸》分章者有多家，其中以朱熹（1130—1200）所分33章最为通行。“王天下有三重焉”一句话为朱订《中庸》第29章

① 本文系2018年度教育部人文社会科学研究规划基金项目“经学史视域下的《中庸》升格问题研究”（18YJA720015）的阶段性成果。

的首句。这句话最为重要的词语是“三重”①，历来很多注家都曾在这个词上大做文章。甚至还有学者把“三重”作为一个固定词语，用在人生感悟、读书学习等其他方面②。

从词语的类型来看，“三重”是一个典型的数目词。所谓“数目词”，顾名思义，即是指一个包含数目的词。汉语中的数字有虚指（概指）和实指（确指）两种用法。虚指是说数字不表示具体的数字，而只是表示一种大概的虚数；实指是说数字指向一个具体的实际数目，而且这个数目具有确定性和唯一性③。汉语

---

① 关于“王天下有三重”几个字的轻重，有不同说法。清人梁章钜（1775—1849）《制义丛话》卷9载：“徐存菴曰：陆稼书先生有‘王天下有三重焉’一节文，自记曰：先正传夏器作此题重‘王天下’三字，顾雪鸿作重‘有’字，张君一作特拈‘重’字看来，还拈‘有’字者为是。若止拈‘王天下’，只是制愚贱反古之意，不见不骄之意；若止拈‘重’字，则何王不重此三者？岂皆是不骄之君子？”（《续修四库全书》第1718册，第613页）这就是说，“王天下”、“有”、“三重”等字词，皆有人看重。其中重于“有”字者，更是大有人在，如明人顾宪成（1550—1612）《中庸意》下卷曰：“王天下者，乃有德有位有时之人也。‘有’字重看，所谓惟天子得以行之是也。”（《续修四库全书》第162册，第411页）赵南星（1550—1627）《学庸正说》卷下曰：“‘有三重’，‘有’字重看，含下文德、位意。”（《景印文渊阁四库全书》第207册，第422页）冯从吾（1556—1627）《少墟集》卷15《答南二太中丞》亦曰：“《中庸》说‘无为而成’，而一则曰‘有九经’，一则曰‘有三重’，二‘有’字正与‘无为’、‘无’字相应，不然则老氏矣。”（《景印文渊阁四库全书》第1293册，第279页）清人王澍（1668—1743）《中庸困学录》第二十九章曰：“‘有三重’，‘有’字极细极难，下文‘本诸身’六件事，有一件不到便算不得有。”（《续修四库全书》第159册，第425页）

② 宋儒胡寅（1098—1156）曾把“三重”用在人生上：“予谓人生有三重焉：君父，彝伦也；师承，至德也。”（《斐然集》卷20《湘潭县龙王山慈云寺新建佛殿记》，北京：中华书局，1998年，第408页。）清人刁包（1603—1669）则把“三重”用在为学上：“为学有三重焉，其寡过矣乎。三重者何？慎言语、肃威仪、正思虑是也。”（《潜室札记》卷下，《续修四库全书》第945册，第311页。）

③ 关于汉语中的数目词及其用法，可参：杨海彦《“数目词”与〈汉语数目词词典〉》，《辞书研究》1997年第6期，第90页；刘法公《汉语成语中数目词的汉英翻译对比研究》，《外语与外语教学》2004年第12期，第43－45页；杨明霞、鹿丽《中英文中数目词“一”的翻译对比》，《科技信息》2007年第10期，第124页；王芳《中英文中数目词“九”的文化内涵对比及翻译》，《长春理工大学学报》（社会科学版）2009年第2期，第256页；陈倩《赏析诗歌中的数目词》，《现代教育》2011年Z3期，第124页。

数目词中的数字既可以是实指，也可以是虚指[1]。儒家十三经使用了大量数目词，比如《周易》“八卦”、《洪范》“九畴”。《中庸》作为十三经之一篇，也使用了11个数目词，详见下表：

<table>
<tr><td>1</td><td>君子四道</td><td>君子之道四，丘未能一焉：所求乎子，以事父，未能也；所求乎臣，以事君，未能也；所求乎弟，以事兄，未能也；所求乎朋友，先施之，未能也。</td><td>第13章</td><td rowspan="7">实指</td></tr>
<tr><td>2</td><td>三达德</td><td>知、仁、勇，三者天下之达德也。</td><td>第20章</td></tr>
<tr><td>3</td><td>五达道</td><td>君臣也，父子也，夫妇也，昆弟也，朋友之交也，五者天下之达道也。</td><td>第20章</td></tr>
<tr><td>4</td><td>九　经</td><td>凡为天下国家有九经，曰：修身也，尊贤也，亲亲也，敬大臣也，体群臣也，子庶民也，来百工也，柔远人也，怀诸侯也。</td><td>第20章</td></tr>
<tr><td>5</td><td>三　王</td><td>考诸三王而不缪。</td><td>第29章</td></tr>
<tr><td>6</td><td>四　时</td><td>辟如四时之错行，如日月之代明。</td><td>第30章</td></tr>
<tr><td>7</td><td>四　海</td><td>尊为天子，富有四海之内。</td><td>第18章</td></tr>
<tr><td>8
9</td><td>礼仪三百
威仪三千</td><td>优优大哉！礼仪三百，威仪三千，待其人然后行。</td><td>第27章</td><td rowspan="2">虚指</td></tr>
<tr><td>10</td><td>百　世</td><td>百世以俟圣人而不惑。</td><td>第29章</td></tr>
<tr><td>11</td><td>三　重</td><td>王天下有三重焉，其寡过矣乎！</td><td>第29章</td><td></td></tr>
</table>

上表所列前十个数目词中的数字，就其作用来说，有虚指，有实指；就其内容来说，无论是虚指还是实指之数字，其内容要么本文有所交待，可直接按覆，比如前四个数目词，要么他经有所涉及，可以辗转旁征，比如“三王”、“百世”。总之，这些数目词在历来注家的训解中一般都不会引起太大争议。

---

① 尹小林说，数目词是“对词目中含数字且实有所指一类词汇的通称”。（《汉语数目词辞典·后记》，北京：中华书局，1993年。）杨海彦也说：“数目词，是指词目中含有数字，且数字都是确指的一类词汇。”（《“数目词”与〈汉语数目词词典〉》，《辞书研究》1997年第6期，第90页。）这些说法都把数目词的范围窄化了，因为有些词中的数字是虚指，但又不能说它不是一个数目词，比如“十全十美”、“七上八下”。

但是“三重”就比较麻烦。其麻烦在于两个问题，一是“三重”之“三”到底是虚指还是实指？如果是虚指，就不必详求其确定的具体内容。如果是实指，就会引出第二个问题：其确定的具体内容到底是什么？对于第一个问题，笔者在裒集相关文献时发现，历来注家清一色地认定“三”为实指，但对于第二个问题，即“三重”之具体所指，诸家却歧解纷纭，不一而足。其中主要有五种说法，颇有代表性，下面就对这些说法逐一进行疏释，并辨其得失。

一、郑玄的“夏、殷、周三王之礼”说

郑玄注“三重”及“上焉者”、“下焉者”两句曰：

> “三重”，三王之礼。上，谓君也。君虽善，善无明征，则其善不信也。下，谓臣也。臣虽善，善而不尊君，则其善亦不信也。征或为“证”[①]。

郑注“三重”为“三王之礼”，但并未指明“三王”是什么意思，这可能是因为“三王”是一个固定名词，不必注明。对此，孔颖达疏曰：

> 言为君王有天下者，有三种之重焉，谓夏、殷、周三王

① （东汉）郑玄注、（唐）孔颖达疏、龚抗云整理：《礼记正义》卷53，北京：北京大学出版社，2000年，第1701页。

之礼，其事尊重[1]。

孔疏是对郑注的进一步解释或明确。孔疏在此明确了两点：第一，“三重”是指“三种之重”，换作现代的话说，就是“三项重要条件”[2]；第二，“三王”是指夏、商、周三代之王，那么郑玄所谓的“三王之礼”，也就是“夏、殷、周三代之礼”，宋儒游酢（1053—1123）说“三重者，三代之礼也”[3]，即是从此而来。总之，郑玄“三重”说认为，为君王有天下需要具备三项重要条件，这就是夏、商、周三王之礼。后人有言“王天下以此三者为重，故曰三重”[4]，即是对郑玄说法的简明概括。

从文本依据来看，郑玄与孔颖达将“三重”解释为夏、商、周三王之礼，是可以在《中庸》里找到相应出处的。“三重”前面也就是朱订第28章末有“子曰：‘吾说夏礼，杞不足征也。吾学殷礼，有宋存焉。吾学周礼，今用之，吾从周’”一句话，后面也就是朱订第29章中间有“考诸三王而不缪”一句话，郑玄与孔颖达把“三重”解释为夏、商、周三王之礼可能就是根据这两句话而来的。至于何以三代之礼为“三重”，宋儒袁甫给出了一种解释：

> 盖夏、殷、周三王之有天下也，皆以礼为重，夏礼、殷礼、周礼，上文列此三者，而继之以三重，则是王天下者所

---

① （东汉）郑玄注、（唐）孔颖达疏、龚抗云整理：《礼记正义》卷53，第1702页。

② 黄德根：《中庸新解》，香港：实用书局，1967年，第91页。

③ （南宋）卫湜：《礼记集说》卷135，《景印文渊阁四库全书》第120册，第303页。

④ （南宋）钱时：《融堂四书管见》卷13，《景印文渊阁四库全书》第183册，第731页。

重在礼，固三代之所同也。嗣三代而有天下者，苟能明此三重之意，庶几可以寡过乎。礼乎礼，夫礼所以制中也，惟中则不过，过焉者，皆非中也。……三重者，谓夏、殷、周皆以礼为重也，明此三重之义，以礼制中，其可以寡过矣乎[①]。

袁甫认为，夏、商、周三代当初之所以能够取得天下，是因为他们都能够以礼为重，并各自创制出一套礼制，后王如果也能够效法三王，以礼为重，那么就“可以寡过”。这就是夏、商、周三代之礼之所以称为“三重”的原因。

郑玄“三重”说在经学史上统治了很长一段时间，北宋理学大家程颐（1033—1107）虽然常以新义解释经典，但在“三重”问题上，“亦因郑注”[②]。《程氏遗书》卷18曰：

“王天下有三重”，言三王所重之事。上焉者，三王以上，三皇已远之事，故无证。下焉者，非三王之道，如诸侯霸者之事，故民不尊[③]。

同书卷23又曰：

“王天下有三重”，三重即三王之礼。三王虽随时损益，各立一个大本，无过不及，此与《春秋》正相合[④]。

---

① （南宋）袁甫：《蒙斋中庸讲义》卷4，《景印文渊阁四库全书》第183册，第613－616页。

② （南宋）朱熹：《中庸或问》下，《朱子全书》第6册，第602页。

③ （北宋）程颐：《河南程氏遗书》卷18，《二程集》，北京：中华书局，2004年，第226页。

④ （北宋）程颐：《河南程氏遗书》卷23，《二程集》，第309页。

从上面两处引文可以很明显地看出，程氏之说一因汉唐旧注，“三重即三王礼”是因郑注，“言三所重之事”是因孔疏。当然，程氏之说与郑注孔疏也有一个很大的不同，这就是对“上焉者”与“下焉者”的解释。我们下面将会看到，注家在对“三重”进行解释的同时，连带着会引出对“上焉者”、“下焉者”的解释。这也是前面将郑玄对“上焉者”、“下焉者”两句之注摘引下来的一个原因。我们回看郑注可以发现，郑玄认为“上焉者”之“上”指君，“下焉者”之“下”指臣，上、下的关系是君、臣的关系。但程颐却认为“上”是指“三王以上，三皇已远之事”，“下”是指“非三王之道，如诸侯霸者之事”。这样，程颐就以三王为中心划分出上之三皇、下之五霸两层。此后，程门弟子如游酢、侯师圣、郭忠孝等多从师说。其中的承继关系，从下表可以清楚地看出：

程　颐	上焉者，三王以上，三皇已远之事，故无证。	下焉者，非三王之道，如诸侯霸者之事，故民不尊。
游　酢	上焉者，五帝之礼，其事不可考，而无以示民。	下焉者，五霸之功，其道不足称，而无以动民①。
侯师圣	上焉者，三代而上，远而难考，故虽善无征，无征则不信，不信民所以弗从也。	下焉者，三代而下，杂霸苟且之政，不根乎道，故虽善不尊，不尊则不信，不信民所以弗从也②。
郭忠孝	上焉者，出于三代之前，故远而无征。	下焉者，出于三代之后，故近而不尊③。

① （南宋）卫湜：《礼记集说》卷135，《景印文渊阁四库全书》第120册，第303页。

② （南宋）卫湜：《礼记集说》卷135，《景印文渊阁四库全书》第120册，第303页。

③ （南宋）卫湜：《礼记集说》卷135，《景印文渊阁四库全书》第120册，第307页。

程颐在“三重”的理解上因于郑注，而在“上焉者”、“下焉者”的理解上却另标新说，这其中有什么深意呢？

这要从汉代与宋代政治文化特色之不同中寻绎端倪。刘汉立国之初所面临的一个重大朝政问题就是君臣关系。刘邦“溲溺儒冠”根本不是一个灰色的政治笑话，而绝对是一个严肃的政治哲学问题，因为它反映的是马上得天下之后如何马下安天下的大问题。马上得天下时，将帅之间尽可以“拔剑击柱”，饮酒共欢，但马下治天下时如果再这样，就会庙堂大乱。郑注所说的在上之君要征信于下，在下之臣要尊信于上，是针对汉代这种政治现实而发。但是在北宋仁宗之世（1022—1063），宋代政治文化中兴起了一个“回向三代”的思想运动，这一运动的标志是“三代论”昌盛，当时很多一流的士大夫都不约而同地热议三代话题①。三代论的主题是以三代之道治国安邦，而三代之道即夏、商、周三王之道德仁义，而非汉唐之文辞功利。三王之道德仁义属于王道，文辞功利属于霸道，所以三代之论一转就成了王霸之辨。程颐之兄程颢于宋神宗熙宁二年（1069）所上《论王霸札子》又题《论王霸之辨》，以及后来朱熹与陈亮唇枪舌剑的王霸之辩，都是“三代论”这一思想运动直接影响下的产物。在这种形势下，程颐在注解经典时难免会受到这一运动的影响，于是从王霸来解释“上焉者”、“下焉者”也是再自然不过了②。

由此可以看出，程颐虽因郑注而解“三重”为三王之礼，但由于对“上焉者”、“下焉者”的理解不同于郑玄，这使得他们对

---

① 参见余英时：《朱熹的历史世界：宋代士大夫政治文化的研究》第一章《回向“三人”——宋代政治文化的开端》，北京：生活·读书·新知三联书店，2008年，第184—198页。

② 至于程颐所说“三王以上，三皇已远之事，故无证”，可能是为了照应《中庸》所说“吾说夏礼，杞不足征也”一句话。但夏礼应属于“三王”而非“三皇”，或许在程颐这里，“三王”与“三皇”之分是虚，皇王与侯霸之分才是实。

“三王之礼”的理解也有不同。对郑玄来说，三王之礼只是君臣礼仪，而对程颐来说，三王之礼则是“天理之正”①。君臣礼仪与天理之正的关系，按照孔子的说法，就是仁与礼的关系：“人而不仁，如礼何？人而不仁，如乐何？”（《论语·八佾》）仁是礼的内在根据，礼是仁的外在表现；天理之正是君臣礼仪的内在根据，君臣礼仪是天下之正的外在表现。也就是说，郑玄与程颐所理解的三王之礼其实是有内外之别的。当然，虽然有内外之别，但并无本质不同。天下之正与君臣礼仪之间的这种有区别但又不同的关系，用程颐“体用一源，显微无间”② 来解释，是最恰当不过的了。

另外，程颐还说，天下之正的反面是“仁义之偏”。仁义之偏表现于言说，就会有或高或卑之论，而高论、卑论都非中庸之道。这就引出了司马光的“三重”说：

> 三王之礼，王天下者所宜重也。上于三王者，谓高论之士，称引太古，以欺惑愚人，然无验于今，故民莫肯信而从也；下于三王者，谓卑论之士，趋时徇俗，苟求近功，然不为人所尊尚，故民亦莫肯信而从也。惟中庸之道，内本于身而可行，外施于民而有验……

仁义之偏表现于行为就会有过与不及之行，而过与不及皆非中庸之道。这就又引出了顾元常的说法：

> 君子之道，必出于中庸，不容过，亦不容不及也。以王

---

① （北宋）程颢：《论王霸札子》，《二程集》，第450页。
② （北宋）程颐：《易传序》，《二程集》，第689页。

天下者言之，其所归重必在三王，于兹取法，心无他适。藉曰有过，亦云寡矣，何则？三王之道，本于中庸，惟三王之为重，宜其过之寡也。否则，上焉者，贤知之过于中庸者也，考其所行，未必无善，惟其可行于一身，不可行于天下，则是无证验于众人，无证验于众人，人所不信，其谁从之？下焉者，愚不肖之不及于中庸者也，考其所行，亦未必无善，惟其可行于一身，不可行于天下，则是不见尊于众人，人所不信，又谁从之？是以，君子监观乎此，惟道中庸，本之于身，证之于庶民，察诸三王而无差谬，立诸天地而无悖逆，正诸鬼神而无所疑，百世以待圣人而无所惑，中庸一理，贯通无间，已之与人，天地之与鬼神，前圣之与后圣，断断乎必出诸此，不容有所增也，亦不容有所损也，夫是之谓中庸。

高与卑、过与不及都不是中庸之道，只有三王之礼是中庸之道，这正符合孔子所说“礼乎礼，夫礼所以制中也”（《礼记·仲尼燕居》）①。

二程师弟、司马光与顾元常等宋儒的“三重”说虽然在具体解释方面存在些微不同，但基本上都可以说是从郑玄之说辗转而

① 从过、不及、中庸三个方面来解“三重”，宋儒晁说之（1059—1129）也有相似的说法：“孔子思教之行也，或说，或学，或不足征，或有存，或用之，远近之势然也。中也，天下万变，有是三重，而寡过为要也，寡过则中也，唯中则有征而且尊也。上焉者，过之也，荡而无征；下焉者，不及也，屑而不尊，虽善而民不信从之也。”（（南宋）卫湜：《礼记集说》卷135，《景印文渊阁四库全书》第120册，第306页。）晏光亦曾以“忠、质、文”解“三重”，过乎此、不及此皆不可从：“是三重之道，皆不免有过，唯寡而已。上焉者，过乎忠、质、文者，鸿荒之世，圣人恶之，故虽善无征，有所不可从矣。下焉者，不及乎忠、质、文者也，所谓同乎流俗，合乎污世，故虽善不尊，有所不足从矣。然则可从者，其三重乎！”（（南宋）卫湜：《礼记集说》卷135，《景印文渊阁四库全书》第120册，第307－308页。）

来。其中的承继关系，可以这样来总结：三重即三王之礼，而三王之礼其实就是中庸之道；“王天下有三重”是说称王天下需要服膺中庸之道，只有这样，才能“寡过”。

二、朱熹的“议礼、制度、考文”说

朱熹《中庸章句》第29章注曰：

> 吕氏曰：“三重，谓议礼、制度、考文。惟天子得以行之，则国不异政，家不殊俗，而人得寡过矣。”上焉者，谓时王以前，如夏、商之礼虽善，而皆不可考。下焉者，谓圣人在下，如孔子虽善于礼，而不在尊位也。此君子，指王天下者而言。其道，即议礼、制度、考文之事也[①]。

朱熹此处对“三重”与“上焉者”、“下焉者”的解释都不同于郑玄。就“三重”的解释来说，朱熹引用“吕氏”释之为“议礼、制度、考文”。“吕氏”即吕大临（1044—1091），字与叔，程门高弟，《宋史》称他“学于程颐，与谢良佐、游酢、杨时在程门，号‘四先生’”[②]。而在所有程门弟子中，朱熹最重吕大临，

① （南宋）朱熹：《中庸章句》，《四书章句集注》，北京：中华书局，1983年，第36—37页。

② （元）脱脱：《宋史》卷340，北京：中华书局，1997年，第10848页。

盛赞他“高于诸公”[①]。据统计，朱熹《中庸章句》征引诸家之说共8家23次，其中吕大临5次，仅次于二程的6次[②]。由此足见朱熹对吕氏之学的重视。此处所引吕氏之说出自《礼记解·中庸第三十一》：

> 无德为愚，无位为贱。有位无德而作礼乐，所谓“愚而好自用”；有德无位而作礼乐，所谓“贱而好自专”；生周之世而从夏殷之礼，所谓“居今之世，反古之道”。三者有一焉，取灾之道也。故王天下有三重焉：议礼所以制行，故行必同伦；制度所以为法，故车必同轨；考文所以合俗，故书必同文。唯王天下者行之，诸侯有所不与也。故国无异政，家不殊俗，盖有以一之也。如此则寡过矣[③]。

朱熹所引与吕氏原文在字句上大有出入，盖因朱引不是“直

---

① 《朱子语类》卷101载：“蔡云：‘上蔡老氏之学多，龟山佛氏之说多，游氏只杂佛，吕与叔高于诸公。’曰：‘然。这大段有筋骨，惜其早死！若不早死，也须理会得到。’”（郑明等校点：《朱子语类》卷101，《朱子全书》第17册，上海：上海古籍出版社；合肥：安徽教育出版社，2002年，第3361页。）可见“高于诸公”一语原为朱门弟子蔡贺孙之语，而为朱熹首肯。陈俊民引用此语时说“朱熹于程子门人中最取吕大临，以为他‘高于诸公，大段有筋骨’”，是将朱熹与弟子之意合并而言。见陈俊民《关于蓝田吕氏遗著的辑校及其〈易章句〉之思想》，陈俊民辑校《蓝田吕氏遗著辑校》，北京：中华书局，1993年，第3页。

② 陈铁凡：《四书章句集注考源》，收入钱穆等著《论孟论文集》，台北：黎明文化事业公司，1982年，第67页。

③ 吕大临：《礼记解》，陈俊民辑校《蓝田吕氏遗著辑校》，第304—305页。此段话又见吕大临《中庸解》，陈俊民辑校《蓝田吕氏遗著辑校》，第491—492页。“反古之道，三者有一焉”一句，《礼记解》将“道”字下属作“反古之，道三者有一焉”，实是手民误植。《中庸解》曾被误传为二程所作，并被收入《二程全书》（《二程集》，第1152—1165页）。后经胡宏、朱熹等指正，实为吕大临所著。胡、朱之指正，详见陈俊民《关于蓝田吕氏遗著的辑校及其〈易章句〉之思想》，陈俊民辑校《蓝田吕氏遗著辑校》，第21—22页。

引”，而是“意引”[1]。“意引”的特点是字异而意同，朱引不但保证了吕氏完整的文意，而且在字句上更加精练。由此亦可见朱熹对吕氏之说的精确把握。朱熹《中庸或问》对吕氏之说评论曰：

> 三重，诸说不同，虽程子亦因郑注，然于文义皆不通，唯吕氏一说为得之耳[2]。

“诸说”指汉宋诸儒之说，其中尤以郑玄、二程的“三王之礼”的说法最为流行。对于这些说法，朱熹皆不取，因为他们“于文义皆不通”。朱熹独钟情于吕大临的“议礼、制度、考文”之说，认为“唯吕氏一说为得之”。

对于朱熹这个评论，我们会问两个问题。第一个问题是，朱熹所说的“文义”是指什么？这涉及朱熹解经读书的方法论问题。朱熹解经最重文义。朱熹论读书法说：“经旨要子细看上下文义。”朱熹还说：“凡读书，须看上下文意是如何，不可泥着一字。……读书，须从文义上寻，次则看注解。今人却于文义外寻索。”[3] 张九成（字子韶）曾解《论语·先进》“以道事君，不可则止”一句，朱熹说：“子韶之说不通，与上下文义不相贯。”[4] 这与此处评论郑程诸说的说法已非常相似。由此可见，朱熹所说的文义其实就是一字一句在一篇文章上下文中的意思。

第二个问题是：何以郑玄诸说于文义不通，而只有吕氏一说通于文义？这涉及“三重”在《中庸》上下文中的意思。“三重”在朱订《中庸》第29章，而吕大临解“三重”一段涉及的内容

---

① “意引”内容是不能加引号的。所以按照现代的引文规范，整理本《中庸章句》所引“吕氏曰”一句，严格来说是不能加引号的。

② （南宋）朱熹：《中庸或问》下，《朱子全书》第6册，第602页。

③ 郑明等校点：《朱子语类》卷11，《朱子全书》第14册，第347、250—351页。

④ （南宋）朱熹：《朱子语类》卷40，《朱子全书》第15册，第1426页。

主要是在第 28 章：

> 子曰："愚而好自用，贱而好自专，生乎今之世，反古之道。如此者，灾及其身者也。非天子，不议礼，不制度，不考文。今天下车同轨，书同文，行同伦。虽有其位，苟无其德，不敢作礼乐焉；虽有其德，苟无其位，亦不敢作礼乐焉。"子曰："吾说夏礼，杞不足征也。吾学殷礼，有宋存焉。吾学周礼，今用之，吾从周。"

此章引用了孔子的两段话，其中第一段话共四句，第二段话共三句。根据吕大临的理解，第一段的每一句话与第二段话的三句话分别包含三层意思，而且这三层意思是一一对应的。吕大临所说的对应关系可以列表如下：

愚而好自用	贱而好自专	生乎今之世，反古之道
虽有其位，苟无其德	虽有其德，苟无其位	（无德无位/有德有位）
吾说夏礼，杞不足征也	吾学殷礼，有宋存焉	吾学周礼，今用之，吾从周
不议礼	不制度	不考文
行同伦	车同轨	书同文

吕大临认为，有位无德或有德无位而制礼作乐，今世之人而取古代礼乐，都是"取灾之道"；制礼作乐具体包括议礼、制度、考文，而行同伦、车同轨、书同文分别是议礼、制度、考文具体实施的结果；只有有德有位的天子才能制礼作乐，才能议礼、制度、考文，因此只有重于议礼、制度、考文，才能为王天下，才能"寡过"。通过这种解释，吕大临就把第 28、29 两章连在一起了。

吕大临对《中庸》文义的这种理解，正合于朱熹本人对《中庸》文脉的理解。《中庸》第 27 章末有“居上不骄，居下不倍”两词，朱熹认为“此言人道也”，此后的两章分别是对此人道的详细论述，第 28 章是“承上章为下不倍而言，亦人道也”，第 29 章是“承上章居上不骄而言，亦人道也”[①]。朱熹《中庸章句》说：“此君子，指王天下者而言。其道，即议礼、制度、考文之事也。”“此君子”即第 29 章“故君子之道”的君子，“其道”即第 28 章的议礼、制度、考文，两章是一气相通、一脉相贯的。朱熹如此高评吕说，也正在于吕说能够以议礼、制度、考文将这两章内容贯穿起来。

但是，正如上节所述，郑、程“三王之礼”的说法兼括第 28 章的夏、殷、周三代之礼与第 29 章的“三王”一词，这不是也将两章贯穿起来了吗？何以朱熹又说其于文义不通呢？

这还要回到《中庸》第 28 章孔子论夏、殷、商三代之礼那几句话：

> 子曰：“吾说夏礼，杞不足征也。吾学殷礼，有宋存焉。吾学周礼，今用之，吾从周。”

我们知道，《论语·八佾》也有两句讨论夏、殷、周之礼的话：

> 子曰：“夏礼，吾能言之，杞不足征也；殷礼，吾能言之，宋不足征也。文献不足故也。足，则吾能征之矣。”

① 朱熹：《中庸章句》，《四书章句集注》，第 36—37 页。

子曰："周监于二代，郁郁乎文哉！吾从周。"[1]

《中庸》那句话应该是糅合《论语》这两句话而来。从孔子的话里我们可以读出两层意思：第一，周礼是损益夏、殷二代之礼而来，夏、殷之礼有其可取之处，但夏、殷之礼却因文献不足而无法征考；第二，孔子虽然是一位礼学大师，但他对周礼只是"学"、"用"而"从"，并不制作。前一点正合于第29章的"上焉者"之"虽善无征"，后一点正合于"下焉者"之"虽善不尊"。正是基于这种契合性，朱熹说："上焉者，谓时王以前，如夏、商之礼虽善，而皆不可考。下焉者，谓圣人在下，如孔子虽善于礼，而不在尊位也。"[2]"上焉者"是指"时王以前"，"时王"之时即周，"时王以前"即夏、殷，夏、殷之礼文献不足征，所以是"虽善无征"；"下焉者"是指"圣人在下"，圣人即孔子，孔子善于礼，但有德无位，此即汉儒所谓"素王"[3]，所以是"虽善不尊"。

相反，郑玄与程颐之说都没有兼顾到这两点。郑玄"三王之礼"之说虽然顾到夏、殷、周三代之礼，但并没有把夏殷之礼"虽善无征"这层意思交待出来；其以君臣来解"上焉者"、"下

---

① 《礼记·礼运》也有相似的记载："孔子曰：我欲观夏道，是故之杞而不足征也；吾得《夏时》焉。我欲观殷道，是故之宋而不足征也；吾得《坤干》焉。《夏时》、《坤干》，皆文之仅存者。""孔子曰：吾观周道，幽厉伤之，吾舍鲁，何适矣。"一般认为，《礼运》这两处记载与《八佾》亦属同源。其中《中庸》与《论语》的记载在宋足不足征问题有出入，由此还引发了《中庸》作者到底是不是子思的问题。相关讨论参见：杨少涵《〈中庸〉成书之辩难焦点综说》，《孔子学刊》第二辑（2011）。

② 明儒蔡清（1453—1508）对朱熹"时王以前"和"圣人在下"之说进行过评论："上焉者不可露出夏、商字，只言时王以前则可；下焉者不可露出孔子字，只言圣人在下者则可。上焉者、下焉者则非当时之王天下者也，不信不从则不能使人寡过矣。"（《四书蒙引》卷4，《景印文渊阁四库全书》第206册，第144页。）

③ 张立克：《孔子"素王"考》，董劭伟主编《中华历史与传统文化研究论丛》第1辑，北京：中国社会科学出版社，2015年，第346页。

焉者”，更是于上下文找不到根据。程颐以“三王以上”解“上焉者”，虽然顾到夏、殷、商三代之礼随时损益这层意思，但以“非三王之道，如诸侯霸者之事”解“下焉者”，却不能顾到《中庸》“虽善不尊”这句话，因为在宋代理学家王霸之辨的语境中，“霸者之事安得言善”[①]，霸者之事无所谓善，更不用说尊了。正如朱熹所说：“以霸者之事而言，则其善又不足称也。”[②]

总而言之，朱熹之采取吕氏以“议礼、制度、考文”来解“三重”[③]，而不采取郑、程以“三王之礼”来解“三重”，一方面是基于对《中庸》文脉的理解，一方面是基于对王霸价值观的理解。从文脉与义理上来说，朱、吕之说都更进于郑、程之说。

三、景星的“德、位、时”说

郑玄与朱熹是中国经学史上的两座高峰，他们的解经方法在清代更是成为汉、宋学术的标志。有了这种学术地位，郑、朱两

① 郑明等校点：《朱子语类》卷 64，《朱子全书》第 16 册，第 2142 页。

② （南宋）朱熹：《中庸或问》下，《朱子全书》第 6 册，第 602 页。元儒胡炳文（1250—1333）站在朱熹的立场，也对程颐之说进行了委婉的批评：“方氏曰：问：程子以上焉者为三王以前，下焉者为五霸诸侯之事，朱子以上焉者为夏、商，下焉者为孔子，二说孰是？曰：上焉者无征，则夏、殷也，经已言之；下焉者虽善不尊，舍孔子谁当之？若五霸则其善不足称矣。故上焉者无征，则当以时言；下焉者不尊，则当以位言。上乎周而为夏、商，礼非不善，然既于今无所征，则民将疑而不信；下而不获用于周，如孔子者，德非不善，然不得显位以行之，则民将玩而不信矣。”（《四书通·中庸通》卷 3，《景印文渊阁四库全书》第 203 册，第 96 页。）

③ 当然，朱熹虽然赞同吕大临的“三重”之说，但对其“上焉者”、“下焉者”之说却持否定态度。吕大临说：“上焉者，谓上达之事，如性命道德之本，不验之于民之行事，则徒言而近于荒唐；下焉者，谓下达之事，如刑名度数之末，随时变易，无所稽考，则臆见而出于穿凿。二者比无以取信于民，是以民无所适从。”（《礼记解》，陈俊民辑校《蓝田吕氏遗著辑校》，第 305 页。）朱熹说：“至于上、下焉者，则吕氏亦失之，惜乎其不因上句以推之，而为是矛盾也。”（《中庸或问》下，《朱子全书》第 6 册，第 602 页。）

家的“三重”说当然也成为经典解释的权威说法。但是经学的发展毕竟是由历代学者对经典不断提出新的解释而形成的，面对郑、朱两家的“三重”说，很多学者心感不安。比如清代郭嵩焘（1818—1891）就曾说：

> 郑注：“三重，三王之礼。”嵩焘案：上章明言夏、殷之礼无征，自不得更据“三王”为“三重”。朱子《章句》据吕氏说“三重”：议礼、制度、考文。然制度、考文亦是议礼中事，故章后但言“作礼乐”，于此又列为“三重”，非也①。

郭嵩焘认为郑注的问题是以“三王之礼”为“三重”，显然与夏、殷之礼无征不合。这与朱熹“夏、商之礼虽善，而皆不可考”的疑问是一致的。朱注的问题是制度、考文从属于礼，不应与礼并列为“三重”。饶鲁“考文何重之有”的疑问即是从此而发。

郭嵩焘的批评涉及《中庸》第28章的一句话：“虽有其位，苟无其德，不敢作礼乐焉；虽有其德，苟无其位，亦不敢作礼乐焉。”在这句话中，孔子不但把德、位并称，并且把有德、有位视为“作礼乐”的必备要素。《论语·季氏》亦载：“天下有道，礼乐征伐自天子出。”“天下有道”很容易让人联想到王道、王天下之道。“礼乐征伐自天子出”则是说只有在天子位者才能制礼作乐。综合《中庸》、《论语》两处孔子之语，学者们很自然地会把德、位与“王天下有三重焉”这句话联系在一起。“三重”一句下面是“上焉者”、“下焉者”两句：“上焉者虽善无征，无征

① 郭嵩焘：《礼记质疑》卷31，《续修四库全书》第106册，第538页。

不信，不信民弗从；下焉者虽善不尊，不尊不信，不信民弗从。”在这两句里有三个关键词，即善、征、尊，其中善很容易与德相应，尊很容易与位相应。既然德、位能够与“三重”联系在一起，那么加上征，刚好配齐“三重”。

“三重”前后有三处出现“征”字，即“杞不足征”、“虽善无征，无征不信”、“征诸庶民”。根据《论语·八佾》的记载，“杞不足征”是因为“文献不足故也，足则吾能征之”，那么“杞不足征”就是从文献方面而言的，或者说“杞不足征”之征即“征诸文献”之征。于是“虽善无征”之征就可以有两指，一是“征诸文献”之征，二是“征诸庶民”之征。与此相应，以德、位、征来解“三重”也就会有两种情况。

第一种情况是认为“虽善无征”之征是指“征诸庶民”之征，于是“三重”即有德、有位、征诸庶民。南宋理学家蔡渊（1156—1236）即持此说：

> 三重，谓有德、有位与征诸庶民三者。上焉者，有其位而无其德，不能证诸庶民也。下焉者，有其德而无其位，不得证诸庶民也。盖有位、有德又能证诸庶民，三者皆备，然后可以王天下而寡过，故曰“三重”[①]。

蔡渊于《中庸》等书“最所加意”[②]，曾著有《中庸通旨》一书。蔡渊是蔡元定（1135—1198）长子，而蔡元定是朱熹高足，

① （南宋）卫湜：《礼记集说》卷135，《景印文渊阁四库全书》第120册，第308页。

② （清）李清馥撰，徐公喜、管正平、周明华点校：《闽中理学渊源考》卷25，南京：凤凰出版社，2011年，第343页。

蔡渊近水楼台，“内学于父，外师事晦庵文公”①，但对“三重”的理解却迥异于朱熹。蔡渊认为“三重”指有德、有位、征诸庶民，而不是朱熹所说的议礼、制度、考文。关于德、位与征诸庶民的关系，蔡渊认为德、位与征诸庶民并非并列的平行关系，而是一种上下的条件关系。有位无德是“上焉者”，有德无位是“下焉者”。如果说这两者是因，那么“征诸庶民”就是一种果，只不过有位无德“不能证诸庶民”，有德无位“不得证诸庶民”。只有“三者皆备，然后可以王天下而寡过”。从这个意义上来说，德、位、证诸庶民三者又是“王天下”之因，是王天下的三项重要条件，“故曰三重”。

从表面上看，蔡渊之说似乎可以说得通，但细对《中庸》原文，我们会发现蔡说有不少混乱之处。首先是德、位与“上焉者”、“下焉者”的关系。“有德无位”与《中庸》“下焉者虽善不尊”尚可以对应，“有德”对应“善”，“无位”对应“下”与“不尊”，但“有位无德”与“上焉者虽善无征”的对应关系就有些勉强。如果说“有位”与“上”还算是对应，那么“无德”无论如何也找不到对应的词语。其次是德、位与征诸庶民的关系。《中庸》第29章曰：“故君子之道，本诸身，征诸庶民，考诸三王而不缪，建诸天地而不悖，质诸鬼神而无疑，百世以俟圣人而不惑。”很明显，“本诸身以下六事”② 是“君子之道”的六项内容，“征诸庶民”只是其中之一，就其在“六事”中的地位而言，与其他“五事”应当是一种并列的关系。如果德、位与“证诸庶民”有一种条件关系，那么与其他“五事”是不是也有一种条件关系？最后是“征诸庶民”与“三重”的关系。德、位与征诸庶

---

① （清）李清馥撰，徐公喜、管正平、周明华点校：《闽中理学渊源考》卷25，第342页。

② （南宋）朱熹：《中庸章句》，《四书章句集注》，第37页。

民是条件关系，只有德、位俱备，才能征诸庶民。德、位、征诸庶民与王天下也是条件关系，只有三者皆备，才能王天下。在这两个条件关系中，德、位显然是充分必要条件，只要德、位皆备，不但能够征诸庶民，而且还可以王天下。既然如此，那么征诸庶民就是可有可无了。再加上征诸庶民只是“君子之道”的“六事”之一，如果征诸庶民是王天下之重要条件，那么其他“五事”也应该是王天下的重要条件，那么王天下就不只有“三重”了，而应该有“六重”、“八重”了。所以“征诸庶民”根本不能成为“三重”之一。

第二种情况是认为“虽善无征”之征是指“征诸文献”之征，于是“三重”即德、位、征诸文献。南宋另一位理学家饶鲁即持此说。元儒史伯璿（1299—1354）《四书管窥》引饶氏之语曰：

> 《章句》、吕“三重”之说。饶氏谓：“以议礼、制度为重，犹之可也，考文何重之有？征指文献而言，其重一也；尊指位而言，其重二也；善指德而言，其重三也。备是三者，以王天下，然后寡过。夏商无征，孔子不尊，时王有征而未善。自‘君子之道本诸身’以下言必如是而后尽善。”窃意以此为“三重”，似亦有理，可备一说。盖如吕说，则寡过在人，虽可宛转说通，终是费力；如饶说，则寡过在王天下者，文势意义颇似皆顺。观经文但言“其寡过矣乎”，并无在人之意可见。但双峰“考文何重”之言，失之过当。“非天子不考文”，岂可谓之轻耶[1]？

① （元）史伯璿：《四书管窥》，《景印文渊阁四库全书》第204册，第947页。

史氏所说的“饶氏”即饶鲁（1193—1264），字伯舆，号双峰。饶鲁师出朱熹弟子黄榦等，所以当属朱熹再弟子[①]。饶氏一生著书颇丰，可惜无一书传世。清人王朝璩据前人称引辑得《饶双峰讲义》。上引内容，王朝璩辑为“吕氏以议礼、制度谓之重，可也。考文献而言，一重也；尊指位而言，二重也；善以德言，三重也。夏商无征，孔子不尊，时王有征有善矣，未之善也。‘君子之道’而下，是善”[②]。饶氏虽为朱熹再传弟子，但其说常异师传，尤其是“晚年多不同于朱子”[③]。在《中庸》学上，饶氏不但在分章方面迥异朱熹章句，而且在义理方面，也创解颇多[④]。在对“三重”的理解上，饶氏更是不取朱熹议礼、制度、考文之说。饶鲁认为“以议礼、制度为重，犹之可也，考文何重之有”？议礼、制度尚可为重，而考文却不能算为一重。“三重”应该是指“上焉者”、“下焉者”一句中的征、尊、善，其中征指文献而言，尊指位而言，善指德而言，所以“三重”即德、位、文献。

但饶氏之说有一个很大的问题，就是“文献”与“考文”的关系。从《中庸》文本的一般理解来看，我们并不能看出“文献”与“考文”有什么大的区别。《中庸》说非天子不考文，考文是天子之事，“岂可谓之轻耶”？饶氏又说文献也是“三重”之一，那么文献与考文都可以说是“三重”之一。这样一来，饶氏

① 关于饶鲁的师承，学界曾有不同意见，参见：冯兵《饶鲁师承渊源辨误》，《中国社会科学报》2013年1月28日；许家星《再论饶鲁的〈中庸〉章句学及其对朱子的超越》，《深圳大学学报》（人文社会科学版），2014年第4期注①；许家星《饶鲁师承渊源再论》，《光明日报》2014年9月30日；冯兵《饶鲁师承渊源补证——兼答许家星先生》，《中国社会科学报》2015年2月2日。此据《宋元学案》之《双峰学案》。

② （清）王朝璩辑：《饶双峰讲义》，《四库未收书辑刊》第2辑第15册，第433页。

③ （明）黄宗羲：《宋元学案》卷83《双峰学案》，《黄宗羲全集》第5册，杭州：浙江古籍出版社，1992年，第312页。

④ 许家星：《饶鲁〈中庸〉学的道论及其思想史意义》，《哲学动态》2013年第10期，第41页。

与朱熹的“三重”之说在“考文（文献）”一条上，似乎并无本质区别。所以史伯璿认为“双峰‘考文何重’之言，失之过当”。也就是说，饶氏以文献配德、位来解释“三重”，因为过于追求创新，而不免有失的当。

上面以德、位、征解“三重”的两种说法之最大不同在于对“虽善无征，不征不信”之征的理解，蔡渊将其理解为“征诸庶民”之征，饶鲁将其理解为“征诸文献”之征；但两种说法也有一个相同之处，即都试图通过上下文中之“征”字来解释“虽善无征，不征不信”之“征”字，简单地说，就是力求以“征”解“征”①。从训诂学上来说，这本来是非常得力的解释方法，但通过上面的分析发现，这些努力都有其不周圆之处。

这就逼迫学者们跳出以“征”解“征”的限制，从更广阔的义理背景上来理解“虽善无征，无征不信”之“征”字。在这方面，景星是其先驱者。清人郭嵩焘（1818—1891）《礼记质疑》卷31引“姚氏景星”之语曰：

> 姚氏景星《中庸集说启蒙》云：“征以时言，一重也；尊以位言，二重也；善以德言，三重也。言王天下者，合德、位、时，以建中和之极，而百姓会归奉礼，以几于寡过。”最为精核。上章言“作礼乐”，专主德、位二者，此章

---

① 宋儒似乎很看重“征”，除蔡、饶二氏之外，还有多家以“征”来解释“三重”。比如北宋王安石（1021—1086）有“有征、可信、民从”之说：“传注之学，多谓三重接上下之意，此甚不然。盖言王天下之事者，有三最重，有此三者，则可以寡过矣。何为三重？下文征、信、民从是矣。……三重者，言有征而可信，可信而民从是也。”（（南宋）卫湜：《礼记集说》卷135，《景印文渊阁四库全书》第120册，第305—306页。）南宋黎立武（1240—1310）有“本身、征民、考古”之说：“王天下有三重，即所谓本身、征民、考古也。……惟本诸身，征诸民，考诸古，于此三者慎重之，无有谬乱之失，则建天地，质鬼神，百世俟圣，不悖不疑不惑矣。”（（南宋）黎立武：《中庸分章》，丛书集成初编，北京：中华书局，1985年，第15页。）

又补出“时”字。时者，治定功成，兴建礼乐，以垂法万世，故曰“无征不信”。舜恭己以治，而后《九韶》之乐成；周公致太平，而后《六官》之书备。其云征也时也，上焉者无其时，下焉者无其位，“故君子”以下极言圣人之德之备，而后可以得位乘时，损益古今，制礼以建中和之极德至矣，而时与位皆弗至，则亦自明其道，以俟百世以后之圣人，动而为道，行而为法，言而为则，惟其德之备焉而已[1]。

在分析上引文义之前，首先需要弄清郭氏所说“姚氏景星”是何许人物。借助一些人名辞典、全文数据库等文献工具，我们只查到清末光绪年间吉林的一个县主簿叫姚景星，虽然年代与郭嵩焘有所重合，但此人只是一个小官吏，并未见其有经史著述传世。在儒学史上，我们也没查到有“姚景星”这个人，只查得元末有个儒者叫“景星”。据《四库全书总目提要》介绍，“星号讷菴，余姚人。……星元末人也”，撰《大学中庸集说启蒙》二卷，“标题为《学庸集说启蒙》，而序中实曰《四书集说启蒙》”[2]。所以我们有充分的理由认为，郭氏所说“姚氏景星”实为“余姚景星”之误。

景星在这段引文里对“三重”提出了一个新的解释，即德、位、时。查文渊阁四库全书本《大学中庸集说启蒙》，并未见郭嵩焘上面所引的内容，因而无从知道景星“德、位、时”之说从何而出。据清人毛奇龄（1623—1716）说，最早从德、位、时来说“三重”的是唐代陆德明《经典释文》旧本：

---

① （清）郭嵩焘：《礼记质疑》卷 31，《续修四库全书》第 106 册，第 538 页。

② （清）纪昀、陆锡熊、孙士毅等撰，四库全书研究所整理：《钦定四库全书总目提要》卷 35，北京：中华书局，1997 年，第 472 页。在郭嵩焘《中庸章句质疑》中，《中庸集说启蒙》作《中庸集说》。（《中庸章句质疑》卷下，《续修四库全书》第 159 册，第 495 页。）

三重，郑注谓“三王之礼”，固谬。然以仪礼三事当之，则官府制作与保氏书教皆在《周礼》六官中，焉得与仪礼相峙而三？若然则礼又有乐，“不敢作礼乐”将四重矣。况此从礼仪威仪、敦厚崇礼来，专重礼教，安容杂及？唐陆氏《释文》旧本有训德、位、时作三重者，似较近理，识者参之①。

毛氏所说“《释文》旧本”无从查到，今本《经典释文》没有以德、位、时训“三重”的记录。其实毛奇龄根本不需要舍近求远，前朝明代就已有学者以德、位、时训“三重”。比如高拱(1513—1578)《问辨录》卷2载：

“三重，谓议礼、制度、考文。”是否？曰：有天下者，孰不议礼、制度、考文？议礼、制度、考文，有善者，不有善者，如何但有此三者便能寡过？……曰：难有者德；难得者位；难遇者时。三者兼焉，故为“三重”。言于所难有者

① （清）毛奇龄：《中庸说》卷5，《四库存目丛书》经部第173册，第136页。毛氏是清乾嘉时期反对朱熹理学的健将，他借陆德明之说以反朱熹之说，必然也会遭到拥朱者所反对。毛氏反对朱注《四书》的言论被门人于1708年辑成《四书改错》。1822年，拥护朱熹的经学家戴大昌撰《驳四书改错》，“因仿《非非国语》之例而为是书，掎摭毛氏之误而重纠正之”（《续修四库全书总目提要》（稿本）卷16，第8页），其中驳毛氏“三重”说曰：“况‘三重’必有不可从陆氏训作德、位、时者，何则？既曰王天下，则位与时已有之矣，惟德之有无，未可必当。但曰王天下有一重焉，德是也，何曰‘有三重’乎？且三重若不指议礼、制度、考文，而指德、位、时，则下文本身、征民六句俱无着落矣。毛氏又谓官府制作、保氏书教俱在《周官》中，不当与礼分而为三。若然，则子思当第曰非天子不议礼矣，何又曰不制度、不考文乎？盖此亦如谨权量、审法度、修废官，虽皆具《周礼》一书，而未尝不分为三也。毛氏谓此从礼仪威仪来，专重礼教，安容杂及，以明制度、考文不可并礼。若然，则康成训三重为三王之礼为可从矣，毛氏何亦谓其谬乎？”（《驳四书改错》卷13，《续修四库全书》第169册，第209页。）

> 而有之也。有德则善，则非愚而自用；有位则尊，则非贱而自专；有时则征，则非生今反古。是故其道则本诸身，征诸庶民，以考三王，以建天地，以质鬼神，以俟百世；动世为道，言世为法，行世为则，远则有望，近则不厌。若是乎其尽善也，夫何寡过如之[①]。

高拱此处虽然也没有提到朱熹的名字，但其批驳的对象显然是朱熹的“三重”说。这也正符合高拱之学是“对宋儒的驳正”的思想特色[②]。下面这一位对程朱理学的批驳更是严厉，他就是阳明后学泰州学派的一代大师李贽（1527—1602）。《李温陵集》卷19《道古录》曰：

> 无德而敢作礼乐，愚而好自用也；无位而作礼乐，贱而好自专也；有德矣，有位矣，而不当时，而作礼乐，生乎今之世及古之道也。夫自用也，自专也，生今而反古也，如是而灾不及其自身者，未之有也。夫议礼、制度、考文，此王者之礼乐，而有德、有时、有位之天子之所作也，若非此等天子，而欲议礼、制度、考文，以兴礼乐，得乎？试观天下之今日时王之制作尚在，庶民之信从未改，故车则同轨，无敢制度者；书则同文，无敢考文者；行则同伦，无敢制礼者。是故虽有其位，苟无其德，不敢作礼乐焉，可见王天下者，其所重先在德也；虽有其德，苟无其位，不敢作礼乐焉，可见王天下者，其所重又在位也；有德、有位而不当

① （明）高拱：《问辨录》卷2，岳金西、岳天雷编校：《高拱全集》下，郑州：中州古籍出版社，2006年，第1115页。

② 陈寒鸣：《高拱儒学思想漫议》，《燕山大学学报》（哲学社会科学版）2012年第1期，第22页。

时，则夏、殷是已，今之所用者周礼，吾不从，固而谁从哉？可见王天下者，其所重尤在时也。故曰“王天下有三重焉”。有此三重，而仪礼、制度、考文，以作礼乐，则无自用、自专、生今反古之失，灾不及身，则过可寡矣[①]。

李贽之说较高拱之说更为周全，但其基本精神却有着惊人的相似之处，他们都是以德、位、时解“三重”，而反对朱熹的议礼、制度、考文之说。同样作为“王学护法”[②] 的毛奇龄，本应该将高、李二人引为同道而大引其说，却远征唐代，不知其中有何未发之覆。

且不管景星之“三重”说对高拱、李贽等明清学者有无影响，仅就景星之说本身而言，它有一个很大的优势，即符合朱熹所说的通于上下文义。一方面，景星之说能够照顾到上文所说的德、位与夏、殷、周之礼。郭氏认为“《中庸》说道偬大，而实以礼为之宗主，二十七章以下，始极言之”[③]。根据这个判断，第28、29章也都是说的礼，那么王天下之“三重”必定是指礼而言。第28章最后两句，一句说德、位与制礼作乐的关系，有德、有位是礼乐制作的重要条件；一句说夏、殷之礼不足征，故“吾学周礼，今用之，吾从周”，周礼可从，因“今”已“用”之，那么“今用”是礼乐实施的一个重要条件。“今”属于“时”，于是王天下就在德、位之外多了一个因素，这就是“时”。此即郭嵩焘所说：“上章言‘作礼乐’，专主德、位二者，此章又补出

① （明）李贽：《李温陵集》卷19，《续修四库全书》第1352册，第280页。

② 关于毛奇龄与阳明学的关系，可参阅於梅舫：《从王学护法到汉学开山——毛奇龄学说形象递变与近代学术演进》，《中山大学学报》（社会科学版）2014年第1期，第97—110页。

③ （清）郭嵩焘：《中庸章句质疑》卷下，《续修四库全书》第159册，第464页。

'时'字。"德、位、时三者补全，方可制礼作乐而王天下①。正如明儒葛寅亮（1601—1607）所说，"既有德，又兼乎时、位，方可制礼。王天下有三重，谓德、位、时也"②。另一方面，景星之说能够兼顾到下文"上焉者"、"下焉者"。在郭嵩焘的引述中，"征以时言"之征、"尊以位言"之尊、"善以德言"之善即"上焉者"、"下焉者"两句内容的具体表述，而"时者，治定功成，兴建礼乐，以垂法万世"即第29章"故君子之道"以下"六事"所说的内容。

总之，景星之"三重"说以德、位、时承上，以征、尊、善盖下，非常符合朱熹所说的"于文义兼通"。同时，单从字面上看，也能够容纳蔡渊、饶鲁之德、位、征的说法。应该说，这是一种具有更大兼容性的解释。从这个意义上说，郭氏评论景星之说曰"最为精核"，还是很有见地的。明末清初刁包（1603—1669）说："三重之说颇多，朱子独取吕氏议礼、制度、考文为章句，其义当矣。后儒复以德、位、时当之，朱说几废。"③ 刁氏这里所说的"后儒"，应该就是景星之后持德、位、时之说的儒者。后儒之持德、位、时之说，以至于"朱说几废"，足见此说对朱说产生的挑战之大。

---

① 至于德、位、时三者在王天下中的具体分工，明儒焦竑（1540—1620）有一种说法："王天下是有德以立制作之本，有位以操制作之权，又有时而遇世道一新之会者。制作不善，民不从，便有过，唯有三重之善，而民从之，是以寡过也。"（《焦氏四书讲录·中庸》卷3，《续修四库全书》第162册，第51页。）

② （明）葛寅亮：《四书湖南讲·中庸湖南讲》，《续修四库全书》第163册，第118页。

③ （明）刁包：《四书翊注》中庸卷三，《四库全书存目丛书》经部第170册，第140页。

四、秦笃辉的“动、行、言”说

早在北宋，理学大家张载（1020—1077）就曾经说过这样一句话：

> “君子所贵乎道者三”，犹“王天下有三重焉”：言也，动也，行也①。

“君子所贵乎道者三”是《论语·泰伯》所载曾子病中所说的一句话，其原文是“君子所贵乎道者三：动容貌，斯远暴慢矣；正颜色，斯近信矣；出辞气，斯远鄙倍矣”。言、动、行之原文即《中庸》第29章“君子动而世为天下道，行而世为天下法，言而世为天下则”。张载以《中庸》第29章的动、行、言来比拟君子所贵之容貌、颜色、辞气，之所以能够有此比拟，是因为容貌、颜色、辞气是一个君子应当重视的三个方面，而言、动、行是王天下的三个重要方面。这意味着张载其实是以动、行、言来解“三重”。

或许是由于张载的这句话是以一种比拟的、非正式的形式说出，而且没有给以详细的解说，所以在后来的很长一段历史里并未引起学者们的特别注意。直到清代另一位学者秦笃辉，才正式以动、行、言来解释“三重”。秦氏曾评论“汉宋诸儒”之“三重”说曰：

① （北宋）张载：《正蒙·乐器》，《张载集》，章锡琛点校，北京：中华书局，1987年，第57页。

> 郑注以“三重”指“三王之礼”，于本章无据，泛而不切。吕氏谓“议礼、制度、考文”，舍本章而从上章，亦未见其确也。余尝取经文读之百遍，而恍然悟“三重”于本章确有明文，盖即指下文动、行、言三句也。因三句倒点在下，汉宋诸儒俱忽而不觉，因别寻柱脚，为彼纷纷之说。……经以解明，亦以解晦，可胜浩叹[①]。

秦笃辉所谓“汉宋诸儒”之汉儒其实就是指郑玄。秦氏认为郑说的毛病是“于本章无据，泛而不切”。我们在前面第一节说过，郑玄把“三重”解释为“三王之礼”，是有其文本依据的，此即第28章的夏、殷、周三代之礼与第29章“三王”一词。但夏、殷、周之礼是在第28章而非第29章，所以秦氏说“于本章无据”。另外，即使是第28章的三代之礼，如郭嵩焘所批评的，《中庸》“明言夏、殷之礼无征，自不得更据‘三王’为‘三重’”，而郑玄对夏、殷、周三代之礼不作区别，泛泛地合在一起并称为“三重”，这是有失其实的。这就是秦氏所说的“泛而不切”。

秦氏对于“汉宋诸儒”之宋儒只点了吕大临之名，而未提朱熹之名，其中的原因可能是朱学在清代早已上升为国家意志，一般士人不敢轻易置评。但吕大临的“三重”说之所以能够成为一种广为人知的说法，完全是由于朱熹《中庸章句》的引用。所以秦氏虽然点名批评吕大临，但我们完全可以看作对朱熹的不满。秦氏认为吕说的毛病是“舍本章而从上章，亦未见其确也”。“议礼、制度、考文”在朱订《中庸》第28章，而“三重”在第29

① （清）秦笃辉：《学经质疑录》卷16，《四库未收书辑刊》第4辑，第10册，北京：北京出版社，2000年，第344—345页。

章，吕大临以“议礼、制度、考文”解释“三重”，这明显是“舍本章而从上章”[①]。

秦笃辉对郑、朱两说的批评有一点是共同的，即此两说都试图在上章亦即第28章中寻找“三重”的具体所指，而秦氏通过参读经文百遍而“恍然悟”到“三重”其实于本章亦即第29章已有“明文”，这就是下文“君子动而世为天下道，行而世为天下法，言而世为天下则”三句话中的动、行、言。（“恍然悟”三字也说明，秦笃辉以动、行、言解“三重”不是通过读张载之言而感发，而是通过自己读书体会出来的。）但由于这三句话“倒点在下”，郑玄、孔颖达、吕大临、朱熹等“汉宋诸儒俱忽而不觉”，于是才在上章“别寻柱脚”而“为纷纷之说”。秦氏最后感慨说“经以解明，亦以解晦”，后人解经本来是要显明经义，但如果误解，反而使经义愈来愈晦涩难通。相反，秦氏认为解“三重”为动、行、言，于经文“清切明顺”而毫无晦涩之感。

“王天下有三重焉”二句总冒下文。“上焉者”“下焉者”

① 秦氏所说的“本章”、“上章”是指朱熹的《中庸》分章。吕大临的《中庸》分章情况稍微复杂一些。吕大临的《中庸》分章有两个版本，一是《中庸解》，二是《礼记解》之《中庸》解，此两本中的《中庸》分章差别很大。“议礼、制度、考文”与“三重”在《礼记解》中是分属上、下章的，但在《中庸解》中两者是在同一章的。据朱熹说，“今世传明道《中庸义》是与叔初本，后为博士演为讲义。……尚恐今解是初著，后掇其要为解也”。（《朱子语类》卷62，《朱子全书》第16册，第2010页。）《二程集》中的《中庸解》其实是吕大临（与叔）所写的初本，但朱熹当时所看到的“今解”也只是“初著”，“后掇其要为解”。《礼记解》的初刻本可能是朱熹所刻，目前我们所见到的《礼记解》是据南宋卫湜《礼记集说》辑录而成，而卫书所采吕解，则是摭取自朱熹刻本。（陈俊民：《关于蓝田吕氏遗著的辑校及其〈易章句〉之思想》，陈俊民辑校《蓝田吕氏遗著辑校》，第16页。）也就是说，《礼记解》是经过朱熹手订的，而且朱熹经手的这个《礼记解》之《中庸》的分章非常接近于朱熹本人的分章。那么我们自然就会有一个疑问：朱熹经手的《礼记解》与吕大临初著的《中庸解》在分章上有什么关系？或者说朱熹是否按照己意对吕大临初本进行过重新安排？这其中很可能有未发之覆。

两层陪醒“王天下”意，“故君子之道”二节透发“三重”“寡过”之理。“本诸身”谓以动、行、言三者尽诸身也；“征诸庶民”谓以三者征诸民；考，考三者也；建，建三者也；质，质三者也；俟，俟三者也。不谬、不悖、无疑、不惑以至知天、知人之尽，则寡过矣。“是故君子动而世为天下道”一节乃申言“三重”“寡过”之实。此古文以逆得顺也。“是故君子”遥接首节也。通论其理，则“动而世为天下道”即议礼也，“行而世为天下法”即制度也，“言而世为天下则”即考文也。上章言议礼、制度、考文，对天下言也；此章言动、行、言，以本身言也。义固相通，言各有当。此“三重”必指动、行、言。清切明顺，远有望，近不厌，王天下者之过始可言寡矣。末引《诗》以证之，而以“君子未有不如此而蚤誉于天下”者反收全文，有誉属君子，寡过亦属君子，彰彰然矣①。

秦氏把第29章看作一个整体，“三重”与“寡过”二句“总冒下文”，是整章的纲领，其余诸句是对这两句的解释和说明。其中“上焉者”、“下焉者”二句是从两个层面进一步说明王天下的含义。“故君子之道”以下分为两节，详细分析“三重”“寡过”之理：“本诸身”至“百世以俟圣人而不惑”是一节，从“本诸身”、“征诸庶民”、“考诸三王”、“建诸天地”、“质诸鬼神”、“百世以俟圣人”等六个方面分析“三重”；“知天”、“知人”两句是一节，分析“寡过”。“是故君子”一句“遥接首节”，与“王天下有三重焉”一节遥相呼应，说明“三重”、“寡过”的

① （清）秦笃辉：《学经质疑录》卷16，《四库未收书辑刊》第4辑，第10册，第345页。

具体内容。联系到第 28 章来看，动即议礼，行即制度，言即考文，只不过议礼、制度、考文是从天下而言，动、行、言是从本身而言，第 28、29 章“义固相通，言各有当”。这就是说以动、行、言来解“三重”，不但于本章有据，还能够涵盖朱熹之说。从这个方面来说，动、行、言之说又比议礼、制度、考文之说具有更大的诠释力。

五、俞樾的“三统”说与蒋庆的“三重合法性”说

上面几种说法都是基于《中庸》文本的上下文脉络来寻绎推求“三重”的具体所指，晚清经学大家俞樾（1821—1907）则跳出这种模式，另辟蹊径，从“经意”上来衡定郑、朱之注，并提出己说。《茶香室经说》卷 12“三重”条曰：

> 郑解“三重”，承上节夏、殷、周而言，较时解为胜，然于经意犹未尽得。此“三重”即董子所谓“三统”也。董子“三统”之说，大约谓夏黑统，商白统，周赤统。《春秋》以鲁为新王，则又为黑统。三统若循环，周而复始，故曰“三代改正，必以三统天下”，又曰“其谓统三正者，曰：正者，正也。统致其气，万物皆应而正。统正其余皆正”。并见《春秋繁露·三代改制质文》篇。可以说“王天下有三重”之义，夏、殷、周为三王者，自周人言之也；自殷而言，则虞、夏、殷为三王；自夏而言，则唐、虞、夏为三

王。郑注但言"三王之礼"，不言何代，似有见于此①。

"时解"当指郑玄那个时代的《礼记》学大家诸如马融（79—166）、桥玄（110—184）、蔡邕（133—192）、卢植（139—192）、高诱等经师对"三重"的解释②。由于这些经学大师的《礼记》学著述俱佚而不可考，对于俞说"较时解为胜"，我们便不能取而查实。但这不是俞氏的重点，俞氏的重点是对郑解做一衡定。如前文所分析的，郑解有其文本依据，上承第 28 章夏、殷、周三之礼，下兼第 29 章"三王"一词，应该说是一种有理有据的解释。然而俞樾认为郑解"于经意犹未尽得"。那么俞樾所认为的"经意"是什么呢？这就是董仲舒所说的"三统"。董仲舒在《春秋繁露·三代改制质文》中说："王者必改正朔，易服色，制礼乐，一统于天下。""改正朔"就是更改岁首的月份。一年 12 个月中可以作为岁首（正月）的是子月（农历十一月）、丑月（农历十二月）和寅月（农历正月），是为"三正"。正朔月份不同，天气物象之颜色也不同，具体来说，子月尚赤，丑月尚白，寅月尚黑，是为"三统"。从夏、殷、商"三代"与"三正"、"三统"的关系来看，夏建寅，是为正黑统；殷建丑，是为正白统；周建子，是为正赤统③。作为一个基本的历史规律，黑、

---

① （清）俞樾：《茶香室经说》卷 12，《续修四库全书》第 177 册，第 551－552 页。

② 关于东汉的《礼记》学者，可参阅：杨天宇《礼记简述》三《〈礼记〉在汉代的传本与郑注〈礼记〉》，《礼记译注》，上海：上海古籍出版社，1997 年，第 24 页；韩敏本《〈礼记〉的成书及注疏流传》，《长春教育学院学报》2007 年第 6 期，第 12 页。

③ 关于董仲舒的"三统"说，可参见：汪高鑫《"三统"说与董仲舒的历史变易思想》，《齐鲁学刊》2002 年第 3 期，第 96－102 页；刘国民《论董仲舒的"三统"说》，《文学前言》2006 年第 1 期，第 42－52 页；黄开国《董仲舒三统说历史观及其评价》，《河北学刊》2012 年第 6 期，第 51－55 页；余治平《论董仲舒的"三统"说》，《江淮论坛》2013 年第 2 期，第 67－72 页。

白、赤的关系是“三统循环，周而复始”。夏、殷、周是“自周人言之”，那么“自殷而言”则有虞、夏、殷三统，“自夏而言”又有唐、虞、夏三统。由此可见，“三代”、“三王”并不专指夏、殷、周，所以俞樾说“郑注但言‘三王之礼’，不言何代，似有见于此”。“改正朔”是为王天下的象征，王朝一变，必改正朔，正统一变，朝服颜色、礼乐制度等都要随之改变。正是在这个意义上，俞樾认为“三重”是指“三统”[①]。

董仲舒提出“三统”的直接目的是为汉武帝更化改制提供理论支持[②]。俞樾以“三统”解“三重”，则是把这种直接目的转化为一般意义，即“三统”是一个国家长治久安的重要条件。这种意义上的“三重”，当前的大陆新儒家蒋庆称之为“三重合法性”：

> 《中庸》也讲“王三重”，即治理国家必须取得“三重合法性”，“王三重”就是王道政治必须以三重合法性为基础，统治秩序才同时具有源自天道、历史与民意的合法权威。《中庸》“建诸天地而不悖，质诸鬼神而无疑”是指超越神圣的合法性；“考诸三王而不缪，百世以俟圣人而不惑”是指历史文化的合法性；“本诸身，征诸庶民”是指人心民意的

① 其实，以子、丑、寅“三正”解“三重”，不自俞樾始，北宋侯师圣早已说过：“‘王天下有三重焉’，言三王之法，各有可重者，如子、丑、寅之更，建忠、质、文之迭，尚损益而得中，所以寡过也。”（（南宋）卫湜：《礼记集说》卷135，《景印文渊阁四库全书》第120册，第303页。）

② 藏明：《董仲舒“三统说”与西汉大一统王朝的构建》，《衡水学院学报》2014年第6期，第31—33页。

合法性[①]。

蒋庆在此对“王天下有三重”一句话进行了颇具现代意味的解释。首先，“王”即“王道”。蒋庆以政治儒学闻名，而王道是“政治儒学之核心内容”[②]，是政治儒学“最高的政治理想”[③]。其次，“三重”即“三重合法性”。在蒋庆看来，“合法性”是“人类政治思想的两个最根本问题”之一，讲的是“国家依据什么权威来统治”[④]。“三重合法性”就是保证长治久安的三种“合法权威”。最后，“三重”或“三重合法性”的具体内容是《中庸》第29章的“六事”。蒋庆将“六事”重新组合分属“超越神圣”、“历史文化”、“人心民意”（超越、传统、理性）等三个方面，成为“判断政权是否合法的尺度”[⑤]。

---

① 蒋庆：《王道政治的特质、历史与展望——论王道政治三重合法性》，《广论政治儒学》，北京：东方出版社，2014年，第277页。又见蒋庆：《王道政治是当今中国政治的发展方向——“儒教宪政”的义理基础与“议会三院制”》，《再论政治儒学》，上海：华东师范大学出版社，2011年，第10页。

② 蒋庆：《生命信仰与王道政治：儒家文化的现代价值·序》，台北：养正堂文化事业股份有限公司，2004年，第5页。

③ 蒋庆：《政治儒学》，北京：生活·读书·新知三联书店，2003年，第144页。

④ 蒋庆：《儒教宪政的监督形式——关于“太学监国制”的思考》，《再论政治儒学》，第156页。“合法性”（Legality）本来是一个现代政治哲学术语，与之相应的是“正当性”（Legitimacy）。“正当性”源于自然法传统，是一个政治哲学、法哲学概念，它讲的是某种政治统治符合某种道德价值。“合法性”源于契约论传统，是一个法律实证主义概念，它讲的是某种社会行为符合现行的特定法律。“合法性是特定意义上的正当性，正当性是终极意义上的合法性。……合法性是一种未经充分质疑和批判的有条件的正当性；正当性是一种具有彻底批判精神的高级的‘合法性’。”（刘杨：《正当性与合法性概念辨析》，《法制与社会发展》2008年第3期，第15－20页。亦可参阅刘毅：《“合法性”与“政治性”译词辨》，《博览群书》2007年第3期，第57－59页；毛兴贵：《政治合法性、政治正当性与政治义务》，《马克思主义与现实》2010年第4期，第100－101页；周濂：《政当性与合法性之辨——评戴岑豪斯〈合法性与政治性〉》，《读书》2014年第5期，第50页。）所以确切地说，蒋庆的“合法性”概念相当于现代政治哲学中的“正当性”概念。

⑤ 蒋庆：《政治儒学：当代儒学的转向、特质与发展》（修订本），福州：福建教育出版社，2014年，第228页。

俞樾的“三重”说与蒋庆的“三重”说有一个共同的特点，即不是从《中庸》文本本身而是从儒家政治哲学中寻找“三重”的具体所指。这种诠释方式有一个好处，就是能够在更开放的历史与时代背景下激活经典的启发意义。但这种诠释也有过度诠释的嫌疑。我们先来看俞樾的解释。《中庸》的成书时间虽然有各种说法，甚至有说是秦汉时期，但这些《中庸》晚出的说法很难找到足够的证据作为支撑[①]。就俞樾本人而言，他虽然反对“子思作《中庸》”的说法，但也只是说“《中庸》盖秦书也”[②]。“三统”说是西汉董仲舒的发明，既然如此，《中庸》作为秦代的作品怎么会运用西汉的理论呢？这显然是有违历史顺序的。

再来看蒋庆的解释。蒋庆“新解”，除了第一点把“王”解释为“王道”尚属合理外，其余两点都有问题。正如学者所指出的那样，“从蒋庆的三重说来看，蒋庆的理解与《中庸》文意相差很大”[③]。在第二点中，当蒋庆把“三重”解释为“三重合法性”时，名词“合法性”成了“有”的宾语，“重”则成了一个量词，是“层”的意思，而没有“重要”的意思。但是《中庸》“王天下有三重”之“重”应是一个形容词，意思是“重要的”；由于同时又是“有”的宾语，于是“重”就由形容词转化为名

① 相关辨证，可参阅杨少涵《中庸哲学研究》附论《中庸早出的疑点与推断》，台湾：花木兰文化出版社，2013 年。

② 俞樾：《湖楼笔谈》卷 1，《续修四库全书》第 1162 册，第 356 页。

③ 蒋孝军：《复古与现代性之间的纠结——蒋庆“政治儒学”思想评说》，《人文杂志》2011 年第 6 期，第 21 页注。

词，意为“重要的东西”[1]。所以蒋庆的解释与“经意”显然是有很大距离的。在第三点中，蒋庆以《中庸》第 29 章之“六事”分属“三重合法性”，但这是在打乱了“六事”原有次序之后重新组合起来的。这就不免让人产生疑问：《中庸》“六事”如果真是两两成对地分别解释“三重”，那么何以不是两个一对地整齐排列，而非要先打乱它们的次序，再让后人重新排列组合起来呢？

一旦脱离《中庸》文本而以“经意”的名义寻求“三重”的具体所指，很容易流于随意而漫无边际。比如明代周念祖有“三

① 关于“重”字的意思，有解释为“难”的，即不敢轻忽的意思。卫湜《礼记集说》卷 135 载晋陵钱氏语曰：“重，犹难也，于三者重，难之不敢轻也。”（《景印文渊阁四库全书》第 120 册，第 308 页。）也有解释为“尚”的，即崇尚的意思。韩儒尹镌《中庸读书记》曰：“三重，夏殷周之礼，随时轻重以为政于天下者也。……‘重’之为言，犹尚也，董子所谓‘夏尚忠，殷尚敬，周尚文’者。”（《国际儒藏·韩国编四书部·中庸卷》，北京：华夏出版社、中国人民大学出版社，2010 年，第 406 页。）《说文》曰：“重，厚也。”段玉裁注曰：“厚斯重也。引伸之为郑重、重叠。”（汤可敬：《说文解字今释》中册，长沙：岳麓书社，1997 年，第 1124 页。）“重”字本义为厚，郑重、重叠等意义都是从此引申出来的。郑重可通重要、尚、难等义，重叠有层义，但“三重”似只能取重要义，而不能取层义。因为重要是个形容词，可以作名词使用，而层是个量词，几乎不作名词使用。作家韩寒有一部作品《三重门》。该书书名的由来，书中提供了两条线索。一条在第 17 章：雨翔“一看到 Susan 的字又勾起了难过，既舍不得又凶狠地把纸撕烂，边撕边说：‘什么——三重门——去你的——我——’这时脑子突然聪明，想起万山说过‘三重’在古文里乃是三件重要的事之意（《礼记·中庸》第二十九章：‘王天下有重焉。’三重指仪礼、度、考文），古人‘王天下有三重焉’，林雨翔‘忘天下有三重焉’，决定把苏珊忘记”。（《三重门》，《韩寒五年文集》上，南昌：二十一世纪出版社，2006 年，第 218 页。）这里明白指出书名中“三重”二字源自《中庸》。另一条在第 20 章：“雨翔低头慢慢走着，到自己班级门口时，遥望见整齐排列的三幢教学楼的三个楼梯走道，前后相通的，是三重门。”（《三重门》，《韩寒五年文集》上，第 244 页。）这又喻示着书名“三重门”源自三幢教学楼的走道。在后来的博客、采访报道或同学回忆中，这两种说法都获得了肯定。详见商子的博客：《韩寒早期作品对李敖作品的借用以及〈三重门〉书名的由来》，http://blog.sina.com.cn/s/blog_588cd6fc0101317d.html。从字义上来看，在韩寒的第一种说法中，“三重”意指三种重要的事情，“重”是重要的意思；在其第二种说法中，“三重”是指三幢楼的通道，“重”是层叠的意思。蒋庆的解释与韩寒的第二种使用是相同的，即都是把“重”理解为层义，而这在《中庸》文本里是没有意义的。

路”之说曰：“王天下有三重：言路不可不重，宪度不可不重，仕路不可不重。”① 周氏的“三路”说与俞樾的“三统”说、蒋庆的“三重合法性”说一样，表面上深入“经意”，而实际上只是“己意”。在脱离文本的情况下，“己意”往往会成为“心猿意马”，离“经意”越来越远而不自觉。这种方法用以造论，可能会创获颇丰，但用来解经，则绝需谨慎。如果一任己意而发，你可以提出“三路”，我则可以提出“三山”、“三河”，河、路判然，山、河悬隔，经典绝不至于如此自我分裂也。

结　论

就我们所收集到的材料来看，由汉至清的历代注家对《中庸》第 29 章“王天下有三重焉”至少有 13 种说法。朱熹说“三重说者多耳”②，绝非虚言。前面我们用了很大篇幅来集中梳理其中 6 种比较有代表性的说法，从中可以看到“三重”与上下文的繁杂瓜葛，也基本清楚了诸家说法的长短得失。最后的问题是，我们对“三重”的具体所指到底有什么看法？我们是赞同以前某种说法，还是提出我们自己的独到见解，必须有一个明确的结论。

按照解释学的一般原理，一句话、一个词的意义与其上下文是一个整体，所以要确定其意义，必须将其置于上下文脉络中来理解。我们前面提到，在朱订《中庸》中，“三重”一句话为第 29 章首句，但在《礼记》中，《中庸》原来是不分章的。分章是

① （明）周念祖辑：《万历辛亥京察记事始末》卷 7，《续修四库全书》第 435 册，第 664 页。

② 郑明等校点：《朱子语类》卷 64，《朱子全书》第 16 册，第 2142 页。

分章者根据自己对文意的理解把不同的文字内容分置于不同的章节中。由此可见，分章其实是在主观上切断上下文脉络。更为严重的是，具体到某一个字词，如果分置于不同的章节，可能会给读者以不同的暗示，从而在理解该字词时，就会产生不同甚至截然相反的理解和解释。“三重”也是如此，分属不同章节，势必会带来不同的理解；而历来不同的理解，很大程度上与其分属不同章节有一定的关系。反过来说，要确定“三重”本义，最好的办法是不要被分章所限，而要重新将其置于《礼记·中庸》的整体文本中来理解。

下面，我们先把“三重”一句话的上下文引录下来，以直观其中的文脉关系：

> 子曰：“愚而好自用，贱而好自专，生乎今之世，反古之道。如此者，灾及其身者也。非天子，不议礼，不制度，不考文。今天下车同轨，书同文，行同伦。虽有其位，苟无其德，不敢作礼乐焉；虽有其德，苟无其位，亦不敢作礼乐焉。”子曰：“吾说夏礼，杞不足征也。吾学殷礼，有宋存焉。吾学周礼，今用之，吾从周。”王天下有三重焉，其寡过矣乎！上焉者虽善无征，无征不信，不信民弗从；下焉者虽善不尊，不尊不信，不信民弗从。故君子之道，本诸身，征诸庶民，考诸三王而不缪，建诸天地而不悖，质诸鬼神而无疑，百世以俟圣人而不惑。质诸鬼神而无疑，知天也；百世以俟圣人而不惑，知人也。是故君子动而世为天下道，行而世为天下法，言而世为天下则。远之则有望，近之则不厌。《诗》曰：“在彼无恶，在此无射，庶几夙夜，以永终誉！”君子未有不如此而早有誉于天下者也。

在上引内容中，“三重”句前面是孔子的两句话，后面是“上焉”、“下焉”几句话。根据数目词的构词规律，数目字可以是实指，也可以是虚指。在前面的引言中，我们提到历来注家清一色地认为“三”为实指，那么“三重”具体所指向的内容应是三项内容。要确定这三项内容，必须在上下文的脉络中来寻求。也就是说，“三重”的具体所指，只能在前面孔子的两句话或后面“上焉者”、“下焉者”几句话中寻找。

我们首先尝试在“三重”一句话的前面亦即孔子的两句话中来寻求其具体所指。在孔子的两句话中，三个一组的概念共有四组，其中第一句话有三组，第二句话有一组。

1	愚而好自用	贱而好自专	生乎今之世，反古之道
	议礼	制度	考文
	行同伦	车同轨	书同文
2	夏礼	殷礼	周礼

中国古人在行文时，引用前人之语后，往往会以一句很短的话作以总结，比如《中庸》末尾引《诗》的几句皆是如此。如果“三重”一句上属，与孔子的两句话为一章，那么“三重”一句就应该是孔子之语的总结[①]。在孔子的两句话中，如果“三重”一句是对其第一句话的总结，那么“三重”一句应该放在第一句话之后，而不应该再隔一个第二句话。所以朱熹承吕大临以议礼、制度、考文解“三重”，首先在语序上就说不过去，更不用说朱熹将“三重”一句与孔子的两句话分属两章。蔡渊、饶鲁、

① 比如元儒陈天祥（1230—1316）就认为“三重”一句是孔子两句话的结语：“‘王天下有三重焉，其寡过矣乎’，此两句本是上章结语，摘属此章，非也。《中庸》章数差互者甚多，他日必有能辨之者。此章自上焉者以下，皆是通论君子之道，本非专说礼之一事也。试于下文‘故君子之道，本诸身，征诸庶民’之十二字中仔细观之，则一章之本意可见。”（（元）陈天祥：《四书辨疑》卷15，《景印文渊阁四库全书》第202册，第527页。）

郭嵩焘等人以德、位、征或德、位、时解“三重”，就更加勉强了。如果“三重”一句是对孔子第二句话的总结[1]，那么“三重”就是指夏礼、殷礼、周礼，这正是郑玄的理解。但是正如郭嵩焘所说，孔子明确说夏礼不足征，《论语·八佾》更是记载殷礼亦不足征，因此夏礼、殷礼不能与周礼并称为“三重”。所以郑玄之说亦与文意不合。由此来看，“三重”一句不能上属，其具体所指不能从孔子的两句话中来找。

我们再来让“三重”一句下属，从“上焉者”、“下焉者”几句话中来寻求其具体所指。在这几句话中，三个一组的概念有动、行、言。如果“三重”是指此三者，那么“三重”一句亦应该直接放在动、行、言一句前后，但今本《中庸》动、行、言一句话与“三重”一句相距甚远，从行文来看，甚无道理。所以张载与秦笃辉以言、动、行说“三重”，就显得非常勉强。

其实，在“上焉者”、“下焉者”两句话中，也有两组概念。在“上焉者”一句中是善、征、信三个词，在“下焉者”一句中是善、尊、信三个词，而且“三重”一句正在这两句话的前面，那么我们是否就可以认为“三重”就是指善、征、信或善、尊、信了呢？我感觉这是可以肯定的。但问题是“三重”是指“上焉者”之善、征、信呢，还是指“下焉者”之善、尊、信呢？我认为两者都是。也就是说，对“上焉者”而言，“三重”是指善、征、信；对“下焉者”而言，“三重”是指善、尊、信。对此，宋儒周谞早有过详细说明：

---

① 清人齐召南（1703—1768）认为孔子第二句话与“三重”一句话当在一章：“‘子曰吾说夏礼’为‘王天下有三重’章之首，不过因有‘子曰’二字，便为分章耳。”（（清）齐召南：《礼记注疏卷五十三考证》，《景印文渊阁全书》第116册，第381页。）

所谓三重者，有善于已，而后有以征于人，有以征于人，而后人信之，此上焉者，虽远于民而民必从之也；有善于已，而后有以尊于人，有以尊于人，而后人信之，此下焉者，虽近于民而民必从之也。然必于上焉者言征，而于下焉者言尊，何也？盖上焉者，入而为天道，则患乎迂阔而无征；下焉者，出而为守道，则患乎亵近而不尊①。

"三重"应从两个层面来理解，从上来说，是善、征、信，善是"有善于已"，征是"有以征于人"，信是"人信之"；从下来说，是善、尊、信，善、信不变，尊是"有以尊于人"。上下两层之所以有征与尊的区别，是因为上焉者是从天道而言，天道远，因此"患乎迂阔而无征"；下焉者是从人之守道而言，人道迩，因此"患乎亵近而不尊"。

上面的结论是在我们确定"三重"一句话原属《中庸》正文的情况下而做出来的。下面我们再提出一个大胆的猜测："三重"一句话可能原本不属《中庸》正文，而是后儒读《中庸》时的旁批，但手民不知，遂被误植入正文。

猜测的根据有两点。第一点是今本《中庸》其他地方存在错简或误植。最典型的有三句话。第一句话是朱订《中庸》第20章前半部分的"在下位不获乎上，民不可得而治矣"。这句话重

① （南宋）卫湜：《礼记集说》卷135，《景印文渊阁四库全书》第120册，第306页。"所谓三重"之"谓"，四库本作"为"，实误。现据《中华再造善本》改正。

出于同章后半部分[①]。根据文脉，前出者与上下文没有任何关系，而后出者是几个排比句之第一句，所以前面出现者绝对是错简。也正因此，郑玄在注前出者时说："此句其属在下，著脱误重在此。"[②] 朱熹以及后来注家，都同意郑玄的这一判断。第二句话是第 26 章的"载华岳而不重，振河海而不泄"。世传子思作《中庸》，但子思为鲁人，泰山在鲁国，《中庸》果为子思所作，他最应该称引的是家乡的泰山而不是遥远的华山。反之，华山更接近秦都咸阳和汉京长安，称引华山之人也应该就在华山附近。所以"载华岳而不重"这句话应该出自秦汉士人而非鲁国的子思。如果仍然要坚持子思作《中庸》，那势必会得出这样一个结论："载华岳而不重的一段话，可能是秦博士整理时加进去的。"[③] 第三句话是第 28 章"今天下车同轨，书同文，行同伦"。这句话我简称之为"三同"。子思行于战国，"三同"在战国实为不可能之事。《中庸》此处明言今天下"三同"，则"三同"等一句话必非子思所作。而且，此句前后都在讲天子制礼，而中间突然冒出来一句"今天下"，文脉顿显突兀。如果拿掉这一句，经文内容前后连贯，一气呵成。所以我怀疑"三同"一句话也许是前儒读经时随

---

① 《中庸》第 20 章又见于《孔子家语·哀公问政》，但在《家语》中，前出之处作"礼者，政之本也"，这与上文"亲亲之杀，尊贤之等，礼所生也"及下文"故君子不可以不修身"正相承接。《家语》成书，有早出、晚出两种说法。持早出论者认为，较之《孔子家语·哀公问政》，《礼记·中庸》此章语言简练，"似曾进行过修饰、润色"，而《家语》语言平实，且不避汉高祖刘邦名讳，因此《哀公问政》要早出于《中庸》。（杨朝明、宋立林主编：《孔子家语通解》，济南：齐鲁书社，2009 年，第 207 页。）持晚出论者认为，《家语》为东汉孔安国或王肃"伪作"。但就这句话来说，如果《哀公问政》早出于《中庸》，那就意味着抄《家语》入《礼记》者，把一句原本很通顺的话，误抄成了一句难理解的话。

② （东汉）郑玄注、（唐）孔颖达疏、龚抗云整理：《礼记正义》卷 52，第 1683 页。

③ 徐复观：《中庸的地位问题》，《中国思想史论集》，第 76 页。

手所做的旁批，后人不明，遂误窜入经文①。既然《中庸》文本有可能出现错简或误植之处，那么我也可以对“三重”一句作同样的怀疑。

第二点根据在于“三重”一句话与上下文的关系。如前面多次所提到的，“三重”一句话的上面是孔子论礼的两句话，其中第二句话是论夏、殷之礼不足征，而周之礼可用。“三重”一句话的下面是“上焉者虽善无征”、“下焉者虽善不尊”。我们现在将这两句话进行比较，很容易发现“上焉者虽善无征”与夏、殷之礼虽善不足征可以直接对应，而“下焉者虽善不尊”与不在尊位的“素王”孔子“学周礼，今用之”可以直接对应。这就是说，如果我们拿掉“三重”一句话，前后文意贯通，丝丝入扣；相反，插入“三重”一句，语脉反而受阻，且平添许多缠绕、猜测。正是根据这一点，我感觉“三重”一句很可能是读者在读到孔子论夏、殷、周三代之礼时即兴所做的旁批，而后来的抄书者却把它误作《中庸》正文。

接下来的一个问题是，即使是读者的旁批，其批注时必定心有所想，那么他当时旁批“三重”一句话时，到底指的什么呢？这个问题不易回答，因为即使是面对面的两个人，面对同一句话，心中所想也可能有天渊之别，何况是去了解两千年前的读者在读书时的想法。但如果我们确信这个读者不是胡乱涂鸦，而是有所感而发，那么他在写下“三重”一句话时，很有可能是把《中庸》这几句话与其他文献中具有相同意境的文句进行联想的结果。那么其他文献的相同文句会是什么呢？最直接的当然是“三重”一词。查儒家十三经，“三重”一词只在“三礼”中出现

① 杨少涵：《中庸哲学研究》，新北：花木兰文化出版社，2013年，第386－387页。

过9次，其中《周礼·天官冢宰》1次（“凡丧，王则张帟三重，诸侯再重，孤卿大夫不重”），《仪礼·乡饮酒礼》1次（“公三重，大夫再重”），其余7次都出现在《礼记》中。对这些“三重”的意义进一步归类，我们会发现，除了《礼记·祭统》“祭有三重焉：献之属莫重于祼，声莫重于升歌，舞莫重于《武宿夜》，此周道也”一处外，其余“三重”之重都是层叠的意思。前面我们曾分析过，根据《中庸》文义，“三重”之重很难看出有层叠义。我们再把《中庸》“三重”与《祭统》“三重”进行对照，会惊奇地发现一点直接对应性，这就是《中庸》的“吾从周”与《祭统》的“周道”。若进一步联想，周道为王道，这样“周道”又与“王天下”对应起来。这种对应关系，宋儒陈旸（1064—1128）其实早已察觉：

> 祭有三重，则周之所独，天下有三重，则夏、商所同。言周道又言圣人之道，言三道又言三重者，礼乐之道大备于周，而圣人之道亦不过礼乐而已。知此礼乐之情者能作，所以谓之圣也。然礼乐之道成于三：谓之三道，自由而行者言之；谓之三重，自时所尚者言之[①]。

从这种对应关系中，我们似乎可以推测，“王天下有三重焉”之“三重”的具体所指与《中庸》本文无关，如果一定要指出其具体内容，很可能就是《祭统》“三重”，即“献之属莫重于祼，声莫重于升歌，舞莫重于《武宿夜》”。当然，在移用于批注《中庸》时，“三重”已脱离其丧礼义，而泛指礼之于“周道”或

① （北宋）陈旸：《乐书》卷33《礼记训义》，《景印文渊阁四库全书》第211册，第175页。

“王天下”的重要意义。

总之，《中庸》“三重”的具体所指可以在两种情况下来考虑。一种情况是“三重”一句本属《中庸》。在这种情况下，“三重”应指“上焉者”一句中的善、征、信和“下焉者”一句中的善、尊、信。另一种情况是“三重”一句不属《中庸》，而是后人误植入的文句。在这种情况下，《中庸》“三重”可能是因为后儒读到孔子论夏、殷、周之礼时而联想到的《祭统》“三重”。当然，我们这里推测说“三重”一句是手民误植而非《中庸》原文，只是为读者提供一种阅读中的可能性。如果尊信经典者坚持认为随意删经改经是读经之大忌，那么我们只能说上述第一种情况应该是《中庸》“三重”的合理解释。

“四书”系统下的儒家经学与政教秩序

四书学形成、流变及其哲学意蕴

◎ 从批评到赞扬：简论“参也鲁”诠释意向的改变
◎ 《论语》诠释与朱子理学体系的建立
◎ 朱子对孟子性善论的“哥白尼倒转”
◎ 坤道：女性伦理在工夫过程中的形成
◎ 理学生死论辩中的性、形与气
◎ 明李元阳本《论语注疏解经》析论
◎ 从“以知解独”到“以自解独”
◎ 论戴震对朱熹的传承与礼敬
◎ 内外之道哲学的省思

从批评到赞扬：简论“参也鲁”诠释意向的改变

陈 静（中国社会科学院哲学所）

“参也鲁”，是孔子对曾子的评价。这条见载于《论语·先进》的评语，是孔子对曾参的唯一评语。《论语》中以“曾子曰”引述曾参语录有13次之多，记载孔子与曾参的对话仅有1次，至于孔子对曾子的评价，则只有“参也鲁”这几个字。

“鲁”也何义？如果考察《论语》的历史解读，我们会发现，对于“鲁”的诠释有一个从批评到赞扬的转变，程朱理学兴起之前，“鲁”被认为是否定性语词，而程朱扭转了这个方向，把“鲁”改变为肯定的含义。从表面上看，这不过是一个词义的转变，而实际上，“鲁”义的改变却是中国传统学术从汉唐模式转变为宋明模式的一个具体表现。本文的目的，就是描述“鲁”义解释的历史转变，并揭示导致这种转变的学术转型原因。

一

至今可见的最早《论语》注释，是孔安国注。孔安国是孔子的十世孙，西汉初期人，著有《论语训解》等著作，书虽不存，但是他的注文在何晏的《论语集释》中部分地保留下来了。孔安国注“参也鲁”，曰“鲁，迟钝。曾子性迟钝”，定下了以批评立场理解“鲁”义的基调。何晏的《论语集解》照抄孔安国，没有增加新的内容。皇侃的《论语义疏》则在照抄的基础上增益了王弼的注释，其言曰：“鲁，迟钝也。言曾子性迟钝也。王弼云：‘鲁，质胜文也。’”“王弼云”之前的内容，显然是沿袭孔安国旧说，而“王弼云”之后的诠释，则是引王弼的话，来揭明“鲁”的含义。王弼在文质相对的关系中认定“鲁”的意思是“质胜文”，虽然与孔安国以“迟钝”解释“鲁”的意思不尽吻合，但在诠释的方向上却是一致的，都认为孔子对于曾子的评语，是在批评曾子。

但是，《论语》的这一章所评者并非曾子一人，与曾子同时被评价的，还有子羔、子张和子路。全文是：“柴也愚，参也鲁，師也辟，由也喭。”所以，皇侃的《论语义疏》在逐一诠释了孔子的评语之后，还对本章的章旨进行了概括，曰“评数子各有累也”，明确指出孔子在此章中对诸位弟子的评语是指点他们的不足。邢昺的《论语注疏》继承了这种批评的立场，概括此章章旨曰：“此章历评弟子之德行中失也。”曾子所得之“鲁”，自然也被认为是孔子对曾子的批评，是对曾子生性不足的否定性评价。

简单清理宋明理学兴起之前对“参也鲁”的注释之后，可以得出两点结论。第一，从孔安国以来，对“参也鲁”之“鲁”的理解，一直是在批评的立场上进行的，并且，这种批评的态度还越来越明确，越来越强硬，开始仅仅蕴含在字义的解释之中，说“鲁”的意思是迟钝，所以“参也鲁”的意思是说曾子生性迟钝，过于简质，后来则直接以“有累”、“有失”来断定孔子的批评，否定的口气越来越强。第二，这种批评的理解是一以贯之的，一直延续到了宋代初年。皇侃（488—545）是南朝人，邢昺

(932—1010）是宋初人，他们的年代足以证明，一直到宋代初年，对于“参也鲁”的理解，仍然是批评的。也就是说，从孔安国以来，这种批判性的理解延续了约一千两百年。

二

但是，这种延续了上千年的批评性解释立场，到二程被改变了。二程推重曾子，认为孔子去世之后，是曾子接续了孔子从尧舜文武周公那里获得的圣人之道，并且传递给了子思，子思又传给孟子，形成了圣人之道代代相传的传承统绪，而曾子是传承道统的最重要环节。程子说：

> 传圣人之道以笃实者，曾子是也。……仲尼没，得其传之正者，曾子而已。曾子传之子思，子思传之孟子，至孟子，而圣人之道益尊。

孔、曾、思、孟一代代传递圣人之道而形成道统之传，随后成为道统之说的标准表述，尤其在程朱理学成为思想的正统之后，这样的道统之说更成为学术和思想的基础性前提。不过在上面的这一段引文中，除了道统之说和道统之传，还有一点值得特别注意，这就是程子对曾子“笃实”品格的刻画。程子认为，曾子“传圣人之道以笃实”，也正是曾子的“笃实”品格保障了圣人之道的确实传承。与解释“参也鲁”之“鲁”的含义联系起来，可以看到，程子正是以“笃实”、“诚笃”来解释曾子之“鲁”的含义，这样就把汉代以来对“参也鲁”的批评性解释，扭转为正面的赞美了。小程子伊川先生曰：

参也鲁，然颜子没后，终得圣人之道者，曾子也。

曾子传圣人学，只是一个诚笃。《语》曰“参也鲁”，……卒传圣人之道者，乃质鲁之人。人只要一个诚实。

如果说上述引文的第一条，还以“然”为转折，保留着一丝批评的遗迹，那么第二条，则以“诚笃”对应“质鲁”，把“参也鲁”的“鲁”，委婉转义为“诚笃”了。在汉代以来的注释中，王弼曾经注释“鲁”的含义为“质胜文也”。上文已经揭明，这个注释是皇侃的《论语义疏》在承袭孔安国的注释之后添加的新引用。联系程颐对“参也鲁”的解释来看，伊川的“质鲁”与王弼的“鲁，质胜文也”的解释有顺承的关系，而王弼注文前的孔安国注，伊川显然不以为然，因此也就视而不见、置之不理了。总之，汉代以来对“参也鲁”的批评性解释，被二程消解了，他们认为“鲁”的含义是“质鲁”，是“笃实”，是“诚笃”，是“诚实”，是少言寡语但能够“默契”圣人之道。“默契”二字，见于朱熹（1130—1200）《论语集注》，是朱熹注释孔子对曾子说“吾道一以贯之”的注文。回到二程对“参也鲁”的扭转性理解，可以看到，从二程之后，宋儒对于“鲁”的解释，就沿着程子开辟的新方向而展开了。

程门弟子杨时（1053—1135）曰：

曾子在孔门，当时以为“鲁”，学道宜难于他人，然子思之《中庸》，圣学所赖以传者也，考其渊源，乃自曾子。由此观之，聪明才智未必不害道，而刚毅木讷信乎于仁为近矣。（《龟山集》第十卷）

朱熹的同代人张栻（1133—1180）曰：

曾子之鲁，其为学笃实，故卒能深造于道。

显然，在杨时、张栻的解读中，刚毅木讷、为学笃实这些美好品质就等同于“鲁”，被认为是曾子之“鲁”的潜在内涵。

朱熹是宋代理学的集大成者，他的《论语集注》所引用的对“参也鲁”的注释，显示了这种扭转的逻辑过程和宋人新理解所具有的赞美性质。下面我们先抄录朱子注文，然后再进行分析。

鲁，鲁钝也。

程子曰：“参也竟以鲁得之。”

又曰：“曾子之学，诚笃而已。圣门学者聪明才辩不为不多，而卒传其道乃质鲁之人尔，故学以诚实为贵也。”

尹氏曰：“曾子之才鲁，故其学也确，所以能深造乎道也。”

以上就是《论语集注》“参也鲁”下的全部注文。《集注》的特点是兼顾文字训诂和思想诠释，所以朱子先顺承汉人旧注，曰：“鲁，鲁钝也。”但是，朱子不取“迟”义，也不取“曾子迟钝”的断语，转而引用程子“参也竟以鲁得之”的话。仅从程子这句话来看，“鲁”仍蕴含着否定的含义，程子的感慨只是惊异于曾子竟然得“鲁”之评。但是在朱子所引的程子第二条语录中，“鲁”的含义已经不是“钝”了，而成了“诚笃”，是“质鲁之人”具有的诚实品质。程子甚至进一步推广，以“学以诚实为贵”的结语，把“质鲁之人”所具有的“诚笃”品质发挥成宝贵的为学正道。《集注》接着引用程颐弟子尹焞（1071—1142）的话。而在尹焞的话中，曾子的“鲁”，已经成为“其学也确，所以能深造乎道”的品质保证。至此，孔子对曾参的批评被完全扭向了正面的肯定。虽然朱熹本人在“参也鲁”的注文下没有发表自己的意见，但是他用前人注释，给出了一个理解“参也鲁”之“鲁”的新立场，这就是，曾子之“鲁”是“诚实”，这是曾子传承圣人之道的人格保证。

三

但是，上文已经指出，孔子说“参也鲁”，并不只是单说曾子，一起并说的还有子羔、子张和子路。《论语》这一章的全文是：“柴也愚，参也鲁，師也辟，由也喭。”汉人的注释也都是批评性的，认为孔子说子羔“愚”，是说他愚直；说子张“辟”，是说他邪僻；说子路“喭”，是说他过于刚猛。这样的意思，朱熹的《论语集注》都有顺承，并且在承袭汉注的基础上还有顺向的补充，例如说子羔“知不足而厚有余”，说子张“习于容止，少诚实也”，说子路“粗俗”，皆没有像对曾子的“鲁”那样，做一种从批评到赞扬的方向性扭转。于是，当孔子对曾子的评语被扭转成正面的肯定时，其他三子仍然保持着孔子对他们的批评。

单单扭转孔子对曾子的评价而其他三位依然如旧，其间的不协调是很明显的。宋人也注意到这一点，也在称扬曾子的基础上做了一些协调的工作。这方面的努力在南宋赵顺孙编撰的《四书纂疏》中可以清楚看到。

南宋有两部四书类的注释著作非常重要，一部是真德秀（1178—1235）的《四书集编》，一部就是赵顺孙（1215—1277）的《四书纂疏》。这两部先后编成的四书类著作都意在接续程朱理学的思想传统，虽然在理论的创造方面没有大成绩，但是在继承和形成程朱理学的论说规模上，却颇有捡择、归纳和推广之功。这两部书都以朱熹的《论语集注》为基础，不同之处只在于，真德秀只是为朱熹做补充，而赵顺孙的《四书纂疏》直接以朱熹的《论语集注》为经典，对朱熹的注文进行了再注释。

具体到对于“参也鲁”的注释，真德秀照抄朱熹，无所增益，而赵顺孙则对朱子的注文做了进一步的再解释，解释的重点，就在协调曾子的缺点怎么变成了优点这一点上。下面请看赵顺孙的注释：

> 鲁，鲁钝也。辅氏曰：“钝，谓迟钝，凡事不能明了，需用功夫乃透。”
>
> 程子曰：“参也竟以鲁得之。”《语录》曰：“曾子鲁钝难晓，只是他不肯放，直是捱到了透彻方住。不似别人，只略见得些小了便休。今一样敏底见得容易，又不能坚守；钝底捱得些略晓得处，便说道理止此，更不深求。惟曾子不肯放舍，若这事看未透，直是捱得到尽处，所以竟得之。”〇又曰：“只曾子资质自得便宜了。盖他以迟钝之故，见得未透，只得且去理会，终要洞达而后已。若理会不得便放下了，如何得通透？则是终于鲁而已。”〇又曰：“只是鲁钝之人，却能守其心专一。明达者每事要入一分，半上落下，多不专一。”
>
> 又曰：“曾子之学，诚笃而已。圣门学者聪明才辩不为不多，而卒传其道乃质鲁之人尔，故学以诚实为贵也。”辅氏曰：“大抵聪明才辩者，所见虽快，所造则浅，方涉其藩而自谓入其奥者多矣。惟诚则有物，惟笃则有力，曾子之才质鲁，于道初若难入，而其求之也不敢有易心，故内尽其诚

而无始终之异，外尽其力而无作辍之殊，此所以其造反深也。”

尹氏曰：“曾子之才鲁，故其学也确，所以能深造乎道也。”

这是赵顺孙《四书纂疏》“参也鲁”下的全部注文。从形式上看，朱子的注文在赵顺孙这里成了需要注释的准经文。赵顺孙捡择出朱子的相关语录和朱熹弟子辅广的话，来进一步解释朱子的注文。因此，在赵顺孙的注文里累积的，是程朱一系数代学人对于曾子的理解。从内容上看，赵顺孙在继承程朱尊崇曾子的思想路向时，明显希望协调《论语》此章原本具有的批评意味，希望说明孔子对于诸位弟子的批评，为什么只有曾子所得之“鲁”能够合理地转向为肯定性的话语。他采取的方式是用宋儒最重视的“功夫”，来说明曾子如何以锲而不舍的努力，把原本的不足变成了优秀品质。这一点，在赵顺孙引辅广的第一条注文“凡事不能明了，需用功夫乃透”中，就已经点明了。按说，辅广是朱熹的学生，赵顺孙作为理学后进，引文当先引朱熹，再引辅广，以形成理学论说的历史性延续。但显然是因为辅广明确点出了“功夫”的重要，所以赵顺孙自己添加的第一条注文，就是引辅广的“需用功夫乃透”一句。其后引用朱熹语录，捡择出来的也是朱子在这个方向上的论说，例如“曾子不肯放舍”、“终要洞达而后已”、“能守其心专一”等等，强调的仍然是“功夫”的锲而不舍和用心的诚恳专一。最后又引辅广称赞曾子“惟诚则有物，惟笃则有力”，终于以“内尽其诚而无始终之异，外尽其力而无作辍之殊”的功夫，获得造道之深的成就，其结穴之处，仍然是“功夫”二字。而赵顺孙本人在本章最后以“愚谓”的方式提出的看法，强调的也是“功夫”。他说：“四者皆指其所偏，惟曾子能于偏处用功，故后来一贯之唯，至钝反成至敏。”赵顺孙承认在《论语·先进》的这一章中，孔子对四位弟子的评价都是否定性的，但只有曾子能够“于偏处用功”，因此能够把缺点变成长处，最终成为道统的传承人。

说起来，赵顺孙的弥合努力也是有所继承的。他继承的，当然还是程朱的传统。程颢曾经以曾子之“少”与“其后明道”相对应，来说明曾子由进道而得来的改变。朱熹编撰的《二程外书》和《论孟精义》都收入了程颢的一条语录，称：“明道曰：‘曾子少，孔子始也鲁观，其后明道，岂鲁也哉?’”根据这一条语录，程颢显然认为孔子“参也鲁”的评语，是对少年曾子的一时看法，而曾子后来进入了“明道”之境，此时的曾子“岂鲁也哉”，当然也就不能够再以“鲁”来形容了。程颢的这一条语录，还见于罗从彦的《豫章文集》。罗从彦是杨时的学生，二程的再传弟子，他所记载的程颢的这一条语录，并没有以“明道曰”开头，而是在这条语录之后，署名“明道”。由此可知，朱熹编撰《二程外书》和《论孟精义》所引的这一条程颢语录，是来自罗从彦的记录，而罗从彦显然得自于杨时。我们之所以这样说，除了杨时与罗从彦有直接的传学关系，还因为在杨时的《龟山集》里，也可以看到杨时推衍程颢之意而提出的类似看法。杨时说：

> 孔子云“参也鲁”，盖其初时。而后语之以“一以贯之”，曾子于此默喻，则其所得深矣。犹以为鲁，是学于孔门者独无所进乎？观《论语》所载曾子将死之言，孟子推明不事有若之意，又详考子思孟子传道之所自，是特以鲁终其身者邪？学有所患，在守陈编而不能断以独见之明，此其于古人是非所以多失之也。（《龟山集》）

与程颢一样，杨时也使用了“初”与“后”的对照来描述曾子的进德，只是杨时的讨论更加细致，涉及宋儒特别看重的曾子对孔子“一以贯之”的理解等内容。

由此可见，赵顺孙以“功夫”来说明曾子从“至钝反成至敏”的改变，也有程颢和杨时以来的影响。程颢认为曾子始也“鲁”而后“岂鲁也哉”，杨时认为孔子对曾子有“初时”之“鲁”评和后来“语之以‘一以贯之’”的不同，都涉及了曾子自身的改变。

前文提到，程子对于“鲁”有一种转义的理解，这就是把“鲁”与“诚”连接，把“鲁”说成是曾子具有“诚实”、“笃诚”的优秀品质。这种理解表面上看起来，与这里所论曾子之“初”、“后”的转变有点矛盾，因为在后一种论说中，“鲁”还是否定性的。但是，如果引入“功夫”，则“鲁”就是“笃诚”的功夫，能够带来“至钝反成至敏”的改变，这就说得通了。当然，理学中人的这种累积的论说和努力说通的追求本身，透露的还是理学诸人推重曾子的意愿和他们建立道统说的宗旨。

曾子被认为是道统传递的重要环节，因此必须具有担当道统的优秀品质，所以孔子对于他的批评有扭转的必要，而宋明理学特别强调的“功夫”，就成为“鲁”义转变的依据。在宋明理学的论说中，曾子正是凭借锲而不舍的功夫，从“鲁钝”转变成为“笃诚”的。就《论语》阅读的历史来看，“参也鲁”并不是一个大问题，但是从解读“参也鲁”之“鲁”义所发生的词义转变来看，这种从批评到赞扬的改变反映的却是中国学术从汉唐模式到宋明模式的思想转型。

《论语》诠释与朱子理学体系的建立[①]

唐明贵（聊城大学哲学系）

朱熹（1130—1200），字元晦，号晦庵，是南宋理学大师。他幼受庭训，后又师从胡宪、刘子翚、刘勉之、李侗研习程门理学。在求学期间，他就开始着手撰写《论语》注本，终其一生完成了《论语要义》、《论语训蒙口义》、《论孟精义》、《论孟集义》、《论语或问》、《论语集注》六部著作。其中《论语集注》是朱熹"覃思最久，训释最精，明道传世，无复遗蕴"[②] 的旷世之作，最能代表朱熹的学术思想。通过对《论语》的诠释，朱熹提出了其本体论、心性论和工夫论思想，建构了宏大精致的理学体系。

一、《论语》诠释与本体论建构

在传统儒家那里，"天"是至高无上的、唯一的和无所不包

① 本文系国家社科基金重大项目"中国'四书'学史"（13&ZD060）和国家社科基金项目"宋代《论语》诠释研究"（11BZX047）的阶段性成果。

② 李性传：《饶州刊朱子语续录后序》，见朱杰人等编《朱子全书》第十八册，上海：上海古籍出版社；合肥：安徽教育出版社，2002年，第4356页。

的。朱子在解读《论语》的过程中，通过以“理”解“天”的方式确立了“理”的地位。“通过这种方式，一方面使传统的‘天’范畴被纳入了理学轨道，而另一方面，也是更为重要的，通过这种解说，‘理’也成为与‘天’处于同一层次、可以彼此置换的范畴，具有了与‘天’同等的地位，‘天理’范畴亦由此确立。”① 如在解释《八佾篇》“王孙贾问曰”章“获罪于天，无所祷也”句时，“天”就被直接解释为“理”，朱注云：“天，即理也；其尊无对，非奥灶之可比也。逆理，则获罪于天矣。”② 朱熹通过重新解读，确立了“理”尊贵无比、不容违逆的地位。他还把“天道”、“天理”相通为一，说“天道者，天理自然之本体，其实一理也”③，认为天道是天理自然之本体，其实也即是理。天道、天理二者内涵相当，同为哲学的本体范畴。其中天道是《论语》原有的，而天理则是朱子哲学的最基本范畴。他将天理与天道相沟通，并将二者视为“一理”，赋予了其理学本体论的时代精神。

在《朱子语类》卷第二十五《论语七》中，朱熹对此予以了进一步的阐释：

> 周问：“‘获罪于天’，《集注》曰：‘天即理也。’此指获罪于苍苍之天耶，抑得罪于此理也？”曰：“天之所以为天者，理而已。天非有此道理，不能为天，故苍苍者即此道理之天，故曰：‘其体即谓之天，其主宰即谓之帝。’如‘父子有亲，君臣有义’，虽是理如此，亦须是上面有个道理教如

① 朱汉民、肖永明：《宋代〈四书〉学与理学》，北京：中华书局，2009 年，第 361 页。

② 朱熹：《四书章句集注》，北京：中华书局，1983 年，第 65 页。

③ 朱熹：《四书章句集注》，第 79 页。

此始得。”[1]

这样一来，理演变成了有形迹可见的自然天存在的本质属性，成了万事万物之所以如此存在的根据。“天理”也因此成为朱子思想体系的最高本体范畴。

朱熹进而把“天理”降到人间，将形而上的“天理”与形而下的“礼”结合起来。在他看来，天理不仅是形而上的最高范畴，而且也是人的伦理，是社会的秩序，是封建的伦理道德，“礼者，天理之节文也”[2]，“这个礼，是那天理节文，教人有准则处”[3]。因此，在现实生活中，只有人人克己复礼，才能除去人欲，达至天理，成为符合统治者要求的仁人。《颜渊》“颜渊问仁”章，朱熹注曰：“仁者，本心之全德。克，胜也。己，谓身之私欲也。复，反也。礼者，天理之节文也。为仁者，所以全其心之德也。盖心之全德，莫非天理，而亦不能不坏于人欲。故为仁者必有以胜私欲而复于礼，则事皆天理，而本心之德复全于我矣。归，犹与也。又言一日克己复礼，则天下之人皆与其仁，极言其效之甚速而至大也。又言为仁由己而非他人所能预，又见其机之在我而无难也。日日克之，不以为难，则私欲净尽，天理流行，而仁不可胜用矣。”[4] 日日克己，事事戒惧，私欲净尽，天理自然流行了。这就将儒家修养论与本体论挂上了钩，为封建伦理道德找到了形而上的依据。

朱熹在诠释《论语》时还试图通过阐述理一分殊思想来充实、完善其本体论体系。理一分殊最早是由程颐提出来的一个哲

---

① 黎靖德：《朱子语类》，北京：中华书局，1994 年，第 621 页。
② 朱熹：《四书章句集注》，第 131－132 页。
③ 黎靖德：《朱子语类》，第 1048 页。
④ 朱熹：《四书章句集注》，第 131－132 页。

学范畴，后为朱子接受并加以发挥，遂成为理学的重要范畴。其含义是总合天地万物的理，只是一个理，分开来，每个事物都各自有一个理。然千差万殊的事物都是那个理一的体现。

朱子在《论语》诠释中阐发了其理一分殊的思想。如《里仁篇》“吾道一以贯之”下，朱子注解说：“圣人之心，浑然一理，而泛应曲当，用各不同。……夫子之一理浑然而泛应曲当，譬则天地之至诚无息，而万物各得其所也。……至诚无息者，道之体也，万殊之所以一本也；万物各得其所者，道之用也，一本之所以万殊也。”[①] 在这段文字中，朱子从体用关系的角度阐明了一本与万殊的关系，既天理与万物的关系。在《朱子语类》卷第二十七《论语九》中，朱子又对该章意旨做了进一步的发挥：

> 或问“理一分殊”。曰：“圣人未尝言理一，多只言分殊。盖能于分殊中事事物物，头头项项，理会得其当然。然后方知理本一贯。不知万殊各有一理，而徒言理一，不知理一在何处。圣人千言万语教人，学者终身从事，只是理会这个。要得事事物物，头头件件，各知其所当然，而得其所当然，只此便是理一矣。如颜子颖悟，‘闻一知十’，固不甚费力。曾子之鲁，逐件逐事一一根究著落到底。孔子见他用功如此，故告以‘吾道一以贯之’。若曾子元不曾理会得万殊之理，则所谓一贯者，贯个什么！盖曾子知万事各有一理，而未知万理本乎一理，故圣人指以语之。曾子是以言下有得，发出‘忠恕’二字，太煞分明。且如‘礼仪三百，威仪三千’，是许多事，要理会做甚么？如《曾子问》一篇问礼之曲折如此，便是理会得川流处，方见得敦化处耳。孔子于

① 朱熹：《四书章句集注》，第72页。

《乡党》，从容乎此者也；学者戒慎恐惧而慎独，所以存省乎此者也。格物者，穷究乎此者也；致知者，真知乎此者也。能如此著实用功，即如此著实到那田地，而理一之理，自森然其中，一一皆实，不虚头说矣。”①

所谓一贯者，会万殊于一贯。如曾子是于圣人一言一行上一一践履，都子细理会过了，不是默然而得之。观《曾子问》中问丧礼之变，曲折无不详尽，便可见曾子当时功夫是一一理会过来。圣人知曾子许多道理都理会得，便以一贯语之，教它知许多道理却只是一个道理。曾子到此，亦是它践履处都理会过了，一旦豁然知此是一个道理，遂应曰："唯！"及至门人问之，便云："忠恕而已矣。"忠是大本，恕是达道。忠者，一理也；恕便是条贯，万殊皆自此出来。虽万殊，却只一理，所谓贯也②。

在这两段文字中，朱子从哲学和伦理的角度对理一分殊的思想予以了阐述，说明了作为世界本源的天理及其派生的宇宙万物的关系。

在对《论语》的阐释发挥中，朱子还力图说明天理流行，无时不在，无处不在，以证明其普遍性。如《先进篇》有"吾与点也"，程子解曰："孔子与点，盖与圣人之志同。"③ 在《朱子语类》卷第四十《论语二十二》中，朱熹对程子的解释予以了引申和发挥。他说：

"孔子与点，与圣人之志同"者，盖都是自然底道理。

---

① 黎靖德：《朱子语类》，第677—678页。
② 黎靖德：《朱子语类》，第679页。
③ 朱熹：《四书章句集注》，第131页。

安老、怀少、信朋友，自是天理流行。天理流行，触处皆是。暑往寒来，川流山峙，“父子有亲，君臣有义”之类，无非这理。如“学而时习之”，亦是穷此理；“孝弟仁之本”，亦是实此理。所以贵乎格物者，是物物上皆有此理。此圣人事，点见得到。盖事事物物，莫非天理，初岂是安排得来！安排时，便凑合不著。这处更有甚私意来？自是著不得私意。圣人见得，只当闲事，曾点把作一件大事来说。他见得这天理随处发见，处处皆是天理，所以如此乐①。

另据《朱子语类》卷第四十一《论语二十三》记载，朱子在回答弟子所问“为国以礼”之“礼”与“克己复礼”之“礼”的异同时说：

礼是那天地自然之理。理会得时，繁文末节皆在其中。“礼仪三百，威仪三千”，却只是这个道理。千条万绪，贯通来只是一个道理。夫子所以说“我道一以贯之”，曾子曰“忠恕而已矣”，是也。盖为道理出来处，只是一源。散见事物，都是一个物事做出底。一草一木，与他夏葛冬裘，渴饮饥食，君臣父子，礼乐器数，都是天理流行，活泼泼地。那一件不是天理中出来！见得透彻后，都是天理。理会不得，则一事各自是一事，一物各自是一物，草木各自是草木，不干自己事②。

在这两段解说中，天理存在的普遍性被形象地描绘了出来。

① 黎靖德：《朱子语类》，第1033页。
② 黎靖德：《朱子语类》，第1049页。

二、《论语》诠释与心性论建构

通过对《论语》经意的创造性解读，朱熹在继承、改造和发展先贤心性之学的基础上，提出了一系列独到的见解，建立起了自己的心性论思想体系。

在诠释《论语》的过程中，朱熹对性的本源问题予以了探讨。《公冶长篇》“夫子之言性与天道，不可得而闻也”章下，朱子注曰：“性者，人所受之天理；天道者，天理自然之本体，其实一理也。”[①] 在《朱子语类》卷第二十八《论语十》中，他同意弟子对这段文字做的阐发——“盖性者是人所受于天，有许多道理，为心之体者也。天道者，谓自然之本体所以流行而付与万物，人物得之以为性者也”[②]，从而肯定了人物之性皆得自天理。在此基础上，朱熹进而将“性”提高到本体论的高度，提出了“性即理”的命题。《学而篇》“君子务本，本立而道生。孝弟也者，其为仁之本与”句下，朱熹注曰：“仁者，爱之理，心之德也。”[③] 在《朱子语类》卷第二十《论语二》中，他对自己的注释做了进一步的说明。有弟子问“爱之理，心之德”，朱熹答曰：“理便是性。缘里面有这爱之理，所以发出来无不爱。程子曰：‘心如谷种，其生之性，乃仁也。’生之性，便是‘爱之理’也。”[④] 通过上述论述，朱熹阐明了性与理的关系，解决了人性的本源问题，丰富和发展了儒家传统的人性论。

---

① 朱熹：《四书章句集注》，第 79 页。

② 黎靖德：《朱子语类》，第 726 页。

③ 朱熹：《四书章句集注》，第 48 页。

④ 黎靖德：《朱子语类》，第 469 页。

既然人皆禀理成性，那么人性理应是善的，但现实中为什么有的人性表现为恶呢？朱熹在继承二程、张载等气禀之说的基础上，对这一问题从理论上作出了说明。

在对《阳货篇》“性相近也，习相远也”的解释中，朱子说：“此所谓性，兼气质而言者也。气质之性，固有美恶之不同矣。然以其初而言，则皆不甚相远也。但习于善则善，习于恶则恶，于是始相远耳。”① 朱子认为，“性相近”是就气质之性而言的，通言善恶智愚之相近。至于本然之性是“天之所命，何尝有异？正缘气质不同，便有不相似处，故孔子谓之‘相近’”②。这里，朱子以“本然”与“气质”来分判现实中具体人物之性的殊异。

在《论语》诠释中，朱熹多次谈及由于气禀不同而导致的诸方面的差异。

如《卫灵公篇》“有教无类”章下，朱熹注曰：“人性皆善，而其类有善恶之殊者，气习之染也。故君子有教，则人皆可以复于善，而不当复论其类之恶矣。”③

《雍也篇》有“亡之，命矣夫”句。据《朱子语类》卷第四《性理一》记载，或问：“‘亡之，命矣夫！’此‘命’是天理本然之命否？”曰：“此只是气禀之命。富贵、死生、祸福、贵贱，皆禀之气而不可移易者。”祖道曰：“‘不知命无以为君子’，与‘五十知天命’，两‘命’字如何？”曰：“‘不知命’亦是气禀之命，‘知天命’却是圣人知其性中四端之所自来。如人看水一般：常人但见为水流，圣人便知得水之发源处。”④

又，《述而篇》“子温而厉，威而不猛，恭而安”章下，朱熹

---

① 朱熹：《四书章句集注》，第 175—176 页。
② 黎靖德：《朱子语类》，第 69 页。
③ 朱熹：《四书章句集注》，第 168 页。
④ 黎靖德：《朱子语类》，第 79 页。

注曰："人之德性本无不备，而气质所赋，鲜有不偏，惟圣人全体浑然，阴阳合德，故其中和之气见于容貌之间者如此。"[①] 在《朱子语类》卷第四《性理一》中，朱熹做了进一步阐明：

> 履之说："子温而厉，威而不猛，恭而安。"因问："得清明之气为圣贤，昏浊之气为愚不肖；气之厚者为富贵，薄者为贫贱，此固然也。然圣人得天地清明中和之气，宜无所亏欠，而夫子反贫贱，何也？岂时运使然邪？抑其所禀亦有不足邪？"曰："便是禀得来有不足。他那清明，也只管得做圣贤，却管不得那富贵。禀得那高底则贵，禀得厚底则富，禀得长底则寿，贫贱夭者反是。夫子虽得清明者以为圣人，然禀得那低底、薄底，所以贫贱。颜子又不如孔子，又禀得那短底，所以又夭。"[②]

通过以上论述，朱熹指出，人之本性原无差别，但由于受所禀之气影响，遂产生了圣凡、贫富、贵贱、死生、祸福之别。这些论述，不仅肯定了天命之性的作用，而且"强调了气质的作用，对人的品性差别及恶之所从来的问题作出了回答"[③]。

在《论语》诠释中，朱熹还探析了性、情之间的关系。《学而篇》"君子务本，本立而道生。孝弟也者，其为仁之本与"句下，朱熹注曰："仁者，爱之理，心之德也。"[④] 在《朱子语类》卷第二十《论语二》中，朱子对这一解释做了进一步的发挥。他说："'仁者爱之理'，只是爱之道理，犹言生之性，爱则是理之

① 朱熹：《四书章句集注》，第102页。
② 黎靖德：《朱子语类》，第79页。
③ 朱汉民、肖永明：《宋代〈四书〉学与理学》，第370页。
④ 朱熹：《四书章句集注》，第48页。

见于用者也。盖仁，性也，性只是理而已。爱是情，情则发于用。性者指其未发，故曰‘仁者爱之理’。情即已发，故曰‘爱者仁之用’。”① 在这里，朱熹以未发和已发对性情关系予以了说明，指出未发为性，已发为情。与此相联系，朱子又提出了性体情用的主张。仁父问“仁者爱之理”，朱子答曰：“这一句，只将心性情看，便分明。一身之中，浑然自有个主宰者，心也。有仁义礼智，则是性；发为恻隐、羞恶、辞逊、是非，则是情。恻隐，爱也，仁之端也。仁是体，爱是用。”② 朱熹视仁义礼智为性，视恻隐、羞恶、辞逊、是非四端为情，认为性是情的内在依据，情为性的外在表现，二者之间是一种体用关系。

朱熹还在对《论语》思想资料的阐发过程中，通过“心兼性情”这一命题对心、性、情之间的关系进行了论述。在朱熹之前，虽然张载已经提出了“心统性情”说，但未及深论，朱子则对此予以了阐发。据《朱子语类》卷第二十《论语二》记载：

> 问：“伊川曰：‘仁是性也。’仁便是性否？”曰：“‘仁，性也。’‘仁，人心也。’皆如所谓‘乾卦’相似。卦自有乾坤之类，性与心便有仁义礼智，却不是把性与心便作仁看。性，其理；情，其用。心者，兼性情而言；兼性情而言者，包括乎性情也。孝弟者，性之用也。恻隐、羞恶、辞让、是非，皆情也。”③

可见，朱熹所说的“心兼性情”就是心兼有性、情两个方面，也就是把性、情都纳入心的兼容之中。这一命题体现了人的

---

① 黎靖德：《朱子语类》，第 464 页。
② 黎靖德：《朱子语类》，第 464 页。
③ 黎靖德：《朱子语类》，第 475 页。

理智之心对人的本性及情感的把控，凸显了人的主观能动性，为个体加强道德修养提供了理论依据。

三、《论语》诠释与工夫论建构

在朱子看来，孔子终生致力于“内圣外王”的修己安人的实践活动，其所思所想、所作所为被弟子记录下来，形成了《论语》。通过创造性解读，《论语》中的这些东西可以转化为人伦日用的实践工夫。他说：

> 孔子之言，多且是泛说做工夫，如“居处恭，执事敬”，“言忠信，行笃敬”之类，未说此是要理会甚么物。待学者自做得工夫透彻，却就其中见得体段是如此[①]。
>
> 孔子教人“居处恭，执事敬，与人忠”等语，则就实行处做功夫。如此，则存心、养性自在[②]。
>
> 《论语》之书，无非操存、涵养之要；《七篇》之书，莫非体验、扩充之端。盖孔子大概使人优游餍饫，涵泳讽味；孟子大概是要人探索力讨，反己自求。故伊川曰：“孔子句句是自然，孟子句句是事实。”亦此意也。如《论语》所言“居处恭，执事敬，与人忠”，“出门如见大宾，使民如承大祭”，“非礼勿视听言动”之类，皆是存养底意思。孟子言性善，存心，养性，孺子入井之心，四端之发，若火始然，泉始达之类，皆是要体认得这心性下落，扩而充之。于此等类

① 黎靖德：《朱子语类》，第430页。

② 黎靖德：《朱子语类》，第430页。

语玩味，便自可见①。

这都体现了朱子诠释《论语》的工夫论特色。

在对《论语》诠释的过程中，朱子对“主敬”之修养工夫和境界予以了高度重视。他曾说：“‘敬’字工夫，乃圣门第一义，彻头彻尾，不可顷刻间断。”②“‘敬’之一字，真圣门之纲领，存养之要法。”③ 它代表着修身工夫论的道统依据和圣学渊源。“因叹‘敬’字工夫之妙，圣学之所以成始成终者，皆由此，故曰：‘修己以敬。’下面‘安人’、‘安百姓’，皆由于此。只缘子路问不置，故圣人复以此答之。要之，只是个‘修己以敬’，则其事皆了。”④ 这就是说，孔子的“修己以敬”的工夫论，已经鲜明地表达了“敬”的工夫的圣学渊源⑤。

朱熹在为“敬”的工夫寻找历史渊源的同时，也在承袭二程学说的基础上对其予以了创造性的解释，赋予了“敬”以新的内涵。

首先，朱熹在承继程颐关于“主一谓之敬”命题的基础上，提出了“主一无适之谓敬”的命题和敬为根本工夫的主张。程颐曾言：“所谓敬者，主一之谓敬。所谓一者，无适之谓一。”⑥ 朱熹合而言之，谓“敬”为“主一无适”。他在解释《学而篇》“道千乘之国，敬事而信，节用而爱人，使民以时”章中的“敬”字时写道：“敬者，主一无适之谓。敬事而信者，敬其事而信于民

① 黎靖德：《朱子语类》，第444—445页。
② 黎靖德：《朱子语类》，第210页。
③ 黎靖德：《朱子语类》，第210页。
④ 黎靖德：《朱子语类》，第207页。
⑤ 朱汉民、肖永明：《宋代〈四书〉学与理学》，第341页。
⑥ 程颢、程颐：《二程遗书》，上海：上海古籍出版社，2000年，第216页。

也。”[①] 就《论语》原文而言，孔子要求统治者在办理国家大事时要严谨认真，而朱子的注释则着重强调“一心一意”。据《朱子语类》卷第二十一记载，有弟子问：“‘敬事而信’，疑此敬是小心畏谨之谓，非‘主一无适’之谓。”朱子回答曰：“遇事临深履薄而为之，不敢轻，不敢慢，乃是‘主一无适’。”[②]

在解释中，朱子还将“敬”、“信”、“节用而爱人，使民以时”做了主次区分，提出了以“敬”为本的思想：

> “敬事而信”，是“节用爱人，使民以时”之本。敬又是信之本[③]。
>
> 问：“‘道千乘之国’，杨氏云：‘未及为政也。’”曰：“然此亦是政事。如‘敬事而信’，便是敬那政事也。节用，有节用之政事；爱人，有爱人之政事；使民，有使民之政事。这一段，是那做底。子细思了，若无敬，看甚事做得成！不敬，则不信；不信，则不能‘节用爱人’；不‘节用爱人’，则不能‘使民以时’矣。所以都在那敬事上。若不敬，则虽欲信不可得。如出一令，发一号，自家把不当事忘了，便是不信。然敬又须信，若徒能敬，而号令施于民者无信，则为徒敬矣。不信固不能节用，然徒信而不能节用，亦不济事。不节用固不能爱人，然徒能节用而不爱人，则此财为谁守邪！不爱人固不能‘使民以时’，然徒能爱人，而不能‘使民以时’，虽有爱人之心，而人不被其惠矣。要之，根本工夫都在‘敬’字。若能敬，则下面许多事方照管得到。自古圣贤，自尧舜以来便说这个‘敬’字。孔子曰：

① 朱熹：《四书章句集注》，第 49 页。
② 黎靖德：《朱子语类》，第 494 页。
③ 黎靖德：《朱子语类》，第 494 页。

‘修己以敬。’此是最要紧处！”[①]

在朱子看来，敬为诸事之本，是根本工夫，是自尧舜以来圣圣相传的“收拾自家精神的”[②]工夫。

其次，朱熹将“敬”解释为“畏”。他说：“敬只是一个‘畏’字。”[③]“敬不是万事休置之谓，只是随事专一，谨畏，不放逸耳。”[④]“敬非是块然兀坐，耳无所闻，目无所见，心无所思，而后谓之敬。只是有所畏谨，不敢放纵，如此则身心收敛，如有所畏。”[⑤]这里，朱子将“敬”与“畏”联系起来，认为敬就是畏，敬的工夫中含有一种虔诚的精神状态，如此一来敬就被提高到了一种超然的境界。

在朱子看来，人们只有时刻保持“敬畏”的心态，才能遏制人欲，才能存天理。他曾说：“敬则天理常明，自然人欲惩窒消治。”[⑥]因此“敬畏”的心态是遏人欲、存天理，臻至“天人合一”的必不可少的心态。在《季氏篇》“君子有三畏”章中，他对“畏天命”做了这样的注释：“畏者，严惮之意也。天命者，天所赋之正理也。知其可畏，则其戒谨恐惧，自有不能已者。而付畀之重，可以不失矣。大人圣言，皆天命所当畏。知畏天命，则不得不畏之矣。”[⑦]朱子认为此处所谓的天命即是天赋予人的正理，也可以称为仁义礼智之性及基于此之三纲五常之理的总称——天理。所以朱熹又说：“‘畏天命’三字好。是理会得道理，

① 黎靖德：《朱子语类》，第495页。
② 黎靖德：《朱子语类》，第206页。
③ 黎靖德：《朱子语类》，第211页。
④ 黎靖德：《朱子语类》，第211页。
⑤ 黎靖德：《朱子语类》，第211页。
⑥ 黎靖德：《朱子语类》，第210页。
⑦ 朱熹：《四书章句集注》，第172页。

便谨去做，不敢违，便是畏之也。如非礼勿视听言动，与夫戒慎恐惧，皆所以畏天命也。”[①]“畏天命”就是谨遵天理，不越其外，时时刻刻戒谨恐惧且畏慎于心。“畏天命”体现了朱熹所说居敬功夫的核心宗旨，也体现了其“敬畏”思想的最大特点[②]。

最后，朱熹主张“敬义夹持”，强调把内心工夫和对外实践结合起来。在朱熹看来，“若只守着主一之敬，遇事不济之以义，辨其是非，则不活。若熟后，敬便有义，义便有敬。静则察其敬与不敬，动则察其义与不义。如‘出门如见大宾，使民如承大祭’，不敬时如何？‘坐如尸，立如斋’，不敬时如何？须敬义夹持，循环无端，则内外透彻”[③]，即以敬作为主体的涵养工夫，以义作为处事的准则，把内在的敬施之于外表现出来，使其成为活敬。这样就会收敛身心，内无妄思，外无妄动，进而心得所存，不至流于邪恶。

朱子在《论语》诠释中，对这一思想予以了充分的解读。如《八佾篇》“居上不宽”章有“为礼不敬”句，朱熹注曰：“为礼以敬为本。”[④] 在他看来，敬是为礼之本，“为礼紧要在敬”[⑤]，若不敬，“则纵其他有是处，皆不在论量之限”；若不敬，“其本既亡，则虽有……威仪进退之节，……皆无足观者”[⑥]。敬为礼之本，通过敬可以观个人为礼的程度，如果在为礼时不敬，其他无足观矣。

在解释《颜渊篇》“仲弓问仁”章时，朱熹对此予以了进一步的阐发：“敬以持己，恕以及物，则私意无所容而心德全矣。

---

① 黎靖德：《朱子语类》，第 1173 页。

② 金仁权、崔昌海：《二程与朱熹的主敬思想》，《东疆学刊》2000 年第 1 期。

③ 黎靖德：《朱子语类》，第 216 页。

④ 朱熹：《四书章句集注》，第 69 页。

⑤ 黎靖德：《朱子语类》，第 639 页。

⑥ 黎靖德：《朱子语类》，第 638 页。

内外无怨，亦以其效言之，使以自考也。程子曰：'孔子言仁，只说出门如见大宾，使民如承大祭。看其气象，便须心广体胖，动容周旋中礼。惟谨独，便是守之之法。'或问：'出门使民之时，如此可也；未出门使民之时，如之何?'曰：'此俨若思时也，有诸中而后见于外。观其出门使民之时，其敬如此，则前乎此者敬可知矣。非因出门使民，然后有此敬也。'愚按：克己复礼，乾道也；主敬行恕，坤道也。颜、冉之学，其高下浅深，于此可见。然学者诚能从事于敬恕之间而有得焉，亦将无己之可克矣。"[①] 苟其心能敬，则视、听、言、动自无不合于礼，而我心之仁亦自然呈露。出门如见大宾，使民如承大祭，是敬。人能践行一本于礼，对人自无不敬。心行相发，内外交融，亦一以贯之。

在《论语或问》中，朱子又对本章中的部分解释进行了说明：

> 或问"推己及物之谓恕"。曰："'推己及物'，便是'己所不欲，勿施于人'，然工夫却在前面。'出门如见大宾，使民如承大祭'，须是先主于敬，然后能行其恕。"或问："未出门、使民之前，更有工夫否?"曰："未出门、使民之时，只是如此。惟是到出门、使民时易得走失，故愈著用力也。"[②]
>
> 伯羽问："持敬、克己，工夫相资相成否乎?"曰："做处则一。但孔子告颜子仲弓，随他气质地位而告之耳。若不敬，则此心散漫，何以能克己。若不克己，非礼而视听言动，安能为敬。"仲思问："'敬则无己可克'，如何?"曰：

① 朱熹：《四书章句集注》，第133页。
② 黎靖德：《朱子语类》，第1071页。

“郑子上以书问此。”因示郑书，曰：“说得也好。”郑书云：“孔子惟颜子、仲弓，实告之以为仁之事，余皆因其人而进之。颜子地位高，担当得克己矣，故以此告之。仲弓未至此，姑告以操存之方，涵养之要。克己之功难为，而至仁也易；敬恕之功易操，而至仁也难。其成功则一。故程子云‘敬则无己可克’，是也。但学者为仁，如谢氏云‘须于性偏处胜之’，亦不可缓。特不能如颜子深于天理人欲之际，便可至仁耳。非只敬恕他不克己也。”又曰：“郑言学者克己处，亦好。大底告颜子底便体、用全似仲弓底。若后人看不透，便只到归里去，做仲弓底了，依旧用做颜子底。克己，乾道也；敬恕，坤道也。‘忠信进德’，‘修辞立诚’，表里通彻，无一毫之不实，何更用直内。坤卦且恁地守。颜子如将百万之兵，操纵在我，拱揖指挥如意。仲弓且守本分。敬之至，固无己可克；克己之至，亦不消言敬。‘敬则无己可克’者，是无所不敬，故不用克己。此是大敬，如‘圣敬日跻’，‘于缉熙敬止’之‘敬’也。”①

这就进一步阐明了持敬与克己的关系，指出“无已可克”乃是“大敬”。只有做到表里如一，敬义夹持，才能遏制人欲，才能为学，才能进而达到仁的境界。

综上所述，朱熹借助《论语》诠释发挥儒家学说，论述了理、性、命、心等哲学范畴，并加以阐释发挥，建构了颇具时代特色的包括本体论、心性论和工夫论在内的较为系统、完整的理学思想体系。这些努力，不仅“建构了一种理学型的《论语》

① 黎靖德：《朱子语类》，第1074—1075页。

学，使《论语》学发展到一个新的高峰”[①]，而且也促进了中国哲学的发展，影响了社会生活的诸多方面。诚如朱汉民、肖永明两位先生所言，“理学理论体系的发展至此完全成熟，儒学在理论思维水平上也达到前所未有的高度。此后，随着理学权威的逐渐树立及其制度化，理学思想向后期中国封建社会的各个领域渗透，对人们的思想观念、价值取向乃至社会生活习俗各方面都产生了深刻影响，其余波至今未已”[②]。

① 朱汉民、张国骥：《两宋的〈论语〉诠释与儒学重建》，《中国哲学史》2008年第4期。

② 朱汉民、肖永明：《宋代〈四书〉学与理学》，第6页。

朱子对孟子性善论的“哥白尼倒转”

陈乔见（华东师范大学哲学系暨中国现代思想文化研究所）

人性论是儒家哲学的主干，性善论又是其主流。性善论肇始于孟子，被宋代理学家确立为儒家人性论之正统。周敦颐、张载、邵雍、二程兄弟所谓“北宋五子”在此方面功不可没，程颐、朱子一系实为翘楚。在某种意义上，宋代理学是在新观念、新思维的时代背景下，对孟子性善论的辩护与阐发，以回应佛老尤其是禅宗之挑战；然而，此种辩护与阐发不能不反受其影响而面目有所转变。就性善论而言，笔者以为，这一转变即由孟子从经验道性善一变而为从先验道性善。笔者称之为性善论中的“哥白尼倒转”。由于朱子是宋代理学之集大成者，因此，此文将以朱子性善论为中心加以考察和分析，尝试讲明这一倒转，并简要评价其得失。当然，在此之前，有必要从孟子道性善的理路论起。

一、孟子"道性善"的理路：情感体验与类比

1. 从情感体验指示心善

"孟子道性善，言必称尧舜。"（《孟子·滕文公上》，以下凡引此书，随文夹注篇名。）那么，孟子又是如何"道性善"的呢？纵观孟子全文，《告子上》一篇是孟子"道性善"最为严整的一篇，是篇"一气呵成，很有系统性"①。是篇前三章载孟子与告子关于人性的三个辩论："杞柳"之辩、"湍水"之辩、"生之谓性"之辩，孟子主要通过归谬法反驳告子，并未正面道性善。接下来第四、五两章是孟、告及其门弟子辩"仁义内外"。第六章始正面"道性善"。可以想见，这一章就历史语境而言，当发生在前五章之后，作为弟子的公都子看到孟子总是反驳其他人性观点却从未阐释自己的性善说，故不得不问乃师性善之究竟义。公都子首先列举告子"性无善无恶"说及或人"性可以为善，可以为不善"、"有性善，有性不善"三说及相关经验例证，然后质诸孟夫子："今曰'性善'，然则彼皆非与？"这才有了《孟子》全书中唯一一段明确道性善的文字：

> 乃若其情，则可以为善矣，乃所谓善也。若夫为不善，非才之罪也。恻隐之心，人皆有之；羞恶之心，人皆有之；恭敬之心，人皆有之；是非之心，人皆有之。恻隐之心，仁也；羞恶之心，义也；恭敬之心，礼也；是非之心，智也。

① 牟宗三：《圆善论》，台湾：学生书局，1985年，第58页。

仁义礼智，非由外铄我也，我固有之也，弗思耳矣。（《告子上》11.6）[①]

从形式上看，孟子第一句话“乃若其情，则可以为善矣，乃所谓善也”是对其所谓性善论的基本界定。不幸的是，后儒对此句的解读以及此章中孟子所提到的“心”、“性”、“情”、“才”等概念的理解可谓聚讼纷纭。笔者以为孙奭《孟子疏》的解说较为通畅明白，他说：“且性、情、才三者，合而言之，则一物耳；分而言之，则有三名，故曰性，曰情，曰才。盖人之性，本则善之；而欲为善者，非性也，以其情然也；情之能为善者，非情然也，以其才也。是则性之动则为情，而情者未尝不好善而恶恶者也，其不欲为善者乎？而才者乃性之用也。”[②] 这是从“才之能为善”与“情之欲为善”来说明人性善，其实性善的关键在于“情之欲为善”即“情之好善而恶恶”，因为“才”只不过是实现此好善恶恶的人性能力，“才”可以帮助吾人实现善，亦可助纣为虐，故孟子曰“若夫为不善，非才之罪也”。从实质上看，孟子显然是从后文所言“人皆有之”的恻隐之心、羞恶之心、恭敬之心、是非之心亦即“情”来论证人性善。

《孟子》全文言此“四心”凡两见，另外一见出自在《孟子》七篇中早于《告子上》的《公孙丑上》：

所以谓人皆有不忍人之心者，今人乍见孺子将入于井有怵惕恻隐之心。非所以内交于孺子之父母也，非所以要誉于

① 由于后文对孟子言四端与四德两章会经常提及，故对此两章据杨伯峻《孟子译注》（北京：中华书局，2005年）标出序号，以便后文论述方便。

② （汉）赵岐注、（宋）孙奭：《孟子注疏》，北京：北京大学出版社，2000年，第355页。

乡党朋友也，非恶其声而然也。由是观之，无恻隐之心，非人也；无羞恶之心，非人也；无辞让之心，非人也；无是非之心，非人也。恻隐之心，仁之端也；羞恶之心，义之端也；辞让之心，礼之端也；是非之心，智之端也。人之有是四端也，犹其有四体也。（《公孙丑上》3.6）

此章主旨讲以不忍人之心行不忍人之政（即仁政），仁政之所以可能，端赖不忍人之心之实存，故孟子需进一步论证人皆有不忍人之心。孟子在此以"人乍见孺子入井"的例子来指示我们皆有怵惕恻隐之心，并顺势提出其他三心，说明若无此四心，则非人也。然后又说恻隐、羞恶、辞让、是非四心是仁义礼智之端，故学者每每称此四心为"四端"或"四端之心"。此章与"乃若其情"章讲四心与四德的不同之处有二：一是此言四心为四德之端，彼则径云四心即四德也；二是此言"辞让之心"而彼言"恭敬之心"。关于后者，辞让与恭敬略略有别，但就"辞让之心"与"恭敬之心"而言则无甚大区别，皆为礼之心性根据。后儒对此较少争议，故我们也不予详论。我们关注的重点在四心与四德之关系。让我们先简化两处论证的逻辑结构。

《告子上》11.6 的逻辑为：

大前提：人皆有恻隐、羞恶、恭敬、是非四心。

小前提：恻隐、羞恶、恭敬、是非四心是仁义礼智。

结　论：仁义礼智，非由外铄我也，我固有之也。

《公孙丑上》3.6 的逻辑为：

大前提：人皆有恻隐、羞恶、辞让、是非四心（或无此四心非人也）。

小提前：恻隐、羞恶、辞让、是非四心是仁、义、礼、智之端。

结　论：人之有是四端也，犹其有四体也。

11.6得出的结论是人皆有仁、义、礼、智四德，3.6得出的结论是人皆有四端之心（这其实是个循环论证，只不过把大前提中的“四心”换个术语作“四端”）。无论如何，其大前提的内容即“人人皆有恻隐等四心”，这是孟子性善论得以成立的最终根据（铭记这一点很重要）。

如此，性善论之成立端赖两个论证中的大前提（人皆有恻隐、羞恶等四心）为真命题。孟子对此的证明主要是诉诸经验例子。如前所引，孟子用“今人乍见孺子将入于井，皆有怵惕恻隐之心”这个有想象性却具普遍性的例子，来指示人皆有恻隐之心。诚然，当我们看到一个孺子匍匐将要落入井中时，我们每个人都有一种不容已的恻隐伤痛之情，都会感到不忍心——若非故意与孟子抬杠，或者确实大脑的情感组织有先天缺陷或后天损坏，这一点似不容置疑，任何稍加反思的正常人都会意识到这一点。对人如此，对待动物同样如此。齐宣王见将以衅钟之牛而“不忍其觳觫”，但衅钟之礼又不可废，故他下令有司“以羊易之”，其背后的心理体验（如孟子向他揭示的那样）是“见牛未见羊也。君子之于禽兽也，见其生，不忍见其死；闻其声，不忍食其肉”（《梁惠王上》）。确实，吾人看到一头活生生的牛将要被杀，我们的恻隐不忍之情就会自然流露；而对于那只仅存于概念中的羊则无此或较少恻隐不忍之情。此外，孟子又用行人或乞丐不接受“呼蹴之食”（《告子上》）和人们皆有“无穿逾之心”（即羞于偷盗与恶人偷盗的心）（《尽心下》）来指示吾人皆有羞恶之心[①]。孟子正是抓住了吾人的这些情感体验或心理反应，来指示

① 详参陈乔见：《羞恶、义与正当——孟子“羞恶之心，义之端也”详解及其理论内涵》，《中山大学学报》（社会科学版）2016年第2期。

心善，进而由心善证成人性善。当代新儒家徐复观把孟子道性善的理路概括为“由‘心善’以言性善”、“从心善论定性善”①，这是很到位的。

笔者要特别强调的是，“端”之一字，关系甚大。由于对“端”的理解导致了对性善论的两种完全不同的致思进路，一种是经验式的理解（孟子本人），一种则是先验式的理解（程颐、朱子）。当然，程朱并不是从“端”的不同训诂入手来建立不同的理论。毋宁说其是先有一套理论构想，然后以此理论反过来主导文本解释。我们还是先看“端”之本义如何？《说文·立部》：“端，直也。从立，耑声。”《说文·耑部》：“耑，物初生之题也。上象生形，下象其根也。凡耑之属皆从耑。”段玉裁注：“古发端字作此，今则‘端’行而‘耑’废，乃多用‘耑’为‘专’矣。”显然，孟子此所谓四端之心的“端”字不是《说文》作端直的“端”而是“耑”字，其本义就是植物根须所发出的端芽，“耑”之一字，自含根须或本根与萌芽两义。赵岐《孟子注》：“端者，首也。人皆有仁义礼智之首，可引用之。”② 这里的“首”也就是《说文》的“题”，都有额头、萌芽、发端之义。据此，“恻隐之心，仁之端也”的意思就是恻隐之心是仁的萌芽、发端或开端。所谓“可引用之”应当是孟子扩而充之之义。孙奭《孟子疏》进一步申论赵《注》：“‘恻隐之心’至‘智之端也’者，孟子言人有恻隐之心，是仁之端本起于此也。有羞恶之心者，是义之端本起于此也。有辞让、是非之心者，是礼、智之端本起于此者也。以其仁者不过有不忍恻隐也，此孟子所以言恻隐羞恶辞让是非四

① 徐复观：《中国人性论史》，上海：华东师范大学出版社，2005年，第106页。
② （汉）赵岐注、（宋）孙奭：《孟子注疏》，第113页。

者，是为仁义礼智四者之端本也。”[①] 孙奭对“端”的解释添加一“本”字是很有见地的，所谓“人有恻隐之心，是仁之端本起于此也”，意谓：人所固有的恻隐之心是仁之发端和本根；其余三者类此。孙奭用“端本”解“端”颇能得“耑”字之意象，“耑”字上半部为题首、端芽，下半部为根须、本根，“耑”（端）即由本根而生发的芽苗，所以，如孙奭《疏》所言，恻隐羞恶既可以说是仁义之开端，亦可以说是仁义之本根或根须，总之是谓仁义礼智必由此发展而成，或扎根于此四心，故孟子又说“君子所性，仁义礼智根于心”（《尽心上》）。在此，四端与仁、义、礼、智四德具有发生学亦是时空意义上的先后关系：必定是先有恻隐羞恶等情感体验，然后才可能有由此扩而充之，培养出来仁、义、礼、智四德。

2. 从经验类比推证人心之所同然

以上孟子用以指示心善的例证，有的是单称判断，如齐宣王不忍牛之觳觫；有的是特称判断，如乞丐不受呼蹴之食；有的是全称判断，如今人乍见孺子将入于井皆有怵惕恻隐之心。无论是何种判断，实际上都是从某种个体性、主观性的心理体验或情感反应来指示人有善心之萌动。对于如何由此种个体性、主观性的善心萌动上升到普遍性的关于人性论的判断，似乎还有待进一步说明。幸运的是，孟子确实对此有所论证。孟子说：

富岁，子弟多赖；凶岁，子弟多暴，非天之降才尔殊

① （汉）赵岐注、（宋）孙奭：《孟子注疏》，第114页。是书校者“端”、“本”分开作“孟子言人有恻隐之心，是仁之端，本起於此也”，这与疏文结语“此孟子所以言恻隐羞恶辞让是非四者，是为仁义礼智四者之端本也”不协调，且如此断句颇难通，故笔者不取。

也，其所以陷溺其心者然也。今夫麰麦，播种而耰之，其地同，树之时又同，浡然而生，至于日至之时，皆熟矣。虽有不同，则地有肥硗，雨露之养、人事之不齐也。故凡同类者，举相似也，何独至于人而疑之？圣人，与我同类者。故龙子曰："不知足而为屦，我知其不为蒉也。"屦之相似，天下之足同也。口之于味，有同耆也；易牙先得我口之所耆者也。如使口之于味也，其性与人殊，若犬马之与我不同类也，则天下何耆皆从易牙之于味也？至于味，天下期于易牙，是天下之口相似也。惟耳亦然。至于声，天下期于师旷，是天下之耳相似也。惟目亦然。至于子都，天下莫不知其姣也。不知子都之姣者，无目者也。故曰：口之于味也，有同耆焉；耳之于声也，有同听焉；目之于色也，有同美焉。至于心，独无所同然乎？心之所同然者何也？谓理也，义也。圣人先得我心之所同然耳。故理义之悦我心，犹刍豢之悦我口。（《告子上》）

孟子首先描绘了现实世界中由于外在环境之影响，人与人之间确实存在赖暴善恶不齐的情况，但他认为这"非天之降才尔殊也，其所以陷溺其心者然也"。此所谓"非天之降才尔殊"与《告子上》11.6 中的"若夫为不善，非才之罪也"，意义完全相同，都是用以说明现实中的恶不能归咎于"才"的问题，即不是才能不够而是其心有所陷溺。这里借助康德"应当蕴含着能够"(ought implies can）的说法或许可以帮助我们理解孟子。实际上，孟子对"不能"与"不为"的区分应蕴含了康德的这一层意思："挟太山以超北海，语人曰'我不能'，是诚不能也。为长者折枝，语人曰'我不能'，是不为也，非不能也。"（《梁惠王上》）孟子之意，吾人应当为善（比如为长者折枝）蕴含着吾人能够为善，若夫为不善，非才之罪也；换言之，为不善的根源不在于“才”能不能、够不够，而是我们的心不为，也就是缺乏为善的意愿（孟子所谓“陷溺其心”）。据下文，这里的“心”就是悦理义之心，其实也是一种道德情感（此道德情感是性善的最终根据）。孟子所谓“羞恶之心，义之端也”是羞恶不义反说义，此“理义之悦我心”是正说义，前者从情感之厌恶来界定不义，后者由情感之愉悦来言说义；换言之，人人所羞恶的就是不义，人人所愉悦的就是义。因此，此段结论“理义之悦我心，犹刍豢之悦我口”仍是以心善说性善。

笔者要特别关注的是，孟子在这里所采用的类比论证。我们知道，类比论证广泛存在于哲学论证中，苏格拉底就经常运用“技艺类比”（craft-analogy）来从事哲学活动。当代美德伦理学家赫斯特豪斯（Rosalind Hursthouse，1943—）在建构新亚里士多德版本的伦理自然主义时，所运用的主要方法也是类比论证。所谓“伦理自然主义”，赫斯特豪斯如此界定：“广义上说，它是通过某种方式而把伦理学建立在有关人性的考虑上。”[①] 显然，孟子便是把伦理学建立在某种人性论的基础上，因此孟子的伦理学无疑是伦理自然主义。赫斯特豪斯通过从植物到动物再到理性动物（人）的存在序列，揭示人性某种带有规范性的事实，在她看来，“我们（人类）的典型生活方式是一种理性的方式”[②]。这当然是她从亚里士多德传统的伦理视野考察和反思的结果，如果我们从儒家的伦理视野来看待人类特性的话，就很难说是理性。在此，孟子通过类比推理得出的结论是：人是会对理义（道德善）感到愉悦的动物。换言之，人的独特性是具有道德情感而非理

① ［新西兰］罗莎琳德·赫斯特豪斯：《美德伦理学》，李义天译，南京：译林出版社，2016年，第215页。

② ［新西兰］罗莎琳德·赫斯特豪斯：《美德伦理学》，第258页。

性。至于究竟是亚里士多德还是孟子的看法更有说服力与吸引力，非此文所讨论的问题。此文关注的是孟子的类比论证的结构。孟子在此首先通过植物之生长来说明一个道理："凡同类者，举相似也。"然后通过第一个反问"何独至于人而疑之"来肯定人必有相似之处，如人之足必相似，人之口、耳、目亦必有相似之处，此即"口之于味也，有同耆焉；耳之于声也，有同听焉；目之于色也，有同美焉"。无独有偶，两千年后的达尔文(Charles Robert Darwin，1809—1882）发出了与孟子同样的反问。达尔文从进化论的视域考察道德感的演化。在反驳功利主义者穆勒认为道德是后天获得的观点时，他说："低等动物中间的一些社会性感觉是发乎本能的，是内在而固有的，对这一点我们该不容再有所争议。在低等动物既如此，何独人就不能如此呢?"① 孟子然后又递进一步，通过第二个反问"至于心独无所同然乎"来肯定人之心必有所同然。在孟子看来，人心之所同然即理也，义也。不难发现，孟子这个类比推理似乎只能得出"心有所同然"的结论，却得不出"同然"之内容到底为何的结论。为什么是理义？孟子的逻辑是：圣人与我同类，圣人先得我心之所同然耳，其蕴含的前提即圣人能体验到"理义之悦我心"——关于这一点，孟子并没有给出实例。当然，从孟子的伦理视野看，他完全有理由相信"理义之悦我心"是一个十分显白的心理事实，就像恻隐、羞恶那样，任何正常人只需当下体证即知，这是人人都能且都会体验的心理经验，难道不是吗？

综上所述，孟子证明性善的基本思路和方法，一是通过某些情感体验的例子来指示心善，一是通过建立在经验事实上的类比

① ［英］达尔文：《人类的由来》，潘光旦、胡寿文译，上册，北京：商务印书馆，2013年，第191页。

推理来阐明人心之所同然；最终用人之善心的萌动（表现为恻隐、羞恶、愉悦等情感体验）来说明人性善（人性中有善端）。在孟子的性善论中，“心”、“性”两个概念的轻重、虚实不一样：“心”重“性”轻，“心”实“性”虚；换言之，“心”具有实质的内容（此即恻隐、羞恶等四端乃至愉悦等），“性”是形式概念，没有一个实体与他相对应，它只表示某类事物普遍具有的共性与该类事物区别于其他类事物的典型特征，如孟子所谓“犬之性”、“牛之性”、“人之性”等。孟子是以道德情感来界定人的普遍特征与独有特征，并且在此意义上说人性善。

二、朱子道性善的理路：经验变先验

孟子性善论在先秦两汉并非主流，同时代有告子“性无善无恶”论，之后更有荀子针锋相对的“性恶”论，此后又有西汉董仲舒的“性三品”论，故东汉王充遍数孟子以来数家人性说而叹曰“自孟子以下，至刘子政，鸿儒博生，闻见多矣，然而论情性竟无定是”，其本人则附和公孙尼子之徒的“性有善有恶”论（《论衡·本性》）。据学者研究，孟子地位的上升是在唐宋时期①。孟子性善论被视为儒家正统始于宋代理学。朱子《孟子序说》引程颐曰：“孟子有大功于世，以其言性善也。”② 扬孟必然抑荀，故朱子说：“荀子极偏驳，只一句‘性恶’，大本已失。”③ 据笔者理解，宋明理学的一个核心议题是在新时代、新观念的背景下重

① 参徐洪兴：《唐宋间的孟子升格运动》，载《中国社会科学》1993年第5期。

② （宋）朱熹：《四书章句集注》，北京：中华书局，1983年，第199页。

③ （宋）黎靖德辑：《朱子语类》卷137，《朱子全书》，朱杰人、严佐之、刘永翔主编，上海：上海古籍出版社；合肥：安徽教育出版社，2010年修订本，第18册，第4258页。

新发展和辩护孟子性善论。然而，由于时代观念和整体思维的变化，宋明理学对孟子性善论的辩护与发展实际上与孟子道性善的理路有较大分歧，故其辩护与发展有得亦有失。总体上看，程颐与朱子在此方面论说颇多，朱子又集其大成，俨然体大精深，颇具代表性，故本节以朱子为中心给予考察，说明程朱性善论实际上是“经验变先验”[①]。此语在此含义有二：一是程朱把孟子主要从经验哲学言说性善的理路倒转为从先验哲学的理路言说性善，此即“性即理也”说；二是程朱先验哲学的建立实际上是从经验中提取出来的，此即“因其恻隐，知其有仁”说。

1. “性即理也”与性善论中的“哥白尼倒转”

如所周知，朱子的人性论主要由三个命题构成：（1）源自程颐的“性即理也”；（2）同样源自程颐的“性体情用”；（3）源自张载的“心统性情”。三个命题中最为核心的是第（1）个命题，这是朱子阐明性善的根据所在，其余两个命题乃在于说明“心”、“性”、“情”三个概念的内涵及其相互关系。兹就其核心命题简要概述一番。理学之所以名为“理学”即表明其核心概念是“理”或“天理”。“理”的意涵，按朱子“若理，则只是个净洁空阔底世界”[②]，表明“理”是一无声无臭的形而上的实体，它可以独立于经验世界而存在，如朱子所言“且如万一山河大地都陷了，毕竟理却只在这里”[③]；理更为实质的内涵是“所以然之故”与“所当然之则”，朱子说“所以然之故，即是更上面一层，如君之所以仁”[④]，在这里，君当仁便是“所当然之则”，君之所以

① 这一术语借自李泽厚先生。见李泽厚：《人类学历史本体论》，天津：天津社会科学院出版社，2008 年，第 94 页。

② （宋）黎靖德辑：《朱子语类》卷 1，《朱子全书》，第 14 册，第 116 页。

③ （宋）黎靖德辑：《朱子语类》卷 1，《朱子全书》，第 14 册，第 116 页。

④ （宋）黎靖德辑：《朱子语类》卷 17，《朱子全书》，第 14 册，第 585 页。

仁便是“所以然之故”。朱子的这对术语内涵远比此宽泛，此仅举与伦理学有关的一例以明其所谓。

在理学的思维框架中，“理—性”关系犹如先秦之“道—德”。“道”或“理”是普遍性的超越的存在，但它们却内在于世界万有的每个个体中，个体（通人、物而言）得之以为“德”或“性”。关于这个意思，理学家一再言之。程颐说：“自理言之谓之天，自禀受言之谓之性，自存诸人言之谓之心。”① 朱子说：“这个理在天地间时，只是善，无有不善者。生物得来，方始名曰性。只是这理，在天则曰命，在人则曰性。”② 质言之（此但就人性而论），吾人之“性”禀受于“天理”，故程颐说：“性即理也，所谓理，性是也。天下之理，原其所自，未有不善。”③ 吾人之“性”与“天理”（可理解为宇宙的秩序与原理）在性质上是同质的，因为天理无有不善，故性亦无又不善。朱子完全接受并盛赞程颐此说：“如‘性即理也’一语，直自孔子后，惟是伊川说得尽。这一句便是千万世说性之根基。”④ 朱子所谓说性之根基，一则是说性根源于理，一则是说性善根源于理善。程朱所谓“理”，就人性而言，其实质内容即孟子所谓的仁、义、礼、智，如朱子所言：“性是太极浑然之体，本不可以名字言。但其中含具万理，而纲理之大者为四，故命之曰仁义礼智。”⑤ 总之，在程朱理学的哲学体系中，性善的最终理据在天理——这与孟子性善的根据在吾人之本心迥异。

---

① （宋）程颢、程颐：《二程集》，北京：中华书局，2004 年，第 296—297 页。

② （宋）黎靖德辑：《朱子语类》卷 5，《朱子全书》，第 14 册，第 216 页。

③ （宋）程颢、程颐：《二程集》，第 292 页。

④ （宋）黎靖德辑：《朱子语类》卷 93，《朱子全书》，第 17 册，第 3107—3108 页。

⑤ （宋）朱熹：《答陈器之问〈玉山讲义〉》，《文集》卷 58，《朱子全书》，第 23 册，第 2778 页。

在程朱的哲学体系中，“理”与“性”都是一形而上的实体（请回忆我前言孟子之“性”无相应之实体说），这个实体就其本原来说，先验（先于经验）的就是“善”的。在此哲学架构中，“心”只是“性”这一形上实体的质料载体，故朱子经常赞同性称引邵雍的一个说法：“‘性者，道之形体；心者，性之郛郭。’康节这数句极好。盖道即理也，如‘父子有亲，君臣有义’是也。然非性，何以见理之所在？故曰：‘性者，道之形体。’仁义礼智性也，理也，而具此性者心也；故曰：‘心者，性之郛郭。’”关于前句，朱子又解释说：“道是泛言，性是就自家身上说。……道是在物之理，性是在己之理。”关于后者，朱子又解释说：“郛郭是包括。心具此理，如郛郭中之有人。”[①] 其实，道（理）与性本无形，所谓形体乃是一形象说法，表明“性”乃是一实体；心为性之郛郭是说这一形上实体在人就落在心上，故朱子亦可说“心具理”，但绝不可能如陆王那样说“心即理”。

比照孟子与程朱性善论可知，孟子性善论的思路是由下往上、由人达天，所谓“尽心”以“知性”、“知天”是也，其言性善的根据在人人可体验到的“情端”；程朱的思路是由上往下、由天降人，所谓理赋予人为性是也，其言性善的根据在先验的“天理”或内在于人心的“性体”。笔者把这称为性善论中的“哥白尼倒转”，这一倒转意味着由经验性善论一变而为先验性善论。

在了解朱子人性论的基本结构与观念后，我们再来看在此义理主导下，他对前引孟子道性善两段文字（3.6 与 11.6）的诠释（为了后文论述的方便，我把这两段注文分别标识为“3.6 注文”与“11.6 注文”）：

---

① （宋）黎靖德辑：《朱子语类》卷 100，《朱子全书》，第 3349、3351、3351 页。

3.6 注文：恻隐、羞恶、辞让、是非，情也。仁、义、礼、智，性也。心，统性情者也。端，绪也。因其情之发，而性之本然可得而见，犹有物在中而绪见于外也。……本章论人之性情，心之体用，本然全具，而各有条理如此。(《孟子集注·公孙丑上》)

11.6 注文：乃若，发语辞。情者，性之动也。情者，性之动也。人之情，本但可以为善而不可以为恶，则性之本善可知矣。……前篇言是四者为仁义礼智之端，而此不言端者，彼欲其扩而充之；此直因用以着其本体，故言有不同耳。(《孟子集注·告子上》)[①]

在 3.6 注文中，朱子的解释把"性即理也"、"性体情用"、"心统性情"三个命题及其观念天衣无缝地添加进去。在 11.6 注文中，朱子敏锐地注意到孟子本文前篇言"端"而后篇不言"端"，朱子对后者的解释是"直因其用以着本体"，特拈出"本体"以对"端"（在朱子那里也是"用"）言。据朱子，仁、义、礼、智是性，是本体；恻隐、羞恶等是情，是性之用、性之发、性之动，是性之本体（或本然）发现于外的可见的端绪。故朱子说："前辈说甚'性恶'，'善恶混'，都是不曾识性。到伊川说'性即理也'，无人道得到这处。理便是天理，又那得有恶！孟子说'性善'，便都是说理善；虽是就发处说，然亦就理之发处说。"[②] 这里，朱子再次强调孟子说性善其实是说理善（这当然是他的理解），所谓"理之发处"即恻隐、羞恶等四端情感。在这样的义理间架下，"端"的意义不再是性善论与伦理学的基础，

① 以上两条分别见（宋）朱熹：《四书章句集注》，第 238、328—329 页。
② （宋）黎靖德辑：《朱子语类》卷 95，《朱子全书》，第 17 册，第 3191 页。

性善论与伦理学的基础是作为本体的超验的“性”，性又源自天理，天理先验地是善的，故人性善的最终根据在超验的天理。

在此义理下，朱子训“端”为“绪”改变了“端”之有本根、有萌芽的原初意象。《说文·糸部》：“绪，丝耑也。”段玉裁注：“丝耑也。耑者，艸木初生之题也，因为凡首之称。抽丝者得绪而可引，引申之，凡事皆有绪可缵。”“耑”之意象为草木初生之额头或芽苗（也蕴含了草木在土壤下的根须），“绪”之意象为丝之头。很明显，“绪”丧失了“端（耑）”的很多意象，“端（耑）”是草木初生，有萌芽有根须，有发端也有本根义，有生发也有持续生长义；而“绪”仅有“首”（头绪）义，且这个“首”毫无生意。在朱子这里，“绪”的意义在于，透过见于外之绪（如恻隐、羞恶等情），吾人可以认识到背后的在中之物（如仁义等形上性理）。“端”的意义在此有二：一是由端之善证性之善；一是由情端推知背后有一形上本体（亦可说实体，故戴震批评朱子之“理”为“如有物焉，得于天而具于心”[①]）。我们先讨论前者，下一节讨论后者。

朱子在 11.6 注文中解释性善的关键一句话是：“情者，性之动也。情者，性之动也。人之情，本但可以为善而不可以为恶，则性之本善可知矣。”这句话其实颇为费解，笔者姑且称之为“本但说”。笔者尝试从朱子义理系统为之稍作疏解。在朱子哲学系统中，不善的根源在于气禀。《朱子语类》卷 4 载：“问：‘天地之性既善，则气禀之性如何不善？’曰：‘理固无不善，才赋于气质，便有清浊、偏正、刚柔、缓急之不同。盖气强而理弱，理管摄他不得。’”[②] 在朱子，“性”有“天地之性”（天命之性、本

① （清）戴震：《孟子字义疏证》，北京：中华书局，1982 年，第 3 页。
② （宋）朱熹：《朱子全书》，第 14 册，第 200 页。

原之性）与“气质之性”之两名，但此两性不是对立的两体，所谓气质之性不过是天命之性堕入气质之中的性，天命之性无不善，堕入气质之中的性即气质之性才有善与不善，因为禀气有清浊、偏正、刚柔、缓急之不同，理管摄不住气便流而为恶。此外，在中国传统术语中，情亦有四端与七情之分。朱子认为“四端是理之发，七情是气之发”[1]。四端既为理之发，则四端本善可知，但四端之发亦有中节、不中节，中节则为善，不中节则为不善：“恻隐羞恶，也有中节、不中节。若不当恻隐而恻隐，不当羞恶而羞恶，便是不中节。”[2] 仔细玩味前引朱子颇为费解的“本但说”那句话，似乎是从情（四端）本可以为善而不可以为恶来推证性之本善，简化之，即，由情（四端）之本善推证性之本善。在笔者看来，这句话至少存在两个疑难，其一，这里似乎是个循环论证（beg the question）。一方面，朱子欲从情之本善（所谓“本但可以为善而不可以为恶”）来推证性之本然为善；另一方面，情之本善的根据似乎在于性之本善，因为四端之情乃性理之所发。其二，若四端亦有中节、不中节，换言之，四端亦有善与不善，那么，如何可能从有善与不善之四端推证性之本然是善的？朱子本人似乎无法解答这两个疑难固有“本但”一说。“本但”恰似英语中之虚拟语气，“情本但可以为善而不可以为善”表明现实中的情是可以为恶的或者至少有善、有恶的。其实，就朱子义理系统而言，他本可以不必如此曲折而径云天理无不善故性亦无不善；但是，在此，他是以这套义理来主导对孟子文本的诠释，故对孟子原有之概念不得不做出一番疏解，但孟子原文之“心”、“性”、“情”等概念实与朱子的规定用法有别，因

---

① （宋）黎靖德辑：《朱子语类》卷 53，《朱子全书》，第 15 册，第 1776 页。

② （宋）黎靖德辑：《朱子语类》卷 53，《朱子全书》，第 15 册，第 1762 页。

此才有如此费解之说。这亦表明朱子之性善论的进路实际上有异于孟子性善论的进路。这个区别，质言之，孟子是以可体验和明见的恻隐、羞恶之心（亦可说是“情”）来指示人性善；朱子则是以形上天理作为人性善的超验根据。至于“天理”如何是纯善无恶的？要么独断地认定。朱子所谓“理便是天理，又那得有恶”（前引）的语气似乎便表明这一点[①]。要么经验地证明。在朱子那里，两者皆有，但如前所析，经验的证明（即通过“本但可以为善而不可谓恶”之情来推证性善）乃是一循环论证。所以，归根结底，在朱子的义理系统中，性善的根据最终只能是独断地认定天理纯善无恶。然无论如何，这一认定仍是出自对宇宙万象的观察体悟。宋儒对此颇有言说，如朱子所提到的“周子窗前草不除去，即是谓生意与自家一般”，“横渠驴鸣”，程子“观鸡雏可以观仁”、“观天地生物气象”等等[②]。通过此种对宇宙万象的观察而体悟出“天地以生物为心者也”[③]，亦即天具有仁德。在此意义上，徐复观先生说“超经验的特性，依然是由经验之心所认取”[④]，可谓一语中的。

2. “因其情之发，而性之本然可得而见”与形上本体的构造

在朱子那里，不止理善（性善）不得不最终诉诸情之善端来给予说明，而且就“性”这一形上本体的存有，亦有待可见之“情”来推知。根据程朱理学，性理是形而上者，无形象，无声

---

① 吴震先生就曾把宋明理学中超越的、绝对的、本体界的存在如天理、天命、天性、心体（良知）至善的判断与西方上帝至善的独断论判断相类比。参吴震：《〈传习录〉精读》，上海：复旦大学出版社，2001年，第192页。

② 朱子对此有所讨论，详（宋）黎靖德辑：《朱子语类》卷96，《朱子全书》，第17册，第3256页。

③ （宋）朱熹：《仁说》，《朱子全书》第23册，第3280页。

④ 徐复观：《中国思想史论集续编》，台北：时报文化出版公司，1982年，第393页。

臭，不是感性认识的对象。那么，吾人如何知道在情底背后有一性体？实际上，与此类似，朱子亦是从情之发来推证其背后必有一本体，此即他在 3.6 注文中所说的，“因其情之发，而性之本然可得而见”。这一思路亦来自程颐。朱子说：“程子曰：‘因其恻隐，知其有仁。’因其外面发出来底，便知是性在里面。”[①]《朱子语类》卷 53 有一大段议论：

> (1) 恻隐、羞恶，是仁义之端。恻隐自是情，仁自是性，性即是这道理。仁本难说，中间却是爱之理，发出来方有恻隐；义却是羞恶之理，发出来方有羞恶；礼却是辞逊之理，发出来方有辞逊；智却是是非之理，发出来方有是非。仁义礼智，是未发底道理，恻隐、羞恶、辞逊、是非，是已发底端倪。……如今因孟子所说恻隐之端，可以识得仁意思；因说羞恶之端，可以识得义意思；因说恭敬之端，可以识得礼意思；因说是非之端，可以识得智意思。缘是仁义礼智本体自无形影，要捉模不著（一作“得”），只得将他发动处看，却自见得。恰如有这般儿子，便知得是这样母。程子云‘以其恻隐，知其有仁’，此八字说得最亲切分明。也不道恻隐便是仁，又不道掉了恻隐，别取一个物事说仁。譬如草木之萌芽，可以因萌芽知得他下面有根。也不道萌芽便是根，又不道掉了萌芽别取一个根。……孟子说性，不曾说着性，只说“乃若其情，则可以为善”，看得情善，则性之善可知[②]。

---

① （宋）黎靖德辑：《朱子语类》卷 20，《朱子全书》，第 14 册，第 691 页。

② （宋）朱熹：《朱子全书》，第 15 册，第 1764—1765 页。

如前所析，在“心性情三分”、“心统性情”、“性体情用”、“性即理也”的义理间架下，朱子性善论的基本思路是：首先先验（先于经验）断定一超验（超越经验）实体即“性体”之存有，性体在质上与天理同构，乃天理所赋予人（物）者，因为天理纯善无恶，故性无不善。这是其性善论的第一层次，亦是其根本义理（朱子所谓“千万世说性之根基”），就此而言，朱子完全可以不用考虑“情”的问题，但是，因为公都子问“性善”而孟子答之以“乃若其情”，作为主要通过诠释《四书》来建构哲学理论的朱子来说，他不得不对此有所解释。因此，在性善论的第一层义理（先验地肯定“性体”为“善”），他也不得不通过“端”这一经验现象来反证看不见摸不着的“性”之善。在这里。程颐的“因其恻隐，知其有仁”一语是其解释公都子问“性善”、孟子答之以“乃若其情”的最佳解释模式。程朱此说显然是其“形上”、“形下”之本体论区分在人性论中的展开。理（性）是形而上者，是所以然之理；恻隐、羞恶等情端是可感的现象。由形上之理性（如仁、义、礼、智），才会有由之发出来的恻隐、羞恶等情。

“端”是“体”之发，由端可知其背后必有一“体”。关于这一点，朱子反复论及。《朱子语类》卷59载朱子与门人讨论《告子上》11.6章云：

(2)“乃若其情，则可以为善。”性无定形，不可言。孟子亦说：“天下之言性者，则故而已矣。”情者，性之所发。

(3)问“乃若其情”。曰：“性不可说，情却可说。所以告子问性，孟子却答他情。盖谓情可为善，则性无有不善。所谓四端者，皆情也。仁是性，恻隐是情。恻隐是仁发出来底端芽，如一个谷种相似，谷之生是性，发为萌芽是情。所谓性，只是那仁义礼知四者而已。四件无不善，发出来则有不善，何故？残忍便是那恻隐反底，冒昧便是那羞恶反底。”

(4) 问“乃若其情，则可以为善矣”。曰：“孟子道性善，性无形容处，故说其发出来底，曰‘乃若其情，可以为善’，则性善可知。……情本不是不好底。李翱灭情之论，乃释老之言。程子‘情其性，性其情’之说，亦非全说情不好也。”①

这是对公都子问“性善”而孟子答之曰“乃若其情”的一种解释。朱子认为性无定形、性不可说、性无处形容，然而，由于情（四端）乃性之所发，是已行之迹（故），所以我们可以透过“情”（四端）之善来认知性之善。在（2）中，朱子引孟子“言性者则故而已”一句。朱子《孟子集注·离娄下》注孟子“天下之言性也，则故而已矣，故者以利为本”云：“性者，人物所得以生之理也。故者，其已然之迹，若所谓天下之故者也。利，犹顺也，语其自然之势也。言事物之理，虽若无形而难知，然其发见之已然，则必有迹而易见。故天下之言性者，但言其故而理自明，犹所谓善言天者必有验于人也。”② 只有结合朱子的这一解释，才能明白《朱子语类》这一段极简的论述。在这里，“情”（四端之心）就是“性”所发之“故”（已然之迹），性无形而难知，唯有透过“情”（故）来察识。在此，我们很容易就看出程朱理学对形上、形下的预设：四端或情是形而下者，是然（或“故”亦即“迹”）；性是形而上者，是所以然之理。在朱子形上形下、性体情用的义理间架中，“四德”与“四端”的关系是本

① 以上三处分别见（宋）朱熹：《朱子全书》，第16册，第1880－1881、1881、1881页。

② （宋）朱熹：《四书章句集注》，第297页。

体论上的体用关系或形而上与形而下的关系，从逻辑上看，一定是先有性（“所谓性，只是那仁义礼知四者而已”）这一形而上的实体，然后才可能有这一实体发出来的形而下的情即四端之心。故朱子自言：“以体用言之，有体而后有用，故端亦可谓之尾。”[①]可见，“端”在朱子哲学中地位实在无足轻重，这就取消了“端”在孟子性善论与伦理学中的奠基意义，倒转了孟子“以心善言性善”的理路。如前所析，在孟子那里，“四端”与“四德”的关系是发生学意义上的关系，时间上有先后，一定是先有四端，然后扩而充之，才有四德。然而，朱子对“四德”与“四端”的诠释是静态的逻辑分析，是体用关系，一定是先有体然后才有用：“见在底便是体，后来生底便是用。此身是体，动作处便是用。”[②]这里的“见在”并非经验上可感与可见，而是一种形而上的实体。这也颠倒了“四端”与“四德”关系。

然而，朱子的这一解释模式，似乎很难自圆其说。一方面，他说“盖谓情可善，则性无有不善”，另一方面，他又说“四件（仁、义、礼、智）无不善，发出来则有不善”。这里面有某种循环论证，前者是讲由情善识性善，但后者显然是先断定性（仁、义、礼、智）善；而且，按理说，既然性善，则其所发之情亦当为善，然朱子又说发出来的情亦有不善，虽然他承认情亦不是不好底。至于他用“何故”来解释为何四德发出来有不善，是因为“残忍便是那恻隐反底，冒昧便是那羞恶反底”，更是不知所云。难道仁性可发出残忍？义性可发出冒昧？这里的困境在于，既然情有善与不善，那么，吾人又如何可以透过情之发而见性之善？如何能够如上述引文（1）所说“看得情善，则性之善可知”？更

① （宋）朱熹：《朱子全书》，第 15 册，第 1763 页。

② （宋）黎靖德辑：《朱子语类》卷 6，《朱子全书》，第 14 册，第 239 页。

进一步，若四端亦有中节、不中节，有善与不善；那么，又如何能每次皆“看得情善”？由于这一困境，朱子在解释“乃若去情”章时便有些不可理喻的话，或者难免有循环论证之嫌。在（1）中，朱子用了两个例子说明程颐“因其恻隐，知其有仁”的道理：一个是“恰如有这般儿子，便知得是这样母”，一个是“譬如草木之萌芽，可以因萌芽知得他下面有根”。我们确实可以得出“因其子而知其必有母”、“因其萌芽而必知其有根”；但是，我们很难从不善之子或不好的萌芽而推理出其母必善、其根必好的结果。朱子用“母”与“根”来比喻性体，亦可见在朱子性善中，“性”之地位更为根本，四端之心只是萌芽；若没了四德之性作为体，则不可能有四端之萌动或发用。如前所言，在孟子那里，四端之心的“端”字本身兼有本根与萌芽两义，它们既是善行如四德的根源，也是善行的萌芽，无需在此情感现象之后预设一形上实体作为根本。

三、两种不同类型的伦理学

儒家人性论总是关联着伦理学的基础，不同的人性论导向不同的伦理学类型。兼通现象学与中国心性之学的瑞士哲学家耿宁（Iso Kern，1937—）先生在《后期儒学的伦理学基础》一文中认为，就伦理学规范的论证而言，可以在儒家传统内部划分出三种伦理学的基本类型。第一种类型最终是用社会的福祉、秩序、和谐来论证伦理规范（如荀子）。第二种类型是通过人的个体的本性，更确切地说，通过个体的人的精神的本性来论证伦理规范。伦理规范不是从外部附加给个体的，它符合人心在其最有价值的萌动中最终所想要的东西（如孟子）。耿宁说：“孟子教导说，人的本性是善的。四个主要德性‘仁义礼智’与人的精神中或人心中的天生自发萌动相符合，这些萌动不是德性本身，却是德性的萌芽、德性的开端。这些善的萌动在孟子看来主要是情感。”[①] 第三种类型论证形式的本质在于，伦理的行为举止的根据被看作是一个自然法则或宇宙法则，人要想成为一个真正的人，就必须与之相一致（如朱子）。耿宁说：“朱熹传授一种普遍宇宙的法则，他称它为‘天理‘（天的秩序）、‘道’或‘太极’（世界轴心）。与各种宇宙生物的物理状态相符合，这个法则在宇宙的不同的生物中以不同的方式表现自己。他将这个法则定义为‘所以然之故，所当然之则’（《大学或问》），它是某种实际—现实的东西，同时也是一个规范。”[②] 笔者基本赞同耿宁先生的此种划分，这一划分与我们对孟子和朱子之性善论和伦理学的分析若合符节：孟子伦理学的基础是个体的本心，亦即先天（与生具有）具有的道德情感；朱子伦理学的基础是超验（超越经验）的天理，或者某种宇宙秩序与原理。

由于性善论和伦理学的基础不同，两者的工夫论路径亦不同。孟子以恻隐、羞恶、辞让（恭敬）之心（孟子在不同语境又称之为“本心”［《告子上》］或“良心”［《尽心上》］）为伦理学奠基。由于恻隐、羞恶等心仅仅是根须和萌芽，是比较微小（《广雅·释诂二》：“端，小也。”）脆弱的，所以就从道德工夫而言，孟子最为强调的是对本心的存养，然后是扩充。首先，关于存养工夫。孟子曾以牛山之木来譬况人之心性存养：“虽存乎人者，岂无仁义之心哉？其所以放其良心者，亦犹斧斤之于木也，旦旦而伐之，可以为美乎？……人见其禽兽也，而以为未尝有才

① ［瑞士］耿宁：《心的现象——耿宁心性现象学研究文集》，倪梁康编，倪梁康、张庆熊、王庆节等译，北京：商务印书馆，2012年，第272页。

② ［瑞士］耿宁：《心的现象——耿宁心性现象学研究文集》，第273页。

焉者，是岂人之情也哉？故苟得其养，无物不长；苟失其养，无物不消。”（《告子上》）良心本来是美善的，但由于后天环境的影响，我们也可能放失良心，行为类同禽兽，这是我们的良心“失其养”的结果。一旦我们警觉到良心放失了，我们就应该把他找回来，故孟子说“学问之道无他，求其放心而已矣”（《告子上》）。孟子反复叮咛存养本心的重要性，他说“人之所以异于禽于兽者几希，庶民去之，君子存之”（《离娄下》）；“存其心，养其性，所以事天也”（《尽心上》）。如何存养本心？孟子说：“君子所以异于人者，以其存心也。君子以仁存心，以礼存心”（《离娄下》）；“我善养吾浩然之气”（《公孙丑上》）；“养心莫善于寡欲”（《尽心下》）；“养其小者为小人，养其大者为大人”（《告子上》）。凡此种种，无不表明孟子道德工夫首重存养本心。其次，关于扩充工夫。本心是“端”，故体认、存养之后，还应加以扩充，故孟子说：“凡有四端于我者，知皆扩而充之矣，若火之始然，泉之始达。苟能充之，足以保四海；苟不充之，不足以事父母。”（《公孙丑上》）此外，孟子很多说法，虽然不带“扩充”字眼，但实际上讲的正是如何扩充的工夫，如《尽心下》云：“人皆有所不忍，达之于其所忍，仁也；人皆有所不为，达之于其所为，义也。人能充无欲害人之心，而仁不可胜用也；人能充无穿逾之心，而义不可胜用也。人能充无受尔汝之实，无所往而不为义也。”如齐宣王不忍一牛之觳觫，却忍黎明百姓之就死地，这就需要由其不忍达于其所忍；又如人羞于接受嗟来之食，但却于万钟之禄却不辨礼义而受之，这就需要由其羞恶所不为达之于其所为。凡此情形，孟子此所谓“达”即是扩而充之之义，是从一种显白的“恻隐不忍”和“羞恶不为”扩而充之，使之达于那些不那么显白却往往更为重要的不忍与不当为的事上。

朱子从先验哲学的路径阐明人性善，故其道德工夫论始终走不出“复性论”的基调。《朱子语类》卷 8 云：“大抵为己之学，于他人无一毫干预。圣贤千言万语，只是使人反其固有而复其性耳。”①《大学章句序》云：“大学之书，古之大学所以教人之法也。盖自天降生民，则既莫不与之以仁义礼智之性矣。然其气质之禀或不能齐，是以不能皆有以知其性之所有而全之也。一有聪明睿智能尽其性者出于其闲，则天必命之以为亿兆之君师，使之治而教之，以复其性。”②《大学章句》云：“明德者，人之所得乎天，而虚灵不昧，以具众理而应万事者也。但为气禀所拘，人欲所蔽，则有时而昏；然其本体之明，则有未尝息者。故学者当因其所发而遂明之，以复其初也。”③ 在孟子那里，恻隐、羞恶等萌动是初心、本心，是有待扩充的伦理之端，而非有待复的本体。无疑，复性论的前提是预设了本体的完满具足，这种观念在孟子那里乃至整个先秦时期都是没有的，它应当来自佛教的佛性自足观念。当然，朱子工夫论亦大谈特谈涵养，但他所谓涵养本原，那个本原是完满具足的、未发的性体，而孟子所要存养的本心却是已发的、有待扩充的端芽，不可一概而论。

值得特别讨论的是，在孟子与朱子的性善论中“天”的地位。很多论者认为，孟子性善论的根据在“天”。笔者安全不赞同此种观点，这是从理学的视域看孟子。从文本上看，我们所引孟子论性善的几段文字中，根本就没有出现“天”字（除了《告子上》11.6 引《诗》“天生蒸民”处，其实如我所引，去掉这一段文字，对孟子道性善的义理没有丝毫影响）。孟子“心”、“性”、“天”关联的最为重要的一段文字是：“尽其心者，知其性也。知其性，则知天矣。存其心，养其性，所以事天也。夭寿不

① （宋）黎靖德辑：《朱子语类》卷 8，《朱子全书》，第 14 册，第 280 页。
② （宋）朱熹：《四书章句集注》，第 1 页。
③ （宋）朱熹：《四书章句集注》，第 3 页。

贰，修身以俟之，所以立命也。”（《尽心上》）对照而言，孟子在此所谓“尽心知性知天”与朱子“天理赋予人为性”完全不可同日而语。孟子此语是说工夫，不必与性善有关；朱子是说本体，与性善有根本之关联。吾人论孟子性善，完全可以不必引这一句，也完全不必言天；若吾人尝试把朱子性善论中的“天”去掉，则其论述必将无法继续进展下去，性善论的地基必将坍塌，那真是抽掉了朱子所谓“千万世说性之根基”。总之，在孟子道性善的理论中，有天无天无任何影响；但是，在朱子道性善的理论中，我们无法想象没有天。由“天”在孟子、朱子中之地位之不同亦可以见两者性善论之差异。

兹作一表，以明孟子与朱子两家性善论与伦理学之异，以及朱子对孟子性善论与伦理学的“哥白尼倒转”：

特征	孟子	朱子
1. 道性善的理路	以心善证明性善	以理善阐明性善
2. 性善论的核心命题	人皆有四端之心	性即理也（性具仁义礼智）
3. 个体与普遍	从个体体验经反思、类比上升到普遍（人心之所同然）	由普遍之天理赋性于个体之心（心具众理）
4. 心性情之关系	三者异名同谓（主观地言曰“心”、客观地言曰“性”，其实质内容为“情”即四端）	“心”、“性”、“情”三分；性体情用；心统性情（心兼体用）；心包性
5. 伦理学之基础	端（道德情感）	体（天理）
6. 天之地位	虚（去掉天对性善论无任何影响）	实（完全没法想象没有天）
7. 工夫基调	存养与扩充	复性论
8. 哲学性格	经验论	先验论/形而上学实在论

朱子对孟子性善论的“哥白尼倒转”必有其时代思想的背景，亦必有其所欲会通以求超胜的对象，此即由印度传入中国并在中华大地上盛行了几百年的佛教。诚如丁为祥先生所言：“现在，由于有了佛教的介入，而佛教又是以其空观理论将儒道二教一并斥之为‘权教’的，这样一来，儒道两家也就都必然面临着一个全新的挑战，当然也就必须要展开一个自我反省与自我重建运动；而佛教的‘空观’理论在事实上又给儒道二教提供了一个全面的参照坐标，这就是纯粹以超越性见长的本体论或本体意识的坐标，从而也就可以使儒道两教重新诠释自己的‘有’与‘无’。实际上，这也等于是给儒道二教提供了一个重新崛起的机会。”[①] 丁先生目光如炬，特地拈出佛教超越性的本体论或本体意识，视为儒道二教必须面对之挑战，同时亦是二教发展之机遇。确实，朱子哲学把传统儒学中的“理”、“性”概念改造成一超越性的本体以作为性善与伦理之根基[②]。毋庸置疑，这套哲学体系自有其极高之价值与意义；但亦不必讳言，它不必与孟子性善论完全吻合。由于朱子主要是通过诠释《四书》来建立自己的哲学体系，因此他不得不对孟子性善论的有关说法尽量做出融贯的解释。虽然朱夫子用心良苦，但亦难免有与孟子扞格不入之处。时过境迁，如今，这种超越性的本体论或本体意识是否还具有七八百年前那样的震慑力和吸引力，恐怕无需多做说明，且如笔者一再分析指出，所谓超验性其实是从经验中所提取；或如前引徐复观所言，“超经验的特性，依然是由经验之心所认取”。本着“奥

① 丁为祥：《学术性格与思想谱系：朱子的哲学视野及其历史影响的发生学考察》，北京：人民出版社，2012 年，第 99－100 页。

② 这是整个宋明理学的基本致思倾向，分歧只在于把哪一个概念打造成一超越性的实体作为性善论与伦理学乃至乾坤万有之根基，在陆王那里，显然是“心体”与“良知”。虽然陆王哲学确实更为接近孟子，但这种与物无对的超越性的绝对本体概念在孟子那里无疑也是没有的。

卡姆剃刀”的“如无必要，毋增实体”的哲学理论建构原则，如果我们无需预设一形而上学的实体就能很好地解释性善与伦理之根基，那么，笔者以为，回到孟子性善论似乎更为平实可取。

坤道：女性伦理在工夫过程中的形成

——朱熹女性伦理导论[①]

王　堃（中山大学哲学系〈珠海〉）

在对张载、二程的道学观点的继承中，朱熹将“理一分殊”发展为“月映万川”，以格物致知、下学上达的途径，使同一个天理得以映现在每一个个体的经验领会中。这一路径也称为工夫论，其特点是因涵养而致知、敬义夹持的“坤道”，以区别于陆王心学的“乾道”特征。由于“坤道”是无论男女都可以奉行的，无疑为女性博得与男性在尽义务上的平等地位以及由此而得以划分的公共领域提供了可能。

“坤道”特征的提出，是在前人对工夫论的研究基础上，通过对以坤道为特征的“过程论”的阐明而与以往阐释作出了区别。坤道作为一个知至至之、知终终之念念接续的过程，具有形式客观而材料主观的特性，即工夫过程本身是客观的，而所做工夫的目标和对象则是主观的。因此，女性主体在履行映现明德的客观义务时，可以对义务的实质内容进行转换；义务的客观性在于行人伦而知天理，当处于朱熹的时代背景下，人伦的内容是以

① 本文系国家社会科学基金青年项目“儒家女性伦理研究”（16CZX033）的阶段性成果。

三纲为经，而三纲以坤德服从乾德为本。坤乾并建的工夫论对于这种伦理话语具有语言层次上的给出关系，这种给出形式的客观性同时意谓着坤道之于乾道的实质优先性。

一、朱熹工夫论的“坤道”特征

关于格物致知的工夫论，一般认为，它虽非朱熹首创，却是朱熹得以区别于张载、二程的本体论路径的分水岭。在朱熹的工夫论里，天理是在由已知推未知的格致过程中逐渐被接近、却难以最终触及的，而在每一次由格物达到知至的境地，都是主体对天理的亲切领会，显现为蔼然安乐的仁爱情感[①]。留意到这种工夫论相对于宇宙论、本体论的独立性，却也未必要将其置于经验论、直觉论的背景下，因为值得注意的是，朱熹的工夫论对于本体论、存有论还有一层奠基性的意义。当天理在一次次的仁爱体验中化为主体的心性，此心性的建立可以视为由“接续不已”做工夫的过程促使天理在个人体验中“自然贯通”[②]。这里的贯通既指万物殊理在知识论上的积累融贯，也指终极的天理在情感体会中的运化流行，作为基础的后者凸显在近年来“敬”论的兴起之

① 朱熹：“以至于一旦豁然欲尽而理纯，则其胸中之所存者，岂不粹然天地生物之心，而蔼然其若春阳之温哉?”《晦庵先生朱文公文集》卷77《克斋记》，《朱子全书》第24册，朱杰人、严佐之、刘永翔主编，上海：上海古籍出版社；合肥：安徽教育出版社，2002年，第3709—3710页。

② 朱熹：“今日既格得一物，明日又格得一物工夫更不住地做。如左脚进得一步，右脚又进一步；右脚进得一步，左脚又进，接续不已，自然贯通。”（宋）黎靖德编：《朱子语类》（二），卷第十八，北京：中华书局，1994年，第392—393页。

中①。在敬的贯通下，做工夫并不重在确定天理的内容，而在于个人体验的持续深化中愈发接近天理。这种日益精微的情感体验也称为“上达”，天理不是一蹴而就便得到察识的，而只能在粗糙“下学”里逐渐上达，天理就在主体做工夫的次第中得以体验并清晰起来的。因此有学者详密分析工夫论的各个层面②，然而陷入这种对工夫范畴的琐碎分殊，依然是自牟宗三以新心学批评朱熹理学在港台新儒家那里的延续。而若回到情感儒学的语境下③，将情感作为理解和消化天理的本源，那么不妨将朱熹的工夫论视为一个整体的过程，即在诚敬的持养中不断趋于仁的情感涌流过程。这里的“过程”不同于怀特海的“过程哲学”之处，在于它不是客观的持续客体，而是主体“接续不已”的情感体验，我们可称之为朱熹儒家的“过程论”。

以此“过程论”视域看待格致工夫，每次体会到仁的“知至”瞬间成为其中的阶段性终点，将做工夫的过程隔成各个接续的片段。在每个阶段里，仁、义、礼、智都如四季一般依次发用；从知止体仁到践行礼仪是乾道的阳刚进取，在践行中遇到阻碍而开始格物致知、识义辨智，则进入了坤道的收敛谨慎。儒家“乾道”与“坤道”本于《易传》的“乾道成男，坤道成女”，在朱熹的阐释里，这对概念不仅限于易学上的意义，也在互摄中构成了整个做工夫的过程（以下称为“工夫过程”）；仁、礼是发散

---

① 关于朱熹的“敬”论或主敬工夫论，可参考：杨祖汉：《从朱子的“敬”论看朱子思想的归属》，《宋代新儒学的精神世界——以朱子学为中心》，上海：华东师范大学出版社，2009年；吴震：《略论朱熹“敬论”》，《湖南大学学报》（社会科学版）2011年第1期。

② 杜保瑞：《南宋儒学》，台北：台湾商务印书馆，2010年，第331－338页。

③ “情感儒学”是著名的朱子学专家蒙培元先生提出的，通过“人是情感的存在”这一命题，将儒家的情感摆在构造意义与价值世界的本源地位上，突破了康德哲学在经验与超越的二元对立上的困境。蒙培元：《情感与理性》，北京：中国社会科学出版社，2002年，第9页。

的春夏，象征“克己复礼”的乾道，而义、智是翕聚的秋冬，代表“博文约礼”的坤道[1]。坤道由义、智打开时间性的世界，并在其中展开为接续的过程；而此时间性是由应事接物的行为中遇到的阻力所拉伸出来的，面临阻力，乾道“由仁义行”的斩截顺畅被阻止，只有坤道“知上之阻”，凭借卑顺简能的工夫迎难而上，向事物上循循做功、浑化渣滓，才使心性重新切合天理，并再次打开乾道[2]。

陈荣捷教授曾指出，程朱对老子的“谷神”、“玄牝”也有采纳，以结合儒家的“生生”之说，将天道运行阐释为如四季更替般的感应不穷、生息不已[3]。其实落实在个人的体验里，天道也就是如春夏生长的乾道与如秋冬敛藏的坤道构成的工夫过程，而冬春的交点即为知至的瞬间，在坤道自“博文”、“知崇”的格致工夫而至于“约礼”的敛藏中体会仁爱，再由恻隐之情生起忠诚克复的乾道。这自阴而阳的转换就如同“玄牝”的“有所受而能

① 朱熹：“仁与义是柔软底，礼智是坚实底。仁义是头，礼智是尾。一似说春秋冬夏相似，仁义一作‘礼’，是阳底一截；礼智一作‘义智’，是阴底一截。”（《语类》卷第六）《语录》也有类似一说：“仁与义是柔软底，礼智是坚实底。仁义是头，礼智是尾。一似说春秋冬夏相似，仁义是阳底一截，礼智是阴底一截。”（宋）李道传编：《朱子语录》（下），上海：上海古籍出版社，2016年，第741页。这里仁义为阳、礼智为阴，似乎两说不符。然而在上述“仁义一作‘礼’”、“礼智一作‘义智’”的解释中，义既有入于礼的阳性一面，又有归于智的阴性一面。在此二分之下，依然可以肯定仁、礼属阳，义、智属阴。朱熹思想里，阴阳皆为已发，可与构成工夫过程的乾道、坤道对应，阳就代表乾道，阴即为坤道。

② 朱熹：“坤顺而以简承上，故知上之阻；阻是自家低，他却高底意思。自上面下来，到那去不得处，便是险；自下而上，上到那去不得处，便是阻。”《朱子语录》（下），第723页。

③ 陈荣捷：《朱子评老子与论其与“生生”观念之关系》，《朱学论集》，台湾：学生书局，1982年，第99—121页。

生物”一般[①]，无论在儒家还是道家，坤道都是优先或主导乾道的，并且是乾道在其中生生不息的源始基底。在朱熹对孟子“终始条理”的阐释中，这个“玄牝之门”也就是知至知终、至之终之的知行兼带转折点[②]。陈淳进一步解释为：“始条理以知至为主，而必继以至之；于终条理以终之为主，而必继于知终之下。”（《北溪先生大全文集》卷二十八）知行念念相顾，首先是恻怛之心发动肃然起敬，而以礼去行为对待，这是知至至之、即由知仁而行礼的乾道；在与人相待的行为中发觉自身行为的适当与否，做出刚绝的义断取舍，这需要智的参与，这是知终终之的坤道。由乾道至于坤道也即从恻隐触发羞恶[③]，而义智的知终调节行为的终之，也将在持守的切磨格致中兼带出知至至之的乾道。由智而仁的玄牝之门，决定了坤道当是乾道的“前段工夫”，工夫过程其实是由坤道主宰而去启发乾道的[④]。或也因此，贯穿全过程的主敬涵养本身往往就被视为坤道。

---

① 朱熹：“玄，妙也；牝，是有所受而能生物者也。至妙之理，有生生之意焉，程子所取老氏之说也。”“牝”在这里相当于“雌”、“阴”。但这里的“玄牝”超出具体的阴性意义：“牝只是木孔承笋，能受底物事。如今门闩谓之牡，镮则谓牝；锁管便是牝，锁须便是牡。雌雄谓之牝牡，可见。玄者，谓是至妙底牝，不是那一样底牝。”与“神化之自然”的“谷神”地位相当，朱熹以“玄牝”为道家的坤道范畴。（《朱子语类》卷第一百二十五）

② 朱熹：“知至与知终属致知，至之、终之属力行，二者自相兼带。”（《朱子语类》卷第六十九）

③ 陈少明：“（行为的改变）逻辑上包含一种对自身行为不当的反思在内。不当如果涉及的性质属于道义方面，这种意识就是羞耻心的萌发。简言之，不忍或恻隐会触发对伤害无辜的羞耻感。”《仁义之间》，《哲学研究》2012年第11期。

④ 用之问：“忠信进德，有刚健不已底意思，所以属乾道。敬义是持守底意思，所以属之坤道。”曰：“乾道更多得上面半截，坤只是后面半截。忠信进德，前面更有一段工夫也。”（《朱子语类》卷第六十九）

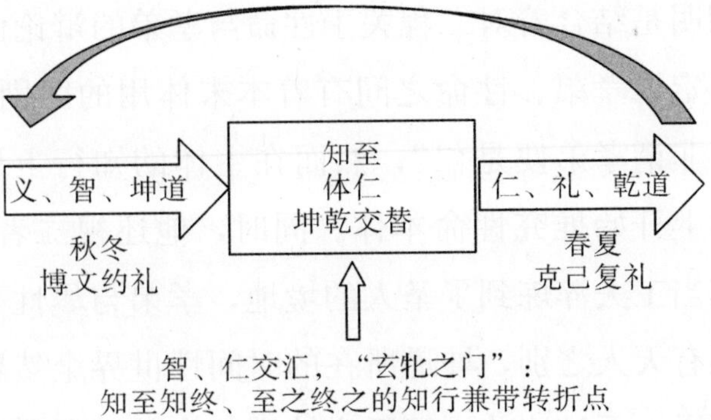

工夫过程

虽说坤道足以涵盖朱熹工夫论的主体，不过乾道与坤道究竟孰为最终的决定者依然是悬而未决的。坤道在时间性世界中的“礼卑”工夫[①]，毕竟还有“知崇”的另一维约束，虽说二者是互动的。这与“博文”和“约礼”的内在冲突是一致的，博文的卑顺广阔毕竟也须要约在那唯一的“天理之节文”上。从博到约、自卑而崇，就是坤道与乾道交接的关键点。坤道的博－约、崇－卑之功，保证了乾道自未发的守中到已发的中节得以顺畅过渡。而在发用的次序上，乾道是优先于坤道的，并且相对于时空中的世界显得更为超越；即使朱熹强调下学而上达，也不得不承认“天地所以生物之心，而人物之所得以为心”的仁体是阳性的，从仁到礼的发用是属于乾道的，只不过居仁由义的工夫是敬义夹持的坤道[②]。

对于乾道和坤道之间是否有相互决定的关系，朱熹并未提供明显的定义，不过从对“孝弟也者，其为仁之本与”的解释上，可以看出他对乾坤之间的关系有一个描述性的说明。换句话说，他以关于“关系是怎样的”的阐述取代了对“关系是什么”的定

① 朱熹：“‘礼卑’，是卑顺之意。卑便广，地卑便广，高则狭了。人若则拣取高底做，便狭。两脚踏地做，方得。若是著件物事，填一二尺高，便不稳了，如何会广！地卑，便会广。世人更无卑似地底。”《朱子语录》（下），第723页。

② 朱熹：“如居仁，便自能由义；由义，便是居仁。‘敬以直内’，便能‘义以方外’；能‘义以方外’，便是‘敬以直内。’”（《朱子语类》卷第十五）

义。这个阐明是结合着对二程关于性命与孝弟的辩论而展开的[①]。朱熹首先肯定了孝弟、性命之间有着本末体用的区别，“如孝弟为仁之本，非谓孝弟便是仁”；然而在主体的知行上做工夫，则必须从孝弟上开始推究性命本体。同时，他还视二者为“一统”的事，尤其当工夫淬炼到了圣人的境地，孝弟与尽性至命已浑然一体而不再有天人之别，坤道所在的时间性世界全然融入了超时间的天理流行。不过这并不等于说坤道已为乾道所化，或者从本体论层面承认了乾对坤的统御或决定，就像很难说那个渣滓浑化的超越境域是纯粹的乾还是纯粹的坤一样，至少从其所显现的样式（孝弟与仁合一）上看，也可以说坤道通过克化了渣滓而完成超越，与乾道、性命融为一体，但依然无法确定乾坤之间是否有决定关系。那么，从孝弟的知行工夫上去推究仁体，不论是否认肯孝弟与仁的融贯，都只能说这是对太极与乾坤关系的体验式描述。换言之，朱熹只说了天理性命是由坤道实现的，二者是本末之分，却并未说本决定了末。天理未必决定工夫，乾也未必决定坤，主体唯一可以把握的，只有通过工夫来践行的坤道作为实在的现象而存在。

朱熹工夫论的“坤道”特征，不但体现在他对坤道的注重，更在于他在作为现象来接受的坤道之外并未预设更高的决定者。工夫论作为一个实在的接续过程，其实都可以为坤道所涵盖；而由工夫论所实现的本体存有，又使坤道具备了为形而上学奠基的

---

① “问：‘《行状》云：“尽性至命，必本于孝弟。”不识孝弟何以能尽性至命也?’曰：‘后人便将性命别作一般说了。性命、孝弟，只是统一底事，就孝弟中便可尽性至命。如洒扫应对与尽性至命，亦是一统底事，无有本末，无有精粗，却被后来人言性命者别作一般高远说。故举孝弟是于人切近者言之。然今时非无孝弟之人，而不能尽性至命者，由之而不知也。’茅星来集注：朱子曰：‘若是做时，须是从孝弟上推将去，方始知得性命。如孝弟为仁之本，非谓孝弟便是仁，但为仁自孝弟始。若是圣人，如舜之孝，王季之友，便是尽性至命。’”（宋）朱熹、吕祖谦：《近思录集释》（下），张京华辑校，长沙：岳麓书社，2010 年，第 570—571 页。

地位。坤道作为完整的知行工夫过程，可以从中发展出一套独立自含、切合个人情感体验的伦理话语。如朱熹所言，“如‘修辞立其诚’，便是‘知终终之’”。日日居守其业，“无一言之不实”，是从坤道主导乾道的元语言中给出伦理对象语言的施设，即下文所述坤德与乾德的关系话语。

二、“坤德”在“坤道”过程中的映现

天理在格致工夫中的体现，是通过“月映万川”的形式。万物在各正性命的过程中，在自身当中映现并分有了天理，正如四德同样在各自的发用中分有了仁一样[①]。女性和男性同样通过涵养致知的接续工夫映现着同一个天理，并在工夫过程中实现各自的明德。男性所践行的工夫偏重乾道，以成乾德，女性工夫则偏重坤道，以成坤德。不过男性与女性所做的工夫都由乾坤两道构成，工夫次第也与信、礼、义、智的依次发用是一致的；而仁恰恰生于翕聚的智，乾道出于坤道最为细密精微之处，天理万化的枢机只能在这里得到体验，并化为主体的明德。那么接下来，首先探讨在此乾坤运化之几，明德是如何形成的，继而再结合男女两种主体各自的工夫路径，揭示坤德相比于乾德的特点在哪里。

作为工夫过程本源载体，坤道的践行体现在心中的恻隐、羞

① 朱熹：“‘小德川流’是说小细底，‘大德敦化’是那大底。大底包小底，小底分大底。”（《朱子语类》卷第九十四）“仁”字须兼义礼智看，方看得出。仁者，仁之本体；礼者，仁之节文；义者，仁之断制；知者，仁之分别。犹春夏秋冬虽不同，而同出于春：春则生意之生也，夏则生意之长也，秋则生意之成，冬则生意之藏也。自四而两，两而一，则统之有宗，会之有元，故曰：“五行一阴阳，阴阳一太极。”又曰：“仁为四端之首，而智则能成始而成终；犹元为四德之长，然元不生于元而生于贞。盖天地之化，不翕聚则不能发散也。仁智交际之间，乃万化之机轴。此理循环不穷，吻合无间，故不贞则无以为元也。”（《朱子语类》卷第六）

恶、辞逊、是非之情依次翻涌，随着格致工夫的打磨而逐渐清澈明净，映照出主体的“仁义礼智”之性。心中所具有的性以及明心见性的工夫过程都属于“明德”；而贯穿全过程的涵养与致知的工夫则是明其明德或“明明德”①。在二者关系上，所明的“明德”是涵盖了心、性为一体的“尽明”，既包括心、性本身，也包括心中各种情感相涌现、作用的过程，“心统性情”就是对这个“明德”状态的概括②。它之所以“明”，在于心的全体，无论已发未发，一并如同澄澈湛然的河水，既映照出仁、义、礼、智的形式，同时也是四德在心中的切实体验，而且更偏重于后者③。而若要获得这样的体验，则须从格致的磨镜工夫入手，使心的统体逐渐光明照彻，这是明其明德。

通过明明德的工夫过程，心体与性体同时映现在心中，天理即以明德的样式为主体所分有。那么，主体无法知晓自己究竟是怎样秉受了天理，而只能了解自己如何分有了天理，“明明德”就是每个主体都能理解和把握的分有天理的途径。而天理在心中映现为明德，需要心作为一个更高的主体对其进行展视④，即高

---

① “人与物受之者谓之性，主于一身者谓之心，有得于天而光明正大者谓之明德。或问：‘明德便是仁义礼智之性否？’曰：‘便是。’或问：‘所谓仁义礼智是性，明德是主于心而言？’曰：‘这个道理在心里光明照徹，无一毫不明。’”（宋）黎靖德编：《朱子语类》(一)，卷第十四，第206页。

② 朱熹：“心之全体湛然虚明，万理具足，无一毫私欲之间；其流行该遍，贯乎动静，而妙用又无所不在焉。故以其未发而全体者言之，则性也；以其已发而妙用者言之，则情也。然‘心统性情’，只就浑沦一物之中，指其已发、未发而为言尔；非是性是一个地头，心是一个地头，情又是一个地头，如此悬隔也。”（《朱子语类》卷第五）

③ 朱熹：“只理会明德是我身上甚么物事。某若理会不得，便应公‘是“天生德于予”之“德”’，公便两下都理会不得。且只就身上理会。”又当有人问“明德”时回答：“须是更仔细，将心体验。”（《朱子语类》卷第十四）

④ “展视”为怀特海在解释“概念性包容”时使用的词，用来表述现实如何可能是确定的洞察或“展视”。怀特海：《过程与实在》，李步楼译，北京：商务印书馆，2011年，第54页。这里援用这个词语，意在表明心作为包容或统摄性、情的主体，在每一次“知至”的满足中把握或展视到了明德，即实现了对所有殊理的贯通包容。

于作为明德的心的全体、且以明德作为其展视对象的“超越主体”。心统性情的经验成为“明德”，只有当心作为“超越主体”对其进行展视时方能成立。在这种展视下，明德就是天理在主体心中的客体化。超越主体之心对明德的这种展视，也就是“知至”瞬间伴随着蔼然愉悦的仁爱体验，主体得以与天理相贯通。这种贯通表现为超越主体对性、情、心三者关系的明晰把握，心统性情或心主性情的整体作为天理的客体化——明德，而成为超越主体展视的对象①。

心对于性情的主宰，在展视明德的瞬间体现为乾道，然而，心试图把握与主宰性情的整个过程则体现为“敬以直内，义以方外”的坤道。心主性情在已发状态就是集义而行，而未发之前则是整齐端肃，总之，以诚敬涵养着心的主体性从不放失、从无走作，从而可以感而遂通、发而中节。从已发上说，情就像一条接续前行的河流；情之所以是接续的（只有圣人的情才是连续不断的），因其在流淌的过程中不断遇到石头而溅起水花，在水花与石头的张力中绽出了河流从断点上的接续。欲作为情的实质，就像河水的波澜，总在与坚硬的义、智的碰撞中激起水花，敬直义方的格致工夫就是与之相遭遇的坚石；在每一次水花的感通激荡中，心通过重新把握对性情的主宰而达到知至的满足，在仁爱的体验中展视自身的明德，而情也得以不脱离礼义的窠臼，将天理之节文体现在人事之仪则的理解与实行中。由波澜壮阔而复归寂然平静，是情感的接续过程的自然展现；这样一个不断复归的全

---

① 朱熹：“性是未动，情是已动，心包得已动未动。盖心之未动则为性，已动则为情。所谓‘心统性情’也。欲是情发出未底。心如水，性犹水之静，情则水之流，欲则水之波澜。心，主宰之谓也。动静皆主宰，非是静时无所用，及至动时方有主宰也。言主宰，则混然体统自在其中。心者主乎性而行乎情，故喜怒哀乐未发则谓之中，发而皆中节则谓之和。心是做功夫处。”（宋）黎靖德编：《朱子语类》（一），卷第五，第93—94页。

过程，也是将天理反复磨拭、越发清晰地展视出其结构的坤道工夫。换句话说，坤道就是不断展视自身的接续过程，其对自身的展视表现为乾道所展现的明德结构。

明德的结构就是心对性情的统摄：坤道工夫是以心去理解和把握性，并同时安顿情的过程，乾道工夫则是对整个坤道的理解并把握为“明德”概念。当情欲由激荡转为宁静，在智、仁交际之间，心中充满仁爱的体会，朗现出明德的结构，即以仁包四德恰如心统性情；因此心之德就是仁，明德的结构也就是仁对四德的统摄[①]。心在仁爱的体验中看到仁就是“心之德、爱之理”的结构，也即“知仁即是仁”，这本身就是阴阳交汇的枢机。心映现明德既是知终终之、“修辞立其诚”的格致终点，同时也是乾道的开端；作为天理之客体化的明德，既被展视为知仁过程的结构，同时也在仁爱体会中得到超越主体的认肯，从而成为伦理话语的总纲。其中，“知仁”是指对坤道的整体展视，而这个展视是在仁的体验中得到了价值上的认肯的，这种认肯用“即是仁”来表达超越主体与仁的亲密无间，并在这种亲密的体验中做出对仁德结构的价值肯定。如果说“知仁即是仁”意谓着乾道从坤道中的开启，这句话的意义则可以被解释为，坤道推动乾道所化生的超越主体获得事实和价值上的自我认肯——“知仁”，即是对“乾德”的价值肯定——“是仁”。如果说“乾德”是由“知仁”、“是仁”、“审其伦”、“明其别”等构成的对象语言，那么相应的元语言就是：“知仁”即“是仁”。同样，如果“坤德”相当于“三从四德”，相应的元语言即为以坤道推动乾道为特点的工夫

① 朱熹：“心非仁，心之德是仁。”（宋）黎靖德编：《朱子语类》（二），卷第二十，第474页。

过程[1]。

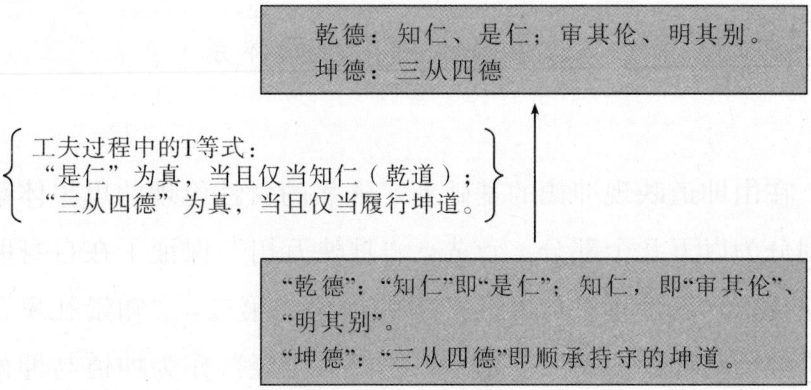

主体由工夫过程所认肯的“仁包四德”是每个人都应持守的德性，不过由于男女两种主体在工夫路径上的差异，同一个明德分化出了乾德与坤德两个样态。乾德是男性的“以知帅人”[2]，坤德是女性的“三从四德”。这两种德性的一主一从，还是要回到乾道与坤道的差别上去解释。当乾道相对于坤道而言，退居于定义性而非功能性的地位，乾道映现明德的功能——“知仁”与“是仁”虽统称为“乾德”，实则不过是对坤道整体的超越认肯。而坤道的“下学而上达”所体现出的以“从”为特征的坤德，虽相比于仁德的一统退居次位，却真实地涵盖了整个工夫过程。离开了坤道与坤德，乾德也将无从落脚，因其价值性与事实性的内涵都是由坤道的过程所给出的，因此坤道与坤德完全具有独立的价值和事实上的意义，足以扩展为一套女性伦理的规范性以及描述性的阐释。

① 有关儒家伦理的自然语言层次理论，参见王堃：《自然语言层次的伦理政治效应：荀子“正名”伦理学的元语言研究》，北京：中国文联出版社，2017年。

② “夫也者，以知帅人者也。[知音智。夫之言丈夫也。]”（《仪礼经传通解·昏义第四》）

三、朱熹女性伦理的体系

在由坤道映现坤德的基础上，朱熹的女性伦理的思想体系可以划分为以下几个部分。首先，“月映万川”保证了在自身明德的映现上，女性具有与男性平等的地位。第二，“知崇礼卑”表述了坤道与坤德的关系。最后，“权为变经”作为坤道与坤德之间关系的现实效应，为女性伦理在政治领域中发挥作用开辟了空间。

正如仁包四德，其中每一德都是对仁德的全息分有；无论男性还是女性，都同样可以在坤道的工夫过程中映现自身的明德，以这种方式分有同一个天理。朱熹以“月映万川”比喻个人对天理的平等分有，那么女性的明德与男性的相比，就不再有高低之分。由上文可知，明德结构中属于坤道的有格物致知、敬义夹持，乾道则包括诚意正心、忠信笃行，简单地说，二者是涵养与察识的关系。除此而外，明德还包括作为性体的五常之德，男性主于乾道的工夫决定了乾德侧重于知仁明礼，女性主于坤道的工夫也决定了坤德是在顺承行礼的过程中，以义智裁断助长乾德[①]。在用的层面，义相较于仁为刚，乾德比坤德反而更柔软[②]。这表现在朱熹对《家人》彖传的解释里：“须是于正伦理处笃恩义，

① “男子者，任天道而长万物者也。知可为，知不可为；知可言，知不可言；知可行，知不可行者也。是故审其伦而明其别谓之知，所以效匹夫之听也。[注：听宜为德] 女子者，顺男子之教，而长其礼者也。[为男子长养其理分。]”（《仪礼经传通解·昏义第四》）

② “先生答叔重疑问曰：‘仁体刚而用柔，义体柔而用刚。’广请曰：‘自太极之动言之，则仁为刚，而义为柔；自一物中阴阳言之，则仁之用柔，义之用刚。’曰：‘也是如此。仁便有个流动发越之意，然其用则慈柔；义便有个商量从宜之义，然其用则决裂。’[广]”（《朱子语类》卷第六）

笃恩义而不失伦理方可。”[①] 虽说朱熹强调笃恩义与正伦理互为辅助，从这里也能看出二者的冲突，即乾德与坤德之间的紧张。当仁发为恻隐，这柔软的情感在乾道笃行中，将触及坚硬的义、智之石而波澜平息，乾道隐藏于坤道如潜伏于寒冬；而在平静中知仁、是仁，审明伦理，又再次使乾道当春乃发生。仁虽为四德之首并涵摄其余，却只能顺应四德的充分施展，并且以隐藏在刚硬的义智当中、等待被其再次给出作为其最终的发用[②]。仁的发用是最柔软的；而坤道正是在用的层面上的接续过程，因此乾德虽在体上是发越、强健的，然而回到用的层面，相比坤德正像流水遇到石头，反倒显得更为柔弱。

在这套坤道过程论里，乾德属于弱的伦理，而坤德则是强的伦理。而“月映万川”所标示的德性平等，当且仅当坤道所映现的明德是男女共同奉行的形式，并且这种形式是坤德强于乾德的。换句话说，这种平等的维持是以让乾德在现实中服从坤德为基础的。同样秉持着这样的明德，男性就需要在坤德上表现得更强，而在自身所本属的乾德上更弱化，而女性只要表现得恰如其分即可。那么在这样的操持中，男性难免会更加女性化；女性则根据德性平等而得以与男性共同分享“公共领域”，因为公领域的平分秋色是以私领域（personal privacy）——个人工夫修行的平等所决定的。而在此平等的德性结构里，坤德具有优先地位，给出了女性在公领域的施展空间。

朱熹这套知行并进、乾坤互动的工夫论，其实是侧重于女性

① 有人问：“今欲正伦理，则有伤恩义；欲笃恩义，又有乖于伦理。如何?”朱子曰：“须是于正伦理处笃恩义，笃恩义而不失伦理方可。”（宋）朱熹、吕祖谦：《近思录集释》（下），张京华辑校，长沙：岳麓书社，2010 年，第 566 页。

② 朱熹：“仁为四端之首，而智则能成始而成终；犹元为四德之长，然元不生於元而生於贞。盖天地之化，不翕聚则不能发散也。仁智交际之间，乃万化之机轴。此理循环不穷，吻合无间，故不贞则无以为元也。”（《朱子语类》卷第六）

伦理的，可以用“知崇礼卑”来概括。“工夫却愈精密，道理却愈无穷。故曰‘知崇、礼卑’。”（《语类》卷第三十六）工夫到了精微细密的知至境地，与崇高的天理契合无间；而礼则既是要约的，并且又是卑弱的。审礼明伦属于乾德，其体刚健，其用卑弱，博文崇知反而给出了体柔用刚的坤德；知愈崇，礼愈卑，意味着坤道、坤德相对于乾道、乾德的决定地位。“礼卑”中包含了“执礼以敬”的含义，以仁为开端的四德发用都是在主敬涵养中进行的，而从“礼卑”到“知崇”就标示出了这个发用的阶序。随着涵养致知工夫的益发精密，所领会到的天理明德越发卓然而简约，对诚敬的操持就有了愈发强烈的要求，反之亦然。在对极要约的德性的察识和持守中，仁、礼的激越再次被坤道约束在义、智的慎敛当中，没有少顷的放失。

主体的心性就是在这样的反复磨练中逐渐形成和固化的，“知礼成性，而天理行乎其间矣”。与其说“知崇礼卑”是以持敬的坤道来呵护着四端各入窠臼，倒不如说一次次将柔弱的仁爱端绪紧裹于严明慎密的酬接，终使仁的激越在知义博文中卑弱下来；“中仁是动，正义是静”，下学上达的工夫只是让仁的活跃最终冷却于义的静敛[1]。这正好比每一次在春天升腾的阳气都在冬天消磨殆尽，而在如此反复接续的坤道过程中，原本活泼灵动的生气经过一次次与坚固理智的碰撞，终将平缓宁静，不起波澜。

心性的本体是仁，在仁的“体刚”和“用柔”之间从水花飞溅到趋于宁静的过程，也是心性凝聚形成的过程。而在这样的过程中，刚柔的激荡终归于平缓，直至圣人境界“无极而太极”的波澜不惊，坤德的沉敛相比于乾德的刚健似乎更具有终极的价值意蕴。当乾坤这两种德性显发在用的层面上，就成为经与权的关

① 《朱子语录》（上），第487页。

系。在朱熹的时代，经的内容是“三纲五常”，它既是天理之节文，也是人事之仪则的总体纲纪。那么乾道是在“知崇”的基础上忠于经的要义，并信言笃行，而坤道除了谨守和扶持经义之外，还增加了权的内容。相对于经来说，权是在实行过程中，用涵养格致的工夫对经义进行权衡损益，但这种损益也是为了扶助经的要义，使其在现实的从权中得以流传不息[①]。有别于程颐的经权不分，朱熹用“中”来解释“权”，即以“中之为贵者权”突出了权的重要性。如果说“经”是无过无不及的未发之“中”，那么对“中”的体会只能出于礼卑而知崇、博文而约礼；而在领会了经的要义之后，还是要将经义之“中”约之以礼，体现在应事接物的发而中节上[②]。这不是以经为权或以权为经的混同不分，而是将经的可贵之处全然委托给了权。从广义上讲，由于生活中每个细节都是经义所在，万事皆有中，也就意味着处处须行权。而在另一种特殊的意义上，特定情境下的权还有一重“反经”以“合道”的意思，最典型的例子莫过于孟子所举的“嫂溺援之以手”。这时，权的运用不但是对经的扶持，甚至超越了以往的经义，直接导致经的整体改变的可能。朱熹称之为“权只是经之变”。

从“权为变经”的视角看，“经”的内容是由以往的“权”所确定下来的轨迹构成的，而当下的“权”则指向了“经”未来的变化。作为“未定之经”的权，在保持经的形式——明德的结

① 朱熹：“所因之礼是天做底，万世不可易；所损益之礼，是人做底，故随时更变。所因，谓大体；所损益，谓文为制度，那大体是变不得底。……所谓损益者，亦是要扶持个三纲、五常而已。……圣人所谓可知者，亦只是知其相因者也。”（宋）黎靖德编：《朱子语类》卷第二十四，第595、598页。

② 朱熹：“自戒惧而约之，以至于至静之中，无少偏倚，而其守不失，则极其中而天地位矣。自谨独而精之，以至于应物之处，无少差缪，而无适不然，则极其和而万物育矣。”《中庸章句集注》，《四书五经》（上册）第二种，北京：中国书店，1985年，第1页。

构不变的前提下，将在礼仪制度的内容上衡量损益，以扩充经的含义内容。如果说经的形式是仁、义、礼、智的循环发用的过程，那么这个形式结构本身是客观的；而在经义的内容方面，比如以父子、君臣、夫妇关系为实质的“三纲”，则是可以进行商量权衡的。“嫂溺援之以手”的例子虽说很偶然，但也是常人生活中在所难免的情形；在日常事务里随时从权，对经义内容有所增损，恰恰足以维持经之“大体”的恒定。这在朱熹看来，一个主要的方面是由于行权轻重因人而异，只有很少的圣人贤者才可以在比较大的范围内用权[①]。而这些少数者也是从小事上的轻度从权开始，经过日积月累的工夫过程，对经的形式与实质的察识理解已臻精熟，才能做到在大的决断上行权。当然，在一定的历史情境下，能得到这样工夫进阶的机会也与有限的等级出身有关，个人工夫程度与家国制下的等级制是严密吻合的，这也是朱熹视三纲五伦亦不外经之大体的原因。但也不能因此就忽视了工夫过程论的另一个维度，即在行权范围与等级阶梯相结合的背后，还隐藏着前者对后者的潜在制约。仍以嫂溺伸出援手为例，这虽是轻微的从权，却可以从中看出经在形式结构上的根本特征。在上文对“知崇礼卑”的讨论中，仁爱恻隐之情本应在与叔嫂授受不亲的礼义之石的撞击中趋于收敛，然而在这个情形下却是情感阳性的激发占了上风；可见从权并非仁对义的简单屈从，在情感水花溅起之后，义依然顺从了仁的情势而走向了自然的平静。经的大体正是这样一个“仁包四德”的结构关系，而权以“月映万川”的工夫过程奉行和实现着经的这个总体结构；也正因此，经才是“已定之权”，权则是“未定之经”，二者如乾坤并

① 朱熹说：“所谓经，众人与学者皆能循之，至于权，则非圣贤不能行也”，“须是圣人，方可与权。若以颜子之贤，恐也不敢议此”。（《朱子语类》卷第三十七）

行、双足履地，日常从权的涓涓细流中涌现出经的形貌，而少数居上位者对重大决策的权断也是在其推动下完成的。

月映万川、知崇礼卑以及权为变径，构成了朱熹女性伦理的三个层面，在三者的互为补充中，坤道工夫将明德化为一个接续流行的过程，在其中映现出天理的形式结构，充实和扩展着人伦的材质内容。虽说这个坤道过程论同样可以为男性所秉持，然而其倾斜于女性的特点势必为女性与男性共同参与“公私领域”的平等划分提供了条件，这也许是此女性伦理自身具有的现代性的端倪所在。

四、余论：朱熹女性伦理之现代性转换的可能

公共领域和私人领域如何划分，一直是“现代性”的主要困惑。而传统儒家在公私划分话题上的沉默和边缘化，则成为儒家之现代性焦虑的一个明显表征。近代以前在纲纪伦常统贯下的家国结构，由于其与西方的家庭/市民社会二元对立的差异，致使儒学研究一直有意无意地回避着公私领域的问题，同时也面临着性别分析方法在中国传统女性伦理中是否有效的困境。然而公私之分究竟是否存在以及如何存在于儒家的女性伦理之内，也成为一直以来争论的核心。

作为传统儒家的一个主要代表，朱熹的女性伦理对此问题的回应可分为两方面：首先，这种女性伦理是否给出了公私划分；其次，如果存在类似的划分，这种划分是否构成对女性的压迫。从第一个方面讲，儒家传统上的“公”与“私”往往是对立的，并有着明显的褒公贬私的倾向，朱熹也不例外，尤其在对“存天理、去人欲”的发扬上。这里的公、私既有个人修养的含义（如

"廓然大公"），也有公共政治领域的意思，只不过往往被"内外"代替。"男外女内"常被理解为中国的传统性别分工，其实这个"内外"具有两层意思，分别代表着上述两种公私划分。第一种是以实在的体验为"内"，主要指女性的内在修为，表现为妇德（坤德）、妇道（坤道的具体规范）；而话语的建构为"外"，以男性践行乾德、审伦明别为主。另外，在公共话语的建构上又存在一重"内外"，这是从家庭内部的男女之别开始，层层外推至家国天下的纲纪次序①。所谓"称情而立文"、"立公以为私"，讲的都是公共话语应以实在体验为根据；并且从家庭、家族开始，每一层的话语都要基于下层的实在体验来建构。比如，《通解·昏义》中的"男帅女，女从男"，是讲夫的话语应根据妇的实在需求而建立，然后妇才会顺从并践行夫的教令。由此推开，纲纪网上每个具有话语权的节点，都应遵照其下一层的集体意向来制定决策。随着社会等级的升高，公领域愈发大而私领域愈发小，直至天子的"大公无私"，而庶民、妇女则相反，可谓"大私无公"。

这里的"私"是排除了公共话语的个人化私领域。个人化是指，不论男性还是女性，都是从同样的工夫过程里实现自己的德性的，私领域就是个人修行的过程。那么个人在私领域之内的平等已经由"月映万川"的形式达到了，并且由于工夫过程的坤道特性，其更倾向为女性所秉持。不过当到了公共领域中就不再如此简单，起码在朱熹的时代，人际关系决非是平等的，然而等级

① 朱熹："夫所谓纲者，犹网之有纲也；所谓纪者，犹丝之有纪也。网无纲则不能以自张，丝无纪则不能以自理。故一家则有一家之纲纪，一国则有一国之纲纪。若乃乡总于县，县总于州，州总于诸路，诸路总于台省，台省总于宰相，而宰相兼统众职，以与天子相可否而出政令，此则天下之纲纪也。""庚子应诏封事"，《晦庵先生朱文公文集》卷第十一，《朱子全书》第20册，朱杰人、严佐之、刘永翔主编，上海：上海古籍出版社；合肥：安徽教育出版社，2002年，第586页。

制也同样可以与心性上的平等相融洽，这表现在纲纪网上公私比例逐层改变是本着立公以为私的根据。但即使立足于这种根据，也并不足以成为公私的不平等划分的充分辩护，因为妇德的“无非无仪”依然可能被诠解或塑造为一种沉默的奴隶道德。而同样值得留意的是，朱熹的“权”还有“反经合道”的一面，权不但可以损益经的材料，还能迁改经的一部分形式；当然这里所指的经的形式不是作为明德结构的四德关系，而是在其之下、为其所衍生的人际关系形式——三纲五伦。在皇权时代，人际关系只能以此为总体形式，但立足于个人化的公私领域划分，“三纲”的总体形式依然属于由个人工夫修为所给出的公共关系模式，因而相对于“仁包四德”的最高经义形式来说仍是第二义的材料，并可以被月映万川、知崇礼卑和权为变经的女性伦理体系所给出和决定。换句话说，作为三纲五伦的经义是“已定之权”的内容材质，而我们对朱熹女性伦理的当下讨论，则作为现在之权，可以对其进行损益取舍，并对经义的未来材料做出适宜的裁断。

从嫂溺伸出援手的事例中可见，从权对经义内容的改变源自仁爱恻隐之情，正是出于对个人生命的深切关爱，才做出了违背男女大防的“反经”之权。权之所以可以反经，在于其足以“合道”——即合于以坤道为原始载体的工夫过程。也正是出于这点，当今重视朱熹的女性伦理时，同样可以依于其工夫过程，对经的大体做出适宜当今的取舍，而无损于经义中最高的明德结构。在此视角下，一个能与现代性接榫的女性伦理才得以在朱熹思想中得到新的诠释。

理学生死论辩中的性、形与气

——以朱熹对张载“水冰”比喻的批评为中心[①]

张清江（中山大学哲学系）

在注重道德经验和伦理秩序的儒家主流传统中，生死问题并非需要优先处理的核心议题，孔子回答子路“未知生，焉知死”（《论语·先进》）的说法，向来被视为儒家不愿讨论生死的重要证据。不过，面对佛教流布对人心、社会秩序带来的挑战，宋代的理学家们也力图在生死这一论题上有所建树，以期为其所倡导的价值秩序提供更为坚实和整全的理论根基。在这一背景下，朱熹一反传统儒者对“子路问鬼神、生死”的批评，认为这两个问题“皆切问也”[②]，即是理学家这种努力的最直接表现。

水与冰的意象，很早便被用来解释和讨论生死[③]。理学家张

① 本文系国家社科基金重大项目“四书学与中国思想传统研究”（15ZDB005）、中山大学青年教师培育项目“思想史视域下朱熹‘四书’诠释研究：以鬼神和生死问题为中心”（17wkpy72）的阶段性成果。

② 朱熹：《四书章句集注》，北京：中华书局，1983年，第125页。

③ 比如，王充《论衡·论死》说：“气之生人，犹水之为冰也。水凝为冰，气凝为人；冰释为水，人死复神。其名为神也，犹冰释更名水也。”对王充鬼神生死观的讨论，参周大兴：《人死称鬼神——王充的鬼神观》，载《鹅湖学志》第四十六期，台北，2011年6月，第49－94页。水冰凝释也是汉唐文人表达生死常用的意象，相关材料和讨论，可参入矢义高：《生と死——水と冰の喻えをめぐって》，收入氏著《求道と悦楽——中国の禅と詩》，东京：岩波书店，1983年，第171－192页。

载更是反复使用这一比喻，不仅用来说明人的生死，更用来说明宇宙本体“太虚”与万物之间的关系。这说明，张载对于生死的讨论，乃是放在其宇宙论的整体架构中进行的。不过，这一意象却受到程朱学派的严厉批评，后者认为张载对于生死的解释掺入了佛教“轮回”的要素①。从思想史的角度来说，这种批评颇值得留意，因为它表明理学内部对于如何解释和看待生死、以至如何贯通天道与性命，存在不同意见。那么，张载如何运用“水冰”比喻来说明人的生死？程朱的批评背后又蕴含着怎样的义理和思想基础？透过理学家围绕“水冰”之喻展开的论辩和发挥，不仅有助于理解他们如何确立儒家的生死态度，以回应佛教生死论说在理论和实践上的冲击，也可以更好地理解理学系统内部不同形态之间的差异。

问题由张载的比喻引发，但争论却由后来的批评所凸显，因而，下文的论述，先从朱熹对张载的批评说起，展现这一批评关注的焦点所在，引出其赖以论证的经典和义理依据，继而结合张载思想的整体架构，呈现争论背后的核心问题，从而说明他们对性、形、气等观念要素的不同理解和运用，以及由之带来的义理系统的不同面貌。需要说明的是，这样展现的目的，不是要论证哪种说法更符合儒学正统，而是想透过他们的差异，更好地理解

① 日本学者对此问题多有关注，比如，大岛晃在分析张载“气的思想”时，就这一比喻所包含的“性”与“造化”的问题做了初步分析，见小野泽精一、福永光司、山井涌编《气的思想：中国自然观与人的观念的发展》，李庆译，上海：上海人民出版社，2014 年，第 383－390 页；土田健次郎讨论“道学的生死观”，对张载的这个比喻及程朱的批评也有分析，参土田健次郎：《道学的形成》，朱刚译，上海：上海古籍出版社，2010 年，第 294－310 页。国内学者在讨论张载思想时也多会提到这点，但相对来说缺少较深入的展开。这些研究为理解张载与程朱在生死问题上的差异提供了很好的基础。在此基础上，我们可以更深入地分析这种差异背后的相关问题，比如朱熹是如何借由对性、气等观念要素的不同解释去处理这一问题的，毕竟，张载的比喻及其背后的思考理路，同样有着坚实的经典依据，而非凭空杜撰。

儒学传统中的深层思想问题。

一、“水冰”与“反原”

1172年，朱熹内弟程允夫写信与朱子论学，提到张载《正蒙·诚明》有关“水冰”的说法：

> 张子曰：“天性在人，犹水性之在冰，凝释虽异，其为物一也。”观张子之意，似谓水凝而为冰，一凝一释，而水之性未尝动；气聚而为人，一聚一散，而人之性未尝动。此所以以冰喻人，以水性喻天性也。然极其说，恐未免流于释氏，兄长以为如何[①]？

按程允夫的说法，张载以水性类比人的天性，水凝为冰，犹如人秉天地之性而生，等到人死气散，又好像冰重新融化为水一样，在这个过程中，水之为水的本性没有发生变化，只是其存在形态有水和冰的差异，由此可见，这个比喻关涉人的生死与性理之间的关系。程允夫以为，这个比喻如果推到极端，难免会陷入佛教的窠臼。朱熹在答书中认同程允夫的判断，说“程子以为横渠之言诚有过者，正谓此等发尔”[②]。当然，这封信本身并没有详细说明“水冰”比喻跟佛教之间的关联，但对张载这一说法的批评，反复出现在朱熹与弟子的讨论中：

---

① 文集卷四十一“答程允夫”，《朱子全书》第22册，朱杰人、严佐之、刘永翔主编，上海：上海古籍出版社；合肥：安徽教育出版社，2002年，第1886页。

② 文集卷四十一“答程允夫”，《朱子全书》第22册，第1886页。

问："横渠说'天性在人，犹水性之在冰，凝释虽异，为理一也'，又言'未尝无之谓体，体之谓性'，先生皆以其言为近释氏。冰水之喻，有还元反本之病，云近释氏则可。'未尝无之谓体，体之谓性'，盖谓性之为体本虚，而理未尝不实，若与释氏不同。"曰："他意不是如此，亦谓死而不亡耳。"①

此条为陈文蔚所记，内容涉及张载"水冰"比喻和"体、性"的相关说法。体、性概念与对"水冰"的理解密切相关，具体可稍后再说，这里从问者关于"水冰"的断言方式可以看出，认为此喻"近释氏"已是朱门内部的共识，原因是其"有还元反本之病"。所谓"还元反本"，指的是张载解释万物生化之理时提到"形聚成物、形溃反原"（《正蒙·乾称》）的"反原"。如所周知，张载以"太虚即气"为基本命题建构理学的天道性命之说，以"气"的聚散屈伸解释一切事物的生成变化，"气不能不聚而为万物，万物不能不散而为太虚"（《正蒙·太和》），人的生死自然也是气之变化的结果。从气的聚散论说万物生死，本是中国思想的老传统，并不稀奇，但与汉唐自然主义气化论不同的是，张载将气的运作与超越的天道相结合，使之成为贯通天道性命的基本概念。在这一义理架构下，人的生死不仅包含形体魂魄的生灭，还有超越之"天性"的归宿问题②。张载使用水、冰的比喻，正是要说明天性在生死变化中的位置，即，天性不会因气散和形体的溃灭而随之消失，而是会返回到"太虚"的本体之中。对

① 朱熹：《朱子语类》卷九十九，黎靖德主编，王星贤点校，北京：中华书局，1986年，第2536页。

② 张载的人性论有"天地之性"与"气质之性"的区分，但"气质之性"多与修养工夫论相关。本文讨论生死，所涉及的主要是与宇宙本体相联的天地之性，或称"天性"。

此，他也常用另一个“海沤”的比喻来加以说明：

海水凝则冰，浮则沤，然冰之才，沤之性，其存其亡，海不得而与焉。推是足以究死生之说。（《正蒙·动物》）

在这里，海是本体的“太虚”，其中组成的冰、沤虽有存亡生灭，但“太虚”本身并不会有什么变化。正是在这个意义上，张载说“聚亦吾体，散亦吾体，知死而不亡者，可与言性矣”（《正蒙·太和》），“性”与“体”都是在与“太虚”的关联中被理解和存在，形身的溃灭并不意味着性体的消亡，与“太虚”本体相通的性体是“死而不亡”的。就此而言，张载以水冰和海沤的比喻，试图说明生死变化中性与形的差异，这跟王充《论衡》以及汉唐文人对这一意象的用法已经有了根本的不同。

但在朱熹看来，“形溃反原”和“死而不亡”的说法，会陷入佛教“轮回”之说的窠臼，原因在于，它们都意味着人死之后会有某种东西存留下来，并继续参与到造化的生生不息之中去。先来看“形溃反原”。朱熹这样说：

横渠说“形溃反原”，以为人生得此个物事，既死，此个物事却复归大原去，又别从里面抽出来生人。如一块黄泥，既把来做个弹子了，却依前归一块里面去，又做个弹子出来。伊川便说是“不必以既屈之气为方伸之气”。若以圣人“精气为物，游魂为变”之语观之，则伊川之说为是。盖人死则气散，其生也，又是从大原里发出来[1]。

---

[1] 朱熹：《朱子语类》卷一百二十六，第3032页。

朱熹以黄泥为喻指出，横渠所说的“形溃反原”意味着人死时的“既屈之气”复归到宇宙大原之中，而宇宙的生生造化又从这大原中产生，这又导致“已屈之气”、“复为方伸之气”，在朱熹看来，这跟佛教所说的“神识不灭”、“因果轮回”并没有本质的不同。事实上，这段对于横渠“反原”的评论，正是接着“禅家言性倾此于彼之说”而发。朱熹在多处反复提到的程子的批评，着眼于气的屈伸往来与自然生化之理的关系，“不必以既屈之气为方伸之气”对应的是自然的“生生之理”，程子曾用“鼻息”的具体意象加以解释[①]。因而，对朱熹来说，横渠“说聚散屈伸处，其弊却是大轮回。盖释氏是个个各自轮回，横渠是一发和了，依旧一大轮回”[②]。朱熹用的比喻是否恰当，还有讨论的余地，但无论如何，它表明了朱熹心目中所理解的“形溃反原”之意涵。后文会指出，这种理解并不符合张载思想的本意，但有着朱熹自己义理上的依据和考量。

众所周知，朱熹排拒佛教甚严，对佛教观念的渗透极为敏感，因而，儒门内部有“佞佛”可能的观点，无论是程门弟子如谢上蔡，还是陆象山，都是朱熹怀疑和挞伐的重要对象。张载作为理学先驱，其对天道性命的阐发很受朱熹推重，但这丝毫不妨碍朱熹对其思想中佛教因素的忌惮。因而，朱熹对“反原”的说法极为敏感，任何有这种倾向的说法都受到他的批评，比如，他在《中庸或问》中评判各家解释鬼神章的说法时说道：

吕氏推本张子之说，尤为详备，但改本有“所屈者不

① 程颢、程颐：《二程集》，王孝鱼点校，北京：中华书局，2004 年，第 148、163、165－166、167 页；陈荣捷：《近思录详注集评》，上海：华东师范大学出版社，2007 年，第 24 页。亦参朱熹“答林德久”（所示疑义）一书（1195 年），见《朱子全书》第 23 册，第 2943－2944 页。

② 朱熹：《朱子语类》卷九十九，第 2537 页。

亡”一句，乃形溃反原之意，张子他书亦有是说，而程子数辨其非，《东见录》中所谓“不必以既反之气复为方伸之气”者，其类可考也。谢氏说则善矣，但归根之云，似亦微有反原之累耳[①]。

“所屈者不亡”、“归根”等说法，都有“反原”的嫌疑，因而都需要警惕，这都跟朱熹将之与佛教轮回观念挂搭在一起有关。至此，我们可以先稍微总结一下朱熹在“形溃反原”问题上对张载的批评：张载以气之聚散屈伸解释万物的生死变化，“形聚成物，形溃反原”就如同“水凝成冰，冰融为水”一样，但对朱熹来说，“反原”的说法会让已散之气重新进入宇宙大原的生化进程之中，这意味着死后的存续和转生，因而，这种凝释的循环往复有“轮回”的嫌疑，不符合儒家所讲的“生生之理”。不过，以上所引朱熹对“反原”的批判，大都集中在“已屈之气”会否“复伸”上，涉及的主要是形和气的问题，但如前所述，张载的“水冰”比喻更为重要的说法，是与宇宙本体相通、“死而不亡”的“吾体”和“天性”。按照朱熹“性即理”的说法，天理同样是不生不灭、长存不亡的，前引陈文蔚所记《语类》中有关“体、性”的提问，即是针对此点而发，那么，如果就“性”而言，“死而不亡”的说法是否能够成立？

二、“死而不亡”与“知觉做性”

这个问题的关键，端在于“死而不亡”的主体是否真的是与

① 朱熹：《中庸或问》，《朱子全书》第6册，第578页。

天道相贯通的超越性体。如果是，那“理”当然没有生灭，“性固无生死”，这点朱熹不会否认。但是，对朱熹来说，“死而不亡”不是儒家讨论“性”的方式，而是佛教误认“精神知觉”为性的结果。《朱子语类》记述说：

> 尝见先生答“死而不亡”说，其间数句，大率禅学只是于自己精神魂魄上认取一个有知觉之物把持玩弄，至死不肯放舍①。

佛学以人的精神知觉做性，其所说的“性”其实只是儒家所说的“心”，这是朱熹分别儒释时常提到的说法。这里提到的朱熹答“死而不亡”之说，指的是他在1174年间与连嵩卿、廖子晦等人讨论性与生死的几封书信。连嵩卿提出“天地之性即我之性，岂有死而遽亡之理”，朱子的答书要求区分这个说法是“以天地为主耶，以我为主耶”，如果是“以天地为主”，那“天地之性”自然不会消亡，但这个“性”并非某个人的私有之性，因而也就没有“人物彼此之间、死生古今之别”②。换句话说，按朱熹的意思，对天地之性是不用谈生死的，生死存亡只是对人和物而言，而人乃是由形气魂魄共同构成的，人死气散，形体溃灭，这是大家都承认的共识，因而，要说“死而不亡”，就只能是魂神的那个部分，而这种“死而不亡”，即意味着承认个人在死后仍然有“知觉之物”存续转生。正因如此，朱熹一听到别人谈论“死而不亡”和“性无死生”，就怀疑别人错把“精神知觉做性字

① 朱熹：《朱子语类》卷一百一十八，第2862页。
② 文集卷四十一“答连嵩卿”，《朱子全书》第22册，第1853页。

看”[1]。在朱熹看来，这是佛教不愿坦然接受个体死亡的讲法，试图让个人的“神识”以某种方式存留下去，不仅是自私的表现，更重要的是，它跟儒家所讲的生生之理有着根本冲突，会让天地阴阳“无所施其造化”[2]。

在同年写给廖子晦的信中，朱熹更加详细地讨论了这个问题。相比连嵩卿问题的简洁，廖子晦相当详细地论述了他认为“性”之所以“死而不亡”的原因：

> 德明平日鄙见，未免以我为主。盖天地人物，统体只是一性。生有此性，死岂遽亡之？夫水有所激与所碍则成沤，正如二机阖辟不已，妙合而成人物。夫水固水也，沤亦不得不谓之水，特其形则沤，灭则还复是本水也。人物之生，虽一形具一性，及气散而灭，还复统体是一而已，岂复分别是人是物之性？……窃谓人虽死无知觉，知觉之原仍在。此以诚感，彼以类应，若谓尽无知觉之原，只是一片太虚寂，则似断灭无复实然之理，亦恐未安[3]。

在这里，廖德明的观点跟连嵩卿一样，都认为人性与天地之性本质为一，并不会因为人死而随之消亡。值得注意的是，廖德明在这里同样以水沤作为比喻，来说明人性与天地之性之间的关系。这一说法是否直接来自张载水冰或海沤的比喻，我们无法妄下断言，因为文本中并没有提及，但它们所表达的意思是完全一致的。廖德明在这里提到，水由于外在环境的激发而可能成为水

① 朱熹1168年答程允夫的信，文集卷四十一，《朱子全书》第22册，第1867页。

② 文集卷四十一“答连嵩卿”，《朱子全书》第22册，第1854页。

③ 文集卷四十五“答廖子晦”，《朱子全书》第22册，第2080—2081页。

沤，但这只不过是“形”的变化，并不意味着其本性的改变，同样，人物虽然外形各异，但等到人死气散，仍会回归天地之性的统一体中，这分明就是横渠“形溃反原”的说法。在廖德明看来，如果人死意味着形性统归于无，那祭祀时的“感应”就非“实然之理”，而有“虚寂”和“断灭”的嫌疑，而这同样与儒家所讲的“造化”相冲突。针对这两点，朱熹以明确的说法加以回应：

> 盖贤者之见所以不能无失者，正坐以我为主、以觉为性尔。夫性者，理而已矣。乾坤变化，万物受命，虽所禀之在我，然其理则非有我之所得私也。所谓“反身而诚”，盖谓尽其所得乎已之理，则知天下万物之理初不外此，非谓尽得我此知觉，则众人之知觉皆是此物也。性只是理，不可以聚散言，其聚而生、散而死者，气而已矣。所谓精神魂魄有知有觉者，皆气之所为也。故聚则有，散则无。若理则初不为聚散而有无也。但有是理，则有是气。苟气聚乎此，则其理亦命乎此耳，不得以水沤比也。鬼神便是精神魂魄。程子所谓“天地之功用、造化之迹”，张子所谓“二气之良能”，皆非性之谓也。故祭祀之礼，以类而感，以类而应。若性则又岂有类之可言耶？然气之已散者，既化而无有矣，其根于理而日生者，则固浩然而无穷也。故上蔡谓“我之精神即祖考之精神”，盖谓此也……且乾坤造化，如大洪炉，人物生生，无少休息，是乃所谓实然之理，不忧其断灭也。今乃以一片大虚寂目之，而反认人物已死之知觉，谓之实然之理，岂不误哉？又圣贤所谓归全安死者，亦曰无失其所受乎天之理，则可以无愧而死耳。非以为实有一物可奉持而归之，然后吾

之不断不灭者得以晏然安处乎冥漠之中也……[①]

这封回信内容很长，这里只能摘节选录，但它对于理解朱熹如何批评以“死而不亡”来谈论“性”非常重要。相比“答连嵩卿”一书着重从否定的层面批评“以觉为性”，朱熹在答廖德明的信中更加详细地从正面说明了“性”的意涵及其与气的关系。朱熹首先指出，廖德明说法的根本问题在于“以我为主、以觉为性”，这跟他批评佛教的“私意之尤”意义相同。在朱子看来，性即理，不可以聚散言，能聚散的只是气，因而，人的精神魂魄知觉，皆是形下之气屈伸作用的结果，但理超越于气的作用之上，是气之“所以然”，没有聚散有无可言，因而不能用水沤来比喻性（理）与气之间的关系。对于廖德明所提祭祀问题，朱熹用谢上蔡“我之精神即祖考之精神”来解释祭祀感通的依据，认为感通的对象并非如廖德明所认为的那样，是已死之人所存留的“知觉之原”，而是“根于理而日生”的相通之气，这种生生不断的乾坤造化才是“实然之理”[②]。事实上，在朱熹看来，这种通过“生生”不断产生的新气，才可以称得上“长存不灭之气魄”[③]。这里特别值得注意的是，无论廖德明（张载）还是朱熹，都坚持儒家的“生生”之说而反对“断灭”等观点，只是两者对于宇宙“造化”的表达形式及“断灭”的理解，存在不同意见，而这种差异的根本原因，是他们对于性、理、气等构造宇宙生化秩序的基本概念及相互关系存在分歧，对此，我们后面会再详细说明。

---

① 文集卷四十五“答廖子晦”，《朱子全书》第22册，第2081—2082页。

② 文集卷四十一“答程允夫”：“死者去而不来，其不变者只是理，非有一物常在而不变也。”《朱子全书》第22册，第1879页。

③ 文集卷五十七“答李尧卿”：“所示鬼神之说甚精……但所云非实有长存不灭之气魄者，亦须知未始不长存耳。”《朱子全书》第23册，第2697页。亦参同卷“答陈安卿”，《朱子全书》第23册，第2745页。

由这两封书信可以看出，对朱熹来说，“死而不亡”基本等同于佛教的“神识不灭”，因而，它跟“形溃反原”一样，都是“近释氏”的表达，无怪乎陈文蔚怀疑“体之谓性”的说法“与释氏不同”时，朱熹仅以“亦谓死而不亡”作答。当然，“形溃反原”和“死而不亡”并非两个可以截然分开的表达，而是存在着紧密关联，“反原”正是“死而不亡”的表现和保证，但也正因如此，朱熹会怀疑这里所表达的并非超越之“性”。确实，在朱熹的概念中，“性”跟“精神知觉”是层次、性质完全不同的两个概念，一为形而上的超越本体，一为形而下的气的作用，“儒者以理为不生不灭，释氏以神识为不生不灭”[①]，这是儒佛之间的根本界分，绝对不容混淆。因而，在朱熹那里，“形溃反原”和“死而不亡”都表达着人死之后“精神知觉”（“气”）的存续和流转，它们并非儒家讨论“性”和“气”的正确方式，而是错把“知觉做性”带来的结果，本质上违背儒家的“生生”造化之说，作为佛教的轮回和转生观念留下空间。其实，朱熹并不反对说“性”（“理”）本身的“不生不灭”，但却无法接受张载以“未尝无”、“无无”（《正蒙·太和》）界说“体、性”。朱熹不会否认，张载是高举理学旗帜、反对佛老的先行者，也不会怀疑其义理系统的儒家底色，但却始终对其所说“形溃反原”和“性”的“死而不亡”心存芥蒂，这背后的原因值得玩味。如果换个问题来说，朱熹为什么始终会怀疑张载所说的“死而不亡”的“性”，只不过是“精神知觉”？张载又为何要以“未尝无”和“死而不亡”来界说体与性？对这些问题的回答，恐怕必须回到他们解释性气关系的不同义理框架以及试图解决的问题中去。

① 朱熹：《朱子语类》卷一百二十六，第3016页。

三、在“性”与“气”之间

看来，朱熹批评张载“水冰”之说“近释氏”的主要原因，是怀疑“形溃反原”和“死而不亡”的东西，并非儒家意义上的“天地之性”，而是佛教所认的“精神知觉”，是已经消散之“气”的重新聚集。朱熹之所以有这样的担忧，源于他对张载性气论述的理解，以及基于自身义理架构对之的评定。如前所述，对朱熹来说，性即理，理作为现实存在之物的“所以然”，是事物具体形态之上的“条理”（“所以然之故”）与“规范”（“所当然之则”），这样一个超越形下具体之物的形上之理，虽然具现于由气所组成的事事物物之中，但它跟气之间也有着逻辑上的严格区分[①]。朱熹强调理与气之间的“一体浑成”（“理在气中”），以保证超越之理可以落实在具体事物之中，但同时一定要严格区分理气、道器和性形，因为如果太强调理气的“一体浑成”而忽略两者间的界分，很容易将“理”拉低到形而下的层次，削弱其超越性和规范性，进而混淆天理本身与其流行所呈现出的“作用”。因而朱熹说，人物之生，禀受天地之理而有“性”，禀受形下之气而有“形”，“其性其形虽不外乎一身，然其道器之间分际甚明，不可乱也”[②]。对朱熹来说，面对佛教的义理系统，尤其需要强调理与气、本体与作用之间的这种区分，因为佛教的根本错误

---

① 朱熹对理气之间关系的“合言”、“分言”，学者已多有精密分疏，比如，参钱穆《朱子新学案》第一册“朱子论理气”，北京：九州出版社，2011 年，第 255－283 页。

② 文集卷五十八“答黄道夫”，《朱子全书》第 23 册，第 2755－2756 页。

之一，便是错将“知觉作用”看为“性”[1]，将形而下的气之作用当作形而上的本体本身，由此才会只重视心灵知觉的妙用而不顾性理的超越依据，进而发展出一整套错误的工夫修养论[2]。

因而，在朱熹的理气架构下，气的运作虽都包含着理，并且最终由理规范，但“理”本身则必须是超越气的形上本体，与生灭聚散的“气”有着根本区别。在这一理解下，张载以“太虚即气”的说法来呈现宇宙本体与万物之间的关系，便被朱熹理解为将“道体”混同于形而下之气。《朱子语类》卷第九十九记录了很多这样的批评：

> 如以太虚、太和为道体，却只是说得形而下者，皆是“发而中节谓之和”处。
>
> 《正蒙》说道体处，如太和、太虚、虚空云者，止是说气；说聚散处，其流乃是个大轮回。
>
> 问：横渠云“太虚即气”，太虚何所指？曰：他亦指理，但说的不分晓。
>
> 又问：横渠云“太虚即气”，乃是指理为虚，似非形而下。曰：纵指理为虚，亦如何夹气作一处[3]。

这里的说法清楚表明，在朱熹看来，“太虚”的说法本来是要指称“理”和“道体”，但张载的实际论说却有偏差，只是说“气”、“形而下者”，因而朱熹说他“说的不分晓”。其实，横渠

---

① 参杨儒宾：《理学论辩中的“作用是性”说》，收入氏著《儒家身体观》第七章，台北：“中研院”文哲所，1996 年，第 293 页以下。

② 朱熹：《朱子语类》卷一百二十六，第 3021 页：“知觉之理，是性所以当如此者，释氏不知。他但知知觉，没这理，故孝也得，不孝也得。”第 3022 页：“吾儒所养者是仁义礼智，他所养者只是视听言动。”

③ 朱熹：《朱子语类》卷九十九，第 2532、2533、2534、2538 页。

以"清、虚、一、大"等说法论说天道，早就被程颢批评为"乃以器言而非道也"①，意即张载混淆了形上、形下和道器。朱熹的批评接续了二程的说法而展开。这里所引的最后一条说法表明，朱熹之所以认为"太虚即气"的说法"不分晓"，乃是因为它"夹气作一处"，换言之，这里的关键，恐怕在于朱熹对"即"字所表达"太虚"与"气"之间关系的理解。朱熹继承程颐"性即理"的著名说法，这里的"即"字表示"性"与"理"之间关系的对等，以这种用法落实到"太虚即气"的"即"字上，"太虚"自然就会具有形下的意涵，但"太虚"本身则是指称道体的说法，是形而上天道的表达，这样来说，将太虚与气相联，以"即气"的说法来表达，似乎确实会混淆本体与现象、形上与形下之间的界线。按朱熹的义理架构，"气"一定代表着形而下者，如果气散后会回到太虚之中，那必定意味着太虚不是超越形下世界的纯然本体，而是跟"气"混杂在一起的东西，因而，它绝不会是朱熹意义上的"性"或"理"。在这个意义上，朱熹当然有理由认为，张载所说"形溃反原"和"死而不亡"的东西，并非真正的"性"或"体"，不过是气屈伸往来作用所产生的"精神知觉"，而认为精神不灭和转生，恰恰是佛教生死观的核心主张。这恐怕是程朱对《正蒙》宇宙论极为不满的主要原因，跟他们推崇《西铭》"仁体"的态度截然不同。

然而，问题在于，中文语境中"即"的意涵并不这样简单。牟宗三先生早已指出，"太虚即气"的"即"字是圆融之"即"，不离之"即"，"通一无二"之"即"，而非等同之"即"，亦非谓词之"即"。换言之，说"太虚即气"，并不是说太虚就等同于

① 程颢、程颐：《二程集》卷十一，第118页。

气，而是同时包含着“不即”的“不等义”与“即”的“圆融义”[①]。这样使用的“即”是一种体用意义上的矛盾统一，是一种“立体的差异之统一”[②]。如果“即”表达的是太虚与气之间“不一不异”的体用关系，那张载所说的“反原”就不像朱熹所认为的那样只是形下之“气”的变动，而更可能是指“天性”与“天道”之间本体上的贯通，这个意义上的“死而不亡”，在张载那里指的当然还是“义理之性”，而非物质性的形下之气[③]。因而，朱熹对张载“水冰”说法的批评，更多是建立在他自己对于性（理）和气之间关系的分疏上，以及出于对佛教观念的过度警惕和排斥。事实上，张载以“水冰”的说法比喻太虚和万物之间的关系，以“未尝无”界说“体”，以“即”字联结太虚与气之间的关系，同样是要从“造化”角度批评佛教“不识造化”、“不知天道”，进而确立儒家的生生之理[④]。

佛教“不识造化”的主要表现是，认为山河大地为“幻妄”。佛教以“缘起性空”作为观念根基，认为事物是因缘和合而生，因而没有“自性”。要在根本上反驳这种观点，需要从本体论上确立事物真实的自性，并说明事物生灭变化的真实性。在这点上，理学家着重发挥《易经》的“生生”之理，以对抗佛教的

① 牟宗三：《心体与性体》第一册，上海：上海古籍出版社，1999年，第393页。

② 参杨儒宾：《检证气学》，载《汉学研究》第25卷第1期，2007年，第272—273页。杨儒宾教授在多篇文章中反复强调了“即”字用法在体用论框架中的诡谲与重要。

③ 清人陆陇其论到“程允夫问张子天性在人”这封书信时评论说：“愚按：张子冰水之喻，似指义理之性言，不指气言，然朱子亦谓其过，不知何故。”陆陇其《读朱随笔》卷二，《影印文渊阁四库全书》第725册，台北：商务印书馆，1986年，第508页。

④ 《横渠易说》，见《张载集》，北京：中华书局，1978年，第206页。

"缘生"之说，这在程朱和张载那里都是如此，并无不同①。但是，对张载来说，要确立事物之性在本体论上的真实性，除了要有一个真实、超越的本体作为保证之外，这个本体与万物的生化却不能完全分开，而是必须承认天道"即体即用"，始终呈现在万物的流行之中。在他看来，佛教正是将物与虚（性）、有与无分开相待，认为"物与虚不相资，形自形，性自性，形性、天人不相待而有"，才会陷入"天人二本"，看不到"本天道为用，反以人见之小因缘天地。明有不尽，则诬世界乾坤为幻化"（《正蒙·太和》）。换言之，在张载眼里，佛教之所以看世界为虚妄，正是没有认识到具体之物所包含的本体之性，没看到本体同时也是"天道为用"。因而，他一定要突显"太虚"的"即体即用"、"即性即气"，《正蒙》所说"由太虚，有天之名，由气化，有道之名，合虚与气，有性之名"（《正蒙·太和》）正是这种体用关系的完整表达，"虚"是本体的向度，"气"则是其发用的向度。由此来理解张载为什么要用含义歧多的"即"字来界定太虚与气之间的关系？那是因为在他那里，性与气之间"不一不异"的关系，只有"即"字才能精准表达。在这种关系中，"水凝为冰，冰释为水"和"聚亦吾体，散亦吾体"所传达的天性的通贯，借由天道的真实、永恒而成为万物真实性的保证，同时，天道本身是"未尝无"的，不能认为"有生于无"（在张载看来，这是道家的错误观点），因而，作为"虚气相合"的"性"自然也不会消亡，"死而不亡"表达的是天性的本体论向度。在这个意义上说，张载是用一种不同于朱熹的性气架构去面对佛道的宇宙论和生死观。

---

① "气化"与"缘生"之间的差异，参蒋义斌：《宋儒与佛教》，台北：东大图书公司，1997 年，第 121—152 页。

可见，在理学的共同场域中，朱熹和张载均以性、形、气等基本概念建构儒家宇宙论的义理系统，他们反对佛教以现实世界为虚幻的说法，反对轮回因果的观念，并都试图以《易经》的“生生”之说为中心建构儒家的天道秩序。在这一基本指向上，朱熹和张载之间并无差异，但是，在如何组合这些观念要素以达到这一目的上，他们之间存在很大不同。张载以即体即用的架构安排性与气之间的关系，让气的运作带有天道的真实性，并以本体的永恒性反对佛教的寂灭之说，由此，水冰凝释作为形气的聚散并不影响本性与天道之间的本体关联，天性本身的“未尝无”足以保证其“死而不亡”。朱熹不能接受这种说法，是因为他用“然”和“所以然”来区分理气，“性”作为形而上的概念表达，与形而下的气之间有着逻辑上的严格区分，这样才能保证性体的超越性和规范性①。因而，朱熹严厉反对将气的运作当成本体之性的观点，以致任何以气论性的表达都受到他的质疑。他在这个意义上认为水冰凝释的过程“有甚造化”、“有迹”②，丝毫不让人感到奇怪。

有趣的是，前述朱熹写给廖德明的长篇回信中，明确反对有所谓“死而不亡”之“性”的说法，更反对以“水沤”比喻性气。按朱熹的观念，人死气散，这消散是完全的散尽，不会继续存留天地之间，祭祀中气的感应是“根于理而日生”的“新生之气”。在朱熹看来，这是儒家生生之理的正确表达。但朱熹这一苦心孤诣的解释，似乎并没有让廖德明信服。陈淳 1191 年写给朱熹的信中提到，看到朱熹说有“长存不灭之气魄”时，廖德明

① 杨儒宾在《〈易经〉与理学的分派》一文中详细区分了周张“夹带气化流行”的体用论论述，与程朱彻底划分形上形下的“所以然的性理观”。氏著《从〈五经〉到〈新五经〉》，台北：台大出版中心，2013 年，第 288—305 页。

② 朱熹：《朱子语类》卷九十九，第 2536 页。

仍然认为“长存不灭乃以天地间公共之气体言之”，而非在朱熹反复引用的谢上蔡“祖考精神即自家精神”的意义上来理解①。这种“公共之气体”正如大海一样，是水沤聚散的本体，而不是朱熹强调的“新生之气”，因而，廖德明对生死性理的理解，并没有放弃其原有观念。这至少可以说明，在廖德明的看法中，朱熹的义理架构并不见得是儒家天道性命之理的最好解释，尤其是在生死和祭祀的问题上。这恐怕并非仅是因为廖德明的固执。这里的关键问题在于，虽然朱熹从“知觉做性”的角度批评了“反原”的说法，以气的散尽解释死亡，但他并没有清楚说明人禀受天地之理而有的“性”在死亡之时的归宿，“性无生灭”本身并不能自明地呈现其在生死之际的状态。从儒家以生死为常事而不愿多言的角度来说，这固然问题不大，但如果想要达到超脱生死的态度，那对天性在死后形态的清晰认知就非常重要。正因如此，当晚明的理学家们集中表达生死关切借以了究生死之时，便无法固守朱熹的论说架构，而是需要更多借鉴张载“体性不亡”的说法，以心与太虚的契合、修身可以使生命汇入道体而达致永恒不朽，作为儒家超脱生死的重要法门②。在这一点上，朱熹的说法实际上为民间信仰和其他宗教的发挥留下了空间，包括明清之际西方的“灵魂论”，以致理学有关生死和鬼神的观念在落实到社会空间之中时会有很多实际的调整和融合。

---

① 文集卷五十七“答李尧卿”、“答陈安卿”，《朱子全书》第23册，第2697、2745页。

② 典型的如周汝登、高攀龙等人对晚明理学家生死关切的细致分析。参吕妙芬：《儒释交融的圣人观：从晚明儒家圣人与菩萨形象相似处及对生死议题的关注谈起》，《“中研院”近代史研究所集刊》第32期，1999年，第165—207页。

四、结　语

由以上分析可以看出，无论张载还是朱熹，他们对于生死的解释，都是放在天道流行的宇宙论框架之中，性、形、气等都是他们具有的基本观念要素，这是理学论述的共同场域。但由于对这些观念内涵及其关系的理解差异，张载和朱熹发展出了不同的义理形态。这其中最主要的分歧，在于对性气关系的界定。朱熹以形上、形下严格区分性气，以确保形上之理的超越性与规范性，由此他对张载“太虚即气”所表达的道体形态颇有微辞，认为这种表达混淆了道器和形性。在朱熹这种义理架构下，水冰比喻所使用的“形溃反原”和“死而不亡”等说法，都被认为是在表达形而下之气在死后的存留与延续，本质上跟佛教的神识不灭与灵魂转生没有区别。但在张载“即体即用”的义理框架下，性气之间“不一不异”的体用关系才能保证天道流行的真实性和永恒性，进而反对佛教虚妄和寂灭的世界观。水冰的具体意象放在“体、性”的关联下，表达的是与本体相通之天性在生死之间的实存与永恒。就此而言，他们都试图确立儒家的“生生”之理，但对于宇宙生化流行过程中“气”的地位与形态，抱持着不同的理解。

因而，张载使用水冰凝释这一具体意象所表达的生死论述，在朱熹的概念框架中无法被接受，虽然他们指向的目标以及要达到的效果并无不同，这背后的根本原因，是他们对于性（理）、形、气等观念的理解差异。观念史的研究者认为，哲学思想的发展，常常来自对一些“单元－观念”的不同组合运用①。理学思想中的性、理、形、气等观念，大致属于这类“单元－观念”，通过赋予它们不同的意涵和组合方式，理学家们建构起了内涵有所差异的思想系统。在这个意义上，要了解他们的不同，就不仅要注重既成思想体系的逻辑区别，更要说明他们如何对“单元－观念”进行不同的组合、运用，进而构建起相应的义理系统。本文即试图在这个意义上梳理朱熹与张载在生死问题上的论述，讨论他们如何在不同的性气关系架构中安顿儒家的价值信仰。当然，这只是相当初步的探讨，对于许多概念并未做深入解释，尤其像张载的太虚、气等概念及两者间的关系问题，向来是研究者争论的焦点，本文无意介入这些争论，只是想透过呈现两位儒学史上重要思想家对性、形、气等观念要素之间关联方式的不同理解，凸显他们面对问题的方式及带来的思想形态上的差别。至于这种生死论说留下的问题，尤其是后来成为官方正统的程朱理学在这一论题上留下的空间，及其在具体社会时空中与其他观念系统的碰撞和互动，则仍需要另外做更深入、细致的探讨。

① ［美］诺夫乔伊：《存在巨链·导论》，张传有、高秉江译，南昌：江西教育出版社，2002年，第1—5页。

明李元阳本《论语注疏解经》析论①

杨新勋（南京师范大学文学院）

明嘉靖年间，李元阳以御史巡按福建，与时任福州府学佥事的同年江以达主持刊刻了《十三经注疏》三百三十五卷，人称“李元阳本”、“嘉靖本”、“闽本”。李元阳本对后世经疏产生了重要的影响。万历年间李长春主持北京国子监刻本（简称“北监本”）即以此本为底本，之后崇祯年间毛晋汲古阁刻本、清乾隆初年武英殿本又以北监本为底本，均可溯源于李元阳本。李元阳本对阮元重刊本《十三经注疏》也颇有影响。但有关李元阳本尚有一些未明之处，本文从《论语注疏解经》入手做一管窥，期有补焉。

一、李元阳本《论语注疏解经》的刊刻底本

学界一般认为李元阳本的刊刻底本是十行注疏本，但十行本

① 本文系教育部人文社科研究规划基金项目“邢昺《论语注疏》整理与研究”（15YJA720012）的阶段性成果。

有宋刻本、元刻本之别，元十行本又有初刻原版和明代修补本的差异，而元十行本在明代又经历了多次修补。那么，李元阳本所依据的到底是哪种本子呢？

《论语注疏解经》无宋十行本传世，今存十行本均为元刻明修本，其中单行本有中国国家图书馆藏元刻明修本（简称“国图本”）、中国台湾“国家图书馆”藏元刻明正德修补本（简称“台湾‘国图本’”）和元刻明修本[①]，汇印本有元刻明修《十三经注疏》本。元十行本汇印《十三经注疏》之原刻无存者，今存者即元刻明修本《十三经注疏》，北京市文物局、国家博物馆、军事科学院图书馆和日本静嘉堂文库各藏一部，《中华再造善本》据北京市文物局本影印。本文据《中华再造善本》所收本论述。

根据北京市文物局藏元刻明修本《十三经注疏》版心的标记，可知元十行本在明代至少经历了正德六年补版、正德十二年补版、正德十六年补版、嘉靖三年补版和嘉靖重校修补五次有明确标记的修补，其中《论语注疏解经》有正德六年补版一页、正德十二年补版五页和嘉靖重校补版九十四页，另有两页可推断为正德十六年补版。国图本和中国台湾“国图本”均为正德十六年补版本，与北京市文物局藏元刻明修《十三经注疏》本相比，正德年间的三次补版均相同，但没有嘉靖重校补版。另外，中国台湾“国图”还藏有一部元刻明修本《论语注疏解经》，此本与北

① 《中国古籍善本书目·经部》仅著录了中国国家图书馆藏本。又美国哈佛大学燕京图书馆藏有台湾“国家图书馆”藏元刻明正德修本的缩微胶卷，由于拍摄时间较早，字迹反较今台湾藏本清晰。

京市文物局藏《十三经注疏·论语注疏解经》属于同版[①]。

元刻明修本《十三经注疏》正德年间的三次补版与元十行本版式略有不同。元十行本多白口、左右双边，补版或四周单边或四周双边，或黑口或白口，或单黑鱼尾或双黑鱼尾，正德六年补版版心中间刻誊抄人，但与原版最大的区别是版心上方刻补板时间，有“正德六年刊”、“正德十二年刊”和“正德十六年刊”三种，至于版内文字和行款、体例几无二致，说明补版本身没有划一意识，与原版也无明确的区别意识。三次补版均有些墨钉，说明元十行本板片至明正德年间已有破损，补版也只好阙如。嘉靖三年补版有刊刻时间标记的仅两页，另外一页也可以推测为此年补版，其版式略同正德补版。

嘉靖重校补版与以上四次补版有所不同：①版式统一为四周单边，白口，对双黑鱼尾，鱼尾上下有黑线。②版心上方刻校者，共有“怀浙胡”、“闽何”、“候番刘”、“府舒”、“候吉刘”、“怀陈”六人；版心中间刻书名简称和卷次，如“诗疏卷十二之二”、“语疏卷二”等，之下有的刻“乡林重校”或“林重校”，“林”当即“乡林”之省[②]；版心下鱼尾下刻页码，版心页底刻刊工名。③经注与疏文之间所标领起的大“疏”字均作黑底白文，

---

① 杨按：台湾“国图”藏元刻明修本《论语注疏解经》刷印时间应晚于北京市文物局藏元刻明修《十三经注疏》本，原因有二：一是此本与北京市文物局藏元刻明修《十三经注疏》本补版相同版面的版心无刊刻时间和校人、重校人，补版版心上方大多改作黑口，如此修改版心颇有掩饰递补、冒充初刻之嫌，版心上方补刻时间自正德六年、十二年、十六年、嘉靖三年至嘉靖重校修补一脉相承，而台湾“国图”藏元刻明修本《论语注疏解经》改换版心说明其刷印时间要晚于嘉靖重校修补本；二是此本卷十五第九、十、十一这三页为后来补刻（元刻明修《十三经注疏》本三页为元十行原版），顺双黑鱼尾，无刻工，字体近行书，字迹清晰，与元十行原版、明正德补版和嘉靖补版均不一致。

② 偶有版心上方刻重校人而中间刻校人者，亦偶有将校人和重校人并作小字挤在版心上方者。

外加黑圈[①]，十分醒目。④重校补版大字正方，小字略长方，与元十行本和正德补版相比刻字稚拙呆板且字体略大，挤满了版面。⑤重校补版文字清晰，很少墨钉，而且还改正了元十行本不少文字讹误。如《论语注疏解经》卷五“赐也何如”章疏文“此夫子又为指其定分”，元十行本原版“夫子”误作“未子”，嘉靖重校补版更为“夫子”；同卷“子使漆雕开仕”章疏文引“子使漆雕开仕”，元十行本原版“仕”误作“化”，嘉靖重校补版更作“仕”；卷六“哀公问弟子孰为好学”章疏文“颜回任道”，元十行本原版“颜”误作“闻”[②]，嘉靖重校补版更作“颜”；卷七“志于道”章疏文“覆帱持载”，元十行本原版“焘”误作“寿”，嘉靖重校补版更作“帱”[③]；同卷“二三子以我为隐乎”章包注“圣人知广道深”，元十行本原版“深”误作“探”，嘉靖重校补版更作“深”等等。⑥对于要保留的元十行本和正德年间的三次修版进行文字校对，增补缺字，更改文字讹误。增补缺字，如《论语注疏解经》之首页《论语序》为正德六年补版，疏文“门人相与辑而论纂”，原“与”与“论”字均为墨钉，嘉靖重校修版补“与”字[④]；卷五第五页为正德十六年补版，原左半页有十五处墨钉，嘉靖重校修版全部补上了缺字；类似情况亦多见于元刻明修本《十三经注疏》之《周易兼义》、《毛诗注疏》、《礼记注

---

① 杨按：宋八行本用黑底白文（无黑圈）的大“疏”字区分经注和疏文，元十行本《周易兼义》区分经注与疏文的大“疏”字有黑圈阳文和黑底白文（外加黑圈）两种格式，《尔雅注疏》“疏”字多黑底白文（多外加黑圈，偶无黑圈），少黑圈阳文。嘉靖重修补版时盖有见于《尔雅注疏》和《周易兼义》的情况，参考了宋八行本格式，统一改用黑底白文且外加黑圈的“疏”字。

② 杨按：此处为引何晏注，何注作“颜”，自当以“颜”为是，蜀大字本、玉海堂本不误。阮元《校勘记》疑此“闻”与下文“颜回任道”之“颜”互易之讹。

③ 杨按：“帱”，闽本、监本、毛本、殿本、库本同，阮元《校勘记》：“十行本‘帱’误‘寿’。”蜀大字本作“焘”，贾公彦《周礼·师氏》疏亦作“焘”，唐宋时焘与帱义通。

④ 杨按：“论”字，闽本作空格，自监本始补“论”字。

疏》等嘉靖重校修版。更改文字讹误，如《论语注疏解经》卷六“子华使于齐”章“齐旧四量豆区釜钟”，正德十二年补版“豆”误作“斗”，嘉靖重校修版作“豆”；同卷“觚不觚”章疏文“异义韩诗说”，正德十二年补版“说”误作“为”，嘉靖重校修版更作“说”；同卷“宰我问曰仁者虽告之曰”章孔注“将自投下”，正德十二年补版“将”误作“得”，嘉靖重校修版更作“将”等等。可见，嘉靖重校修补表现了较明确的划一意识和区分意识，甚至意味着这次修版有特殊的意义和价值，也表明它在嘉靖三年补版之后在版式和文字内容上有了新的进展。

当然，嘉靖重校修补仍然沿袭了一些元版、明正德补版的错误，也不可避免地新增了一些文字讹误。如仅《论语注疏解经》卷一《学而》篇，嘉靖重校补版至少有四处讹误：“吾日三省吾身”章疏文“弟子曾参尝曰”，嘉靖重校补版“弟”误作“曾”；“道千乘之国”章疏文“以方百里者一为方十里者百”，嘉靖重校补版“十”误作“千”；同章疏文“州建百里之国三十”，嘉靖重校补版“三”误作“二”；“慎终追远”章疏文“言君能行此慎终、追远二者”，嘉靖重校补版“能”误作“子”。此四处元十行原版皆同宋蜀大字本和玉海堂本，不误。

将李元阳本与国图本、中国台湾“国图本”、北京市文物局藏元刻明修《十三经注疏》本参校，国图本和中国台湾“国图本”属于元刻明正德修补本，北京市文物局本属于嘉靖重校修补本，李元阳本文字基本与嘉靖重校修补本相同。嘉靖重校修补本对元十行本、正德三次补版的弥补和改正之处，李元阳本皆同于嘉靖重校修补本；嘉靖重校修补本保留的正德补版的墨钉，李元阳本也多作墨钉；嘉靖重校修补本新增的一些文字讹误，李元阳本大多继承了下来。程苏东曾撰文考定元十行本在明代的递修地点并不在南京的国子监，而是在福建的福州府学①，称“南雍本”、“南监本”是错误的。元十行本嘉靖重校补版的刊工与李元阳福州府学刻本的刊工多有相同者，元十行本嘉靖重校修补的时间略早于李元阳本的刊刻，那么，李元阳本当以元十行本的嘉靖重校修补本为底本。

二、李元阳本在版式、行款上的创新与发展

李元阳本在版式和行款上对底本进行了较大改进，可以说有很大的创新和发展，对此后的北监本、毛本乃至武英殿本和《四库全书》均有影响，值得加以专门论述。

具体来讲，李元阳本在版式和行款上的改进有：

①宋、元十行本多有书耳，左右双边，白口，顺双黑鱼尾，偶有四周单边，黑口，对双黑鱼尾，版心中间刻书名和卷次，元十行本版心上方刻大小字数、下方刻刊工名；明正德六年补版多四周双边，其他正德、嘉靖补版多四周单边，白口或黑口，版心中间刻书名和卷次，多顺双黑鱼尾，版心上方多刻补刻时间、下方刻刊工；嘉靖重校补版全部为对双黑鱼尾，版心上方刻校人名、下方刻刊工名，无书耳。宋十行本、元十行本与正德、嘉靖补版版式上虽然有前后发展的关系，但各有特点，所以在北京市文物局藏元刻明修本《十三经注疏》中版式颇不一致。李元阳本版式统一为四周单边，白口，无鱼尾，版心中间刻书名和卷次，下方刻刊工名，在继承嘉靖重校补版版式的基础上第一次做到了

① 程苏东：《“元刻明修本”〈十三经注疏〉修补汇印地点考辨》，《文献》2013年第2期。

版式统一。

②宋、元十行本和明代补版多半页十行，大字十八字或十九字，小字二十三字，但《尔雅注疏》半页九行，小字二十二字，虽然人们称之为“十行本”，实际上名实不符，所以嘉庆年间阮元重刊《十三经注疏》时于《尔雅注疏》转用黄丕烈家藏宋刊单疏本配元刊雪窗书院《尔雅注》重新合刻。李元阳本版式统一为半页九行，经文大字单行，注文中字单行，疏文小字双行，大字、中字、小字均二十一字。对此，汪绍楹、王锷等人均认为是在《尔雅注疏》基础上发展而来的[1]。杨按：宋人刻《十三经注疏》有八行本、十行本之别，八行本为监本或蜀本，校勘较精，十行本为福建坊刻，讹误较多，元十行本为宋十行之覆刻，《尔雅注疏》版本来源不详。李元阳本统一调整为九行，与《尔雅注疏》行数相同，可能也受其他版式的影响。

③宋、元十行本及正德三次补版经文大字，注文和疏文均小字，经注与疏文之间普遍有大“疏”字隔开，“疏”字多黑圈阳文，偶黑底白文（或外加黑圈或不加），嘉靖重校补版“疏”字全部用黑底白文外加黑圈，十分直观醒目。李元阳本经文大字，经文下注文前有领起的黑底白文外加黑圈的大“注”字，注文下疏文有领起的黑底白文外加黑圈的大“疏”字，疏文中经疏之下的注疏领起字“注”亦黑底白文外加黑圈，经、注、疏有字体的区别，又有醒目的领起字标识，疏中经疏与注疏也以领起字区分，十分显豁，类例详明完备，后北监本、毛氏汲古阁本、武英殿本均承此。李元阳本大“疏”字格式是继承嘉靖重校补版的全面化、完善化。宋、元十行本注文前均无“注”字，汪绍楹曾指

---

① 汪绍楹：《阮氏重刻十三经注疏考》，《文史》第三辑，北京：中华书局，1963年。王锷：《李元阳本〈十三经注疏〉考略》（未刊稿）。

出宋八行本《周礼疏》于经下注文前冠以“注”字[1]，但仅一本。李元阳本注文前均标黑底白文外加黑圈的大“注”字也有可能是在嘉靖重校补版“疏”字的启发下补刻了“注”字，其将注文刻成中号字有严格区分经、注、疏的用意，尤其李元阳本疏文中的注疏领起字“注”字刻为黑底白文外加黑圈，也促使他在经下注前补出“注”字。

④除去《尔雅注疏》外，宋、元十行本、明代补版均正文顶格，章章相连，并不错行；《尔雅注疏》按条分段，每条经文首行另起顶格，经文下与双行注文相连，若注文延至次行则低一格，疏文均错行另起，也低一格。李元阳本按章分段，每章首行经文另起顶格，之后每行文字均低一格，章章分明[2]；其《尔雅注疏》按条分列，每条另起顶格，疏文不再错行另起，而是连接在注文之下。应该说，李元阳本的格式是在《尔雅注疏》的基础上发展来的，也可能参考了一些写本的格式[3]，并对《尔雅注疏》作了改进，使之与其他经疏行款一致。

李元阳本版刻体例在综合宋、元诸本的基础上更加区分清晰，类例详明，做到了直观化、整齐化，这是注疏版式、行款发展完善的结果，在经籍版本史上具有重要意义。李元阳本的这种格式极大地方便了读者的阅读，也赢得了市场，其体式影响了北监本、毛本、殿本、库本等。

---

① 汪绍楹：《阮氏重刻十三经注疏考》，《文史》第三辑。

② 杨按：闽本根据各经内容分段也不一致，其中《礼记注疏》、《孝经注疏》、《论语注疏》、《孟子注疏》按章分段，《周易兼义》按卦分段，《尚书注疏》按篇分段，《毛诗注疏》按诗分段，《周礼注疏》按职官分段，《仪礼注疏》按篇分段，《左传注疏》、《公羊传注疏》、《穀梁传注疏》按条分段。

③ 许建平：《敦煌本〈左传〉写卷的学术价值》（《第七届中国经学国际学术研讨会论文集》，华中师范大学 2017 年 9 月 15—17 日）曾指出敦煌本《左传集解》每条首行界栏外有“经”、“传”字。

三、李元阳本的文字校正成果

元十行本《论语注疏解经》有一些文字讹误和脱文的情况，嘉靖重校修补本曾经做了一些校正工作，改正了不少讹误，对正德六年和十六年补版的墨钉做了部分弥补，但是也新增了一些错误。李元阳本以元刻明嘉靖重校修补本为底本进行重刊，基本继承了嘉靖重校修补本的校正成果，也沿袭了一些新增错误，但又做了不少增补和校正工作，值得人们加以重视。

元十行本原无墨钉，但传至明代其板片逐渐残损，正德六年、十六年补版均有墨钉，嘉靖重校修补时曾增补了不少文字，但仍有些地方阙如。李元阳本又做了新的增补：如《论语注疏解经》卷十四第十三页为嘉靖重校补版，“子曰不逆诈”章经文下注文“孔曰先”和“能为贤”作墨钉，李元阳本补足了两处缺文；又卷十九第七页为正德十六年补版，其中“叔孙武叔毁仲尼”章经注与疏文间“疏”字作大墨钉，嘉靖重校修版沿袭，李元阳本补了“疏”字；又下疏文“犹可逾也”、“犹可逾越”、“不可得而逾也”之三“逾”字，嘉靖重校修版皆沿袭正德十六年补版作墨钉，李元阳本均补上了“逾”字；又下疏文“人虽欲自绝”之“虽”字，嘉靖重校修版沿袭正德十六年补版作墨钉，李元阳本补上了“虽”字。李元阳本这些增补均与宋蜀大字本、宋八行本残卷和出于元代元贞本的玉海堂本相合，证明其增补是正确的。元十行本有的地方虽无墨钉，但细绎有脱文，李元阳本亦作了增补：如卷一第九页疏文“好礼谓闲习礼容”原“好”下无“礼”字，嘉靖重校修补无增补，虽然蜀大字本、玉海堂本亦无“礼”字，但此据经文“未若贫而乐，富而好礼者也”而言，自当有“礼”字，李元阳本补“礼”字是也，后监本、毛本、殿本、库本承之；卷二第九页疏文“则民不服其上也”，元十行本、元刻明修本无“其”字①，李元阳本据文例补之，当是，后监本、毛本、殿本、库本承之。

元十行本有一些文字讹误，嘉靖重校修补时未能改正，李元阳本加以改正：如元刻明修本《论语注疏解经·论语序》第二页“萧望之字长倩”，元十行本原版误作“情”，嘉靖重校补版沿袭之，李元阳本改作“倩”；第四页疏文“倡鲁诗论语”，元十行本原版误作“昌”②，嘉靖重校补版沿袭之，李元阳本作“倡”；第五页疏文“年世未远”，元十行本“世”误作“出”，嘉靖重校修补未改，李元阳本作“世”；卷一第一页疏文“学业稍成”，元十行本“学”误作“觉”，嘉靖重校修补未改，李元阳本改作“学”；同页疏文“则扞格而不胜”，元十行本“扞”误作“杆”，嘉靖重校修补未改，李元阳本改作“扞”；第五页疏文“于是树板幹而兴作”，元十行本“幹”误作“榦”，嘉靖重校修补未改，李元阳本改作“幹”；卷二第一页疏文“孔曰篇之大数”，元十行本“大”误作“夫”，嘉靖重校修补未改，李元阳本改作“大”；第三页疏文“今之人所谓孝者”，元十行本“今”误作“令”，嘉靖重校修补未改，李元阳本改作“今”；同页“言偃吴人字子游”，元十行本“子”误作“少”，嘉靖重校修补未改，李元阳本改作“子”；第七页疏文“今其言与此少异”，元十行本“今”误作“令”，嘉靖重校修补未改，李元阳本改作“今”；第八页疏文“为衡颈之间”，元十行本“间”误作“问”，嘉靖重校修补未改，李元阳本改作“间”；同页疏文“白虎通云”，元十行本“云”误

---

① 蜀大字本、玉海堂本亦无，然据文意应有，闽本补长。

② 杨按：此“倡”字，蜀大字本、玉海堂本作“习”，阮元《校勘记》：“《后汉书·包咸传》‘昌’作‘习’。”

作“示”，嘉靖重校修补未改，李元阳本改作“云”；第九页疏文“而白鱼入于王舟”，元十行本“入”误作“八”，嘉靖重校修补未改，李元阳本改作“入”；第十页“改正易服”，元十行本“改”误作“故”，嘉靖重校修补未改，李元阳本改作“改”。元十行本校对不精，讹误较多，嘉靖重校修补时做了校改，但相对有限，遗留较多，仅《论语序》和前两卷十七页，闽本所改至少有十四处之多，闽本对元十行本的校改可见一斑。

有些地方元十行本原版不误，嘉靖重校修补本却出现了错误，李元阳本亦多加改正。如《论语序》第四页疏文“以武帝末年遭巫蛊事”，嘉靖重校补版“末”误作“未”，元十行本不误，李元阳本改作“末”；同页疏文“有俊才”，嘉靖重校补版“才”误作“寸”，元十行本不误，李元阳本改作“才”；同页疏文“为校书郎”，嘉靖重校补版“郎”误作“即”，元十行本不误，李元阳本改作“郎”；第六页注文“君能行此二者”，嘉靖重校补版“此”误作“比”，元十行本不误，李元阳本改作“此”；卷二第九页疏文“举枉错诸直则民不服者”，嘉靖重校补版“直”误作“宜”，元十行本不误，李元阳本改为“直”；同页疏文“庄严也”，嘉靖重校补版“庄”误作“荘”，元十行本不误，李元阳本改为“庄”。《论语序》和前两卷，嘉靖重校补版六页，李元阳本校改其新增错误至少六处，其对嘉靖重校补版的校改亦可略见。

此外，元十行本偶有衍文，嘉靖重校修补未能改正，李元阳本删之，如元刻明修本《论语注疏解经》卷二第二页疏文“注孔曰至谥也”，元十行本“孔”下衍“子”字，嘉靖重校修补本不改，李元阳本删之；第十页疏文“注孔曰至无勇”，元十行本“孔”下衍“子”字，嘉靖重校修补本不改，李元阳本删之。又有元十行本不衍，嘉靖重校补版新增者，李元阳本删之者，如卷二第六页注文“所见危者”，嘉靖重校补版“者”下重“者”字，元十行本不重，李元阳本删之。

将《论语注疏解经》的元刻明正德修补本、北京市文物局藏元刻明修《十三经注疏》本与李元阳本全面比勘，类似的校正讹误、补脱删衍在李元阳本《论语注疏解经》中可以说随处可见。可见，李元阳本对元十行本的原版和明修版做了全面校勘，改正了许多讹误、墨钉和脱衍，这是李元阳本的一大功绩，也使李元阳本具有较高的校勘价值。对此，汪绍楹先生曾云："且本中佳处，往往与宋本合（见《左传》、《尔雅》校勘记），监本、毛本且从此出，固明刊之佼者。"[1]

四、李元阳本的新增文字讹误

李元阳本校改了底本的许多讹误，当然也不可避免地会有一些新增错误。张丽娟在《明李元阳本〈春秋穀梁注疏〉浅探》中指出李元阳本《春秋穀梁注疏》有误刻和误改的情况[2]，李元阳本《论语注疏解经》也存在类似情况。

李元阳本误刻之例：李元阳本《论语序》第二页疏文"柬海兰陵人也"，"柬"为"东"之形误，元十行本、嘉靖重校补版均不误；第四页疏文"篇篇或异"，"篇篇"为"篇第"之误，下"篇"字蒙上"篇"字误刻，元十行本、嘉靖重校补版均不误；卷一第一页疏文"当第子论撰之时"，"第"为"弟"之误，阮元《论语注疏校勘记》"闽本'弟'误'第'"，元十行本、嘉靖重校补版均不误；第五页"以方百里者一为方千里者百"，"千"为

① 汪绍楹：《阮氏重刻十三经注疏考》，《文史》第三辑。

② 张丽娟：《明李元阳本〈春秋穀梁注疏〉浅探》，《儒家典籍与思想研究》（第九辑），北京：北京大学出版社，2017 年，第 98—99 页。

"十"之误，以百里之长乘方恰为以十里之长乘方的百倍，元十行本、嘉靖重校补版均不误，又下文"合成方千里者九百"之"千"字亦为"十"之误，后北监本、毛本两处均沿袭李元阳本误作"千"，阮元《论语注疏校勘记》"闽本、北监本、毛本'十'误'千'"；第十一页疏文"言学者之志乐道忘饑"，"饑"为"飢"之误，阮元《论语注疏校勘记》"案《说文》'谷不熟为饑'，'飢，饿也'，则字当作'飢'"[①]，元十行本不误；卷二第三页经文"父毋唯其疾之忧"，"毋"为"母"之形讹，此章注文、疏文之"母"字李元阳本均误作"毋"；第八页疏文"多见阙殆慎言其馀"，"言"为"行"之误，元十行本不误；第十一页疏文"加轸舆轐七寸"，"舆"为"与"之误，元十行本不误；第十三页疏文"故礼纬稽命殷云"，"殷"为"征"之误，按"礼纬稽命征"为纬书名，唐宋时尚未亡佚，蜀大字本、元十行本、玉海堂本并作"征"；同页疏文"秦誓言武王伐纣"，"秦"为"泰"之误，元十行本不误。这些讹误多因字形相近、读音相近而误，有的是因上下文而误，属于张丽娟所说的"主要出自写工刻工无意之讹"[②]。

上文提到李元阳本《论语注疏解经》据文意、文例于卷一第九页疏文补"礼"字、卷二第九页疏文补"其"字，后监本、毛本、殿本、库本承之而补，确实符合邢疏体例，意思优长，令人心惬，但是并没有什么版本依据，如今存宋蜀大字本和出自元代元贞本的玉海堂本也无此二字。而有的时候，李元阳本的增补似是而非，甚至太过武断了。如卷一第四页注文"作使民必以其时"，李元阳本于"作"下增"事"字，虽然后来北监本、毛本、

① 此处因行文需要，使用繁体字形"饑"、"飢"。

② 张丽娟：《明李元阳本〈春秋穀梁注疏〉浅探》，《儒家典籍与思想研究》（第九辑），第98页。

殿本、库本承之亦有“事”字，但此处所增非是。杨按：宋蜀大字本、元十行本、元刻明嘉靖重校修补本、阮校本、玉海堂本无“事”字，又盱郡本、正平本、纂图本均无“事”字，则原应无“事”字。包咸以“作使民必以其时”释经文“使民以时”，“作”为役使也，汉唐传注多见，“作”与“使”为同义词连用，“作”下增“事”属增字为训。又此下邢疏引包注及疏文均原无“事”字，自李元阳本始疏文均增“事”字，以致包咸注之本义湮没。又如卷三第十四页疏文“告朔视朔听朔朝庙朝享朝正二礼各有三名”中“朝享朝正”四字，李元阳本作“享庙正”。杨按：元十行本“享”上脱“朝”字，作“享朝正”，不辞，与“二礼各有三名”（即三“朔”三“朝”）不合。李元阳本盖因上文“朝庙”而改“享朝”为“享庙”以与之合，后北监本、毛本承之，清武英殿本、库本又承北监本于“朝庙”下增“朝”字以凑足三名，掩盖了最初脱文的痕迹。今蜀大字本、玉海堂本作“告朔视朔听朔朝庙朝享朝正”，可证李元阳本所改非是。又如卷五第三页疏文“此章明仁不须佞也”，李元阳本“仁”作“口”，后北监本、毛本承之，阮元《论语注疏校勘记》云“闽本、北监本、毛本‘仁’误‘口’”，蜀大字本、元十行本、玉海堂本作“仁”，此处为章旨，孔子用贬弃佞来推尊仁、厘清仁，李元阳本之改于仁疏矣。

如果说李元阳本的误刻属于写工刊工粗心所致，那么李元阳本的误改多为根据文意、文例的有意更改。由于李元阳本的误改往往表面上文从字顺，其不足、不易察觉，这是北监本、毛本甚至殿本、库本沿袭其改动的原因；但是，李元阳本误改并没有版本依据，尤其是在内容和语言上与原文有别，这在一定程度上逾越了文献校勘的原则，今天人们整理经籍时使用李元阳本尤应慎重对待。

五、李元阳本的影响与价值

在元十行本之明嘉靖重校修补本的基础上，李元阳本《论语注疏解经》在版式、行款上做了统一和完善，在文字校改方面做了大量的工作，和其刊刻的《十三经注疏》中的其他经书一致，极大地完善了经注疏合刻本，形成了一种在版式、行款和文字内容上全新的“十三经注疏”汇刻文本，在我国经籍史上具有重要的地位和意义。此后，明万历年间李长春主持北京国子监刊刻《十三经注疏》就直接翻刻李元阳本；后崇祯年间毛氏汲古阁本又翻刻万历北监本，实际上也是继承了李元阳本。北监本、毛本在版式、行款上与李元阳本颇为相似，文字内容也基本承袭李元阳本。清乾隆初年武英殿刊刻《十三经注疏》，其《论语注疏解经》以明代北监本为基础，再掺入陆德明《经典释文》的《论语》部分，其版式、行款和文字也可溯源至李元阳本。

清嘉庆十九年，阮元重刊《十三经注疏》，其《论语注疏解经》以十行本的元刻明正德十六年修补本为底本，无《释文》，但嘉庆初年阮元撰《论语注疏校勘记》曾利用李元阳本和北监本、毛本进行校勘，指出“元十行本”颇多讹误；阮元南昌府学本出现之后，阮刻本进行过多次校正，也是多依据李元阳本。李元阳本的价值得到了一定的认可。

《论语》注疏本，由宋至今的版本主要有三个系统：一是南宋刻蜀大字本《论语注疏》十卷，藏日本宫内厅书陵部，中华学艺社 1929 年曾借以珂罗版印刷，后线装书局 2001 年又以线装影印，八行，附《释文》，但颇有些残损，也有少量的文字讹误；二是杨守敬自日本带回的元贞本《论语注疏解经》十卷，出自金元平水本，为日本幕府时期名医曲直濑正琳（1565—1611）家族用书，后光绪三十三年刘世珩交由黄冈陶子麟覆刻，是为玉海堂本，相对完整，有少量的文字讹误；三是元十行本《论语注疏解经》二十卷，到明代出现了递修本，再到李元阳本、北监本、毛本、殿本、库本以及阮刻本，一脉相承。此外，今天尚有宋八行《论语注疏解经》二十卷本之后十卷存世。蜀大字本与宋八行本、元十行本和玉海堂本都有些不同，属于另外一个体系。宋八行本与玉海堂本、元十行本系统关系较近，文字较为一致，可以逆推元十行本出自宋十行本，宋十行本出自宋八行本。十行本属于坊刻，文字讹误严重；李元阳本是元十行本一次比较全面的校改，成果值得肯定；殿本是又一次全面的校改，成就也比较大。如今，北京大学出版社《十三经注疏》本只是据阮刻本标点，没有参考李元阳本，许多错误都没有指出和改正。北京大学《儒藏》本据宋蜀大字本点校，优于阮刻本，但也没有参考李元阳本，蜀大字本的不足和错误没有改正。可见，近年来李元阳本的校勘价值还没有引起足够的重视，当然李元阳本的误改也有待进一步探讨。

从“以知解独”到“以自解独”

——论阳明学派慎独工夫转向及其哲学意义

陈　畅（同济大学哲学系）

黄宗羲《明儒学案·蕺山学案》案语中有一句惊人之语：“儒者人人言慎独，唯先生（按：指刘宗周）始得其真。”[①] 黄氏为刘宗周门人，学界历来多以“门户之见”打发此语，自称私淑于黄宗羲的全祖望即为代表[②]。事实上，黄宗羲这一观点与阳明学派慎独工夫的诠释转向密切相关。按黄宗羲自己的解释，阳明学派“以慎独为宗旨者多矣”，但是各家在慎独论题上立场不一，陷入困境：“或识认本体，而堕于恍惚；或依傍独知，而力于动念。”[③] 困境的根源来自阳明本人主张的“独即所谓良知也”[④]、“良知即是独知时”[⑤]，其门下王畿（号龙溪，浙江山阴人）、欧阳

① 黄宗羲：《明儒学案·蕺山学案》，《黄宗羲全集》第八册，杭州：浙江古籍出版社，2005 年，第 890 页。

② 全祖望评论为“党人之习气未尽”、“门户之见深入”，详见全祖望：《与郑南谿论明儒学案事目》、《答诸生问南雷学术帖子》，《全祖望集汇校集注》，上海：上海古籍出版社，2000 年，第 1693、1695 页。

③ 黄宗羲：《刘子全书序》，收入《刘宗周全集》第五册，台北：“中研院”中国文哲研究所，1997 年，第 755 页。

④ 耿定向《东廓邹先生传》记载，详见董平编校整理《邹守益集》下册，南京：凤凰出版社，2007 年，第 1382 页。

⑤ 王守仁撰，吴光、钱明、董平编校：《王阳明全集》卷二十《答人问良知二首》，上海：上海古籍出版社，1992 年，第 791 页。

德（号南野，江西泰和人）等弟子也主张“良知即是独知”[①]。这一观点引发了阳明后学激烈的思想辩论（致中与致和之辩、良知与知觉之辩等等）。详细考察《明儒学案》，不难发现黄宗羲此言实际上指出：刘宗周一举扭转了阳明学派的慎独诠释困境，提出了终极解决方案。

本文试图解决的问题是：如何理解黄宗羲之洞见？或者说，此所谓诠释转向具有何种哲学意义？本文将从工夫论的角度厘清阳明学派“良知即是独知”说的内在张力以及由此张力而推动的慎独诠释转向，并在此基础上考察此诠释转向的哲学意义，就教于方家。

一、“独知”说：朱子、阳明论慎独工夫

本体与工夫是宋明理学最为核心的议题。工夫是对本体（道理）的实践，以求实现主体自我的转化，开出天下文明。如新儒家牟宗三先生所言：与重视理论而不重视工夫的西方哲学不同；理学讲本体必函着工夫，讲工夫就印证本体，重视在工夫中了解心体、性体这些道理[②]。因此，从工夫论的角度考察理学史上的慎独思想，对于我们深入理解中晚明阳明学派思想发展及其哲学内涵具有重要意义。

“慎独”工夫何以能够成为阳明学派共同关注的理论兴趣点？这牵涉到阳明对朱子工夫论的批评与改造，亦即与两家工夫论差

① 王畿撰，吴震编校整理：《王畿集》卷十《答洪觉山》，南京：凤凰出版社，2007年，第262页。欧阳德撰，陈永革编校整理：《欧阳德集》卷三《答朱芝山》，南京：凤凰出版社，2007年，第88页。

② 牟宗三：《中国哲学十九讲》，《牟宗三先生全集》第29册，台北：联合报系文化基金会、联经出版公司，2003年，第395页。

异有关。王畿对朱子、阳明工夫论分歧有一个评论：

> 晦翁既分存养省察，故以不睹不闻为己所不知，独为人所不知，而以中和分位育。……先师则以不睹不闻为道体，戒慎恐惧为修道之功；不睹不闻即是隐微，即所谓独。……晦翁随处分而为二，先师随处合而为一，此其大较也①。

王畿认为朱子将不睹不闻戒慎恐惧与慎独、致中与致和、存养与省察“随处分而为二”，阳明则将其“随处合而为一”，这是两家学术最大的差异。无独有偶，朱子本人也把此类“二分”看作是他与之前的理学家在工夫论上的重要分歧。朱子《中庸或问》有两条设问：“诸家之说，皆以戒慎不睹、恐惧不闻即为慎独之意，子乃分之以为两事，无乃破碎支离之甚耶?”“子又安知不睹不闻之不为独乎?”② 朱子的回答，除了文本上的根据之外，最重要的是义理上的分疏：

> 其所不睹不闻者，己之所不睹不闻也，故上言道不可离，而下言君子自其平常之处，无所不用其戒惧，而极言之以至于此也。独者，人之所不睹不闻也，故上言“莫见乎隐，莫显乎微”，而下言君子之所谨者，尤在于此幽隐之地也。是其语势自相唱和，各有血脉，理甚分明。如曰是两条者皆为谨独之意，则是持守之功，无所施于平常之处，而专在幽隐之间也。且虽免于破碎之讥，而其繁复偏滞而无所当

① 王畿撰，吴震编校整理：《王畿集》卷二《书婺源同志会约》，第39页。

② 朱熹：《中庸或问上》，载《四书或问》，上海：上海古籍出版社；合肥：安徽教育出版社，2001年，第51—52页。

亦甚矣[1]。

在朱子的论述中，戒慎恐惧与慎独是体道之功入手处，两者分别对应于“己之所不睹不闻”与“人之所不睹不闻”，各自的工夫要点分别在于“平常之处”与“幽隐之地”。这种区分源于朱子对人的精神心理结构（未发、已发关系）的看法，以及因应前人工夫论之缺失而提。朱子认为，戒惧工夫是“当先其事之未然而周防之，以全其本然之体也”，慎独工夫则是“当随其念之方萌而致察焉，以谨其善恶之几也”[2]。此即将两种工夫分别对应于未发与已发。在朱子己丑之悟后的中和新说中，未发指心的静止状态，已发指心的活动状态。未发时心体寂然不动，性具于其中而呈形显象；已发时心体感物而通，性发为情而见心之用。在此种心体结构中，心分为性与情两个层次：性是纯粹的核心，是形而上的绝对至善；情则是形而下者，是有善恶之分的气质因素。由此，工夫论的核心就是根据性理（客观规范）对“情”的种种活动进行检查，以使人的意念与行动符合“理”的要求。朱子称：“然未发之前，不可寻觅，已觉之后，不容安排。但平日庄敬涵养之功至而无人欲之私以乱之，则其未发也镜明水止，而其发也无不中节矣。此是日用本领工夫，至于随事省察，即物推明，亦必以是为本，而于已发之际观之，则其具于未发之前者，固可嘿识。”[3] 工夫分为两部分，一是作用于未发的工夫，一是作用于已发的工夫；前者为“庄敬涵养”，后者为“随事省察、即事推明”。概言之，戒惧、“庄敬涵养”工夫是对道南一脉“默坐

① 朱熹：《中庸或问上》，载《四书或问》，第 52 页。

② 朱熹：《中庸或问上》，载《四书或问》，第 50 页。

③ 朱熹：《与湖南诸公论中和第一书》，《朱熹集》卷六十四，成都：四川教育出版社，1996 年，第 3383－3384 页。

澄心”神秘主义体验的纠偏；慎独、“随事省察”工夫则是对上蔡“以觉论仁”学说易堕入“认欲为理”的纠偏。

朱子早年师从道南传人李侗学习，记述道南工夫指诀如下：

> 先生（李侗）既从之（罗从彦）学，讲诵之余，终日危坐，以验夫喜怒哀乐未发之前气象如何，而求所谓中者，若是者盖久之，而知天下之大本真有在乎是也[①]。

从杨时、罗从彦到李侗的道南一脉把《中庸》的未发、已发说归结为“默坐澄心”、体验未发气象的直觉体验。朱子师从李侗时，对此类体验始终未能契入。按照陈来先生的研究，代表朱子思想走向成熟的中和新说，不是通过未发工夫获得内心体验，而是把主敬之功作为主体修养的手段，以为穷理致知奠定基础；从而实现了从追求未发体验的直觉主义转为主敬穷理的理性主义[②]。前引文中，朱子以“平常之处”言戒惧，就是理性主义立场的表现。换言之，朱子认可道南一脉对主体修养的重视，力图将人性的深层品性开显出来，获得精神上的自新；但朱子更加强调的是主体修养不能局限于直觉体验，而必须将静时体验和日用行为、公共事务贯通起来，内外交养，动静一贯。因为，如何以“理”的立场恰当安顿人的精神追求和日常事务之平衡，是理学探寻人的精神心理结构之内在要求。故而朱子曾感慨称：“理学最难。可惜许多印行文字，其间无道理的甚多，虽伊洛门人亦不免如此。”[③] 所谓“理学最难”，指的是生活化与“平常化”之难：

① 朱熹：《延平先生李公行状》，《朱熹集》卷九十七，第4985页。
② 陈来：《朱子哲学研究》，上海：华东师范大学出版社，2000年，第193页。
③ 《朱子语类》卷六十二，第1485页。

"所谓平常，亦曰事理之当然而无所诡异云尔。"[①] 这也就是朱子所坚持的"中庸"之"庸"作为"平常"解释的题中应有之义。这种主张亦展现于朱子对"以觉论仁"说的纠正之中。

"以觉论仁"思潮的代表人物是北宋程门弟子谢上蔡。上蔡称"心有所觉谓之仁"[②]，"仁是四肢不仁之仁，不仁是不识痛痒，仁是识痛痒"[③]。上蔡所说的"觉"是对"心"应事接物时活泼泼的状态的描述，知觉活泼时为仁、麻木时为不仁，其论说的重心是要在不可抑制的生机自然勃发状态中直接把握仁（天理）的真面目：

> 所谓天理者，自然底道理，无毫发杜撰。今人乍见孺子将入于井，皆有怵惕恻隐之心。方乍见时，其心怵惕，所谓天理也。要誉于乡党朋友，内交于孺子父母兄弟，恶其声而然，即人欲耳[④]。

上蔡的天理人欲之辨，侧重于是否能超越理智穿凿，他时刻警惕理智对生机的规制和扼杀。朱子坚决反对以上蔡为代表的"以觉论仁"思潮，称："仁者，生之理，而动之机也。"[⑤] 仁是生生之理，是主导事物变化的造化力量本身。"生之理"的提法是有其明确针对性的。在朱子看来，生机如果不按其自然条理运行，将如电光石火般稍纵即逝；这样一来，自然生机与人欲会很

---

① 朱熹：《中庸或问上》，载《四书或问》，第45页。

② 朱熹《论语精义》卷六下记载，见《朱子全书》（修订本）第七册，上海：上海古籍出版社；合肥：安徽教育出版社，2010年，第419页。

③ 谢良佐：《上蔡语录》卷中，收入《朱子全书外编》第3册，上海：华东师范大学出版社，2010年，第20页。

④ 谢良佐：《上蔡语录》卷上，收入《朱子全书外编》第3册，第4页。

⑤ 《朱子语类》卷九十五，第2418页。

容易混淆，若没有道德理性的辨识和贞定，就会有“认欲为理”的危险。这种“以觉论仁”与“以理论仁”的差异，就是朱子“慎独”诠释的理论源头[①]。朱子所说的慎独，是要谨慎地审察善恶之几。朱子认为“几”是天理流行、实理发见的重要枢纽，“天理固当发见，而人欲亦已萌乎其间”是其基本状态。这一意义上的“几”，善恶杂糅，必须由“理”作出贞定。例如朱子说“当其未感，五性具备，岂有不善？及其应事，才有照顾不到处，这便是恶”[②]。所谓“照顾不到处”，是指未能由“理”加以贞定的心念，此即恶的根源。在这一意义上，虽然慎独是至隐至微的“人所不知而己所独知之”的工夫，但是其本质上是公共理则意识能否正确树立的重要关口。

综上，朱子工夫论中的戒惧与慎独之所以被区分为二，是以静存之固、动察之密的方式树立公共理则意识。其以“独知”解释慎独之独，不是个体层面之知，而是具有公共意义之知：根据公共客观规范对“情”的种种活动进行检查，以使人的意念与行动符合“理”的要求。然而，朱子确立的精密工夫论，也是后世理学家生命困惑的根源所在。例如，明代心学两位代表人物陈白沙和王阳明早年依循朱子的教导做工夫实践，均有“吾心与物理难以凑泊”的困惑，即源于此。尽管朱子所说的性理是从即物穷理的具体情境中“格”出，但毕竟与生生活泼、流动不居的实际情境有一间之隔。其根源在于，在领会生活世界的节奏这一点上，“理”比“情”慢了几拍：客观性理必须经由理性的反省方

① 关于宋明理学乃至中国思想史上“以觉论心”和“以理论心”之差异和对立，详参冯达文先生的系列研究：《从“理性”到“觉性”——论慧能禅学在中国佛学发展史上之价值》、《再论从“理性”到“觉性”——中国佛学与宋明儒学的一个公共话题》，两文均收入冯先生《理性与觉性：佛学与儒学论丛》（成都：巴蜀书社，2009 年）一书。

② 《朱子语类》卷九十四，第 2395 页。

能掌握；而“情”则是感应场域中的直接、当下产物，具有随感随应之灵活性。当现实情境急剧变化时，人把握到的“理”与现实发生乖离，而流为僵化拘执的观念，亦在所难免。

众所周知，阳明良知学的提出与他对朱子学天理观弊病的反省密切相关。阳明提倡的良知是灵明：“可知充天塞地中间只有这个灵明，人只为形体自间隔了。我的灵明，便是天地鬼神的主宰。”① 良知是贯通天地的生机在人之体现，是生机自身之明觉，是其自明、自了、自知②，是为我的灵明。天地宇宙中的生机是一种融于无形，却无时不刻地显现自己的统体存在。这种显现总是具体的，是由“我的灵明”来感知和实现。感是人际、物际生机之感通，是一气相通的生机之流通共振；人在日常生活中通过“感”形构出一个个的实践场域，在每一个场域中，是良知（我的灵明）唤醒了一体生机的韵律，以“活泼泼”的方式共在。在这个意义上，是良知（我的灵明）激活了我的世界中的万物生机、力量和秉性；天地宇宙正是依赖于良知灵明而显现自身，这种显现属于一体之中的自明、自了、自知。从工夫论的角度来说，通过排除任何强制和扭曲，回归无为的状态，心体自身的秩序就能以自有、自觉、自正（正其不正以至于正）的方式呈现。正如牟宗三先生所说：“此亦无绕出去的巧妙办法。此中本质的关键仍在良知本身之力量。……不是把良知明觉摆在那里，而用一个外来的无根的另一个觉去觉它。这逆觉之觉只是那良知明觉随时呈露时之震动，通过此震动而反照其自己。”③ 由此，阳明将朱子工夫论中被区分为二的种种工夫合而为一。

---

① 王守仁：《传习录》卷下，《王阳明全集》，上海：上海古籍出版社，1992 年，第 141 页。

② 参牟宗三：《从陆象山到刘蕺山》，上海：上海古籍出版社，2001 年，第 247－254 页。

③ 牟宗三：《从陆象山到刘蕺山》，第 162－163 页。

阳明弟子问如何评价朱子所说的“戒惧是己所不知时工夫，慎独是己所独知时工夫”，阳明回答称：

> 只是一个工夫，无事时固是独知，有事时亦是独知。……此独知处便是诚的萌芽；……于此一立立定，便是端本澄源，便是立诚。……今若又分戒惧为己所不知，即工夫便支离，亦有间断[①]。

阳明所说的戒惧，并非朱子那里基于动静次序的区分而产生的工夫，而是以良知活泼泼的自觉为唯一内容的工夫。例如阳明称：“戒惧之念是活泼泼地。此是天机不息处。……一息便是死。非本体之念，即是私念。”[②] 因此，若像朱子那样把戒惧看作己所不知的工夫，工夫就会间断。也就是说，良知自然会觉，（戒惧）工夫只是让此心体常觉，生机从不间断。在阳明，致良知工夫无分于动静：独知就是良知，慎独即是致良知，即是致中和，即是存养省察，即是戒惧。这种浑一的工夫论，主要是为了防止心灵的分散，回到良知自然生机开展工夫，而非相反的路子。对比而言，同样是以觉论仁（心体），上蔡所说的“觉”多指同情心、恻隐心之类的情感活动，而阳明所说的“觉”已经广及认知、情感、意志等所有精神心理活动，具足“性体”涵义[③]。阳明在回答罗钦顺质疑时说：“凡某之所谓格物，于朱子‘九条’之说，皆包罗统括其中；但为之有要，作用不同，正所谓毫厘之差

① 王守仁：《传习录》卷上，《王阳明全集》，第34—35页。

② 王守仁：《传习录》卷下，《王阳明全集》，第91页。

③ 参冯达文：《再论从“理性”到“觉性”——中国佛学与宋明儒学的一个公共话题》，《理性与觉性：佛学与儒学论丛》，第48页。

耳。”[1] 良知具有客观的理则，能契合现实事物的轻重厚薄的各种情形。这说明，阳明的良知学说同样保有朱子学那里的将客观公共的理则意识与形而上追求融为一体的本体观。

综上，朱子和阳明同样使用“独知”诠释慎独，在两家学术中，独知的功能是以某种方式实现生命自身的觉醒和更新，把主体身心秩序与世界生机秩序融合为一的关键点。但是，两家独知说的理论内涵和哲学立场完全不同。朱子侧重于消极性的察私、防欲，阳明则以良知心体的自然开展之积极工夫为重。两家分歧的哲学意义在于：如何处理人的道德意识中直觉（知觉）与理性之间的关系？在工夫实践过程中，何者处于更优先的地位？朱子以未发、已发区分戒慎恐惧与慎独，其工夫论意义是树立一个独立且先在于人心知觉的“天理本然”，让理性掌控全局；阳明将两者同一化处理，则是要打破理则意识对于生机活力的弛缓、间断、禁锢。换言之，朱子的独知说强调理则意识的先在性、先导性，这一意识是一切工夫的前提；而阳明的独知说则打破一切先在的工夫前提，理则意识不是良知工夫的前提，相反，良知是理则意识的前提。阳明主张心体具有纯粹的灵性，亦即内在绝对性，足以确保理则的公共有效性。在这一意义上，阳明所主张的“良知即是独知”，代表着良知心体最高的主动状态，具有自我做主、自我节制、自我主宰的绝对自由。

二、独知非良，抑或无有不良：阳明后学工夫困境

在阳明学派的思想体系中，独知说具有重要的意义，它体现

---

① 王守仁：《传习录》卷中，《王阳明全集》，第 77 页。

了阳明学术的精微与圆融，也是理解阳明后学理论发展及其内在困境的一条重要线索。甘泉弟子洪垣（号觉山，江西婺源人）记述了一条阳明谈论独知的文字：“独知之知，至静而神，无不良者。吾人顺其自然之知，知善知恶为良知，因其所知，而为善去恶为致良知。”[①] 阳明所说的独知之知，就是知善知恶的良知。独知概念的意义在于其能够凸显良知的两大特质：一是强调良知是切己的生命自知自觉，二是强调良知的清明监察功能。

就自知自觉特质而言，阳明解释为“人若不知于此独知之地用力，只在人所共知处用功，便是作伪，便是‘见君子而后厌然’”[②]。良知无时不发，其发无形无声，无法以外在睹闻的方式把握，只能由每个人各各自知自觉，他人总难与力。阳明此处所提独知与共知之辨，是针对当时儒者以博文广见求知于外的治学流弊而提，指出儒者工夫应该围绕自己的身心性命开展，由“求之于外”转向“反求诸身”。单从工夫效用角度看，这一特质与朱子的戒惧工夫功能相近。就清明监察特质而言，良知是知是知非的道德知觉，贯穿于人的生命全过程。良知是最真实的自我、真己，“这个真己是躯壳的主宰”[③]。“无事时固是独知，有事时亦是独知”，人的意识与行为无不为良知所监察。因此，修养工夫的核心是发挥独知的主宰力量，以独知为监察官，察识念虑初萌之际，审其为善意则引导以扩充之，审其为恶意则驱除而遏绝之。阳明说：“良知只是个是非之心，是非只是个好恶，只好恶就尽了是非，只是非就尽了万事万变。”[④] 致良知是在此心感应酬酢之间，实实落落发挥独知之主宰力量，亦即发挥其自然好恶。

① 洪垣《答徐存斋》记述，详见黄宗羲《明儒学案》卷三十九，《黄宗羲全集》第八册，第217页。

② 王守仁：《传习录》卷上，《王阳明全集》，第34页。

③ 王守仁：《传习录》卷上，《王阳明全集》，第36页。

④ 王守仁：《传习录》卷下，《王阳明全集》，第111页。

在这一意义上，独知即是心体感应之自然好恶，这一内涵体现了致良知工夫的实质是良知心体的自然展开，而不是外在客观规范的强制。由此可见，独知说充分展现了王阳明良知学说“即知即行，即心即物，即静即动，即体即用，即工夫即本体，即下即上，无之不一”① 的特质，足以成为阳明学思想体系的核心概念之一。

从工夫论的角度看，阳明独知概念得以成立，是建立在“未发已发浑一化”的体用论基础之上。独知在朱子理论体系中属于已发时工夫，有别于未发时工夫。阳明则强调良知无时不发，不存在一个未感之前另有未发之时的阶段，其理论表述是：“未发在已发之中，而已发之中未尝别有未发者在；已发在未发之中，而未发之中未尝别有已发者存；是未尝无动静，而不可以动静分者也。”② 这种未发即已发的关系论述不是在时间序列中做出的界定，而是从时间序列中解放出来，确保已未体用的浑然一体性。其目的在于否定先验定理的存在，否定超然于心的超越之物的存在，以保证良知之绝对自由以及创制事理的充分权限。换言之，阳明是通过未发、已发浑一化的心体结构，保障和实现理事无碍。其理论效果之一便是，独知具有即理即事的内涵。就即理内涵而言，独知体现为通体用贯寂感的当下觉知，在独知之外、之上没有另一个终极的本体之知；这说明独知具有不受任何既定的价值观念之拘束的绝对自由含义。就即事内涵而言，独知在已发之念虑、事为中呈现自身；作为良知当体自身的独知不是一个独立于念虑、事为的抽象存在。独知的即事内涵之意义，可从阳明“因用求体”思维中看出：“本体上何处用得功？必就心之发动处

---

① 刘宗周评论王阳明之文，见黄宗羲：《明儒学案·师说》，《黄宗羲全集》第七册，第 14 页。

② 王守仁：《传习录中·答陆原静书》，《王阳明全集》，第 64 页。

才可着力也。心之发动不能无不善，故须就此处着力，便是在诚意。”① 阳明说的诚意工夫，是以“独知”作为意念的监察官，察识到善意则依这个良知行动，察识到恶意则依这个真知而遏绝之。牟宗三的解释非常精当：“是在良知上立根，致良知以对治后天的意。而不是直在后天的意上立根。”② 因此，独知就成了诚意之本，这也是以良知的自知自觉作为所有工夫的本源之意。总而言之，正因为独知具有即理即事内涵，阳明工夫论中存养与省察彻底打通：慎其独知一方面有涵养本源之工夫内涵，另一方面也具备事上磨炼之工夫内涵。

作为即理即事的独知概念，其另一表述就是四句教，或者说，最后以“四句教”的定论形式出现：“无善无恶心之体，有善有恶意之动；知善知恶是良知，为善去恶是格物。”阳明门下弟子钱德洪和王畿对四句教有不同的理解。钱德洪认同四句教，指出“心体是天命之性，原是无善无恶的。但人有习心，意念上见有善恶在，格、致、诚、正、修，此正是复那性体功夫”。此即“四有句”诠释。王畿认为四句教不是究竟话头，究竟之教应该是“心意知物皆为无善无恶”，此即“四无句”诠释。阳明对门下弟子钱德洪与王畿四有句、四无句之辨的调解，说明王门修养工夫分两个入路：一路是四有句所说的从工夫入手，通过在作为心之所发的意念上，切实地下为善去恶的修养工夫，以工夫复心体；另一路是四无句所说的从本体入手，以悟为工夫。而此两路工夫恰恰分别对应于独知之即事内涵与即理内涵。因此，阳明所指出的四句教“原是彻上彻下功夫”，验之于独知概念，可知

① 王守仁：《传习录》卷下，《王阳明全集》，第119页。
② 牟宗三：《陆王一系之心性之学》，《牟宗三先生全集》第30册，第54页。

决非虚言①。

阳明所说的不睹不闻工夫是在独知上用，而独知、诚意工夫均落实于“心之发动处”。在这一意义上，致良知学说与上蔡“以觉论仁”的思想立场是一致的，都是以生机勃发的活泼状态之察识（独知）为核心。朱子曾批评“以觉训仁”说的弊病：“专言知觉者，使人张惶迫躁，而无沉潜之味，其弊或至于认欲为理者有之矣。”② 显然，阳明的独知说也要面对朱子的担忧与批评。洪觉山对上引阳明“独知之知，至静而神，无不良者……”有一个评论：

> 盖其所谓知，自夫先天而不杂于欲时言之，是矣。……一时学者喜于径便，遂概以无心之知为真知，不原先天，不问顺帝之则，……任性而非循性者，是过惩（引者按：疑为“逞”）意识之故也③。

洪觉山能够理解阳明所说的独知首先是先天本体概念，但是他观察到的现象却是：在具体的工夫实践过程中，心学家“过逞意识”往往使得独知的绝对自由内涵流为“无所拘束”、“无所忌惮”，引发大量认欲为理、任情识而悖天理的弊端。这实际上是指出独知概念的“即事内涵”有流弊。洪觉山给阳明学派提出的问题是：在实际的工夫过程中，无所拘束的主体如何在有善有恶的意念洪流中辨别良知与人欲？或者说，在意念发动时才辨别良知与人欲，如何避免落于后着？这种质疑的哲学意义在于：如何

① 此处关于四句教的引文，详见王守仁：《传习录》卷下，《王阳明全集》，第117—118页。

② 朱熹：《仁说》，《朱熹集》卷六十六，第3544页。

③ 洪垣：《答徐存斋》，详见黄宗羲《明儒学案》卷三十九，《黄宗羲全集》第八册，第217页。

进一步排除人为（人欲）因素的影响，令本体自然发用？这是阳明“未发即已发”体用结构取消了理与事的界限之后，必须面对和解决的理论难题。

事实上，王畿的四无句是针对这一理论难题而提出的解决方案之一。在阳明去世之后，其门下弟子对四句教及“良知即是独知”命题有不同的理解，这种思想冲突并非由于阳明后学将良知教简单化、片面化处理而引起，而是阳明后学试图解决朱子式的担忧与批评而产生。从理论推进的逻辑来看，阳明后学的改进思路主要有两个：一个是改造未发即已发的体用结构，从根子上消解独知概念及其流弊；二是在未发即已发的体用论基础上，充分发挥独知概念“即理内涵”的思想意义，以解决“即事内涵”的流弊。而这两种思路的共同目标就是排除人为因素的影响，令本体自然发用；亦即建立“先天之学”。这两个思路的主要代表分别是聂豹与王畿。

提出第一种改进思路的代表是聂豹。聂豹做的是釜底抽薪的工作。聂豹从根本上质疑阳明“良知即是独知”说“以知解独”的正当性：

> 《大学》、《中庸》言慎独者三，本文原无知字，知字乃传注释文也。以独为知，以知为知觉，遂使圣人洗心藏密一段反本功夫，潜引而袭之于外。纵使良知念念精明，亦只于发处理会得一个善恶而去取之，其于未发之中，纯粹至善之体，更无归复之期①。

聂豹认为，《大学》、《中庸》三处提及慎独的文本中并没有

① 聂豹：《答欧阳南野太史三首》三，《聂豹集》卷八，南京：凤凰出版社，2007年，第246页。

知字，以知解独是后人（朱子）加上去的；阳明继承前人观点，又将独知与良知等同起来，导致良知降到“已发”层面，失去了“未发之中”的含义。显然，聂豹批评的逻辑起点，是把阳明独知概念里的“即事内涵”等同于朱子学意义上的“已发”。质疑“以知解独”与拆解“未发即已发”体用结构是聂豹釜底抽薪工作的一体两面。聂豹认识到阳明“未发即已发”说的虚无（不受拘束）性格是“认欲为理”的理论源头，他提出的解决方案就是在良知教体系内重新确立理则意识的先导性。阳明曾以“虚灵知觉”释良知：“心之虚灵明觉，即所谓本然之良知也。”[①] 聂豹则区分虚灵与知觉：“心之虚灵知觉，均之为良知也。然虚灵言其体，知觉言其用。体用一原，体立而用自生。致知之功，亦惟立体以达其用。”[②] 他通过分拆未发、已发以区分虚灵与知觉，以未发之中为虚灵之体，以独知（知觉）为本体的发用。因此，聂豹强烈反对“良知即是独知”说，提出“独知是良知的萌芽处，与良知似隔一尘”[③]。相对于“良知即是独知”说，聂豹致知说的最大特点就是：不在发动处着力，而是将工夫用在未发之中。然而，聂豹的改造方案违反了阳明对体用的规定，被阳明众多第一代弟子认定为“裂心体而二之”[④]。黄宗羲记述其事曰：

当时同门之言良知者，虽有浅深详略之不同，而绪山、龙溪、东廓、洛村、明水，皆守“已发未发非有二候，致和即所以致中”。独聂双江以“归寂为宗，工夫在于致中，而

① 王守仁：《传习录》卷中，《王阳明全集》，第 47 页。
② 聂豹：《答松江吴节推》，《聂豹集》卷八，第 277 页。
③ 聂豹、王畿：《致知议辩》，收入《王畿集》卷六，第 135 页。
④ 黄宗羲：《明儒学案》卷十六《江右王门学案一》，《黄宗羲全集》第七册，第 381 页。

和即应之”。故同门环起难端，双江往复良苦[1]。

不过，虽然聂豹的归寂之学遭到王畿等人的批评，但其实聂豹与王畿是有着共同的理论出发点和目标的。这主要表现在两人对于先天之学的追求上。

第二种改进思路的代表是王畿。王畿四无句将“心意知物”都置于无善无恶的本体地位，认定工夫只在“无善无恶”之本体上用功，不在第二义上用力。四无句彰显出四句教面临的一个工夫困难：心体与意知物不相贯通，意知物没有本体地位，这可能会导致致知工夫致的不是“知”之体，而是知之发用。王畿用先天之学与后天之学的区分来标识这两种理解的差异：

> 正心，先天之学也；诚意，后天之学也。良知者，不学不虑，存体应用，周万物而不过其则，所谓先天而天弗违，后天而奉天时也。人心之体，本无不善，动于意始有不善，一切世情见解嗜欲，皆从意生。人之根器不同，功夫难易亦因以异。从先天立根，则动无不善，见解嗜欲自无所容，而致知之功易。从后天立根，则不免有世情之杂，生灭牵扰，未易消融，而致知之功难[2]。

聂豹在与王畿辩论时引用邵雍先天之学的提法为自己辩护：“邵子云：‘先天之学，心也；后天之学，迹也。’先天言其体，后天言其用，盖以体用分先后，而初非以美恶分也。”[3] 邵雍区分

① 黄宗羲：《明儒学案》卷十七《江右王门学案二》，《黄宗羲全集》第七册，第413页。

② 王畿：《陆五台赠言》，《王畿集》卷十六，第445页。

③ 聂豹、王畿：《致知议辩》，收入《王畿集》卷六，第132页。

先天易与后天易。按朱子的解释，先天易是指伏羲所画之易，后天易是文王所演之易[①]。前者是未画之前已有的天地自然之道，假手伏羲发其秘；后者是基于人的实用目的而产生的对自然之道之认识和理解。后天之学由先天之学而来，两者有用与体之关系。聂豹意图以此来论证他分拆未发、已发的正当性。王畿同样使用先天之学、后天之学的范式，目的却是用来巩固“未发即已发”的体用结构以及消解诚意工夫的流弊。王畿主张在“无善无恶心之体”上立根，则意之所发无不善；这与阳明“因用求体”思维中“必就心之发动处才可着力”观点完全不同。两者有先天之学与后天之学的区分。显然，王畿以先天之学扬弃了独知概念的“即事内涵”（诚意工夫），其本体工夫能够自然发用，从而解决前文所说朱子式的担忧与批评。但是，王畿从无处立基，以顿悟心体为工夫，虽然实现了完全排除人为因素的影响，却是以消解后天致知工夫为代价，难免陷入玩弄光景之弊。

晚明阳明学者管志道对于王畿进路之流弊有一个深刻的分析：

> 近自王文成公致良知之学出，世儒咸知不睹不闻为本体，戒慎恐惧为工夫，合得本体，方是工夫。于是圣学之直接虚圆，若有径之可入。而又以戒惧一着于意，仍落方所，乃复反之曰：戒慎恐惧即本体，不睹不闻即工夫。尤能鼓初学之精神，而顿助之长。然其流乃至于虚骄狂荡而不可挽，尤有甚于影响支离之病焉。然后知孔门言道，每多严切之词，其虑世至深远也[②]。

① 朱熹：《答袁机仲书》，《朱子全书》第21册，第1665页。

② 管志道：《中庸测义》“戒慎恐惧慎独”条，日本尊经阁文库藏本，第10—11页。

管志道以不睹不闻和戒慎恐惧为理论工具，分析阳明学派不同的工夫进路。以不睹不闻为本体，戒慎恐惧为工夫，是以工夫复本体之路；戒慎恐惧即本体，不睹不闻即工夫，是顿悟本体之路。王畿曾说："先师尝谓人曰：'戒慎恐惧是本体，不睹不闻是工夫。'戒慎恐惧若非本体，于本体上便生障碍；不睹不闻若非工夫，于一切处尽成支离。"[①] 王畿以戒慎恐惧为本体，是指良知警觉、活泼的状态；其以不睹不闻为工夫，则是以无工夫（自然无为）之工夫保证本体的发用。黄宗羲对王畿此论之评价甚为精当："一着功夫，则未免有碍虚无之体，是不得不近于禅。"[②] 这种工夫流弊是启儒佛合流之端，虚骄狂荡，更甚于朱子学支离流弊。

综上，为了在良知学体系内解决朱子式担忧与质疑，聂豹由不睹不闻走向虚寂（未发、已发有间），王畿由"未发即已发"走向无工夫之工夫（直悟本体）。两者构成针锋相对的立场，共同彰显"良知即是独知"的弊端，预示着其工夫困境。近代史家刘咸炘对此有透彻的分析：

> 阳明之所谓知不再传而说者已不一，念庵所谓阳明公门下争知字如敬师讳，不容人谈破者，是也。浙中江右诸人，或言独知，或言四端，或泛言一切知觉，或谓主宰，或谓流行，虽严荡不同，要之皆以知为照察。由是遂生三病，一为文义虚悬，不知所指。一为工夫浮泛，不可为据。一为陷于无善无恶之论。以故本派之中罗念庵、聂双江起而救正，李

① 王畿：《冲元会纪》，《王畿集》，第3页。

② 黄宗羲：《浙中王门学案二·郎中王龙溪先生畿》，《黄宗羲全集》第七册，第270页。

见罗别立一宗旨。异派则罗整庵纠之。是固不足以难阳明，而阳明但举知字之弊则甚著矣[1]。

刘咸炘认为，阳明学的特质是以知为主，而其问题的根源也在于此。虽然从理论上来说，阳明良知教甚为圆融，各家之批评都不足以驳倒阳明。但是阳明学派以“知”为学说核心的流弊是客观存在的。若结合聂豹对阳明“以知解独”的质疑来看，聂豹与刘咸炘共同指出了阳明学派如此重视慎独工夫的根源。亦即，阳明以知解独，把“独”局限在心的领域，如此便引发终极本体的解释方向问题：良知是终极本体，抑或良知之外还有更高的存在？支持或反对“良知即是独知”的各方，就在这个问题上打转，难以调和。而阳明学派“以知解独”遭遇的问题在朱子那里并不存在，它是心学特有的问题。

聂豹与王畿共同的目标、针锋相对的思想立场以及各自遭受的批评，说明良知教话语在建立新的工夫论范式过程中遭遇到了困境。在阳明学以知为核心的思想体系内进行的理论推进，要么以心为根本，充分发挥此心之灵明内涵，这在试图解决问题的同时把问题扩大化了；要么分裂心体走向以性为根本，这又违反了良知学的内在规定性。从逻辑上看，要在阳明学体系内成功解决朱子式的担忧与质疑，必须把聂豹与王畿两派立场融合为一。聂豹与王畿的针锋相对的立场是在“以知解独”的论域中出现的；若要达致目标，显然必须开辟一个新的思想论域。

---

① 刘咸炘：《姚江学旨述》，《推十书增补全本》，上海：上海科学技术文献出版社，2009年，第203页。

三、以"自"（气）取代"知"：刘宗周的慎独诠释转向

从工夫论的角度看，"以知解独"遇到的问题是：独知生发于个体心层面，无所拘束的个体心当下呈现的未必是良知，可能是情欲恣肆，也可能是脱离现实基础的虚幻价值。由此，阳明学派慎其独知的工夫将有可能导致主体陷入时空当下之束缚而不自知，而事上磨炼工夫也会流为在念起念灭上追逐。刘宗周广为流传的名言"今天下争言良知矣，及其弊也，猖狂者参之以情识，而一是皆良；超洁者荡之以玄虚，而夷良于贼。亦用知者之过也"[①]，即此之谓。

在阳明学派发展史上，提出一个新的思想论域解决问题的思想家是刘宗周。刘宗周的创新之处在于他提出了一种全新的未发、已发说。这主要是受到东林学派集大成者孙慎行的影响[②]。孙慎行关于中和问题的观点迥异于前人，他的"未发"、"已发"、"中"、"和"都是针对喜怒哀乐而言，并且他所理解的喜怒哀乐也与传统的理解全然不同。最重要的是，以此为基石建立的新思想体系明确主张"儒者之道，不从悟入"[③]。孙慎行指出：

> 夫人日用间，岂必皆喜怒皆哀乐？即发之时少，未发之时多。若今人物交私梏，即发之时犹少，未发而若发之时多矣。然谓人无之，则终不可。今无论日用间，即终日默坐清

① 刘宗周：《证学杂解》解二十五，《刘宗周全集》第二册，第 325 页。

② 参见拙著：《自然与政教——刘宗周慎独哲学研究》第二章、第三章，上海：上海人民出版社，2016 年。

③ 黄宗羲：《明儒学案》卷五十九，《黄宗羲全集》第八册，第 812 页。

明，无一端之倚着、有万端之筹度，亦便不可谓之发也。但所谓未发者，从喜怒哀乐看，方有未发。夫天地寥廓，万物众多，所以感通其间而妙鼓舞之神者，惟喜怒哀乐①。

刘宗周也说：

天有四德，运为春夏秋冬四时，而四时之变，又有风雨露雷以效其用，谓风雨露雷即春夏秋冬，非也。人有四德，运为喜怒哀乐四气，而四气之变，又有笑啼恚詈以效其情，谓笑啼恚詈即喜怒哀乐，非也。故天有无风雨露雷之日，而决无无春夏秋冬之时；人有无笑啼恚詈之日，而决无无喜怒哀乐之时。知此可知未发已发之说矣②。

以往的理学家在解释中和说时大多侧重于“未发”、“已发”、“中”、“和”这些虚位词，忽略了“中和说”中最具内容意义的“喜怒哀乐”。就《中庸》本文来讲，未发、已发都是针对“喜怒哀乐”而言，但在理学家那里，多兼及思、知觉与人之视听言动等等而言。就知觉思虑论未发已发，故以漠然无心为未发之中。孙慎行和刘宗周都认为应紧扣《中庸》原文，就“喜怒哀乐”来论“未发已发”。未发、已发一旦于喜怒哀乐上来讲，则未发时并不是“漠然无心”的状态，而是有“喜怒哀乐”潜存于其间，只不过其时“可喜怒、可哀乐者未交”，此潜存者尚未展现喜怒哀乐之态而已。在日常生活中，喜怒哀乐未发之时肯定是多于已发之时。如是，则不能在日常生活之外寻觅“无思无为”之时并

① 孙慎行：《困思抄·未发解》，《四库禁毁书丛刊》集部123，第353页。
② 刘宗周：《学言中》，《刘宗周全集》第二册，第495页。

以之为未发。孙慎行和刘宗周的新见解具有什么思想意义呢？在传统理学比如朱子学中，知觉思虑和喜怒哀乐都属于日常可见的"形而下之情"，然而两者之未发却具有迥然不同的蕴涵：知觉思虑之未发指示了一种隔绝于日常生活的情境，而喜怒哀乐之未发则是一种常见的日用情境。前者可与独立于形而下之情的超越本体相呼应，后者则指向与"情"同质、同层次的存在。因而，"未发已发"究竟是围绕知觉思虑立论还是围绕喜怒哀乐立论，并不是单纯涉及概念内涵、外延变换的争论，而是关乎体用论立场的整体转变。

笔者的前期研究已经对孙、刘二人的未发已发说作出充分的探讨。概言之，他们把喜怒哀乐界定为人的基本情感并赋予其一个宇宙论背景，从而成为根源性的存在。盈天地间皆气，气之运行可概括为盎然而起、油然而畅、肃然而敛、寂然而止四个阶段，分别命名为喜、乐、怒、哀四气；喜、怒、哀、乐虽名为四气，实际上只是一气，此"一气"流行妙运故有千变万化，而其千变万化之大化流行有一定的次序、秩序，这些秩序总结起来就是喜、怒、哀、乐四者；四端之心、仁义礼智、春夏秋冬，都是这一秩序在各个层面的展现。喜、怒、哀、乐之未发（中），并非指"生气"运行尚未呈现出"喜怒哀乐"这一"气序"时的状态（这一状态并不存在），而是指天地之间万物生气交感、贯通不已的状态；喜怒哀乐之已发（和）则是指天地之间万物生气贯通时呈现之条理（发而皆中节、无过不及处）。因此，未发、已发的结构就变成未发、已发互相蕴含的关系，但必"存诸中"方能"发于外"，存发之间不是即存即发的关系，而是"存"涵盖"发"[①]。概括起来，就是"中和一体，由中导和"。刘宗周这种心

① 参见拙著：《自然与政教——刘宗周慎独哲学研究》，尤其是第四章、第八章。

体结构区别于朱子学、阳明学的最大特点在于：从“存”的根源处来引导“发”，把人的视野从时空当下放大到天下宇宙，避免“陷于情识”之流弊；亦保证中和互相蕴含，使“性理”内在于流动的、活泼泼的现实生命，保持对现实的快速应对能力。

值得注意的是，刘宗周基于喜怒哀乐说彻底改变了心体结构和未发、已发关系的定义，并赋予阳明后学激辩不已的“先天之学”、“后天之学”以新的意义。其称：

> 性情之德，有即心而见者，有离心而见者。即心而言，则寂然不动，感而遂通，当喜而喜，当怒而怒，当哀而哀，当乐而乐。由中导和，有前后际，而实非判然分为二时。离心而言，则维天于穆，一气流行，自喜而乐，自乐而怒，自怒而哀，自哀而复喜。由中导和，有显微际，而亦非截然分为两在。然即心离心，总见此心之妙，而心之与性，不可以分合言也。故寂然不动之中，四气实相为循环；而感而遂通之际，四气又迭以时出①。

在刘宗周的体系中，先天与后天是离心而言与即心而言的区别。“离心而言”的性情之德是性体，“即心而言”的则是心体；性体、心体只是喜怒哀乐的不同表述，不是体用之别。作为气序的喜怒哀乐，是性体，也是心体，统称独体。换言之，先天之学以“离心而言”的喜怒哀乐之性体为内容，后天之学则以“即心而言”的喜怒哀乐之心体为内容②。刘宗周描述性体四气周流表现为“自喜而乐，自乐而怒，自怒而哀，自哀而复喜”，自是

① 刘宗周：《学言中》，《刘宗周全集》第二册，第487页。

② 详见刘宗周《易衍》第七章关于先天之易与后天之易的定义，《刘宗周全集》第二册，第160—161页。

"自然"，是维天于穆一气流行之事，丝毫不假人力、不涉人为，又何须勉力作为。存此之谓中，发此之谓和。刘宗周所说的慎独，就是时时保任此性体周流，实现由中导和，亦即：打开天人之间自然而然的感通机制，令生机自然流行不已。因此，在刘宗周思想体系中，阳明学派的"以知解独"被转换为"以自解独"。刘宗周所说的"自"是一气之通复，自通自复，自好自恶。其称："自之为言由也，自之为言独也。"[①]"传称毋自欺，自之为言独也。"[②]"如恶恶臭，如好好色，盖言独体之好恶也。原来只是自好自恶，故欺曰自欺，慊曰自慊。既自好自恶，则好在善，即恶在不善；恶在不善，即好在善，故好恶虽两意而一几。"[③]以气之自然运作来解释慎独之独，其思想重心在于回到非人格的、公正无私的天道（先天之学）。例如，在阳明那里，未发、已发是就良知而言，而刘宗周则是把未发、已发重新收于喜怒哀乐上来讲；虽然两人皆紧贴"生机"定位未发、已发，把"未发已发"从时空的序列中解放出来，确保了已未体用的浑然一体性，但其间有着哲学立场上的根本差异。刘宗周的论述更加注重人的生机与天地自然生机的贯通，强调以与人同源的自然机制来贞定个体之心，从而使个体之"心"不会流于私意。

刘宗周虽然作出了性本天、心本人的区分，但实际上天与人是一体不分的关系，"天非人不尽，性非心不体"[④]；他用"寂然不动，感而遂通"来描述这种一体关系。心体可划分为自觉的"感而遂通"状态与超自觉的"寂然不动"状态。当心体处于超自觉状态时，其喜怒哀乐之心气虽在未发之中却未尝因心之寂然

① 刘宗周：《学言下》，《刘宗周全集》第二册，第519页。
② 刘宗周：《学言下》，《刘宗周全集》第二册，第514页。
③ 刘宗周：《学言下》，《刘宗周全集》第二册，第522—523页。
④ 刘宗周：《易衍》第七章，《刘宗周全集》第二册，第160页。

而沦于无，而是表现为性体四气周流、相为循环；当心体处于自觉状态时，喜怒哀乐于气机之感通而发皆中节，“四气迭以时出”。所以，刘宗周说“即心离心，总见此心之妙”。他用“意”来表述这种“妙”处，亦即描述心体的“中和一体，由中导和”的内在机制。其称：

> 意者，心之中气；志者，心之根气。故宅中而有主曰意，静深而有本曰志。……夫志与意且不可相混，况心与意又相混乎[①]？
>
> 意者，心之所以为心也。止言心，则心只是径寸虚体耳。着个意字，方见下了定盘针，有子午可指。然定盘针与盘子，终是两物。意之于心，只是虚体中一点精神，仍只是一个心，本非滞于有也，安得而云无[②]？

刘宗周所说的“意”源于中和说之“中”。根据刘宗周的中和说结构，这也意味着，“意”对于实践者（个体精神意义上的心）来说，就充当着先导性存在的功能（定盘针）；用存发机制言之，则是“意者，心之所存，非所发也”[③]。由于刘宗周对喜怒哀乐有其独特界定，因此我们不能仅仅在人的精神心理层面来理解他所说的“心之意”。其诚意说主张“意”至善无恶，这一思想的主要内容是：“意”既是人心本体，也是事物之本体。在刘宗周气论视野中，人心之喜怒哀乐与万事万物之喜怒哀乐同属气之秩序，心物不再分割，而是同源一体。人通过日常活动将物带入生活之中，声气息息相通而往来周流，同一节奏，共一秩序。

① 刘宗周：《答董生心意十问》，《刘宗周全集》第二册，第404页。
② 刘宗周：《答董生心意十问》，《刘宗周全集》第二册，第397页。
③ 刘宗周：《学言上》，《刘宗周全集》第二册，第459页。

故而作为心之本体的“意”不会局限在“心”的领域，而是直接包含天地宇宙。“心以物为体”[①]，即此之谓。需要注意的是，这种包含并非“有物先天地”般的超越存在，而是以通达于万物、尊重事物自身秩序的方式展现其普遍性。“意有好恶而无善恶。”[②]这也说明“意”不涉及事物任何具体的内涵和规定性。惟其超越任何具体规定性的限制，方能通达于万物。在这一意义上，“意”就是使得事物各种内涵和规定得以呈现自身的整全性存在。概言之，意与心、意与物的关系就是中与和的关系；而建立在“中和一体，由中导和”基础之上的刘宗周诚意学具备两大特质：一方面，确保万物不受宰制性的先验本体压制和干涉，自然、自由地生成长养，这是尊重事物自身秩序；另一方面，通过诚意，能当下把握事物之整全性，洞彻先机。因此，刘宗周诚意学决不是今人所说的内向之学，而是顶天立地的合内外之学：主体通过调整身心（一气周流）状态通达于万事万物，既做到把握先机，又成己成物开物成务。

综上，刘宗周以自（气）解独，其慎独学说建立在一个精微的气一元论思想基础之上。刘宗周的论述重点彰显天人之间自然而然的贯通维度，表明人必须契入更为广大的天地自然秩序中确认和证成自身。并且，“中和一体，由中导和”的义理结构使得刘宗周慎独理论展现出与阳明截然不同的面貌。在“意者，心之所以为心”的心体结构和“好善恶恶”的感应机制中，以整全性之意为“此心之体”，个体心得以贞定，能克服独知（即事内涵）之弊，不存在“认欲为理”的问题，而意的主宰性也不会出现“头上安头”（分裂本体）的尴尬。阳明后学内部的工夫困境在这

① 刘宗周：《学言上》，《刘宗周全集》第二册，第447页。
② 刘宗周：《答叶润山民部》，《刘宗周全集》第三册上，第387页。

一新论域中得以消解。由此，刘宗周的喜怒哀乐说成功地从“以知解独”的阳明学话语体系中逸出，展现出能同时确保“体用浑一”和作为工夫主宰的“先导性存在”的理论特质。

从刘宗周“以自（气）解独”的视角来看，朱子学与阳明学的流弊都是由于以“知觉”论未发、已发导致。一方面，心的知觉活动虽然在本质上是人禀之于天的生生之气之活动现象，但知觉毕竟包含人的活动因素，在工夫实践上难免会有偏差。另一方面，心之知觉有虚灵的特质，虚灵是纯形式的能知觉者，生活中的物事、念虑是作为内容的所知觉者。形式之虚灵与内容之充实的二分在工夫上会有流弊。东林学派高攀龙的分析甚为精到：“这知字却最关系，学术之大小偏正都在这里……分两路去了。一者在人伦庶物实知实践去，一者在灵明觉知默识默成去。”[①] 孙慎行、刘宗周的喜怒哀乐新解的要点，就是以“气”取代知觉成为理学论述的核心，并且将形式之虚灵与内容之充实在“气”的层面完全融合，彻底寓“虚灵”于人伦日用之中。只有认识到这一点，才能理解刘宗周慎独学说的开创性意义。例如，在阳明后学群体中，指出意为心之主宰的学者，除了刘宗周之外，还有泰州学派的王栋。王栋论慎独与诚意之关系说：

> 诚意工夫在慎独。独即意之别名，慎即诚之用力者耳。意是心之主宰，以其寂然不动之处，单单有个不虑而知的灵体，自做主张、自裁生化，故举而名之曰独。少间搀以见闻才识之能、情感利害之便，则是有所商量倚靠，不得谓之独矣。世云“独知”，此中固是离知不得。然谓此个独处自然

① 高攀龙：《高子遗书》卷四“知及之章”，《景印文渊阁四库全书》集部1292册，台湾：商务印书馆，1986年影印本，第397页。

有知则可；谓独我自知而人不及知，则独字虚而知字实，恐非圣贤立言之精意也[①]。

王栋的观点表面上与刘宗周有许多相近之处，例如两人同样主张意为心之主宰、独即意之别名，同样主张阳明“以知解独”不合经典文本原意。但其实这只是在同一个学派内部的学者，基于对学术发展趋势和推进逻辑的共同认知而已。事实上，王栋与刘宗周两人的慎独诚意说背后的义理结构完全不同。王栋的学说缺乏元气论与“中和一体，由中导和”的有力支撑，并没有真正脱离阳明“以知解独”的思想论域。如在上面的引文中，王栋仍然以“不虑而知的灵体”来解释意与独，即为明证。事实上，刘宗周所实现的阳明学派慎独工夫转向，其理论意义不仅仅是在朱子学以理为主的立场以及阳明学以心为主的立场之间取个中道，实现心与性的恰当平衡；更重要的是，“以自解独”实现了思想论域的转换，从以知觉为理论基石的理学心性论体系转向了以元气论为基石的心性论体系。而这一转向有着独特的思想效应，是其他阳明学者思想所不具备的。

四、余论：“以自解独”的思想效应

清初阳明学者彭定求《密证录》云：

朱子于诚意章注云“独者，人所不知而己所独知之地”，

① 王栋：《会语正集》，《明儒王一庵先生遗集》卷一，收入陈祝生等校点《王心斋全集》附录，南京：江苏教育出版社，2001年，第149页。标点有修改。

逗出知字，暗与阳明所讲格致工夫吻合。则所谓好恶之自慊，正是物之格处，即知之致处，为《大学》入手第一关也。独中明明有自然之好恶，岂不即是良知？念台先生既以致良知为宗，而又揭慎独二字为致良知实义。所以救夫袭良知之说者，沦于恍惚茫荡，以禅入儒之弊。卫道之功不浅矣[①]。

在清初针对阳明学派的一片讨伐声中，彭定求可谓刘宗周之知音。彭定求描述了从朱子到阳明再到刘宗周之慎独解释的内在逻辑。朱子和阳明独知说的共同之处在于，强调道德主体对于天理（良知）的活泼泼知觉状态，而这一知觉状态在人心的表现就是《大学》所说的纯粹自然之好恶。因此，刘宗周以“意之好善恶恶”来诠释独体，是符合宋明理学慎独学说的内在脉络的。而从工夫论的角度看，刘宗周“以自解独”彻底实现了朱子把戒惧工夫从神秘主义道路上拉回日常生活的目标；其慎独理论所诠释的“独中明明有自然之好恶”，既有工夫论的先导性，能够先发制人，又能解决阳明学派独知理论“未发即已发”、“儒佛合流”之流弊。这种工夫思想发展脉络生动地体现了宋明理学在不断纠偏中曲折前行，而又能保持其内在脉络和理论目标的特质，体现了中国古典哲学与政教之间独特的互动关系。

但是彭定求并没有看出刘宗周之诠释所开辟的新论域及其思想意义。前文提到，刘宗周的诚意说和元气论包含尊重每一事物自身秩序的客观进路。这一进路与明清之际学风由性理之学向经史之学转型有着内在的理论关联。且以刘宗周“以自（气）解

① 彭定求：《南畇文稿》附录《密证录》，哈佛燕京图书馆藏光绪刻本，第1—2页。

独”思路所蕴涵的本体观念为例加以说明。刘宗周以喜、怒、哀、乐四气周流描述性体、独体，意味着本体是一种动态的平衡状态，并且失衡状态（过失、恶）的可能性是永远存在的。孙慎行对中和状态有一个恰当的譬喻：

> 未发一致中和，已发一致中和。辟如天平有针为中，两头轻重钧为和。当其取钧，非不时有斟酌，到得针对来，煞一时事①。

在天平这一比喻中，天平取均是一个动态的整体过程，未发已发、中和均有机地联系在一起，致中与致和工夫浑然不可分。黄宗羲在《明儒学案·序》中提出：

> 盈天地皆心也，变化不测，不能不万殊。心无本体，工夫所至，即其本体。故穷理者，穷此心之万殊，非穷万物之万殊也②。

黄宗羲的本体工夫之辨，也是在动态的平衡状态意义上言说。钱穆先生对黄宗羲这一段话有一个评论：“从来言心学多著意向内，而此则变而向外。”③ 钱穆先生的评论注意到了黄宗羲所继承的师门学说中所开辟的新论域及其思想意义，可谓卓识。概言之，黄宗羲所阐发的刘宗周思想，改变了向内返本求理的方向，“试图向外结合人事和历史”。这同时也意味着一种“存在于历史人事之变动之中”的新理观的诞生：“（这种新理）已不再受

① 孙慎行：《玄晏斋困思抄三卷》，四库全书存目丛书本，经部162，第24页。
② 黄宗羲：《明儒学案·自序》，《黄宗羲全集》第七册，第3页。
③ 钱穆：《中国近三百年学术史》，北京：商务印书馆，1997年，第29页。

到先天本来性的规范性约束，而获得了自我延展的可能性。”[①] 此即章学诚所总结的特质：“浙东之学，言性命者必究于史，此其所以卓也。”[②] 笔者的前期研究把刘宗周、黄宗羲师徒思想的新论域命名为“阳明学的道问学开展途径”，并对其作为明清思想转型的一条内在理路作出了详细的梳理[③]。此即刘宗周慎独学说“以自解独”的思想效应。由此效应可知，黄宗羲对其师慎独学说的盛赞绝非门户之见，而是有着深刻的思想史洞见的观点。

---

① 张志强：《从“理学别派”到士人佛学——由明清思想史的主题演进试论近代唯识学的思想特质》，《朱陆·孔佛·现代思想——佛学与晚明以来中国思想的现代转换》，北京：中国社会科学出版社，2012年，第22页。

② 章学诚著、叶瑛校注：《文史通义校注》，北京：中华书局，1985年，第523—524页。

③ 详见拙作《阳明学的道问学开展途径：论蕺山学派格物思想的哲学义蕴》，《社会科学》2017年第5期。

论戴震对朱熹的传承与礼敬

徐道彬（安徽大学徽学研究中心）

绩溪胡适（1891—1962，字适之，徽州绩溪人）作为徽学后进，对其乡邦先贤朱熹和戴震都始终充满敬意，并给予崇高的历史性评价，称“这八百年来，中国思想史上出了三个极重要的人物，每人画出了一个新纪元。一个是朱子，一个是王阳明，一个是戴东原。朱子的学说笼罩了这七百多年的学术界，中间只有王阳明与戴东原两个人可算是做了两番很有力的反朱大革命”①。胡氏从不讳言戴氏的“反朱”问题，但他摈弃了一般人的简单化对待，而始终持有自己独到的观点，认为朱熹（1130—1200，字元晦，徽州婺源人）与戴震（1724—1777，字东原，徽州休宁人）之间，既有时代的不同和世界观的差异性，也有治学方法和人性关怀方面的诸多共通性。胡氏在此文中引用了章学诚之言作为自己立说之本，即“今人有薄朱氏之学者，即朱氏之数传而后起者也。其与朱氏为难，学百倍于陆、王之末流，思更深于朱门之从学，充其所极，朱子不免先贤之畏后生矣”。“戴君学术实自朱子

① 胡适：《戴东原的哲学》，合肥：安徽教育出版社，1999年，第139页。

道问学而得之，故戒人以凿空言理，其说深探本原，不可易矣。”[①] 胡适对“戴学源自朱子道问学之说”深信不疑，但又否定了章氏“出于朱则不应攻朱”之说，曰：“章氏说戴学出于朱学，这话很可成立。但出于朱学的人难道就永远不可以攻击朱学了吗？”况且“我们但当论攻的是与不是，不当说凡出于朱的必不应攻朱”[②]。作为继朱熹、戴震之后，徽州乃至中国学术思想界的又一里程碑式人物，胡适的胸怀与眼光，也足以让他具有如此高屋建瓴、洞察幽微的中肯平允之论。十余年前，笔者曾尽搜东原著述中涉及朱熹的评述文字，加以文献梳理和史料考证，阐明了戴氏对朱子始终如一的态度。今承胡适之言，将戴震对朱熹学术思想的传承与乡贤礼敬之意，再加情理和哲理上的拾遗补缺，知人论世，条别是非，还原朱、戴关系的历史本来面目。

一、由“道问学”而至“尊德性”

朱熹是继孔子之后，对传统中国社会后期影响至为深远的先师先贤，成为学统和道统中的重要人物，优入圣域之林。同时在民间社会层面上，朱子通过著述和讲学乃至门生弟子的代代传承，渐次形成一个能够延续其思想学说的重要流派——新安理学。它以《朱子小学》和《家礼》等理学教义为蓝本，躬行践履于族规民约和世道人心之中，对基层社会尤其是明清徽州地区的风土民情和社会发展具有深远的影响。

---

① （清）章学诚：《朱陆》，参见《章学诚遗书》，北京：文物出版社，1985年影印本。

② 胡适：《戴东原的哲学》，第68页。拙文《论戴震对朱熹始终如一的态度》（《河南师范大学学报》2006年第4期）曾从文献的梳理及注释思想的考证上加以对比和阐释，可参阅。

清代学术汉、宋之争的显著化，使得程朱之学在江、浙、皖地区遭到了陈确、毛奇龄等学者的猛烈攻击。其中，朱熹乡邦的“新安理学”地区，也同时出现了异样的声音，尤以黄生、姚际恒和戴震最为突出。因戴震与朱熹同出于徽州，既有乡邦之谊，且为各自时代的学术最高峰，所以两者数百年间的时差及其产生出的学术思想的变异，定会受到后世学者更多的关注与评价。其中的严词评判，既关乎学理上的是非之争，也有情分上的好恶之偏。遗憾的是，人们只乐观其“不同”，而忽略其“相同”，强调其“分”，不言其“合”，严重地遮蔽了戴震与朱熹之间的相同点及其内在的承续性。

朱熹不仅是一位划时代的理学家，同时在小学、经学和自然科学方面都有重要的阐述、发明与贡献，惜其一生被理学盛名所掩，后世论者仅注目其性命道体之说，而没其躬行实践的格物朴实之学。事实上，朱子治学领域广博，天文地理、河渠农桑、草木鸟兽、律吕术数，无不触类旁通，源流毕贯，既能通经典古训之义，也能达孔孟周程之道，甚至还能够根据高山上的螺蚌化石，考证出海陆变迁和地壳演化的科技知识和道理，可知其“格物致知”、“即物穷理”的治学方略和学问目的。自谓：“尊德性，所以存心而极乎道体之大也。道问学，所以致知而尽乎道体之细也。二者修德凝道之大端也。不以一毫私意自蔽，不以一毫私欲自累，涵泳乎其所已知，敦笃乎其所已能，此皆存心之属也。”[①] 可以说，朱子首先是第一流的学问家，其次才是理学家。他读书善据古籍以补正讹脱，根柢经义以诠释古言，如其《古文尚书》的辨伪、《诗序》的质疑问难，皆究其微旨，通其大例，本证旁证，奄若合符；而《诗集传》、《楚辞集注》、《韩文考异》等系列

① （宋）朱熹：《四书章句集注》，北京：中华书局，1983年，第36页。

训诂集释之作，则稽览群籍，是正讹舛，捃摭稽核，至为精博。朱子曾自述学问大略曰："大抵子思以来教人之法，惟以尊德性、道问学两事为用力之要。今（陆）子静所说专是尊德性事，而（朱）熹平日所论，却是问学上多了。"①又曰："汉魏诸儒正音读，通训诂，考制度，辨名物，其功博矣。学者苟不先涉其流，则亦何以用力于此？"②可见朱子学问既有义理之思，又兼训诂之学。清人章学诚即称"朱子偏于道问学，故为陆氏之学者攻朱氏之近于支离"；"朱子求一贯于多学而识，寓约礼于博文，其事繁而密，其功实而难"③。章氏在比较朱、陆异同之时，尤为强调朱子的性命之理与格致之学，其《朱陆》及《书朱陆篇后》两文又对朱子学术与戴震之间的传承，探赜索隐，条分缕析，考之有据，言之有理，故于后世影响很大。胡适也因其言对乡贤朱子的考证之学颇有赞词，认为清代三百年的学术，尤其是乾嘉考据学，实质上就是重新发掘朱熹的"格致之学"。戴震的考据之学，就是对朱子格物学的真正继承和发展。其后，傅斯年与钱穆也称："自今日观之，清代所谓宋学，实是明代之官学；而所谓汉学，大体上直是自紫阳至深宁一脉相衍之宋学"④；"徽学渊源，实本紫阳而不可诬"⑤。此等中肯独到之语，说明民国期间的学者已经注意到清代学术实际上就是扩大且延伸了的宋明理学。可以

---

① （宋）朱熹：《答项平父》，《朱文公文集》卷54，参见《朱熹集》第5册，成都：四川教育出版社，1996年，第1694页。

② （宋）朱熹：《语孟集义序》，《朱文公文集》卷75，参见《朱熹集》第7册，第3944页。

③ （清）章学诚：《朱陆》，参见《文史通义》内篇卷二，北京：文物出版社，1985年影印本。

④ 傅斯年：《性命古训辨证》引言，桂林：广西师范大学出版社，2006年，第1页。

⑤ 钱穆：《清儒学案序》，《中国学术思想史论丛》卷八，合肥：安徽教育出版社，2004年，第371页。

说，朱子与戴震所追求的同是孔孟之道，所取路径也大略相同，虽时代有差，表述有别，但殊途而同归。东原常言之“以词通道”、“实事求是”，便是朱子“即物穷理”、“格物致知”的别一种表述而已。朱子云：“字求其训，句索其旨，未得乎前，则不敢求其后；未通乎此，则不敢志乎彼。如是循序而渐进焉，则意定理明而无疏易凌躐之患矣。是不惟读书之法，是乃操心之要，尤始学者之不可不知也。”[①] 此言正为戴氏“由字以通其词，由词以通其道”的直接思想来源。

东原以乡贤为榜样，秉承朱子之学，一生专意于学问，治学主张由“格物”到“穷理”，由“道问学”而至“尊德性”，即“先考字义，次通文理，志存闻道，必空所依傍”[②]。在“闻道”问题上，“空所依傍”即标示其显著态度，就是对前贤时彦皆以正心诚意待之，“实事求是，不偏主一家”。他常云：“仆以为考古宜心平，凡论一事，勿以人之见蔽我，勿以我之见自蔽。”[③] 他以汉学之“格致”，求理学之“道理”，常云：“汉儒训诂有师承，亦有时傅会；晋人傅会凿空益多；宋人则恃胸臆为断，故其袭取者多谬，而不谬者在其所弃。我辈读书，原非与后儒竞立说，宜平心体会经文。有一字非其的解，则于所言之意必差，而道从此失。”[④] 东原“非与后儒竞立说”的原则是：不以人蔽己，不以己自蔽，不为一时之名，亦不期后世之名。非掊击前人以自表襮，也不依傍昔儒以附骥尾，君子务在闻道也[⑤]。如此不偏宋、不佞

① （宋）朱熹：《读书之要》，《朱文公文集》卷七十四，《朱熹集》第7册，第4163页。

② （清）戴震：《与某书》，《戴震全书》第六册，合肥：黄山书社，1995年，第495页。

③ （清）戴震：《戴震全书》第三册，第356页。

④ （清）戴震：《与某书》，《戴震全书》第六册，第495页。

⑤ （清）戴震：《答郑丈用牧书》，《戴震全书》第六册，第374页。

汉的治学理念，被章太炎、刘师培、梁启超和胡适之等赞誉为最能表现出近世科学研究之特点，体现近代思想解放之精神。

有学者认为戴氏《孟子字义疏证》一书的出版，就决定了其反对程朱理学的根本基调，表明了朱熹与戴震之间是不可调和的对立关系。学者不应讳言戴氏"反理学"的思想，但也不该用简单和对立的眼光来对待《疏证》中的文字形体，而要从字里行间窥出其背后的斑斑血泪。正如章太炎所言，"清宪帝亦利洛闽，刑爵无常，益以恣睢……戴震生雍正末，见其诏令谪人不以法律，顾摭取洛闽儒言以相稽，觇司隐微，罪及燕语。九服非不宽也，而迣之以丛棘，令士民摇手触禁，其蠹伤深。震自幼为贾贩，转运千里，复具知民生隐曲，而上无一言之惠，故发愤著《原善》、《孟子字义疏证》，专务平恕，为臣民诉上天，明死于法可救，死于理即不可救"[①]。章氏的"为民请命"之说，应是戴氏的本意所在。东原深知在文字狱的时代，个人著作的面世务必要用语隐讳，知所避忌；从学理层面上说，"借古讽今"应该是批判程朱理学以达到针砭现实目的最为恰切的处理手段。实际上，戴震真实话语的表达，可由其寄赠段玉裁的书信中知其心曲。戴震曰："仆生平论述最大者为《孟子字义疏证》一书，此正人心之要。今人无论正邪，尽以意见误名之曰理，而祸斯民，故《疏证》不得不作。"[②] 能够以个人书信与正规著作相比较，是最能窥见作者内心真实意图的手段。此中"今人"绝对不会是指程朱，定是那些"理"字不离于口、害人不轻手的在位者和当权派；而

① 章太炎：《释戴》，《太炎文录初编》卷一，《章太炎全集》第四册，上海：上海人民出版社，1985年。此节内容可参阅拙作《戴震：治学不为媚时语》（《文史知识》2016年第10期）一文。

② （清）戴震：《与段玉裁书》，《戴震全书》第六册，第543页。在戴氏与段氏书札及《与某书》中，类似"今人"、"后儒"、"意见"之词应实有所指，也是其内心真实的观点和情感的表达。

《疏证》中的“理”字在信札中却都被替换成了“意见”二字，此中深意，已不言自明。因此，与其说《孟子字义疏证》的内容是批判程朱理学，毋宁说是他借批判理学之名，而抨击强权势利者满口仁义道德的“以理杀人”。因为戴震对于程朱学术与理学末流的本质有着清醒的认识，所以《疏证》一书实质上是借用“洛闽之言”作为靶子，来抨击朝廷以“理”学为幌子来残害民众，鱼肉百姓，即“其所谓理者，同于酷吏之所谓法”的事实。对此，我们可以借用胡适称“章学诚虽骂戴氏，却是戴学的第一知己”的话，来同理推导出东原虽批判程朱理学“以理杀人”，却是程朱的第一知音。

其次，《疏证》一书在写作形式上也深受《朱子语类》问答辩驳式的影响，更是模仿了朱熹弟子陈淳《北溪字义》的词典释义方法，将理学中的几个重要范畴以字义训诂的形式构建起来。陈氏书列出命、性、心、情、仁义礼智信、道、理、诚、经权等二十六门，荟萃宋五子之说，而以朱子说为折衷①；戴氏书则以理、天道、性、才、道、仁义礼智、诚、权为目，列为四十四条，总结出“求观圣人之道，必自孟子始”。因此，陈、戴两书皆以孟子为宗主，形式上的传承更是昭然若揭。对此，洪榜曾在东原去世之时就明确指出《疏证》“非言性命之旨也，训诂而已矣，度数而已矣”，意在不能简单地认为《孟子字义疏证》和《与彭允初书》仅仅只是责难程朱之书，而应理解成戴氏为了剔除附着在程朱理学上的异端成分，通过文字考证和经典诠释的手段替程朱做辩护和澄清。故洪氏云：“戴氏《与彭进士书》，非难

① （宋）陈淳：《北溪字义》，北京：中华书局，1983年，第1—3页。《孟子字义疏证》中有数处引用陈淳（1159—1223，字安卿，号北溪，福建龙溪人）之语。另，《疏证》有康熙年间休宁人戴嘉禧的参刊本及序文，开篇即为“昔贤教人为学，必先识字”。作为同宗后学，戴震既见陈氏理学书，又袭乡贤戴氏语，可知东原继承和发展朱子学的行迹显而易见。

程朱也，正陆王之失耳；非正陆王也，辟老释之邪说耳；非辟老释也，辟夫后之学者实为老释而阳为儒书；援周孔之言，入老释之教；以老释之似，乱周孔之真，而皆附于程朱之学。”“戴氏之书，非故为异同，非缘隙嚷嘲，非欲夺彼与此，昭昭甚明矣。”[①] 洪榜一生服膺东原，为戴氏学说的真实意图而上下游说和宣传，论定戴氏之书的“孟子之功，不在禹下”。故江藩作《汉学师承记》也特为此表彰洪氏，全载此文以为援引，致使后世不至于泯灭戴学“义理”层面的功劳。梁启超指出，洪氏“这几句话批评得对极了，试拿毛西河攻击程朱的书，陆稼书攻击陆王的书，和东原各书相对照，便可以见出东原的态度确是‘学者的’了”，“东原并没有攻击别派的行为，不过将这派那派研究出他们的真相，理清楚他们的系统，叫他们彼此不相蒙混，这种工作，无论对于某种学问，在批评家或历史家是最必要的。我们认东原为最忠实于这种工作的人”[②]。至此，我们可以说这部“正人心之要”的《疏证》一书，用“以词通道”的方法探明“治乱之源”，悟得“圣人之道”，正是秉承了朱子由“道问学”而至“尊德性”的路径而来，也正印证了冯友兰所言：“汉学家之义理之学，表面上虽为反道学，而实则系一部分道学之继续发展也。”[③]

---

① （清）洪榜：《上笥河朱先生书》，参见《二洪遗稿》卷一，道光扬州梅花书院刊本。

② 梁启超：《戴东原哲学》，参见《饮冰室文集》卷 40，北京：中华书局，1989 年，第 56 页。

③ 冯友兰：《中国哲学史》，上海：华东师范大学出版社，2000 年，第 302 页。若以冯友兰《新理学》中所称“照着讲”和“接着讲”的哲学体系而言，戴学可以清晰地归入“新理学”的范畴。由此便可将戴学与朱子学的关系，归为由“照着讲”而至于“接着讲”的学术框架之内。

二、通理知欲　明体达用

程朱理学在自宋至清的发展历程中，受到来自释道融合、朱陆之争及阳明心学等诸多思潮的侵染而不断嬗变。清初的思想界集中批判心学的“致良知”，努力恢复程朱理学的信仰。然而，此时的朱子学虽然处在朝廷官学的地位，却已不是原始意义上的朱子学了。而乾嘉时期的儒者猛烈攻击程朱理学，很大程度上是因抨击阳明心学而上溯深挖、连带及之。对此，傅斯年曾高屋建瓴、洞察幽微地指出：“清代汉学家自戴震以降攻击理学者，其最大对象应为心学，不应为程朱。然戴氏之舍去陆王、力诋程朱，则亦有故。王学在明亡后，已为世人所共厌弃；程朱之学在新朝仍为官学之正宗。王学虽与清代汉学家义极端相反，然宗派式微，可以存而不论；朱学虽在两端之间，既为一时上下所宗，故辩难之对象在于此也。”① 清初的王学已“人所共厌”，也不堪一击，汉学家的响箭自然落在其后面的程朱身上。在批判心学的思潮里，朱子成为首当其冲的“辩难对象”、众矢之“的”。

清儒与宋儒的思想分歧，既体现在本体论和工夫论的对立上，也有心性论和“理欲观”的差异。朱熹的“天理人欲”观点在自宋至清的时代长河中，已逐渐失去其原本“抑制奢欲，关心民瘼”的本来意蕴。首先，朱熹“存天理，灭人欲”的提出，源于南宋朝廷苟且偷安于临安，而官僚阶层又穷奢极欲，贪婪无

① 傅斯年：《性命古训辨证》，桂林：广西师范大学出版社，2006 年，第 169－170 页。民国时期的学者反思清代汉宋学术，多以为“以理责天下之人，非创宋学者之所为，而为宋学末流之失，安可以咎宋学乎”（吕思勉《理学刚要》）。以清儒为宋学赓续，如惠栋和戴震等汉学家“明避宋学之途，暗夺宋学之席”，“皆未化宋学之迹者也”（叶德辉《与戴宣翘校官书》）。

度，“禁欲”于民众而“享乐”于自己，致使人民生活于水深火热之中。朱熹针对当时危难的社会境况，欲从学理层面上为百姓争取生存空间，希望统治阶层能够“遏人欲于横流，存天理于既灭”，是怀着深沉的历史责任和危机意识，与统治阶层说“理”的。但人微言轻，也未曾有效，甚至还遭到反对者的谗害，被定为异端邪说和“伪学逆党”。其次，朱熹的“灭欲”，重在对上层社会的“正君心，去淫奢”，而对下层民众则心存悲悯，希望外无旷夫，内无怨女。他反对“肉食者”剥夺民众最基本的生存权利和条件，指出“饮食者，天理也；要求美味，人欲也”①，“凡居处饮食言语，无不是事，无不各有个天理人欲。敬便是天理，肆便是人欲”②。他认为圣贤所言“饮食男女，人之大欲存焉”，有而节之，使无过情、无不及情，即是天理，更合乎人欲。换言之，人性的必需及合理的满足就是“敬”和“天理”；骄奢淫逸、追求美味就是“肆”和“人欲”。如此的人本主义思想和人文情怀，即使在今天也极富现实的启示意义。

朱子“存理灭欲”之说的原始意蕴，随着时代的发展也被负载了相反的作用，成为统治者剥削和压迫人民的工具，结果是“任法律而参洛、闽，是使种马与良牛并驷，则败绩覆驾之术也”③。因此，原本以富国强民为宗旨的理学家的理想追求，也逐渐被“言清行浊，设身私欲”的假道学和迂儒蠹吏所污染而变质扭曲。道学家满口仁义道德，倚仗“权势”胡作非为，拿“天理”或“意见”的令牌，让卑弱者“呼天无门”。戴震本人就是遭受这种“天理”残害的牺牲品，东原三十三岁遭遇横逆，至于

---

① （宋）黎靖德辑：《朱子语类》卷十三，参见《朱子全书》第 14 册，上海：上海古籍出版社；合肥：安徽教育出版社；2002 年，第 389 页。

② （宋）黎靖德辑：《朱子语类》卷十五，参见《朱子全书》第 14 册，第 467 页。

③ 章太炎：《释戴》，《太炎文录初编》卷一，参见《章太炎全集》第 4 册，上海：上海人民出版社，1985 年，122 页。

终生不曾回乡。他奋力读书，求解于圣贤经典，“为之卅余年，灼然知古今治乱之源”，明了残害自己的原因乃是“后儒以理杀人”。正如章太炎所言，“戴君生雍正乱世，亲见贼渠之遇士民，不循法律，而以闽洛之言相稽，哀矜庶戮之不辜，方告无辜于上，其言绝痛”[①]。“贼渠”为一己之利而“离散天下之子女，以奉我一人之淫乐”，凭借“闽洛之言相稽”，致使“尊者以理责卑，长者以理责幼，贵者以理责贱”，“人死于法，犹有怜之者；死于理，其谁怜之”？基于“天下受其害者众”，戴震发愤著述，“为臣民诉上天”，摧毁那些被后儒末流所污染的“天理”、“意见”，但从未攻击程朱本身。

戴震生活的时代，正是明清社会经济文化迅猛发展的时期，“士农工商”的传统社会秩序已大为松动，商人的物资利益追求、民众合理的生存欲望，已经成为社会不可阻挡的历史潮流。特别是徽商在明清时期的异军突起，更需要寻找理论上的代言人，对现实公正平等的要求、义利关系的重新定位、理欲关系的适度调整等问题，都要得到相应的智力支持和理论支撑。戴震自身也是由商而儒，对待中下层民众的物资欲望或经商利益怀有“同情之了解”和浓厚的人文情怀，也自有其独到的理解与表达。所以，他对徽商“虽为贾者，咸近士风”的高度评价，以及“体民之情，遂民之欲”的理论证明，也都由此感触应运而生。实际上，《疏证》和《原善》的撰述本身，就深刻隐含着徽商活动和民生关怀的大背景，表述了商人阶层的心声与追求。戴氏以为：“天下必无舍生养之道而得存者。凡事为，皆有于欲；无欲则无为矣。有欲而后有为，有为而归于至当而不可易之谓理，无欲无为

① 章太炎：《说林》上，《太炎文录初编》卷一，参见《章太炎全集》第4册，第117页。

又焉有理?”[①] 如果从徽商情感的角度来看，也可以理解为：凡“经商”皆为有“利”；无“利”则无为矣。有“利”而后有“商”，有“商”而归于“诚信”之谓“儒商”。如此将“义理”与“嗜欲”、“欲望”与“义利”的关系放置在有利于人性需求和商业运营的轨道上加以考量，既便于理解和接受商品经济社会迅猛发展的现实，也有利于促进理欲辩证统一问题的争论。可见戴氏的通理知欲和明体达用，在一定程度上就是为明清商人的生存与发展所做的事实证明和理论支撑，以此抨击传统社会“商为四民之末”的腐朽观念及其对商业和商人的抑制和打击。朱、戴二人虽然针对的侧重点不同，却殊途而同归，皆具修齐治平的人文情怀。

胡适认为：东原倡言“体民遂欲”而成为反抗人欲礼教的急先锋，但在情感上绝无攻击程朱本身的问题，他只是要人们用科学家求知求理的态度与方法来应付人生问题，戴氏和朱子在人情隐曲和人性的终极关怀上是一致的[②]。事实上，朱子所倡导的“财自道生”、“以义取利”思想，在某种程度上也是徽商“贾而好儒”行为的直接导因和取利法宝。从“人欲”的本质来看应兼善、恶两义。饮食男女、常情隐曲，朱子以为善；见利忘义、骄奢淫逸，朱子以为恶。戴震的“理存于欲”则偏于“善”处而言，故其主张遂民之欲；程朱“存理灭欲”则专指“恶”处言之，故要人遏私去欲。无论是上古圣贤，还是汉宋大儒，休养生息、体恤民情皆为儒者一贯的人文关怀和追求，朱子更不例外。其“饮食者，天理也；要求美味，人欲也”，也成为戴震“一人之所欲，天下人之同欲也”的著述命题，由此也充分显示出两代

---

① （清）戴震：《孟子字义疏证》，参见《戴震全书》第六册，第216页。

② 胡适：《戴东原的哲学》，第41—56页。

学者关心民瘼、为民请命的民本思想。这是对人的主观精神的升华和张扬。重视人的生命价值和能动精神，突破了宋明时代过度强调的外在“理”的束缚，肯定了基本“人欲”的合理性。戴氏云：“遂己之欲者，广之能遂人之欲；达己之情者，广之能达人之情。道德之盛，使人之欲无不遂，人之情无不达，斯已矣。欲之失为私，私则贪邪随之矣；情之失为偏，偏则乖戾随之矣。不私则其欲皆仁也，皆礼仪也；不偏则其情必和易而平恕也。”① 东原此论，既是儒家义利观和经济伦理的哲理性阐释，也是对徽商争取适当权益的合理合法的诉求，这与朱熹对待“义理”与“嗜欲”的观点完全一致。故胡适指出：戴学重在扩充心知之明，使人体察事物条理，这是一种新的理学，既非“厉禁言理”，更非“蔑理”。其实，戴学最近于程伊川与朱子，同属于致知穷理的学派，实在是程朱的嫡派，又是程朱的诤友，他是撇开“详于论敬而略于论学”，去做那致知穷理的科学事业②。从一定意义上也可以说，戴氏为理学的“后继”，是在新的时代为徽商“存意开源”的功臣。

三、礼敬乡贤　守正出新

戴震与朱熹在人本主义和理欲观的目标上是相当一致的，若要追究两人之间究竟有何不同，首先是他们所面对的各自时代的不同。朱子肩负着新时代复兴儒学的使命，纵然也倾心于“道问学”，但迫于释、道的挑战压力，不得不专心于“尊德性”的深

① （清）戴震：《孟子字义疏证》，参见《戴震全书》第六册，第197页。
② 胡适：《戴东原的哲学》，第133—135页。

究。而东原所处的却是乾嘉汉学兴盛之时，“道问学”既是时代的学术思潮，也是其个人的禀赋所向。戴震对数百年前的宋学加以修正，既属于学术内在自省发展的必然，也是后学替先贤剔除身后的不当附会。为了拂去程朱身上的异端附着而欲还其本来面目，戴氏秉持“实事求是”、“空所依傍”的独立精神，向释、道之学的“无欲、无为”、理学末流的“空言心性”及阳明心学的“致良知”发起挑战，以朱子“进学在致知”为路径，“重问学，贵扩充”，“以词通道”，“修辞立诚”。他指出：“宋以前孔孟自孔孟，老释自老释，谈老释者高妙其言，不依附孔孟。宋以来孔孟之书尽失其解，儒者杂袭老释之言以解之。于是有读儒书而流入老释者；有好老释而溺其中，既而触于儒书，乐其道之得助，因凭借儒书以谈老释者。对同己则共证心宗，对异己则寄托其说于六经孔孟。”① 这种剖析精微、条别是非而各归其是之法，正是“朱子格物穷理精神”的切实体现。故杨向奎先生称戴震不仅是汉学大师，同时也是宋学大师。

任何一种学派思想的发展，后期必定产生流弊，这是万物的自然规律。我们不能以理学末流之弊而归罪于作始，更不能因程朱创始理学而损害其学术之全部，以一眚掩大德不是客观正确的态度。戴震批判朱子，既有礼敬之心，也有攻错之功。世人以东原批驳宋儒为“讥骂洛闽”，忘本负恩，也是简单片面、“不得旨要”之见。凌廷堪称：“今案其（东原）遗编，学之大者犹可考见，特惧读之者不得旨要之所在，以矜奇炫博遇之，不然或与妄庸巨子讥骂洛、闽者等视而齐观，则先生之学由此而晦矣。”② 浙

① （清）戴震：《答彭进士允初书》，参见《戴震全书》第六册，第353页。戴震批判陆王更胜于程朱，而抨击当位者更胜于陆王，但终以《孟子字义疏证》此类训诂加义理的表达方式，言其“不得不作”之情，其中深意可谓大矣。

② （清）凌廷堪：《校礼堂文集》，北京：中华书局，1998年，第313页。

东黄式三云："后儒之疑戴骂戴者，为其说之驳程朱耳。而以程朱之所自言与尊信程朱者之所言参互引证，学者可平心读之，去戴氏之矫枉过正而取其所长，在善学者之实事求是也。"[①] 学术思想的产生和发展极富时代性、复杂性和继承性，不能简单地划归于非此即彼。东原批判理学是时代学风之必然，也是学术争鸣之必须，更有其个人遭际的凄凉背景。实际上，"我国自十七世纪初期，其后凡三百年的学术研究，实在并不是反对朱熹和宋学；相反的，近三百年来的学者实是承继了朱子治学的精神"[②]。作为以恢复孔孟本真为责任的儒者，戴震传承着理学家的道德修身、正心制行之学，努力饬躬笃行，博学力行，与惠栋、江永和钱大昕等清儒一样，"批判"宋明理学，但绝不"背叛"程朱，一贯奉行着"六经尊服郑，百行法程朱"的人生准则。即如姚鼐所言，"婺源自宋笃生朱子，传至元、明，儒者继起，虽于朱子之学益远矣，然内行则崇根本而不为浮诞，讲论经义，精核贯通，犹有能守大儒之遗教，而出乎流俗者焉。近世若江慎修永，其尤也"[③]。戴震师承江永，对朱熹也始终以乡邦大贤而礼敬之，以学术的传承而弘扬之。翻阅戴震著述，未曾见其直呼朱熹之名，而始终以"朱子"或"子朱子"相称。如："宋之有朱子，近数百年以来学者宗之；朱子者，集宋儒之大成者也"[④]；"先儒为《诗》

---

① （清）黄式三：《申戴氏理说》，《儆居集·经说三》，参见《黄式三全集》，上海：上海古籍出版社，2014年，第386页。

② 葛懋春等辑：《胡适哲学思想资料选》，上海：华东师范大学出版社，1981年，第285页。

③ （清）姚鼐：《吴石湖家传》，参见《惜抱轩诗文集》，上海：上海古籍出版社，1992年，第313页。

④ （清）戴震：《闽中师友渊源考序》，参见《戴震全书》第六册，第555页。戴氏著作中多称"朱子"，偶称"朱文公"或"紫阳夫子"，可见朱熹在戴氏心目中的地位和影响。东原一生参与科举，熟读朱子《四书集注》，潜意识中的程朱理学自然盘踞终身。当时许多大学者口头上即使鄙夷宋学，实际上却如梁启超所言，"一个个都是稀稀薄薄朦朦胧胧的程朱游魂披上一件许、郑的外衣，那时候思想界的形势大略如此"。

者，莫明于汉毛、郑，宋子朱子”①；“汉之郑康成、宋之子朱子，其学殊绝，其人亘古不能有二之人也”②；“陆王，主老释者也；程朱，辟老释者也。今足下主老释、陆王而合孔孟、程朱与之为一，无论孔孟不可诬，程朱亦不可诬”③。戴氏早年由熟读朱子《集注》、《或问》进入科举，晚年著述则更为通明达观，厚意称许程朱，对汉宋优劣，唯论其实，不偏一家。他以郑玄和朱熹各为其时代之大儒，不因朱子的理欲观而废其学，不以“尊德性”而掩其“道问学”，云：“凡宗仰昔贤，用寄爱慕，闻名起敬可也。援以证实，用资考核，必有起而辩之者。”④ 其景仰先贤之情溢于言表，而求是不苟之意也直言不讳。梁启超赞之曰：“戴氏学术之出发点，实可以代表清学派时代精神之全部。盖无论何人之言，决不肯漫然置信，必求其所以然之故。苟终无足以起其信者，虽圣哲父师之言不信也。此种研究精神，实近世科学所赖以成立。”⑤ 戴震正是秉承了朱子学的理念，既非全盘否定先贤，也具自我独立精神，故其“论性论道论情论欲也都是用格物穷理的方法，根据古训作护符，根据经验作底子，所以能摧破五六百年推崇的旧说，而建立他的新理学”⑥。三百年来，人们对戴震批判朱熹的理论反省，如果能够懂得卓越的学术思想必根植于其同源的历史传统，就能望表而知里，领悟出东原对朱子一贯的恭敬崇慕之情，以及传承朱子学的使命感。

大凡杰出的思想家都有“反传统”的秉性，这与万事万物的遗传变异相类似，也与“穷则变，变则通”的新陈代谢的理论不

---

① （清）戴震：《毛诗补传序》，参见《戴震全书》第一册，第125页。
② （清）戴震：《郑学斋记》，参见《戴震全书》第六册，第406页。
③ （清）戴震：《答彭允初书》，参见《戴震全书》第六册，第359页。
④ （清）戴震：《答曹给事书》，参见《戴震全书》第六册，第331页。
⑤ 梁启超：《清代学术概论》，上海：上海古籍出版社，1998年，第34页。
⑥ 胡适：《戴东原的哲学》，第61页。

悖。如墨子学儒术，既而非儒；王肃习郑学，既而攻郑；程朱之学也曾入禅，而辟佛尤深。故“人之于学，既登堂而入室，复操戈以相伐。入而能出，此其所以大也。古今能自成一学派者，可屈指数，要其成功之由，莫不如此”[①]。而“能自成一派”的戴震，之所以能够成为兼涉多域而又异军突起的杰出学者和思想家，定与他“登堂入室”而又“入而能出”的卓越才能密不可分。一般人只关注戴氏对朱子学的“出”，而不见其对朱子学的“入”，忽视他对朱子学在新时代的传承与开拓之功。“他们只知道戴震攻击宋儒的理学，有破坏之功，而不知道戴震的大功在于提倡一种新的理学来代替那矛盾的、不彻底的旧理学。”[②] 胡适此言也正契合了梁启超概论清代学术具有“生、住、异、灭”的演变流程，证明程朱理学“当全盛之后，社会中希附末光者日众，陈陈相因，固已可厌。其时此派中精要之义，则先辈已俊发无余，承其流者，不过捃摭末节以弄诡辩，且支派分裂，排轧随之，益自暴露其缺点。环境既已变易，社会需要别转一方向”，故有“清学之出发点，在对于宋明理一大反动”的精辟论断[③]。戴震对宋明理学的批判，着力点在于剔除“希附末光者”的“附会”和“诡辩”，而汲取“先辈”之“精要之义”，努力去“建立他的新理学”。那么，作为“后戴震时代”的学者自当以“订讹规过”、“不为贤者讳”的心态来对待学术发展的大势。

综上所述，朱熹与戴震皆为各自时代的学术巅峰，两者之间的关系所涉及的不仅是个人之间的学术评价或情感剖析，更多的

① 张舜徽：《清人笔记条辨》，沈阳：辽宁教育出版社，2001年，第378页。

② 胡适：《戴东原的哲学》，第135页。与胡适观点近似者，还有李慈铭《越缦堂读书记》曰：“若东原则惟为程朱拾遗补缺，未尝肆言攻击也。”又皮锡瑞《经学历史》曰：“东原未尝薄宋儒也，其著述多采朱子说；虽与朱子说经抵牾，亦只是争辩一‘理’字。”

③ 梁启超：《清代学术概论》，第3—7页。

还会牵涉到两个重要时代学术思潮的争议。朱子以创新精神将儒家思想哲理化、精致化，适应时代之需，完成了儒学的全新发展，开创了宋明理学的新时代；数百年后，戴震又在自己的时代里解剖了宋明理学，将考据与义理统一起来，证之以实，运之以虚，建构起清代“新理学”的知识系统，为中国学术思想的发展开辟了新的方向。作为汉学家的戴东原，治学主张实事求是，既有汉儒之博而畅其旨，又有宋儒之潜而洽其趣，对程朱本身及其学问始终充满敬意，并加传承和弘扬。戴震与朱熹的人本主义和理欲观的目标也相当一致，只因时代的差异以及后世的混淆和偏见，酿成两造缺席下子虚乌有的对垒。或以为戴震抨击程朱理学，是不敬乡贤，数典忘祖，则“是固不知戴学者矣”。戴学之于朱子学，应该理解为“当做诤友，不为佞臣”的关系。他为朱子去其一非，成其百是，也使程朱理学历久弥新，在新的时代仍然具有重要的历史借鉴价值和现实启示意义。至于戴震本身，他早已预见身后“未能免怨尤”；对于后人的误解，也只能说：“立身守二字曰不苟，待人守二字曰无憾。事事不苟，犹未能寡耻辱；念念求无憾，犹未能免怨尤，此数十年得于行事者。其得于学，不以人蔽己，不以己自蔽，不为一时之名，亦不期后世之名。”[①] 一代宗师，诚哉斯言。为人为学，自当如是观。

① （清）戴震《答郑丈用牧书》，参见《戴震全书》第六册，第 373 页。学界对于戴震学术和思想领域的研究，除了本文所驳论的戴震与朱熹之间“莫须有”的对垒之外，还有学者将戴震一生的思想划为二段甚至三段，即早期是程朱理学的干城、中期受惠栋的影响而反对宋学等。事实上，此类简单化的“分段”或“分派”的技术工具性处理，并不适合极其复杂的人文思想发展的真情实态，如同行政地理与人文地理之间，因人为因素的划分和地域人文风俗的不协调，造成诸多令人不解、缴绕不清的纠葛。可参见拙作《早期的戴震不是程朱理学的干城》（《黄山高等专科学校学报》2000 年第 3 期）的辨说。

内外之道哲学的省思

——徐复观《大学》“诚意”章诠释评析

王 晶（山东大学儒学高等研究院）

《大学》思想研究一直是学术界的重点，但近代学者多用力于对《大学》“三纲领”、“格物致知”等经义的探析，或是立足《大学》文本与思想整体，谈论《大学》的内圣外王之道，对“诚意”思想的重视程度略有不足。

其实，《大学》“诚意”内涵在朱子心目中应处于紧要地位。朱子曰：“更是《大学》次序，诚意最要。”① 朱子认为在《大学》修身差等次序中，“诚意”是“自修之首”。“诚意”与否是产生善行为或恶行为的关键节点，能做到“诚意”，进而将其作为一种工夫与活动，则是善的行为，不能做到“诚意”，遮遮掩掩、唯唯诺诺虽不一定会产生恶行为，但此“不诚于心”的行为，定不能做到心思专一，更达不到理想的君子人格境界。正是因为“诚意”的地位特殊，朱子在易箦前几日仍在进行“诚意”章的修改。由于“诚意”思想含蕴之博大精深，也间接导致了学术公案的产生：朱子虽然重视“诚意”，但是朱子在《大学》传六章

① 朱熹：《朱子语类》，《朱子全书》，第14册．上海：上海古籍出版社；合肥：安徽教育出版社，2002年，第490页。

将“诚意”解释为“毋自欺”，且以“格物”作为解读“八条目”中心点，对“诚意”的解释仍嫌不够充分。由于心学特有的立场，王阳明以“致知”作为解读“八条目”的第一要义，强调自识本心，但是仅夸大识心的工夫，弱化客观环境限制仍然解决不了问题。近人梁漱溟以及他推崇的伍庸伯、严立三等人，将“诚意”与“敬”、“慎独”、拳拳服膺联系起来进行考察，但是难免忽略“格物”、“致知”之意。

徐复观为解决其中的困难，在解读“诚意”时，将“诚意”与“正心”、“致知”进行合解，认为心是就整个精神存在而言，不易被人把握，因此主张从容易把握的“意”处着手，以保持心的特有地位；此外，不应仅停顿在正其端绪的意欲上面，势需在行为上实现，而实践行为，需要与客观事物结合，此时便由正其端绪发展而为知识问题。

一、“诚意”二阶段内涵

朱子《大学》将“诚意”章列为传之六章：

> 所谓诚其意者，勿自欺也，如恶恶臭，如好好色，此之谓自谦，故君子必慎其独也。小人闲居为不善，无所不至，见君子而后厌然，掩其不善而著其善。人之视己，如见其肺肝然，则何益也。此谓诚于中，形于外，故君子必慎其独也。

在朱子的诠释中，此章有以下两层含义：第一，朱子用否定语式“毋自欺”来解释何为诚意；第二是以君子“慎独”解释何为诚意。诚意、慎独是全章的核心。朱子晚年对此章做了深刻阐发，现进行梳理与诠释。

理解“毋自欺”首先要明白“自欺”为何物。

孔子主张“为己之学”，反对“为人之学”。其实，所谓“为人之学”便是一种“自欺”、“不诚”，是表面上的遮掩、虚伪工夫。朱子从孟子性善的角度来谈“自欺”：“自欺云者，知为善以去恶，而心之所发未实也。”[①] 朱子将“自欺”与“未实”连在一起讨论，“自欺”即是知为善而不为善，并不是不能识其本心，而是能自识其本心，却未能用尽全力为善，此即是“自欺”。

近人伍庸伯则强调自欺的普遍性。他说：

> 人们通常很容易在自欺中而不自觉；通常人们的意均难免多少有自欺的成分在；常人惯有的粗心大意，都是不诚，都是自欺[②]。

伍庸伯认为“自欺”是常人皆有的、本能性的、隐而微的东西，如小人见到君子，本能上做出欺骗动作。

梁漱溟先生在《〈礼记·大学篇〉伍严两家解说》中说：

> 儒家求仁之学，不外自勉于实践人之所以为人者；是故求仁之学即在自识其本心，而兢兢业业葆任勿失，以应无力事[③]。

---

① 朱熹：《四书章句集注》，北京：中华书局，2015年，第7页。

② 梁漱溟：《梁漱溟全集》第四卷，济南：山东人民出版社，2008年，第116页。

③ 伍庸伯、严立三：《儒家修身之门径——〈礼记·大学篇〉伍严两家解说》，北京：商务印书馆，2016年，第15页。

梁先生用此话来解释“毋自欺”更为恰当通俗。“毋自欺”就是兢兢业业的实其本心，积极地力行道德实践，只有坚持“毋自欺”才能更近君子的本质。

第二，“诚意”工夫的中心在于“慎独”。

“慎独”一词在《中庸》、郭店楚简《五行》篇皆有提及，《大学》也将“慎独”工夫视为达到“诚意”的前提。《大学》强调慎独的深层意义在于由心来统摄人之全体。在道德实践过程中，是“心之大体”引导“耳目之小体”，如果“耳目导心”，心失去其主宰的地位，那么，由“意”产生的行为与君子的理想追求便存在矛盾，所以慎独的深层意蕴在于发挥心的意志作用。

朱子释“慎独”曰：“然其实与不实，盖有他人所不及知，而己独知之者，故必谨之于此以审其几焉。”朱子解释“几”为“欲发将发之间”，即“几”是心之未发与已发的关键，善恶行为的转折点。朱子对“几”的解释，很容易让人联想到孟子“人禽之辨”观提到的“几希”，联系孟子“几希”观看朱熹所说的“几”。凡是有智识之人，必须要警惕“几”之处，它是人之清明与混浊的关键，是善恶等行为产生的关键。

王阳明建构的哲学体系以“诚意”、“致知”为核心，强调心外无物，注重心的统一性，是对人内在心性的高扬。同样，王阳明也以此“心”为内在精神解释“慎独”。阳明的“舍物逐心”在当时即遭到一些学者的质疑，如罗钦顺认为“是内而非外也”[①]。

徐复观对《大学》的诠释，也未绕过对“诚意”的解释。他敏锐地观察到在对“诚意”的解释中，朱子“重外非内”、阳明

① 王阳明：《王阳明全集》第二卷《答顾东桥书》，上海：上海古籍出版社，1992年，第6页。

“重内非外”这样一种内外二分对峙的弊端，首次提出“诚意”的二阶段理论——“一为意自身念念相续的坚持，二为将念念相续的坚持贯彻于行为上”[1]。这一分梳，可以说是将“诚意”的理解进一步深化了。

徐复观认为，第一阶段的“诚意”强调“意”的坚持，让“意”成为生命中的真实存在，也即“恶恶臭、好好色”，喜欢美好的东西、厌恶讨厌的东西都能真实显现并坚持下来，也即正其端绪。伍庸伯先生亦云：“……即要像恶恶臭那样去恶它，当下断然，不容徘徊瞻顾。果然恶而毋之，内心便自快足。”[2] 可见，伍庸伯也认为“诚意”即是真实的存在。

“诚意”的第二阶段则是由“意”真实化而贯彻在行为上，“意”贯彻行为并加以坚持，也即心的贯彻和坚持。心发挥主导作用，指导“意”引发的道德实践。徐复观之所以强调“意”，还是为了把握心作为生命的整个精神存在。他认为心作为内发状态，非一般人容易把握，而意作为行为动机，便容易为一般人所把握，从易于把握的“意”入手，一般人便容易做到[3]。为了更详细地说明“诚意”内涵，徐复观将“诚意”与孟子所说的“持志”进行对比。在徐复观看来，诚意与持志是同一层次的工夫，但是诚意较持志工夫更细密，因此诚意是先秦儒家修养工夫发展的起点[4]。

总之，徐复观“诚意”二阶段内涵的诠释，是经由意自身念念相续的坚持而贯彻到行为上，所谓“诚意”也即自己留心自己，引申而为修身实践功夫。

---

① 徐复观：《中国人性论史·先秦篇》，北京：九州出版社，2014年，第258页。

② 伍庸伯、严立三：《儒家修身之门径——〈礼记·大学篇〉伍严两家解说》，北京：商务印书馆，2016年，第48页。

③ 徐复观：《中国人性论史·先秦篇》，第258页。

④ 徐复观：《中国人性论史·先秦篇》，第258页。

二、作为“正心”环节的“诚意”

我们从《大学》“八目”的前后关联来看，“诚意”并不是孤零零的一个阶段，而与“正心”、“致知”等前后连贯。因此，要真正理解“诚意”，便不能脱离“正心”、“致知”，而必须将之放在这样一个前后相连的环节之中去把握和诠释。而徐复观对于“诚意”的诠释，便紧紧把握了这一点。

我们先看“诚意”与“正心”的关联。郑玄在《礼记·大学》中注解“正心”、“诚意”道：

> 总包含万虑之为心，情所意念谓之意。若欲正其心使无倾邪，必须先至诚，在于意念也。若能诚实其意，则心不倾邪也①。

郑玄认为，心虽然是万物、思想产生的根源，但若做到心正、心定无欲，仍是植根于意念的无邪。

而作为理学家的朱子则如此解说：

> 心者，身之所主也。诚，实也。意者，心之所发也。实其心之所发，欲其一于善而无自欺也②。
>
> 盖心体之明有所未尽，则其所发必有不能实用其力，而苟焉以自欺者，然或已明而不谨乎此，则其所明又非己有，

---

① 《十三经注疏》(礼记正义)，北京：北京大学出版社，2000年，第1863页。

② 朱熹:《四书章句集注》，第7页。

而无以为进德之基[①]。

朱子认为意念是否真诚取决于心，心是身体的主宰。此外，朱子认为仅由心所发意念仍不足，更需要的是实用己力，尽心体之明，此时心所发出的意才是真正的诚意。朱子对于“心”与“意”的关系，更侧重于心无邪。

近人伍庸伯先生解释“心”与“意”的关系说：

> 身虽为本，而居中活动者则在心。心的活动，其表见则在意……形成意的那很多知识起于后天，不过是物在心之反映[②]。

可见，伍庸伯先生认同“意，心之所发”，重点落在“意”。梁漱溟先生则将“诚意”做了这样的理解：

> 《诚意》章重要的则在讲一个人在内里和外面，亦即一个人的心和身。学者于此必须从身心内外问题上深切理会[③]。

梁漱溟与伍庸伯二人观点基本一致，皆是看到意与心、心与身的关系，主张进行实践工夫时，要身心不离，内有其情，外必有其形。以上所言，尽管突出“诚意”是“正心”的前提，但未能突出“正心”的重要性，反而将“合内外之道”的人的主体性进行消融，消解为单纯的心灵境界。徐复观看到了此弊端，他并

① 朱熹：《四书章句集注》，第8页。

② 伍庸伯、严立三：《儒家修身之门径——〈礼记·大学篇〉伍严两家解说》，第37页。

③ 伍庸伯、严立三：《儒家修身之门径——〈礼记·大学篇〉伍严两家解说》，第151页。

没有仅将“诚意”看作“正心”的前提，反而将二者看作发展的关系。

徐复观对《大学》的指导思想、写作思路进行了清晰的说明。徐先生的这一研究范式，与他本人早年提到的中国文化的隐性逻辑结构有关。首先，徐复观着眼于《大学》“三纲八目”的文本形式结构，认为《大学》讲“古之欲明明德于天下者，先治其国；欲治其国者，先齐其家；欲齐其家者，先修其身；欲修其身者，先正其心；欲正其心者，先诚其意；欲诚其意者，先致其知”，这段文字结构容易引起误解，原因就是文字之间的结构形式。徐复观指出，这段文字中两个阶段之间都是有距离的，并不能等量齐观。换句话说，他们之间是条件关系，如“治国”是“平天下”的必要条件，而不是它的充足条件[①]。徐复观进一步认为不应该把“格物”、“致知”……“平天下”等解释为“类”，而应该解释为“条件”间的严格含蕴关系。如徐先生认为，正心与诚意之间不可以画等号，正心是本心发露，为了使本心发露还要有独立的工夫，此工夫即是诚意。也即正心与诚意之间是发展关系，需要实践工夫为二者之间添加新因素，此时诚意即发展为正心，而不能认为诚意即是正心。

其次，徐复观从“八条目”整体着手指出“八条目”的地位不是并列的，强调的是“本末”、“先后”而不是孰轻孰重的问题，强调以修身为本，最终指向平天下。他明确指出：

> 《大学》讲“壹是皆以修身为本”，正心、诚意、致知、格物皆是修身的工夫，对每项可以分疏陈述，但既无所谓本末，而先后之意亦甚微；其中每一项应分别地加以衡量，而

① 徐复观：《中国人性论史·先秦篇》，第253页。

不应为其连锁式的陈述迷惑[①]。

徐先生认为，《大学》这种连锁式的陈述，是实质的推理，而不仅仅是逻辑形式推理，八条目之间是发展的关系，并没有孰轻孰重的问题，更不应该割裂理解。他认为儒家思想讲究行为与动机的结合、知识与道德的结合，实现“修身为本”，追求道德境界。据此而言，徐复观批评朱子和阳明将意义完全放在“格物”或“致知”上，明显存在轻重之偏，并不完全合乎《大学》本身的语境。

徐复观为解决其中问题，放大“正心”含义，使它成为“诚意”的重要内容。他将“正心”分为两个阶段：

> 第一阶段的正心，乃是本心的发露，以保持心在生命中应有的地位；此时正心的工夫，不涉及“诚意”，若无此段本心发露的正心工夫，则意可能不是心之所发，而系生理欲望之所发，意便不可凭信，“诚意”亦成为无意义[②]。
>
> 为使与事物相接的心，不被生理欲望所迁移，便须在心所发之意的地方，作一番“诚”的工夫，“诚意”是正心的第二个阶段[③]。

简要言之，徐先生认为：第一阶段的“正心”是保持本心的发露，可以不涉及“诚意”。但是本心之所发露，与外界事物相连之时，便会诱发人的生理欲望，而导致心的迁移不易做到“正心”，此时需要在心之所发意的地方，作一番“诚”的工夫。“受

① 徐复观：《中国人性论史·先秦篇》，第254页。
② 徐复观：《中国人性论史·先秦篇》，第258页。
③ 徐复观：《中国人性论史·先秦篇》，第258页。

生理欲望之所发，意便是不可凭信，‘诚意’亦成为无意义。”徐先生强调“意”向外走会受到生理欲望的限制与诱惑，此时便需要“心”的知性工夫超越自然本性的限制，保持“诚意”达到“正心”，意之所在即心之所在。基于此，徐先生认为“诚意”是正心的第二阶段。徐先生把“诚意”当作正心的第二个阶段，使得在“意”与“心”之间，突出“心”的主宰作用。徐复观对“诚意”的解释扩大了“正心”含义，而视“诚意”为其内容。此诠释范式即克服朱子、阳明以“格物”、“致知”作为解读“八条目”的一偏之误，更是克服“格物”、“致知”分离的弊端，突显“诚意”与“正心”的统一关系，清晰地诠释了“实其心之所发”。

由以上观之，徐复观对“正心”内涵的发挥，首先是将“正心”进行分解，第一阶段是心之所发，第二阶段则是为把握正心而强调“诚意”工夫。徐复观认为这里所说的“正心”的第二阶段即“诚意”，与《大学章句》的“欲正其心者，先诚其意”之诚意是正心的前件，二者说法并不矛盾：

> “正心”阶段的“诚意”是正心的工夫，可以与诚意无涉，心呈现出来以后，要使其贯彻所发之意，这便如后所述，需要诚意的工夫。所以正心到诚意，依然是一种发展[①]。

按照徐复观的观点，不仅诚意到正心是发展的关系，正心到诚意依然是一种发展，“正心”阶段的“诚意”是“正心”的工夫，此时的“诚意”是为“正心”服务的，徐复观在这里强调的是“为使本心发露，还要有自己独立的工夫”。此时“诚意”即

① 徐复观：《中国人性论史·先秦篇》，第255页。

是使自己独立的工夫。

并且，徐复观先生进一步推测《大学》把前后件的发展关系做这种连锁式的陈述的原因，认为：

> 一方面是因为在我们传统文化中，只有实质推理，而缺乏形式推理的自觉……另一方面，乃在于儒家思想，特别重视动机与行为的有机结合，道德与知识的有机结合，个人与家国天下的有机结合，并没有考虑到由这种陈述形式所容易发生的含混。因为作者采用的这种形式，只是因为这种形式，在表现事物有机性质关联上，最为简便，所以这类的陈述，只能按其实质去加以理解，而不应仅从逻辑形式上去加以解释。

《大学》的逻辑陈述推理是为了表现事物有机性之关联，因为我们在传统文化中只有实质推理，而缺乏形式推理的自觉。为了克服形式推理的弊端，徐复观没有简单地着眼于“诚意”与“正心”的逻辑关系，或将“诚意”看作“正心”的前件，而是有意识地从二者的实质推理来把握内涵。这种实质性的推理比精密的形式陈述更能把握经典所蕴含的博大义理。诚如徐复观先生所述：“这是凡读中国古典的人所应留心的问题。”[①] 可见，徐复观认为将“诚意”、“正心”二阶段进行划分并且进行合解，恰恰能把握这种实质内涵。徐复观特有的从正心到诚意的实质发展关系为后代学者正确理解“诚意”与“正心”的关系提供了借鉴意义。

① 徐复观：《中国人性论史·先秦篇》，第256页。

三、作为“诚意”环节的“致知”

仅阐释“诚意”与“正心”的关系，并不能准确把握“诚意”的内涵，“诚意”需要“知”为其提供合理的手段，此也即《大学》经文所述的“欲诚其意者，先致其知”。郑玄解释“诚意”与“致知”道：

> “欲诚其意者，先致其知”者，言欲精诚其己意，先需招致其所知之事，言初始必须学习，然后乃能有所知晓其成败，故云“先致其知”①。

郑玄认为“致知”就是学习客观知识，通过学习求取知识，将知识与人的道德联系起来，通过知识为道德厘清对象，使道德不致有偏差。

宋儒程颐认为“致知”的重点在于探求客观世界的知识，但又说：

> 致知，但知止于至善，为人子止于孝、为人父止于慈之类，不须外面只务观物理，泛然正如游骑无所归也②。

可见，程颐认为“致知”不仅有探求知识的一面，更重要的目的是体察自身，在人伦道德上追求“人道”。

---

① 《十三经注疏》(礼记正义)，第1862页。

② 程颢、程颐：《二程集》，第100页。

朱熹在《四书章句集注》中解释“致知”道：

> 致，推极也。知，犹识也。推极吾之知识欲其所知无不尽也[①]。

朱子的“知”讲求探求客观世界知识。朱子坚持知在行先，理论指导实践，认为心体受外物影响容易受到遮蔽，最终导致意念不诚、自欺，根源落脚点还是在知上。

而在王阳明看来，“致知”则是“致良知”。他认为：“心者，身之主也。而心之虚灵明觉，即所谓本然之良知也。”他强调道德主体，将道德主体进行得更加彻底，主张理无内外，消弭心与物之间的二元论。徐复观认为阳明完全站在纯性理的立场上说心即理，轻视人在事理上的研求功夫，是他整个思想的缺点，并且认为以此心即理批评朱熹是不适当的[②]。徐氏赞同朱子以“推及吾之知识”来解释“致知”[③]。但是徐先生也看到朱子注重即物穷理，偏向事理、物理方面，对性理本具人心的体认稍显不足。朱子与阳明各自对《大学》的解释皆有不足，很重要的原因即是，道德精神活动与知识活动之间缺乏自觉性，最终只是发挥了《大学》某一面的内容，而未能使《大学》的整体思想得到体认。

基于道德活动与知识活动失衡的弊端，徐复观在对《大学》，尤其是对“诚意”、“致知”的诠释中，既强调知识的正确导向作用，又强调扩大“心”的含蕴，积极发挥道德主体的作用。徐复观认为：

---

① 朱熹：《四书章句集注》，第 7 页。

② 徐复观：《中国人性论史·先秦篇》，第 279 页。

③ 徐复观：《中国人性论史·先秦篇》，第 260 页。

由“意欲”而到“实行”亦诚意所应有之义。实践的行为，必须与客观事物相结合，这便由正其端绪，发展而为知识问题。

“欲正其心者，先诚其意”，“诚意”上承“致知”，下启“正心”，它们之间不只是简单的逻辑关系，更是一种实质联系，知识为道德提供厘清对象，不致因坏的手段而转移本来良好的动机。徐复观从“诚意”的角度，引用王阳明《答顾东桥书》，进一步明确“养诚意”需要重视知识：“意欲温清……所谓意也，而未可谓之诚意；必实行其温清奉养之意……然后谓之诚意。”这表明由“意”发展为“诚意”需要与客观事物相结合的实践行为，需要知识来正其端绪，有良好的动机还需辅以正确的知识引导，使行为朝着有利的一面发展，而不会有所蔽。徐复观进而引用《中庸》、《论语》、《荀子》等典籍证明道德与知识的一体关系。他认为：

> 《论语》虽未曾明说欲诚其意者先致其知，但是下面一段话，实际是说诚意与致知关系的。《阳货》：“子曰，由也，女闻六言六蔽矣乎？对曰，未也。居，吾语汝。好人不好学，其蔽也愚。好知不好学，其蔽也荡。好信不好学，其蔽也贼。好直不好学，其蔽也绞。好勇不好学，其蔽也乱，好刚不好学，其蔽也狂。”……正其端绪以后，必发展而为行为，发展而为行为，便有赖于知识[①]。

道德是价值判断的标准，正确的知识是道德行为的准则。一

① 徐复观：《中国人性论史·先秦篇》，第261页。

个人如果没有广博的知识，即使品德高尚，也不能成圣成君子。

梁漱溟先生也认为知识与道德是统一的，不应该分裂二者而各有侧重。他认为：

> 识得修身为本，时时责之于己而不责之于人，要如《论语》上说的“躬自厚而不薄责于人”，莫如《孟子》上说的“所求乎人者重而所以自任者轻”这样实践去，待渐渐熟了，便过人己关。此时微明随以日启于内，外面一切俱收照在内心，外即是内。而无所谓外了。于是乃更过得内外关。从当初的知识，步步引发出良知，卒又与阳明同归一路来①。

梁漱溟先生之师——伍庸伯先生曾说：

> 我从《大学》格物致知而深深识得修身为本，此心即回到身上来，自家明德之用渐启②。

梁漱溟与伍庸伯皆将道德与知识二者结合起来理解，认为道德与知识不可分离，“致知”是探求正确的知识，但其根本还是博学于文、行己有耻的修身含义。这与徐复观的看法一致。

“夫子之施教也，先之以《诗》《书》，而道之以孝悌，说之以仁义，观之以礼乐，然后成之以文德。”孔子对于弟子的施教体系，由《诗》、《书》起始，随后进行道德品行教化，成就“文质彬彬”的君子。《论语·泰伯》曰：“兴于诗，立于礼，成于

---

① 伍庸伯、严立三：《儒家修身之门径——〈礼记·大学篇〉伍严两家解说》，第 142 页。

② 伍庸伯、严立三：《儒家修身之门径——〈礼记·大学篇〉伍严两家解说》，第 142 页。

乐。”修身当先学《诗》，然后才有道德方面的“思无邪”。《中庸》讲“博学之、审问之、慎思之、明辨之、笃行之”，即提倡好学、慎思才能做到“诚”。《大学》兼继原始儒家重道德重文的传统，一方面强调道德行为实践，另一方面又将道德置于“致知”的知识体系内，既实现了外在的知识转化为本体内在的道德，又为本体内在道德提供客观科学的知识指导，避免内、外两方面的限制与作用。《大学》将“诚意”置于“格物”、“致知”之后，“正心”之前，其深意就是主体道德的本真性应该在“格”、“致”的实质活动基础上，实现知与德合一。

徐复观对“诚意”的诠释，准确地把握了客观知识与道德实践的联结。在此统一、联结中，无论是徐先生阐述的把握行为动机之“意”或是客观知识引导正确行为的作用，徐先生所立足的仍是把握心作为精神之整个存在，强调心的主宰作用。“意者心之所发”，“意”更容易被一般人把握，因此“诚意”充当的是超越本体限制与内化心性本体的重要中介作用，目的是从“诚意”着手来把握心。徐复观恰恰是因为看到人类自然性的限制，而强调以“诚意”来突破自然达到超越，儒家道德伦理价值就在这种内化与超越中得以实现。因此，徐先生所诠释的“诚意”有两方面属性，一是通过客观知识的引导成为自我的道德，是确实的存在，是“质”；另一方面是作为“达”的属性，统合“内心”与“外心”，合“内外之道”，是“一”的属性，在这一属性中实现的是“一以贯之”，赞天地之化育，具有超越自然本能的意义。徐先生对于“诚意”的解释既突显了“正心”的地位，又实现了天道本体与现实道德价值的转化。

“四书”系统下的儒家经学与政教秩序

域外四书学研究

◎ 探析近现代日本作为方法的《论语》研究
◎ 论德川儒者中井履轩对儒家祭礼功能的探求
◎ 创新的孔子与唤起式教化

探析近现代日本作为方法的《论语》研究

——从武内义雄、和辻哲郎到白川静[①]

廖钦彬（中山大学哲学系）

一、前言

在日本的近代化过程中，汉学扮演何种角色，历经何种蜕变，一直是当代日本哲学思想界致力阐明的一个显题。此研究课题不仅牵涉日本如何辨别自我与他者这一自我认知系统的转变，亦和其如何思索与东亚汉学圈之间关系的未来课题有紧密的关联。若按传统的单向思维来看，被贴上文明落后标签的汉学，随着西方势力（政治、经济、军事、科技等）入侵，不得不被迫面临转型的问题。

中国与日本的传统学问，在急速西学东渐的压迫下，纷纷走向"救亡图存"的道路。属于汉学体系之一的儒学，在中国与日本的近代化命运，显然有很大的不同。朱子学在江户幕府时代，虽成为官学，但在武人（执政者）的世界里，却无法取得举足轻

① 本文是揭载于2017年第6期《孔子研究》的论文之增补版，曾宣读于安徽大学举办的"文化传承与徽学研究"国际学术研讨会（2017年5月13—14日）。

重的地位。民间儒学家，如中江藤树（1608—1648）、山崎暗斋（1618—1682）、熊泽蕃山（1619—1691）、山鹿素行（1622—1685）、伊藤仁斋（1627—1705）、伊藤东涯（1670—1736）、石田梅岩（1685—1744）等的出现，显示出包含朱子学与阳明学在内的儒家思想或广泛的汉学在江户时代的百家争鸣状况。虽然儒家思想与日本人的自我认同或日本思想基本上无法画上等号，却在如何辨别自我与他者这一自我认知系统的建构上，起到了莫大的作用。

与沟口雄三的“作为方法的中国”一样，“作为方法的《论语》研究”无论是在伊藤仁斋的古义学中，还是在荻生徂徕（1666—1728）的古文辞学中，都能见其踪影。不仅如此，就连处在进入现代化国家体制的明治日本，“作为方法的《论语》研究”亦不曾因文明落后的标签，而有所动摇。本文将探讨武内义雄（1886—1966）、和辻哲郎（1889—1960）、白川静（1910—2006）这三位近现代日本哲学思想家的《论语》研究，借以思考“作为方法的《论语》研究”的意义。

二、原典批判下的《论语》：武内义雄

近年国内关于武内义雄的《论语之研究》（东京：岩波书店，1939 年）之探讨首推刘萍的《武内义雄与〈论语之研究〉》[①]，此文是其《津田左右吉研究》（北京：中华书局，2004 年）的延伸与发展。刘萍在此已将武内义雄的个人简介以及《论语之研究》

① 刘萍《〈论语〉与近代日本》，北京：中国青年出版社，2015 年，第 53－73 页。

进行了缜密的分析与探讨，并得出结论：《论语》并非传统学问的经典，而是作为武内揭示日本精神史的思想史材料来被阅读的。换言之，《论语》的研究只是近代日本人显露自我精神的一种方法或手段而已。此一精辟的见解不仅道出汉学发展在日本的境遇，亦指出中国汉学所应接受的异域汉学之挑战。

武内的《论语之研究》始于《〈论语〉原始》[①]，经十年的深思熟虑后问世。武内研究古典的方法，如其自身所言，既不是以语言学解释字句、掌握其意的训诂学，也不是以读者自身思想为基础在无任何矛盾的情况下来说明古典的宋明理学家之态度，而是考察书物变迁、探究其源流并阐明原始意义的批判态度[②]。武内称此方法为原典批判。武内的治学方法分别受到狩野直喜（1868—1947）的汉唐训诂学与清朝考据学、内藤湖南（1866—1934）的文化历史观或思想史观的直接影响，因此在中日的文献考据学（训诂学、目录校勘学、原典批判）以及以其文献考据学为基础的中国思想史学上具有举足轻重的地位[③]。

上述武内的研究方法显示出文献考据学与中国思想史学，亦即哲学与思想史（历史）之间的张力关系。笔者认为此一立足于哲学与思想史（历史）之间的中国学研究方式，启发了和辻哲郎处理“伦理”、“伦理思想”、“伦理学”这三个概念的思考。和辻将此三者做了区分。“伦理”是个人同时也是社会中之人的存在

---

① 支那学社编《支那学》，京都：弘文堂，1929 年，第 19－63 页。

② 参见武内义雄的《论语之研究》，第 254 页。

③ 参见刘萍《〈论语〉与近代日本》（第 64－70 页）、吴鹏《武内义雄的中国思想史学》（《文化环境研究》，第 3 号，2009 年，第 30－39 页）。刘萍参考《中国思想史》（东京：岩波书店，1936 年）、《论语之研究》、《儒教的精神》（东京：岩波书店，1939 年），认为武内的治学方法将传统中国哲学的研究方式转向思想史的研究方式有其独特性与贡献，吴鹏则以其晚年的《支那学研究法》（东京：岩波书店，1949 年。收录于《武内义雄全集》，第 9 卷，角川书店，1979 年）为准，说明武内援用文献考据学与中国思想史学来打造自身的中国学。

理法。“伦理思想”则是人类存在的理法（伦理）在其实现的过程中（亦即以特定的社会结构为媒介的表现）被人以理性的自觉所规定的特殊行为模式[①]。“伦理学”，即是对伦理思想产生怀疑，并经过不断的理性根据之追究，所产生的普遍性学问。简言之，和辻所欲建构的伦理学便是“伦理”、“伦理思想”、“伦理学”这三个概念的综合体。

武内的《论语之研究》除了可见其文献考据学的本领外，亦可见其思想史学的立场[②]。其《中国思想史》与《儒教的精神》皆以孔子的思想为中国哲学的开端，恰好可作为探讨《论语之研究》的参考文献。《中国思想史》与《儒教的精神》的出版时间相差三年，后者的出版又只和《论语之研究》相差一个月，因此可视为同时期的思想产物。《中国思想史》与《儒教的精神》在解释孔子之前的思想史变迁上，皆以一种文明进步史观的方式来叙述。例如相对于殷代祭政一致的政治体制，周代则逐渐摆脱带有迷信的祭祀习俗。武内借由解释《周书》康诰篇“呜呼！小子封，恫瘝乃身，敬哉！天畏棐忱；民情大可见，小人难保。往尽乃心，无康好逸豫，乃其乂民”这一段话，来解释天命虽潜藏在人心之中，人却可透过内省自身、无自欺的方式，直觉感知到天命。武内认为殷代人以龟卜窥知天命或预示行动方针或准则的迷

① 参见《和辻哲郎全集》（东京：岩波书店，1977年），第12卷，第7—11页，以下引用该全集以“W卷数·页数”来标示。另见拙论《近代日本哲学中的江户儒学伦理观：以和辻哲郎的日本伦理思想史为例》，《东亚视域下的日本伦理学》，东亚文明研究丛书，台北：台湾大学出版中心，2017年，第181—204页。

② 武内的《论语之研究》虽参考了何晏的《论语集解》（训诂学立场），及朱熹的《论语集注》（义理学立场），却不满足于此二人的方法，另援用伊藤仁斋的《论语古义》、山井昆仑的《七经孟子考文》以及王充的《论衡》王说篇、崔述的《洙泗考信录》（见《论语之研究》，第201—216页）对《论语》的结构进行分判。关于武内的文献考据学立场，刘萍已指出其仍不出“中国传统经学体制内的自我补充与调适”（《〈论语〉与近代日本》，第72页）。本文不再探讨此部分，将焦点放在武内的《论语》古层说及其思想史立场之间的关连。

信方式，尚属人智未开的阶段，到了周代，人们已经无法满足于此种充满宗教仪式的世界观，开始以合理的方式来说明世界。

关于这种文明进步史观或理性主义观点下的思想史解释，正如加地伸行（1936—）在白川静《孔子传》（东京：中央公论社，1972年）的“解说”中所指出的，属于明治时代学术界的主流思维。他如此说道：“明治时代开始开办的大学里，要谈起中国哲学史都会模仿先走一步的西欧的那一套说法，以西欧哲学史作为一般哲学史的标准，并以此来建构所谓的近代化的中国哲学史系统，或者可以说就是盲目地追随。况且，貌似充满希望和活力的花样一般的现代，都是以标榜人类的进步和合理思维的自然科学为中心的。为此，所谓淫祠邪教之类都被称作为落后和迷信而遭到故意的抹杀。（中略）因为这样，所以，都在努力让儒教定位在一个合理的位置上。东京大学自明治时期建校到昭和二十年代的将近八十年里，经过不懈努力得出结论：儒教就是伦理道德，是与死亡无关的一种理性思考。这一观念几乎成了定论，可以说，这是建立在以大学的权威为背景的基础上的。”① 加地指出了白川静和武内义雄、和辻哲郎这两位明治期哲学思想家在解释孔子思想上的差异。

武内对《论语》结构的重新判释，借重许多前人的研究成果（多达四五百种《论语》文献）与治学方法，不仅发挥了其文献考据学的本领，甚至借重内藤湖南的史学方法与富永仲基

① ［日］白川静著，吴守刚译：《孔子传》，北京：人民出版社，2014年，第255页。本文以下的《孔子传》引用皆依据此书。

（1715—1746）的“加上说”[①] 来判别《论语》整体的构成结构。不同于木村英一（1906—1981）对武内与津田左右吉（1873—1961）的批判[②]，笔者认为最关键的是如何看待武内立足在何种基础来判定《论语》最古层的部分，也就是最原始的孔子语录。如前所述，武内在《中国思想史》与《儒教的精神》的开头处，便先铺陈商、周时代的世界观之演变（从迷信、非合理的转向自我反省、理智的态度），目的在于为孔子的思想进行一种历史式的诠释。这种为思想演变的历史进行合理性诠释的基础，则全然来自武内义雄这位具西方合理性思维的明治人之抉择。而此一抉择透过检视和辻哲郎与白川静的《论语》或孔子思想诠释之后，便可一目了然。演绎一下加地伸行的说法，其中最大的不同，即来自于《论语》或孔子思想是否能和中国古代宗教信仰（某种神秘主义思想）进行完整的切割？也就是说，是否要以西方理性主义的思维来解释《论语》或孔子思想？主张必须跟随西方脚步来

---

① 关于富永处理佛教经典的学问方法“加上说”，武内于《支那学研究法》中有所检讨。“所谓加上法，则是指一切思想学说皆是在之前的思想之上加上一些东西而发展出来的。（中略）也就是说，思想或学说是自然发展的，若没有发展，思想学说的主张就不会发生。若有主张，必定是从前说汲取特异点，并反驳其劣处。”他在说明“加上说”之前也述说了自己只遵守清朝考据学这一学问方法上的瓶颈，受内藤湖南演讲“大阪町人学者富永仲基”的启发，而开始探讨富永的“加上说”及其中国思想的研究（参见《武内义雄全集》，第 9 卷，第 46－55 页）。

② 木村在《孔子与论语》（东京：创文社，1971 年）第二篇“论语的成立”第一章“关于论语成立的序说”中，分别对武内以“文献的原形究明”（意味着《论语》的解构）为目标与津田以“论语的语言究竟传达了多少孔子语言的真实性”为目标的《论语》研究立场进行批判。他认为前者缺乏更精密的文献考证，对原典的解读因其思想性而造成肆意的诠释，后者解体《论语》的每个文字，不重视《论语》成形的整体性、一贯性、统一性及其成立的自律性，同时也忽视了语录在传承上出现的自然变化。这些都是批判《论语》不可忽视的点（参见《孔子与论语》，第 163－195 页）。

解释《论语》结构或孔子思想的无疑是武内与和辻[①]。相对于此，白川静则主张殷商以来的中国古代宗教信仰经周朝统治，虽不再是主流，但其后裔却流散在中国各地，影响了春秋时代的思想家，孔子亦不例外[②]。

在说明武内原典批判态度下的《论语》结构之前，有必要论及《中国思想史》与《儒教的精神》中孔子之前的思想与孔子思想之间的关连。此二书皆指出，《周书》康诰篇中“人的罪恶当中最大的罪恶是不孝不友”这一段话[③]，说明人类道德的根本是孝与友。此二者既是人类社会的伦理，亦是上天赋予人的本性，只要认知到人内在的天命，时时借由自我省察来掌握它并实践它即可。此种主张的代表人物便是周公（当然这和当时的政治统治有很大的关连）[④]。孝与友正是武内所强调的孔子思想之源流，也是定调《论语》最古层的基准点。

武内承继伊藤仁斋《论语》上、下论之分判框架，认为《论语》的最古层为属于上论的河间七篇本（雍也第三、公冶长第

① 和辻赞同西方社会学、人类学或地政学的反帝国主义立场或西方理性主义价值观下的产物（参见《风土》。另参见子安宣邦《阅读和辻伦理学：另一个“近代的超克”》，东京：青土社，2010 年）。事实上，此赞同态度其来有自。和辻试图提升日本文化、思想的合理性地位，打造属于日本人的伦理学，借以和西方的伦理学较劲。而这种西方理性主义思维的态度，自然也引导和辻在撰写《孔子》（东京：岩波书店，1938 年。收录于《和辻哲郎全集》，第 6 卷）时将孔子与古代宗教信仰（迷信）进行完全的切割，将其理性主义化。此论述将在下节展开。

② 参见杉本宪司《白川静的中国古代史论》、高木智见《殷周革命》（加地伸行编《白川静的世界Ⅲ 思想・历史》，东京：平凡社，2010 年，第 90—120、148—170 页）。白川静在《孔子传》“稷下学派”的最后写下“思想原本就是来自败北”这句话，说明殷周革命时，多数殷氏族被分散赐予到各地（庶殷），因而造就了诸子思想成形于宋。而依殷礼下葬的孔子，为亡殷后的宋人，因此其思想可说是改造击败巫史社会的天命思想之结果。

③ “元恶大憝，矧惟不孝不友。子弗祗服厥父事，大伤厥考心；于父不能字厥子，乃疾厥子。于弟弗念天显，乃弗克恭厥兄；兄亦不念鞠子哀，大不友于弟。惟吊兹，不于我政人得罪，天惟与我民彝大泯乱。”

④ 参见《中国思想史》第 9—11 页、《儒教的精神》第 5—8 页。

四、为政第五、八佾第六、里仁第七、述而第八、泰伯第九），此为以鲁人曾子为中心的《论语》，是曾子、孟子学派所传的孔子语录。齐论语七篇（先进第十一、颜渊第十二、子路第十三、宪问第十四、卫灵公第十五、子张第十九、尧曰第二十）属于下论部分，为以子贡为中心的《论语》，应为齐人所传孔子语录。齐鲁二篇本（学而第一、乡党第二）则为齐鲁的儒学，即折中子贡派与曾子派的学派之集成，应为孟子游齐后的产物。季氏、阳货、微子、子张、子罕为后人依据各种材料、收集孔子语录、进行补遗工作所产生的作品，内容驳杂，年代不一，最新部分甚至到战国末期才出现①。

武内认为上述篇章的顺序是儒教的中心随着时代推移的结果。河间七篇本显示出孔子的理想在于复兴周公的礼乐，此复兴并不在于礼乐的形式，而在于其精神的显扬与实践。孔子虽提倡仁，但仁必须奠基在实践忠、恕之道上。《论语之研究》的结论处并没有重申孝、友在其中的位置，而之所以未论及是为了阐述在那之后的儒教思想之发展。武内指出相对于河间七篇本强调仁与忠、恕，齐论语七篇则着重在恕，比前者更重视礼的形式。而齐鲁二篇本为前两者的折中。但若回到该书第三章“河间七篇本的思想”便可找到孝、悌（友）与忠、恕、仁之间关联的详细论述。

武内最重视的是为政、八佾、里仁，此三篇同时也是最古层的思想。为政篇的重点是孔子的主张在于家庭内的道德“孝”，并将其推广到社会整体。透过该篇第1、5、6、7、8、21、22章内容的解读，说明所谓政治便是打造出以孝道为中心的道德社

---

① 参见［日］武内义雄：《论语之研究》，第256－258页。关于武内如何分判《论语》的结构，刘萍《武内义雄与〈论语之研究〉》一文已有详细说明，在此不再赘述。本文关心的是河间七篇本何以是《论语》的最古层。

会。而要将孝推广到社会，必须要以人与人之间的互信为基础。到了八佾篇所说的礼，则变成了将孝推广到社会的手段。该篇第1—5章感叹周礼的式微；第7—10章谈的是三代礼制的变化，其中孔子所尊重的是周礼；第11—21章谈论的是周朝礼制的各种礼；第22—24章谈论的是乐；第25—26章谈礼的精神之重要性以及礼的基础是仁。整篇虽谈论礼，但最后还是强调礼的精神是仁。这种解读恰好连接到里仁篇，此篇前半部都是仁的论述，此处所说的孔子之道便是仁道，而能实践它的唯有忠恕一法。武内解释忠即是反省自心而无欺瞒，恕即是己欲立而立人、己欲达而达人，忠恕乃是实践仁的方法。除此之外，武内指出，该篇第18—21章中的孝是支撑“仁的具体行动从孝开始”这个理念的。针对述而篇第24章的“子以四教，文行忠信”，武内则说明第二的“行”即是孝悌，亦是周公所说的孝友[①]。

综上可知，武内所说的《论语》古层思想，亦即孔子思想承自《周书》康诰篇中周公所推崇的人类社会伦理（孝友）。人只要能认知上天赋予人的这种本性（孝友），并时时借由自我省察来掌握它并实践它即可。这种天命（孝友）由人自觉、反省并推广到社会整体的思维，正好成为武内分判《论语》结构的根据。这反映在所谓《论语》古层思想中，则变成孝、悌经由忠、恕、信、礼而达到仁，范围也从天、个人内在、家庭、社会到国家政治。“从思想的源流来看思想的各种演变”这种思想史的治学方式，似乎有超越文献考据学的嫌疑。当这种西方的文明进化史观引导武内去寻找思想的源流时，必会产生“什么是源流，该如何

① 参见［日］武内义雄：《论语之研究》，第111—148页。

界定”的疑问[①]。针对此问题，笔者想通过探讨和辻哲郎与白川静的《论语》研究，来寻找回应的思考材料。

三、和辻的伦理学与其《论语》观

日本近代伦理学家和辻哲郎撰写《孔子》（东京：岩波书店，1938年）一书时，正好是其自身在建构伦理学的时期。其一连串的宗教及伦理学著作为我们提供了解读其孔子传的思考材料[②]。《孔子》一书的内容结构如下："序"、"一、人类的导师"、"二、人类导师的传记"、"三、《论语》的原典批判"、"四、孔子的传记及语录的特征"、"附录、武内博士的《论语之研究》"。如和辻在序中所言，其所用的《论语》主要参考武内校订译著的《论语》（东京：岩波书店，1933年）。和辻在第三章的原典批判里，提及自身对《论语》结构的分判来自武内的演讲内容[③]。按照和辻的记忆，武内根据何晏的《论语集解》与王充《论衡》的正说篇将齐鲁二篇（学而、乡党，与河间七篇有重复）与河间七篇（为政、八佾、里仁、公冶长、雍也、述而、子罕，彼此无重复

① 若说孝友思想的诞生来自周公的政治思想，那么武内所谓源流，恰是出自期望有何种好的政治体制这种愿望。当然这也可能是武内自身的理性趋向所致。或可认为是他对当时日本军国主义者利用孔子与《论语》所提倡的忠君爱国之口号的抵抗。（另参见张士杰《学术思潮与日本近代伦语学》，北京：北京语言大学出版社，2015年，第170页。）

② 比如：《原始基督教的文化史意义》（东京：岩波书店，1926年）、《原始佛教的实践哲学》（东京：岩波书店，1927年）、《作为人间之学的伦理学》（东京：岩波书店，1934年）、《风土：人间学的考察》（东京：岩波书店，1935年）、《伦理学》（东京：岩波书店，1937—1949年）。

③ 和辻的《孔子》虽参考武内学说（此武内演讲内容尔后以《〈论语〉原始》为题出版，收入支那学社编《支那学》，京都：弘文堂，1929年），但出版却先于武内的《论语之研究》，且和武内的论语观截然不同。关于和辻对《论语》结构的分判和武内对《论语》结构的分判之差异，将于下文分析。

字句）归类在论语的上论。和辻认为即使学而（孔子与弟子之言）与乡党（孔子之行）不是武内所说的齐鲁二论，这两篇也是现存《论语》的古老部分，很明显带有统一性，并说明《论语》的编纂并不是随意的（参见 W6・306－311）。

在进入和辻的原典批判之前，先说明一下他解读《论语》的立场。他在第一、二章将世界的四圣人孔子、释迦、苏格拉底、耶稣放在一起谈论，称这些圣人为“人类的导师”，并如此定义：“实际上，人类导师所说的主要是人伦的道或法，而不是人伦社会外的境地之消息。他们之所以是人类导师，是因为无论何时何种社会的人，都能接受他们的教导。事实上他们所教导的人，或许被限制在狭小的地方，但作为一种可能性，能得以教导所有人。这可说是作为人类导师的资格。此处所说的人类，并非指事实上的什么，而是指在地方及历史上作为一种可能的任何人。因此人类不是一个事实，而是一个理念。”（W6・264－265）。

孔子在世时，除了 52—55 岁这四年从政之外，皆处于在野与外游状态，晚年回鲁国后的境遇亦不能算好。因此，和辻才定义人类导师的境遇都是生前被冷遇、不被认可，甚至是被妖魔化。这些人都是在死后经弟子、再传弟子及其后学的宣扬与努力，才得以成为具普遍性的人类导师。孔子与《论语》的关系便是如此。而孔子在中国能流传到现代，在于汉字文化于不同时代发展的结果。在这层意义上，鲁国夫子孔子借由中国的历史演变，得以获得作为人类导师的普遍性（参见 W6・265－276）。

据上可知，和辻评价孔子与《论语》的普遍性价值，并不是因为孔子个人，而是因为孔子与当时及其后的学派或教团。从和辻伦理学的观点来看，可作如此解释：儒家思想之所以是具普遍性的思想，在于孔子个人及其学派（或后学）的相互运动，而不是孔子个人的言行。对和辻而言，伦理学（儒学：笔者所添加）

的主体包含个人及其赖以生活的社会共同体。伦理学（儒学：笔者所添加）并不是作为认知的概念，而是带有社会性的实践哲学。它既不是精神自我认知的理论，也不是忽略人与人之间的行为或实践关系的学问，更不是实现人类欲望与物质生活的理论（参见《作为人间之学的伦理学》）①。

和辻认为从人们现实生活与行为中掌握共同态规范，也就是“作为共同态的行为相关模式”的伦理学，正是“人间”（日语：指人与其社会共同体）的学问。因为“人间”建立在显现人类彼此交互作用的“关系（日语：间柄）”上。此为和辻定义“伦理学”为“人间”学问的理由。探讨“人间”为何的“人间”学问，即是掌握“人间”的行为准则（即共同态规范）的伦理学（参见《伦理学》上卷）。和辻在解释“朝闻道，夕死可矣”（里仁·8）时，认为其道是人伦之道，非天道、神道或悟道。孔子要兴起的是以人为中心的立场，其道是人道，也就是道德（W6·343－345）。这种将孔子与《论语》的思想视为未具任何神秘色彩的伦理思想（思考人与人、人与社会国家的人伦之道），正与上述的和辻伦理学不谋而合。和辻伦理学的建构与其《论语》观有着密不可分的关系。

若比较武内与和辻分判的《论语》结构，可知两者的最古层有显著的差异。

武内⇒上论：齐鲁二篇＋河间七篇【最古层】＋子罕、下论：齐论语七篇＋季氏、阳货、微子、子张问四篇。

和辻⇒上论：齐鲁二篇【最古层】＋河间七篇＋泰伯、下论：十篇。（参见W6·322－323、333）

① 究竟是中国学影响了和辻的伦理学，还是他以自己的伦理学体系来解释孔子与《论语》？笔者认为无法将两者进行切割。

差异就在于前者从思想史角度出发，思考的是商周→孔子→曾子·孟子学派、子贡学派这一思想的传承与变化。后者从哲学角度出发，思考的是孔子学派中作为人类导师的孔子形象及其道德伦理思想。和辻的文献考据显然无法和武内相比，但若从其对齐鲁二篇的解说来看，可了解其作为《论语》最古层的意义何在。和辻表示学而篇传达的是孔子及其弟子（孔子学派）的智慧，并整理出此学派的三个纲领：一、学问的喜悦（1－11章）；二、学问中的共同体的喜悦（12－14章）；三、学问修养的自我目的性（15－16章）。紧接着出现的乡党篇，和辻认为是描绘孔子公、私生活的行为类型，以示孔子的日常形象。这里并没有所谓具异常或非凡能力的孔子形象。和辻将齐鲁二篇视为最古层的哲学动机显而易见，因为在他的伦理学体系里，个人必须是在集体中的个人，不会有一个超越共同体的个人，孔子作为人类导师的资格也在于此。这里并没有武内分判的《论语》古层思想，即从孝、悌经由忠、恕、信、礼而达到仁，范围也从天、个人内在、家庭、社会到国家政治这种思想史的想法。

接下来的河间七篇是孔子学派因应再传弟子们要求所增加的孔子言行录，和乡党篇有类似之处，但相较之下，此七篇更像是在传达孔子思想。像学而篇那样记录弟子们思想的内容，除一例外（里仁·26），却不见于七篇内容之中。相对于武内以此七篇为最古层，并将为政篇里的孝作为孔子思想的根干，和辻却认为八佾、里仁、公冶长、雍也、述而、子罕这六篇皆各有其主题，唯有为政篇没有特定主题，虽有四章关于孝的问答，但整篇内容和前六篇皆有关联，因此可说是总论（参见W6·323－324）。显然，孝的思想并没有受到和辻的重视。

关于《论语》中的孝，和辻在解释最古层的学而篇时，先举出第2章（有子曰："其为人也孝弟，而好犯上者，鲜矣。不好犯上，而好作乱者，未之有也。君子务本，本立而道生。孝弟也者，其为仁之本与。”)。和辻认为这是有子而不是孔子的话，再者，这是给弟子的学派纲领，亦是孔子给青年弟子们的教导。在此和辻并没有强调孔子思想的根源是孝，反而在解说第5-7章时，将人伦之道、治国放在第一位，淡化孝悌在孔子学派中的重要性。因为和辻认为人伦之道首重治国，而不是家庭内的孝。孔子重视的是信与爱在人伦之道中的中心位置，而不是单纯谈论家庭道德（孝）。第7章的子夏之语更是谈论接近五伦的思想。和辻之所以将家族内部（私领域）的道德淡化，提升家族以外（公领域）的道德，自然是要强调作为国家的人伦组织之实现，必须依靠信与爱，孝悌则被包含在内。这种包摄私的公（包摄孝悌的信与爱）可说是和辻伦理学的核心思想。当然，这和当时日本的全体主义以及将天皇视为父、日本国民（臣民）视为子，“国民对天皇尽忠”等于是“子女对父亲尽孝”的逻辑，有不言而喻的一致性①。

在此姑且不谈那些问题，若回到“什么是源流？该如何界定”的问题时，可发现和辻在说明何谓《论语》最古层的思想时，是以孔子及其弟子，亦即孔子学派（即使是所谓作为人类导师的孔子亦不能脱离孔子教团）作为其界定准则的。此处透露出对思想的最古层、源流之探讨，代表着研究者各自以某种立场来进行的讯息，也意味着任何一种客观的文献研究或实证研究，始终摆脱不了各自研究立场的主观性。此外，无论是武内还是和辻对孔子或《论语》的思想之研究，不免带有加地伸行所指出的那

① 关口すみ子指出，臣民要“如同对父母尽孝一样”尽忠于天皇，以“如同尽孝于父母那样尽忠于统治者”这种形式，将天皇与国民规定为亲子关系的一种，像这样的教育被落实于当时。也就是说，天皇与国民既是君臣又是亲子，因此非得尽忠和尽孝不可。（参见《国民道德与男女差别（gender）》，东京：东京大学出版会，2007年，第115页以降。）

种浓厚的西方理性主义色彩。此立场在和辻对《论语》中有关生死、天命、怪力乱神等主题的合理性解释中极为显著（参见 W6·337—351）。

四、白川静的《论语》观与孔子形象

相对于武内和和辻西方理性主义立场下的孔子形象，白川静文字学下的孔子形象显然带有些许的宗教神秘色彩[①]。在武内思想史立场下的孔子承先启后，成为儒教的创始人。而和辻伦理学（哲学）立场下的孔子成为人类精神的导师。孔子的伟大在于其学派、后学以及汉字文化的存在。孔子一方面因武内的《论语》分判工作，突显出个人的精神特质，另一方面因和辻的《论语》分判工作，而显示出关系（共同体、共同文化圈）底下的个人精神特质。白川静透过探讨儒的源流与孔子的出生、成长、与阳虎的对立、流亡、梦周公、晚年的言论等，来呈现出孔子的神秘主义倾向。其《论语》分判的工作奠基于孔子的神秘主义思想及其两次出游（第一次阳虎专政、第二次政变失败）的体验上。

如加地伸行所指出的，白川静《孔子传》的成形恰好处于日本二十世纪六十年代以后的学运。这是主体性与解构思潮会随着时代氛围渲染到校园及学术研究上的年代。白川静的孔子及儒教印象，亦因其试图解构明治期以来带西方理性主义色彩的孔子与《论语》研究而带有反叛的意味。但白川静的此种学述（学说）

① 白川静擅长于从甲骨文与金文的研究，也就是从文字的研究来看中国古代社会文化及其变迁。他在《孔子传》后记中谈到自己的《狂字论》（收于《文字游心》，东京：平凡社，1990年）是《孔子传》的延伸。此因篇幅关系，无法进行白川文字学与其孔子思想之间关连的检讨。

革命和学运不同，是经过中国古代文字（甲骨文、金文）、文学（诗经）、神话、文化、民俗、社会、政治等的体系性研究后所产生的必然结果。在刻画孔子的一生及其思想时，白川静尤其重视孔子出生、成长背景、出游以及与周公、阳虎、弟子们之间的关连。其借由体制内（现实世界、从政）与体制外（理念世界、追求道）的观点，来解释孔子思想的转变以及孔子思想的核心。白川静虽然认为《论语》和《圣经》一样，须进行严密的原典批判，而这类研究也不少，但整体来说，因缺乏可信赖的方法，因此都不太具有说服力①。白川静根据上述自身的几个观察点，思考了《论语》的原始资料问题。他将资料类型分成八类。

第一类：《论语》中的孔子言行，包括孔子教团开始政治活动之后、与阳虎之间的对立期、两次流亡期及晚年归国后的言行。重点是流亡期间的思想成形，此期间和弟子们（子路、颜回、子贡、冉有）之间的对话也很重要。第二类：《论语》中和子贡有关的三十多条记录（子贡为孔子守丧六年期间整理的记录。此时已有学派派别出现）。第三类：子游、子夏、子张的语录（孔子逝世后，三派的对立持续到荀子时代）。第四类：《论语》中曾子学派的东西（有子与曾子的对立到孟子时代还持续着，最终由曾子学派胜出，孟子学派也加入其中）。第五类：乡党篇（孔子形象的规范化。这类记录能与《礼记》的《曲礼》、《檀弓》相匹敌）。第六类：季氏篇（稷下之学加工而成的齐学，出自齐国儒家）及其他含齐语的篇章。第七、八类：以古帝王（尧、舜、禹等）与逸民的记载（大多出自南方儒家，与庄周学派有关）为主②。

---

① ［日］白川静著，吴守刚译：《孔子传》，第223－224页。

② ［日］白川静著，吴守刚译：《孔子传》，第224－225页。

显然，武内的最古层思想（河间七篇本）属于第四类，和辻的最古层思想（齐鲁二篇本的乡党）属于第五类。和辻从人类精神的导师、共同体中的孔子形象来判定《论语》的最古层思想（学而），从某种程度来说，和白川静的第一类有共通之处（如白川静认为学而篇是晚年孔子及弟子们的语录）。但不同的是，和辻认为这是学派纲领（共同体的规章、准则），白川静却反对这种说法，主张这里显示出孔子已成为一个卷怀者（第 1、16 章）[①]。关于卷怀者，可从以下一段叙述窥知：

> 俗世为了塑造出一个伟人，便会屡屡不惜牺牲众多的东西。不过，反过来我们可以从《乡党》篇里看到世间为了把一个人树立成伟人的努力，是一个如何滑稽的过程。一般地来说，孔子比较多地是由这样的虚像造就的。晚年的孔子成了一个卷怀之人。想接近这样一个卷怀者的是《微子》篇里的那些传承者。他们大概属于南方之儒，与庄周学派也有接触，他们完全否定政治，否定法则化的社会。虽然他们从这一立场来批判孔子在政治上的彷徨，但是，这与其说是在否定孔子的那种生活方式，不如说是对这位在彷徨之极变成了一个卷怀者的孔子抱着同感。所以，《微子》篇这一篇收入进《论语》中了。但是，孔子的这一政治性的彷徨对树立孔子的精神来说是绝对必要的。从一开始就作为一个卷怀者出现是不可能的，在处于极限的状态下，只有通过解决内心所累积起来的纠葛，人才会得到成长，变得伟大。一开始就看破红尘的人，不过是一个犬儒而已。孔子晚年的高徒们之所以不太容易接近孔子那高尚的精神，其原因在于他们未能尝

① ［日］白川静著，吴守刚译：《孔子传》，第 130－131 页。

过亡命漂泊的苦难，不仅少年得志，一帆风顺，还身处社会普遍尊重的地位。具有良好修养的这些人，成了法则性社会的指导者。只要有法则性的社会存在，他们就不得不是一个贱儒，不得不是一个犬儒。这榜样就是孟子、曾子学派[①]。

白川静在此除了孔子出生、成长和阳虎的对立外，大致已经说明了自己的孔子形象[②]。这里的孔子既不是武内思想史方法下的孔子，也不是和过伦理学立场下的孔子，其与后学派（曾子、孟子学派）思想中的“孔子”迥然不同，是一个超凡脱俗的隐居者（比如泰伯·13：“笃信好学，守死善道。危邦不入，乱邦不居。天下有道则见，无道则隐。”）。孔子俨然成了抗拒法制化时代的哲人（比如公冶长·7：“道不行，乘桴浮于海。”）。孔子的仁道思想显然与现实（法制）世界是背道而驰的。在其唯一思想继承人颜渊过世时，痛哭自己没有继承人的孔子，直到颜儒后学庄子的出现，才得以延续其思想的生命力[③]。若回顾上述白川将《论语》的原始资料分成八类的构想可知，第一类和第八类的距离反而透露出孔子思想与颜儒后学庄子思想之间的无限亲近性。此处的重点就在于作为脱离或超越体制的卷怀者孔子14年的流亡及归国后的思想转变。白川指出，孔子归国后，不再梦见周公，而以隐居者自居，并致力于《诗》、《礼》、《乐》的整理与修

① ［日］白川静著，吴守刚译：《孔子传》，第242—243页。

② 吉永慎二朗在《白川静的孔子论》中整理白川笔下的孔子一生之经历：（巫女之子：笔者加）巫祝社会→师儒（反体制者、群不逞之人）→参与国政→失败→流亡（→归国（卷怀者）：笔者加）。参见加地伸行编《白川静的世界Ⅲ　思想·历史》，第47页。

③ 庄子（卷怀者）为颜儒后学的说法，是白川静受郭沫若《庄子的批判》（收于《十批判书》，重庆：群益出版社，1945年）一文的影响。关于庄生传颜氏之儒或庄子即儒家的议题，参见杨海文：《“庄生传颜氏之儒”：庄生传颜氏之儒或“庄子即儒家”》（《文史哲》，2017年第2期，第123—133页）。

订，试图将这些东西流传下去[①]。

对白川而言，孔子在流亡（极限状态）期间会梦见周公、知天命，是因为孔子及其少数弟子在流亡后，反而能让自身主体恢复自由，即体制外的大自在。在此情况下，跨越体制及其流亡困境的动力来源便是梦周公与知天命，亦即听神、至上命令者的声音[②]。这种说法正是白川静试图连接晚年作为求道者、卷怀者的孔子和年少、青年时期作为巫女之子、师儒（巫史之徒）的孔子之证明[③]。这里的孔子并非所谓后世认识的“儒教”创始人，因为那些都是其后学派所营造出来的孔子形象（制造教主）。而真正的孔子并无意迎合法制、规范社会，也不是制度、规范的创始人，反而是追求仁道的隐居道人（里仁·8：“朝闻道，夕死可矣。”）。针对和辻哲郎认为孔子（不语怪力乱神、未知生焉知死、天非信仰对象或人格神）是一个理性主义者或伦理学家的说法，白川静提出反对意见。这里可看出加地伸行所说的西方理性主义立场与解构主义立场的对立面。当然白川静并非解构主义者亦非神秘主义者，而是主张中国古代文字（甲骨文、金文）的成立过程不能和宗教、巫术的要素进行分割。而此种立场，亦即援引西方社会学、人类学来加持自身以象形来解释甲骨文或金文的立场，也受到同时代的日本汉学家之批判，如加藤常贤（1894—1978）、吉川幸次郎（1904—1980）、藤堂明保（1915—1985）。

关于周公与孔子的关系，白川静做出了如下的整理。孔子是

---

① ［日］白川静著，吴守刚译：《孔子传》，第 131 页。

② ［日］白川静著，吴守刚译：《孔子传》，第 4、80、126 页。白川静将孔子梦周公比拟为苏格拉底聆听德尔斐神谕。

③ 见白川静著、吴守刚译《孔子传》的第一章“东西南北之人”。白川静先探讨了孔子的出生（巫女之子）、成长背景（巫祝社会），接着谈影响其一生的两个人物：阳虎与周公。前者和孔子一样，是师儒。后者是孔子想象出来的神或至上命令者。孔子晚年归国已不再为这两个人物所困扰，走的是自己的仁道。本文因篇幅关系，只针对孔子与周公的部分进行检讨。

巫女之子，是被选中的人，其一生都在做梦，常梦见周公但却不曾说出和周公谈论什么，或许是因为周公（至上的命令者）用命令的语气叫他“勿丧斯文”，因此他才能安心谈论天命，否则就是亵渎天命。孔子一生都和阳虎（和孔子一样都是师儒）形成对立，在此过程中，周公始终是他没有放弃的理想形象。这一组影子（实际人物、坏榜样）与声音（幻想人物、好形象）直到孔子晚年归国才逐一退去①。与周公有关的确切文献，仅《周书》的数篇。孔子以周公为理想，应该是在他开始研究《周书》之时，但在《论语》里却看不到和《顾命》、《大诰》、《绍诰》相关的消息。事实上，托付周公是儒家的政治手法，是要把实际存在的常规秩序作为古代圣王所制定的秩序固定下来，即所谓“托古改制”。孔子的立场亦属于此②。

白川静试图将一个现实与理想、法制社会与理念社会交织的张力置放在孔子身上。其前者的言论倾向或后者的言论倾向，分别在不同时间、空间出现，而且也因对话的人而不同，导致其后学派或各派儒家各取其所需、加以发挥，似乎也是不争的事实。后者往往容易衍生出理想或理念的神秘主义色彩。这固然更能发挥出商周宗教因素与孔子及其后儒家在思想上的演绎。白川静将“孔子→颜儒→庄周→老子”连在一线，恰好证明了孔子的思想是中国两大思想的来源。我们姑且不论其神秘主义思想的内核为何。白川静的孔子形象虽带有神秘主义色彩，但其方法却是建立在严密的文字学研究基础上的。而其《论语》研究恰好为其建构中国古代社会文化的工作带来合理的解释。因为在白川静笔下，作为商、周文化的继承人——孔子为其后的中国世界打开了两个

① ［日］白川静著，吴守刚译：《孔子传》，第41－47页。
② ［日］白川静著，吴守刚译：《孔子传》，第80－81页。

（儒家与庄老）不同的思想脉络。

五、结　论

在最古层说的方法论上，武内用的是思想史方法，和辻用的是哲学方法。而白川静不采用古层说，采用自己文字学下的中国古代社会文化史的论述框架，加上所谓后现代（败者的思想创造）或解构（去除西方理性主义思维）等要素来探讨《论语》和孔子的思想。因此，他只将《论语》的内容划分为八种类型。要如何使用这八类材料，就得看研究者或读者需要何种讯息或想要表现何种讯息。其《孔子传》当然是针对孔子的思想撰写的，但也间接显示出其自身中国古代研究成果的投影。

武内以文献考据学及思想史学为基础的《论语》研究，虽有别于和辻与白川静援引西方哲学、宗教学、社会学、人类学的《论语》研究，但透过检视三者的《论语》和孔子思想研究，可发现在近现代日本的《论语》研究之共通点，那便是《论语》研究只是作为方法而已。当所有的古典研究能以一种方法被拿来进行思想创造时，它还肩负了一个"反过来让研究者的思想再次进行自我反省或批判"（一种主客互换）的重责。因为在武内那里，缺乏了一个自觉自身文献考据学或思想史方法的解构意志。在和辻那里，伦理学俨然成了一切学说的判准，无法同等地容纳跨领域、跨专业的研究视域。而在白川静那里，虽然文字学、宗教学、人类学、社会学等视角带来理性主义思维下的世界观之瓦解，但就如木村英一所说的那样，缺乏了《论语》与孔子思想中的整体性、统一性，缺乏了保持孔子思想中现实与理想、法制社会与理念社会的矛盾对立之立场。也就是说，那种入世与出世、法制与仁道之间的矛盾统一之辩证观点，可以成为再进一步推进白川静文字学或中国古代观的动力。

作为方法的《论语》研究不仅拓展了《论语》这部经典以及孔子思想的跨时代生命力与跨文化视域，其自身也将成为一种能动的主体来推动研究者主观立场下的哲学、思想或学说。相信作为方法的《论语》研究在这双层意义上，不仅带有现代性意义，还带有未来的意义。

参考文献：

支那学社编：《支那学》，京都：弘文堂，1929 年

武内义雄：《论语》，东京：岩波书店，1933 年

武内义雄：《中国思想史》，东京：岩波书店，1936 年

武内义雄：《论语之研究》，东京：岩波书店，1939 年

武内义雄：《儒教的精神》，东京：岩波书店，1939 年

武内义雄：《支那学研究法》，东京：岩波书店，1949 年（《武内义雄全集》，第 9 卷，角川书店，1979 年）

木村英一：《孔子与论语》，东京：创文社，1971 年

金谷治：《论语》，东京：岩波书店，2001 年

刘萍：《津田左右吉研究》，北京：中华书局，2004 年

吴鹏：《武内义雄的中国思想史学》，《文化环境研究》，第 3 号，2009 年

刘萍：《〈论语〉与近代日本》，北京：中国青年出版社，2015 年

张士杰：《学术思潮与日本近代伦语学》，北京：北京语言大学出版社，2015 年

和辻哲郎：《和辻哲郎全集》，第 6、9、10、13 卷，东京：岩波书店，1977 年

蔡振丰、林永强编：《东亚视域下的日本伦理学》，东亚文明研究丛书，台北：台湾大学出版中心，2017 年

子安宣邦：《阅读和辻伦理学：另一个“近代的超克”》，东京：青土社，2010 年

关口すみ子：《国民道德与男女差别（gender）》，东京：东京大学出版会，2007 年

白川静：《孔子传》，东京：中央公论社，1972 年

白川静：《文字游心》，东京：平凡社，1990 年

加地伸行编：《白川静的世界　Ⅲ思想·历史》，东京：平凡社，2010 年

白川静著、吴守刚译：《孔子传》，北京：人民出版社，2014 年

杨海文：《“庄生传颜氏之儒”：庄生传颜氏之儒或“庄子即儒家”》，《文史哲》2017 年第 2 期

论德川儒者中井履轩对儒家祭礼功能的探求①

傅锡洪（中山大学博雅学院）

德川日本（1600—1868）儒者中井履轩（1732—1817）及其弟子山片蟠桃（1748—1821）倡导无鬼论，认为无客观存在的鬼神。不过，他们并未由此而否定儒家祭礼的必要性，恰恰相反，他们强调应当满怀敬意地祭祀祖先。对此，近代日本著名学者内藤湖南曾质疑道："山片蟠桃不信鬼神已经到了令人怀疑会不会与儒教、与儒教祭拜天道发生冲突的程度。"② 这一质疑直接指向祭祀与无鬼能否并存的问题。

对这一问题，学界现有观点多从履轩与蟠桃的内在意图出发，说明其无鬼论的主张恰是为了更纯粹地实行祭祀。如子安宣邦认为无鬼论正是为了"强调在伦理上对祖先的崇敬"③，田世民也认为"履轩和蟠桃等人主张'无鬼而祭祀'，透过断以'无鬼'

① 本文系国家社科基金青年项目"日本德川时代儒学宗教性问题研究"（17CZX035）的成果之一。

② ［日］内藤湖南：《关于山片蟠桃》，载其著《日本历史与日本文化》（刘克申译），北京：商务印书馆，2012 年，第 399 页。

③ ［日］子安宣邦：《鬼神论：神と祭祀のディスクール》，东京：白泽社，2002 年，第 19 页。

来担保祭祀者心态上的纯粹性”[①]。须藤和夫则更进一步，指出在履轩和蟠桃那里祭祀与无鬼论得以并存的理论根据。他认为之所以“祭祀”与“有鬼”总是紧密相连，无法分离，是因为祭祀感格被视为儒家祭礼不可或缺的要素，履轩和蟠桃则明确否定了儒家祭礼的交神功能，从而成功地将二者分离，使“祭祀”与“无鬼”得以并存[②]。但问题在于，儒家经典中有大量关于祭礼中追求人神感应的论述，履轩如何解读这些论述从而否定祭礼的交神功能？其解读是否偏离了儒家经典的原意？履轩视野下只具世俗性功能的祭礼又是否合于儒家祭祀传统？这些均是本文着力探讨的问题。

一、中井履轩对祭礼交神功能的否定

中井履轩对祭礼交神功能之否定，可从两方面加以论证：鬼神不会实际地降临祭祀场所歆飨祭品；人神之间无法通过声音、气味、光线等方式实现感应。

履轩所说的鬼神并不实际降临祭祀场所，此即“不来”、“不在”说。这一说法的直接根据来自履轩对“如在”一语的重新诠释。该语在《论语·八佾》和《礼记·中庸》都曾出现。履轩在注释《中庸》“如在其上，如在其左右”时指出：“如在者，其实不在也。设令其实在焉，何用如字为？”[③] 在履轩看来，《中庸》

① 田世民：《近世日本儒礼实践的研究：以儒家知识人对〈朱子家礼〉的思想实践为中心》，台北：台湾大学出版中心，2012 年，第 245 页。

② ［日］须藤和夫：《山片蟠桃における“无鬼”の论理（上）》，《埼玉学园大学纪要（人间学部篇）》创刊号，2001 年，第 24 页。

③ ［日］中井履轩：《中庸逢原》（不分卷），关仪一郎编：《日本名家四书注释全书》卷 1，东京：凤出版，1973 年，第 70 页。

等经典所说的“如在”正说明鬼神实际不在。因为若鬼神为“在”，就无需使用“如”字；既然使用了“如”字，那就可以推导出祭祀时鬼神其实不在。他的这一思路也为山片蟠桃所继承①。

除此之外，他还用常理进一步论证了祭祀时鬼神不在这一观点。他说，若鬼神“果实来格，尝其炙醴乎，则纵一日一祭，能弗馁乎？况时祭，是一岁数次矣”②。在他看来，假使鬼神真的会前来品尝祭品，那么根据时令变化进行的一年数次的祭祀将太过简略，以至于鬼神必然陷入饥馁的困境。因此，鬼神其实“不来”。

然而，事实上，根据儒家经典的记载，鬼神不必真正降临祭祀场所品尝祭品，通过气味、声音、光线等方式便能歆飨祭品，实现人神感应。如《礼记·礼器》中“笾豆之荐，四时之和气也”的说法，就说明祭祀所看重的并非祭品之实物而是祭品所散发的和顺气息为鬼神所飨用。《诗经·大雅·生民》“其香始升，上帝居歆”，意为祭肉香气缓慢上升，天帝安然来享用。另有《礼记·郊特牲》载“至敬不飨味，而贵气臭也”，“有虞氏之祭也，尚用气。血、腥、爓祭，用气也。殷人尚声，臭味未成，涤荡其声，乐三阕，然后出迎牲。声音之号，所以诏告于天地之间也。周人尚臭，灌用鬯臭，郁合鬯，臭阴达于渊泉，灌以圭璋，用玉气也”。此外，《礼记》等儒家经典还记载了燔燎、萧光等交

① ［日］山片蟠桃：《梦之代》卷10，水田纪久、有阪隆道校注：《日本思想大系》卷43《富永仲基·山片蟠桃》，东京：岩波书店，1973年，第496页。另外，蟠桃又说：“因‘如在’实指不在，故无鬼乃真，有鬼乃伪。”见山片蟠桃：《梦之代》卷11，上揭书，第575页。在此，他将不在直接与无鬼等同。由此可知，蟠桃处，“在”字被理解为“存在”，不在便是不存在。履轩虽也主张无鬼论，但由于他往往将“不在”与“不来”一起使用，故他所说的“不在”更接近于不在场，而非不存在之意。

② ［日］佐野大介整理：《并河寒泉〈辨怪〉翻刻（四）》，《怀德堂センター报》，2008年，第67页。事实上，王充在《论衡·祀义》中亦有类似从常理角度提出的对鬼神来格观念的质疑。

神方式，这些均说明在儒家传统祭祀中，人神感应乃是借由气味、声音和光线等方式实现的。

对儒家原典的这些相关记载，履轩并非不了解，只不过他并未全盘接受，而是有取舍地进行了阐释。在《原祭》一文中，他指出："《戴记》所说，有粹有驳，学者择焉而不精，往往荒唐其说，而流于怪诞，余甚悯之。"① 他认为《戴记》所载既有精粹又有驳杂，若基于其中驳杂的部分进行阐释，就会流于荒诞怪异。如他批评朱子道："若昭明、焄蒿、凄怆者，是愚昧妄诞之甚者，不当采入。"（《中庸逢原》，第70页）其所说"昭明、焄蒿、凄怆"，即以气味、光线实现人神沟通的方式，通过将人神感应的这些方式归为不应采信的驳杂记载，履轩得以否定祭祀感格的可能性。

此外，如履轩自述，他还对其所认为精粹的部分进行了引用："今摭其粹者，连缀成篇，欲用作'如在'注脚。"（《敝帚续编》，第24—25页）其中对人神感应问题的引用，则仅限于以下几条："未见有其飨之者也"（《礼记·问丧》）；"不知神之所在，于彼乎，于此乎，或远诸人乎……求诸远者与……岂知神之所飨也"（《礼记·郊特牲》。《敝帚续编》，第26页）。通过这些引文，履轩说明人对不降临祭祀场所的鬼神之场所根本无从把握，因而祭祀时鬼神不会与人实现感应。经过对经典的这番取舍，履轩也否认了儒家祭祀传统中存在人神间无远弗届的感应。

通过否定鬼神来格和人神感应，履轩否定祭礼可以交接神灵，这也反映了其异于以往儒者的鲜明的无鬼神论立场。一般认为，孔子对神灵世界采取存而不论的态度，既未明确否定，也未

① ［日］中井履轩：《敝帚续编》（不分卷），关仪一郎编：《日本儒林丛书》卷9，东京：凤出版，1971年，第24页。

明确论证鬼神观念的真实性。后世儒者则从不同角度切入，对鬼神问题作进一步讨论。他们或以理性的方式探究魂魄的性质和去向；或借由史书记载和世俗传闻，或直接诉诸圣人的权威，从而肯定鬼神观念的真实性。

履轩对这些思路均不赞同。对于以理性论证鬼神观念之真实性的说法，他认为“要之，皆非实际，盖死者魂精既散，不知所之，而人不忍于其无所归焉，故不得弗归之天也”[①]。即在他看来，人死之后，魂与魄分离，去向不明，不能以此证明鬼神为有。人们不过是出于一种不忍祖先魂魄无处着落的心情，所以才“想象”祖先之魂上升于天。至于程朱以《左传》记载的“伯有为厉”之类的传闻为据，说明鬼神之事并不虚妄、自有道理这一说法，履轩亦强烈反对。他说：“若申生之灵，伯有之厉，左氏之罔诞已。乃谓是别一般道理。天下岂有别一般道理哉？”（《水哉子》卷中，第15页）而对诉诸圣人权威以证鬼神观念之真实性的做法，他更以“孟子曰：‘尽信书，不若无书’”为据来加以驳斥。他还引南齐范缜的《神灭论》作为自己主张的奥援，认为其说乃是究极之论：

> 更高一层，南齐范缜著《神灭论》，以为“形者神之质，神者形之用也。神之于形，犹利之于刀，未闻刀没而利存，岂容形亡而神在哉”？（《水哉子》卷中，第15页）

由此可见，履轩不仅否认祭祀感格，还认为人死之后形神俱灭，并无所谓存在于某处的先人之鬼神，此即其“无鬼论”的

① ［日］中井履轩：《水哉子》卷中，关仪一郎编：《日本儒林丛书》卷七，东京：凤出版，1971年，第19页。

要旨。

二、中井履轩以“孝敬说”解释祭礼功能

如前所论，履轩否定了祭礼的交神功能及鬼神观念的真实性，但他并未否定祭礼本身，而是将祭礼规定为表达孝敬之情的活动，此即“孝敬说”。问题在于，若祭礼没有交神功能，且人死之后形神俱灭，那么祭祀者表达孝敬之情的对象为谁？履轩通过对“如在”的阐释解决了这一疑难。在由“如在”推出鬼神“不在”后，他指出：“不在焉，而我在之，故曰‘如’也。不在而在焉，爱敬之道尽矣。”（《敝帚续编》，第 24 页）此处“而我在之”的“在”，是动词的活用，应理解为“以为如在”，即“洋洋乎如在其上，如在其左右，是吾诚敬之至，以为如在也”[①]。其意为虽然并无实在的祖先之鬼神降临祭祀场所，但祭祀者“以为如在”，主观上想象祖先已经到来，亦即履轩所说的“洋洋乎，唯是想象之光景矣”（《中庸逢原》，第 70 页），祭祀者即向主观想象的祖先之鬼神表达孝敬之情。

他进而认为鬼神实际“不在”，祭祀者却“以为如在”。想象祖先降临，这正充分体现了祭祀者对祖先无法抑制的“爱敬”之情，该情感也正是履轩祭祀观的核心。他说：“鬼神祭祀之理，一言以蔽之，曰：行吾敬。”（《水哉子》卷中，第 15 页）他认为，先人生时子孙应恪守孝敬之道，待其去世后，子孙则应以祭祀延续孝敬之道，这也是祭祀的唯一功能。履轩的这一看法也为

① ［日］佐野大介整理：《并河寒泉〈辨怪〉翻刻（四）》，《怀德堂センター报》，第 67 页。

其弟子山片蟠桃所继承："祭祀乃孝之余波也"，"存生之爱敬，孝之本也；死后之祭祀，孝之末也"①。

与对祭礼交神功能的否定类似，履轩也借由对儒家经典的转化性诠释以证其"孝敬"说。这一工作集中体现于其《原祭》一文。在该文中，他综合了《礼记》的不少说法。如他摭取《礼记·祭义》之说，来具体描述祭祀前与祭祀时祭祀者的活动与心情：

> 孝子将祭祀，必有齐庄之心，以虑事，以具服物，以修宫室，以治百事。
>
> 齐之日，思其居处，思其笑语，思其志意，思其所乐，思其所嗜。齐三日，乃见其所为齐者。
>
> 夫妇齐戒沐浴，奉承而进之，洞洞乎属属乎，如弗胜，如将失之，以其恍惚，以与神明交，庶或飨之，庶或飨之，孝子之志也。
>
> 祭之日入室，僾然必有见乎其位。周环出户，肃然必有闻乎其容声。出户而听，忾然必有闻乎其叹息之声。（以上均见中井履轩：《敝帚续编》，第 25 页）

通过经典所载"思"、"见"、"闻"、"与神明交"等说法，履轩意图说明祭祀活动及其准备工作，如斋戒沐浴、亲临祭祀场所等，均是为了使祭祀者更充分地怀想先人生时的习惯、喜好与样貌，进而祖先的形象便栩栩如生地展现于祭祀者的心中，而祭祀者得以延续先人生时对其所尽的孝敬之道。

---

① 分别参见［日］山片蟠桃：《梦之代》卷 10、11，《日本思想大系》卷 43《富永仲基·山片蟠桃》，第 515、579 页。

他又结合《礼记·祭统》之说，说明祭礼从根本上而言是为了表达孝敬之情：

> 祭者，所以追养继孝也。
>
> 夫祭者非物自外至者也，自中出，生于心者也。心怵而奉之以礼，致其诚信与忠敬，明荐之而已矣。不求其为，此孝子之心也。（《敝帚续编》，第25页）

此处所引“追养继孝”、“孝子之心”等，意味着祭祀指向的是先人生前的形象，以生前的孝、养为本，以死后的追、继为末，末仅是本之延续，这也是履轩所说“孝之余波”的意涵。这也表明履轩所说的“敬”乃是纯粹世俗伦理性的孝敬，而非面对神秘不可知之鬼神的敬畏。

那么，通过对祭礼功能的这一取舍，履轩何以成功地将无鬼论主张与维护传统祭礼相结合？事实上，对“无鬼而祭祀”这一态度，历史上就有两类颇为强烈的质疑：第一，《墨子·公孟》批评董无心“执无鬼而学祭礼，是犹无客而学客礼也，是犹无鱼而为鱼罟也”，即认为无祭祀对象的祭礼是荒唐、不合理的；第二，王充在《论衡·薄葬》中说“使死者有知，倍之非也。如无所知，倍之何损”，即认为鬼神观念的真实性，保证了祭祀作为合乎理性和功效的道德义务，否则，祭祀就是非道德性和无功用的。

不过，在其“孝敬说”的框架下，履轩可以对这些质疑有所回应。对第一种观点，履轩或可回答：用请客之类的行为比喻祭祀并不恰当，与这些必须指向特定对象的行为不同，祭礼本就只是为了表达孝敬的心情，而不在于感应、沟通鬼神；对第二种观点，履轩或可答道：孝敬之情不能自已，出于这一情感，子孙自会去祭祀，又怎会考虑是否合乎功效的问题？并且这一出自不能自已之至情而行的祭祀，同样能收到“慎终追远，民德归厚矣”（《论语·学而》）的效果，这也正是祭祀的道德性之所在。

以上所描述的挑战与回应虽并未真实发生，却是能从履轩孝敬说自然推出的。从中也可看出，在履轩自身理论体系中，无鬼论与实行祭礼的主张，两者并不矛盾，可以并存。

三、中井履轩对祭礼宗教性涵义的背离

以上便是中井履轩在儒家祭礼功能问题上的基本立场。然而，履轩对经典的解读显然偏离了原意。

如履轩用以否定人神感应的引文，即“不知神之所在，于彼乎，于此乎，或远诸人乎”等说法，只不过表明鬼神存在的确切场所不为人知而已，但并未否定祭祀感格本身。这一关于神之场所不可知的观点在其他儒家经典中亦有谈及，如《易传》所说“神无方’、“阴阳不测之谓神”，《中庸》引《诗经·大雅·抑》“神之格思，不可度思，矧可射思”。

但神之不可知并不等同于人神感应不存在，而是反映出祭祀者因为认知能力有限，无法把握鬼神之场所。事实上，在中国早期宗教传统中就存在着人神感应，不过只有感官发达、认知能力超群的巫觋才能把握到鬼神的降临及其场所，鬼神对普通人来说仍是不可知的。如《国语·楚语下》载：“古者民之精爽不携贰者，而又能齐肃中正，其知能上下比义，其圣能光远宣朗，其明能光照之，其聪能听彻之，如是则神明降之，在男曰觋，在女曰巫。”

作为对早期宗教传统的继承与改造，儒家祭礼一方面以人文

化、理性化精神扭转巫术传统中的神秘倾向，另一方面也承继了古来祭礼中的人神共在传统。因而在儒家祭祀中，人神感应也确实发生了。但祭祀者并非巫觋，感官能力有限，无法把握鬼神的场所，故需要主观地想象鬼神降临祭祀场所，在祭祀者视听所及的范围内与之发生感应。这一想象也就是在主观意识中将鬼神定在化，从而完成对客观上不知其场所的鬼神的祭祀。

因此，《中庸》以及《论语·八佾》中“如在”的真正含义，并非履轩所说的将不存在的鬼神想象为在场，而是祭祀者将无法确定具体场所的鬼神想象为亲临祭祀现场①。同样，《礼记·祭义》所提到的“庶或飨之”，其本意也非履轩所认为的那样，体现了祭祀者满怀孝敬之心期待祖先前来的心情，而是祭祀者难以确知祖先是否会前来享用祭品，故而既困惑又期待。故履轩基于《礼记》等儒家经典，否定感应说并主张孝敬说，乃是对经典之意做出了相当程度的裁剪。确切而言，儒家祭祀传统既承认神之场所不可知，又不否认人神感应。

后世儒者所说的“虚灵之气”可视为对这一祭祀传统的哲学阐释。宋儒张载认为气具有虚灵的特点：“气之性本虚而神，则神与性乃气所固有。”“太虚为清，清则无碍，无碍故神；反清为浊，浊则碍，碍则形。”② 虚与实相对，“实”指有形之物，“虚”则指无形之气。有形之物具有不可入性，可以显著地阻碍物体运动，无形的气则不具有不可入性，并不阻碍物体运动，因而气的

---

① 该理解也适用于山片蟠桃所说的“尸”。他曾以祭祀用“尸”（日语训为“形代”——意谓替身）为据来反推鬼神是不会出现的。他说：“替身之事，‘如’字，皆无鬼之证也。”他认为，若鬼神存在则不必设置替身，既设置替身，则替身被当做鬼神来祭祀，由此来推，那么鬼神就是不存在的，否则的话，就会有两个被祭祀的主体（“二主”），这是无法解释的奇怪现象。但事实上，设“尸”与“如在”一样，均是将鬼神定在化，从而完成对客观上不知其场所的鬼神的祭祀。

② 分别参见《正蒙·乾称》、《正蒙·太和》。见《张载集》，北京：中华书局，1978年，第63、9页。

运动是神妙的。此处“神”的含义与“灵”相同，均指气的能动性及其产生的复杂而奥妙的变化。

朱子指出鬼神就是上述张载所说的虚灵之气：

> 鬼神只是气。屈伸往来者，气也。天地间无非气。人之气与天地之气常相接，无间断，人自不见。人心才动，必达于气，便与这屈伸往来者相感通①。

此处所说“人自不见”即无形的虚灵之气，不能为通常的感官能力所把握和确知，这也印证了鬼神场所不可知。同时，气又是“无间断”，“天地间无非气”，人之气与天地间的鬼神之气相接续，气之神妙而不可感的运动促成了人神之间的相互感通。儒家经典所记载的人神之间借由气味、声音、光线等方式来实现无远弗届的感应，根据便正在于鬼神作为虚灵之气而运动。

明儒郝敬也曾指出：“若有在处，即不谓神。”② 其意是说，因为神是虚灵之气，故其具体空间是无法被把握的，这也是“神”区别于有形之物的重要特征。然而，若因神之场所无法把握，便推断其不存在，则是对日常感觉能力的误用，因为鬼神问题本身就已超出日常感觉的适用范围了。履轩从“如在”推出“不在”，因神不可知而否认人神感应，均是犯了此类错误。

正如宗教学的开创者麦克斯·缪勒所说，“宗教……是指一种心理能力或倾向，它与感觉和理性无关，但它使人感到有‘无限者’（the Infinite）的存在，于是神有了各种不同的名称，各种不同的形象。没有这种信仰的能力，就不可能有宗教，连最低级

---

① 黎靖德编：《朱子语类》卷 3，北京：中华书局，1986 年，第 34 页。

② 郝敬：《礼记通解》卷 18，郝千秋、千石校刻本，第 65 页。

的偶象崇拜或物神崇拜也不可能有”[1]。宗教总是与无限者关联，而无限者之为无限者，正在于其无法被感觉或理智所把握，而仅与人的信仰能力有关。正是对无限者的信仰，才构成了宗教的基础。对中国传统典籍中的鬼神观念，也唯有从不同于日常感觉与理性的信仰角度出发，才能获得真正的理解。儒家传统祭礼的宗教性一面也正在于此。

四、中井履轩对祭礼道德性涵义之理解的缺失

上述分析表明，履轩对儒家祭礼宗教性功能的否定，表层原因是他对儒家经典的取舍性诠释，深层原因则是鬼神问题与日常感觉本属不同范畴，但履轩却将后者误用于对前者的解释。

事实上，履轩对儒家祭礼道德性功能的理解，也并未合于儒家传统。在他的理论体系中，主张无鬼论与维护祭礼得以并存的前提乃是祭礼被限定为表达孝敬之情。凡是超出这一前提对祭礼所做的道德情感解释，他都尽力避免涉及。例如祭礼表达报恩之情的一面，亦即《郊特牲》等反复强调的“报本反始”之情，履轩就并未提及，这是履轩对经典的又一取舍。为理解履轩该取舍的原因，我们可将他以孝敬解释祭礼的思路与德川前期重要的朱子学者中村惕斋（1629—1702）《追远疏节序》的说法做一比较。惕斋说：

夫天地之运，万物之化，逝者去而不反，来者继而更

① ［英］麦克斯·缪勒：《宗教学导论》，陈观胜等译，上海：上海人民出版社，1989年，第11－12页。

新。惟人能知报本还始，而不与物迁矣。何为本始？血脉所由承也，德泽所由来也。所以还而报之道，有祭祀而已矣。圣人通幽明之故，达感应之妙，知鬼神可以来格，乃创祭享之法，使人遂其报酬之情①。

惕斋指出，通过祭礼表达报恩之情，必须以鬼神来格的观念为前提。由此可知，《郊特牲》所说的“报本反始”之情不同于孝敬之情，它指向的是死后之鬼神，认为鬼神可以歆飨祭品，即承认祭祀时存在人神感应。这一观点与履轩的“无鬼论”立场相冲突，故履轩并未将其纳入祭礼的道德性因素之中，而只将表达孝敬之情视为祭礼的唯一功能。

然而，履轩对祭礼道德性情感的理解过于窄化。在周人的观念中，祭祀是表现孝道的重要方式，广义的孝道不仅指履轩所说的在生前所尽的孝道，还包括报本反始之情，如《诗经》中“飨孝”等说法即指报恩性质的孝道。儒家也沿袭了该类观念，如《易传》的“孝飨”便体现了这一点。并且广义的孝道并非仅是狭义孝道的自然延伸，后者属于世俗领域，前者则指向神秘不可知的鬼神，已涉入宗教领域。这也表明，事实上儒家祭礼中的道德性情感并非是纯粹世俗性的，而是呈现出指向超越维度的宗教性特征，即便就祭礼的道德功能而言，宗教性维度也是不可或缺的。

其实，从孝道伦理和情感角度解释祭礼并非是对祭礼的最初理解，而是周代人文、理性精神兴起以后，周人所赋予祭礼的新的意义。但这一新的意义并不构成对祭拜神灵这一本来意义的否

---

① ［日］中村惕斋：《追远疏节序》，收入柴田笃《中村惕斋·室鸠巢》附录，东京：明德出版社，1983年，第281页。

定。祭礼的各个环节，无论供奉祭品、降神、献尸还是送神等，都是围绕着敬拜神灵这一点展开的。祭祀者固然应以孝心行祭礼，但就祭礼之为祭礼，而区别于其他世俗活动而言，宗教性地敬拜神灵仍是必不可少的。

德川中期古学派代表人物荻生徂徕（1666—1728）便认识到了这一点。他说："不曰'如亲在'，而曰'如神在'。'事死如事生'，语其心也，礼则否。虽亲亦神之，虽妻亦拜之，可以见已。"[①] 亦即在儒家祭礼中，祭祀者并非简单地将逝者生前的身份和地位照搬过来并延续生前的世俗性关系，而是将逝去的亲人视为神灵，故采取各种礼仪对其加以敬拜。反之，若没有神灵观念的真实性为前提，祭礼就会变得荒诞无稽。对此，朱子便有过非常明确的说法。他说："如释奠列许多笾豆，设许多礼仪，不成是无此姑谩为之！""若道无物来享时，自家祭甚底？肃然在上，令人奉承敬畏，是甚物？"（《朱子语类》卷3，第46、51页）基于此，吴震指出："尽管祭祀的行为对象所指向的并不是鬼神本身，但是若没有祖先神灵这一观念，祭祀行为本身也会失去意义，人们的祭祀行为所依据的仍然是祖先神灵这一观念的真实性。"[②]

此外，对祭礼宗教性内涵的肯定，不仅符合儒家祭祀传统本身，也有现实的效用。履轩一直强调祭礼之于民德的意义，而对祭礼宗教性的肯定，某种程度上反而更能收到民德归厚的效果。上引朱子两段话中，第一段的"无此姑谩为之"意为祭祀者心中明知并无鬼神来格，只是出于教化民众等目的才设置了祭祀的器

① ［日］荻生徂来：《论语征》乙，小川环树编：《荻生徂来全集》卷3，东京：みすず书房，1978年，第122页。

② 吴震：《鬼神以祭祀而言——关于朱子鬼神观的若干问题》，《哲学分析》2012年第5期。

物和礼仪，当作鬼神可以来格一样进行祭祀。朱子设“不成是无此姑谩为之”的反问，意图强调祭祀应有表里如一的真诚态度。第二段中“令人奉承敬畏”则指祭祀者在面对神秘难测的鬼神时，应整肃身心，满怀谦卑与畏惧之情。正如朱子在《敬斋箴》中所说：“正其衣冠，尊其瞻视；潜心以居，对越上帝。”①

这两处引文显示出，如果承认祭礼的宗教性内涵，亦即承认人神感应的真实性，那么祭礼的道德情感便能得到扩展，从表达狭义的孝道扩展到其他以鬼神观念真实性为前提的道德情感，例如相信鬼神“如在”并因此真诚地祭祀，表达报本反始之情、对鬼神的敬畏之情及随之而来的慎独修省之情。在这些道德情感驱使下所行的祭祀，就不再是出于孝敬之情的自发行为，而更是一种责任和义务。真诚、感恩、敬畏等诸种情感，以及与之相关的德性，都在履行祭礼的责任和义务的过程中体现并得到深化。因而对人神感应这一祭礼宗教性内涵的追求，也反过来丰富和提升了祭礼的道德性内涵。这一点，大概是履轩所忽视的。

五、结　语

《礼记》等儒家经典将祭礼的功能和意义理解为两重：追求人神感应；表达祭祀者的道德情感。通过对儒家经典，尤其是《礼记》的重新解读，中井履轩指出，儒家祭礼并不具有交接神灵的功能，只有表达孝敬之情这一道德情感的功能，因而是纯粹世俗性的。他对经典的原意做了取舍和转化：一、直接否定对人

① 《朱子文集》卷85《敬斋箴》。《朱子全书》第24册，上海：上海古籍出版社；合肥：安徽教育出版社，2002年，第3996页。

神感应的正面描述，视其为驳杂的记载；二、将有关神之场所不可知的描述解释为对人神感应的否认；三、对祭礼表达报本反始之情等其他道德性情感的论述未加讨论。通过上述对经典意涵的转化性诠释，履轩以为其“祭礼仅为表达孝敬之情”的观点便有了坚实的经典依据。然而他的转化性诠释之所以成功，在于他将日常感觉能力用于对鬼神问题的讨论。这一方法论本身便应受到质疑，因为从宗教学的观点来看，鬼神问题终究仅与信仰能力有关。

经履轩重新诠释的所谓祭祀，只具有悼念或怀念先人的世俗性情感的意味，而不免背离了儒家祭礼的宗教性含义。事实上，祭礼的宗教性是不容否认的[①]。一方面，通过对上古中国宗教传统的继承与改造，儒家祭礼保留了沟通人神的宗教性诉求，这一宗教性内涵使祭礼区别于其他世俗活动而成其为祭礼。无论孔子、朱子还是中村惕斋、荻生徂徕，儒家学者一般并不否认这一内涵。另一方面，只有承认人神感格观念的真实性，祭礼的道德性内涵才能突破狭隘的“追养继孝”之情，得到丰富与扩展，从而更有效地起到道德教化之作用。

---

① 近年来学者们从不同角度切入，也得出相似结论，认为儒家宗教性面向非常重要，不容忽视。如倪培民认为儒家的“如在主义”是一种精神性人文主义，而不仅仅是世俗人文主义。参倪培民：《儒学的精神性人文主义之模式：如在主义》，《南国学术》2016 年第 3 期。另外，翟奎凤也认为“我们今天对儒家文化的重新理解，要注意儒家宗教性与道德性的统一，把儒家完全说成是道德教化，否定或忽视其宗教性的一面，是不够准确的”。参见翟奎凤：《“对越上帝”与儒学的宗教性》，《哲学动态》2017 年第 10 期。

创新的孔子与唤起式教化

——《通过孔子而思》中的孔子形象①

余树苹（深圳大学哲学系）

《通过孔子而思》一书的作者是郝大维和安乐哲，该书的中译本名称曾为《孔子哲学思微》，后来的中文新版本译名选取了与英文书名 *Thinking Through Confucius* 更为贴近的名称。笔者认为，这一书名暗含作者的思考方式和写作目标。首先是思考方式，“通过孔子而思”包含两层含义：一是如字面所提示的，作者在书中所做的思考是以孔子为媒介进行的，通过阐发孔子的思想，作者希望能够为西方哲学提供资源；二是，作者认为这种“通过……而思”的方式恰是孔子自己的思考方式，孔子是通过对古代文本、对周礼等的思考而建立自身的思想，作者也希望模仿孔子的思考方式，通过思考孔子来建构新的认识。因此，在讲到该书的“思考方式”时，已经包含了作者的写作目标。作者提到，“我们希望使孔子的洞识能够成为当下哲学对话的一个潜在

① 文章已发表于《现代哲学》2018 年第 4 期，发表时删减了部分内容。本文系教育部人文社会科学研究青年基金项目“西方汉学家诠释‘孔子形象’之比较研究”（12YJC720050）、国家社科基金重大项目“四书学与中国思想传统研究”（15ZDB005）的阶段性成果。

参与者”[1]，“孔子这位中国古典传统最著名的思想家的思想很有可能会成为西方哲学家们开展思想活动的可选择性模式”[2]。这一目标不算宏大，以孔子为思想资源的做法也并非哲学界的新话题。比较特别的是，作者对于自己的思考方式极有自信，“我们所对待《论语》的方式用的正是孔子一贯对待他自己传统文本的方式。因此，我们上述通过孔子而思的途径也与孔子通过他自己传统而思的方式相同”[3]。正是认为有这种方式上的“一致”，作者始终相信自己所理解的孔子有别于其他人对孔子的阐释：既有别于“思想名气很大”[4] 的新儒家弟子们（指宋儒）所解释的孔子，也有别于一般汉学家所理解的孔子，是“真正的孔子”。

除较为特殊的思考方式和明确的目标之外，该书最引人注目的地方，也是本文论述的重点在于，作者对孔子“创新性”的强调。“我们还应对儒家的‘创造性’的意义保有敏感度，这样才不会真的把孔子这位传统的‘述者’误解为一个纯粹的‘transmitter’，而把握不到他作为一个真正‘圣人’的本來面目。”[5]对孔子创新性的重视，并非该书作者所独有，其他汉学家对此也有不同程度的研究。如顾立雅认为孔子是改革者、革命者，而非一味泥古[6]；史华兹也指出，孔子“即使作为传述者，他也仍然可以成为创新者”，弟子们正是因为孔子在传述时附加了一些包

① ［美］郝大维、安乐哲：《通过孔子而思》，北京：北京大学出版社，2006 年，第 7 页。

② ［美］郝大维、安乐哲：《通过孔子而思》，第 43 页。

③ ［美］郝大维、安乐哲：《通过孔子而思》，第 68 页。

④ ［美］郝大维、安乐哲：《通过孔子而思》，第 12 页。

⑤ ［美］郝大维、安乐哲：《通过孔子而思》，第 27 页。

⑥ 详见 H. G Creel，Confucius and the Chinese Way（Confucius：The Man and the Myth），Harper & Row，Publishers，Incorporated，49 East 88rd street，New York 16，N. Y. 1960. Confucius was not appear slavishly devoted to tradition，第 144 页。

含反思性与洞察力的内容而被吸引①。可见不少汉学家都在以不同方式揭示孔子的创新观念。正如安乐哲和郝大维在书中提到的，"对大多数当代西方哲学家来说，严格限定在现有传统中的思想似乎显得促狭和令人难以忍受"②。这应该是汉学家们挖掘孔子思想创新性的根本原因。但《通过孔子而思》一书的特殊之处在于，它将此创新的观点贯穿全书的始终，可视为该书的核心观念。作者认同孔子是一个"文化实证论者"③，也就是说，孔子认定文化传统的权威性，将其视为所有知识和行为的必要条件。但作者的研究意图则在于揭示如此有实证论倾向的限定下，孔子极为微妙、复杂地将个人、社会、宇宙诸意义涵摄于哲学思考的过程。简单而言，孔子如何既承认传统，又保持创造性。

作者对此的解答，是通过概念的分析与关联建构来完成的。而在其概念的关联建构中，最核心的范畴是"义"。

一、语境本体论中的"义"

在《通过孔子而思》一书中，作者以孔子"吾十有五而志于学……七十而从心所欲不逾矩"一段为全书的研究线索，一句为一个章节，研究的内容包括认识论（学习）、成人、社会政治理论（君子）、宇宙论（天、道）、语言与沟通（圣）等。每个主题由几个概念展开分析。作者从语义学的角度解释这些概念，由字与字间的同源结构推出其含义上的相近之处，如学与觉（學与

① ［美］本杰明·史华兹：《古代中国的思想世界》，南京：江苏人民出版社，2004年，第68页。

② ［美］郝大维、安乐哲：《通过孔子而思》，第75页。

③ ［美］郝大维、安乐哲：《通过孔子而思》，第75页。

觉）、礼与体（禮与體）、义与我（義與我）等，并建立它们之间的关系。作者对这一方法很有自觉，认为其研究与其他人的不同之处恰在于，别的汉学家只从语义学进行研究，他们则有意识地进行概念之间的关联建构。

孔子的创新性如何体现？在《通过孔子而思》一书中，“义”是一个表征创新的核心范畴，同时也贯穿于全书的始末，在概念的相互关联中起着重要作用。作者指出，“义”是一个非常重要但一直被严重误读的概念，他们希望以自己既激进又保守的方式来解读“义”。“激进”表现在作者的解读与任何解释者都有所不同；“保守”则相对于孔子的原意而言，作者认为自己的解读恰是在恢复孔子的愿意[①]。

根据书中的论述，我们可以总结出“义”的三层含义：

第一，“义”是与“我”紧密相连的概念。

这首先是从语义学出发而得出的结论。繁体字“義”的下部结构恰是个“我”字，作者由此得出：“古典儒家传统中的‘义’，如果不是人的一种突出特性和其个人身份，那也一定是一种自然状态。”[②] 如“君子义以为质”（《论语·卫灵公》），“君子所性，仁义礼智根于心……”（《孟子·尽心上》），“禽兽有知而无义，人有气有生有知亦且有义”（《荀子·王制》）。这些都说明“义”为人所独有，是人之为人而区别于兽或他物的本质特征。同时，“它将审美、道德和理性意义的最终根源都植根于人本身”[③]。也即是说，“义”不仅在于区别人与物，而且在与人相关的诸多品质中居核心地位，同时也是儒家思想的根源。既然“义”与人相关，那么具体体现了人的哪种特征？由此引出的第

① ［美］郝大维、安乐哲：《通过孔子而思》，第107页。
② ［美］郝大维、安乐哲：《通过孔子而思》，第107页。
③ ［美］郝大维、安乐哲：《通过孔子而思》，第68页。

二层含义是关键所在。

第二，“义”表征的是人行为的得当、合宜，体现个体的创造性，并将意义赋予世界①。

作者不认同将“义”翻译为“righteousness”或“meaning”②，认为这是对“义”的误读。他们认为“义”应译为rightness、significating、judgement③。要理解作者对“义”之含义的特殊解释，需要对其所理解的中西方本体论之差别先做说明。作者将儒家和西方的宇宙论及在彼此宇宙论下的本体论和秩序作了区分：西方是“超验宇宙论——实体本体论——逻辑秩序”，儒家则是“内在宇宙论——现象（语境）本体论——审美秩序”④。作者指出，在超验宇宙论与实体本体论中，个体是被先在规定的、不可逾越的（体现在宗教关系中也是如此）；而儒学的宇宙论拒斥任何超验事物或原理的存在，其现象（语境）本体论则提供了一个不断变化的环境，一切都是鲜活而未定的，需要个体去附加意义。这个意义便是个体为适应语境的变化创造出来的、与语境相“宜”的“义”。作者认为，“‘义’是我主动地、有贡献地与环境融为一体，其中，‘我’创造独特行动，并就此以一种创造性的方式诠释自我。它是‘我’对‘机体’这一概念的表达和贡献。而另一方面，‘义’还表示自我为‘宜’语境或环境意义的让步或放弃”⑤。作者在此强调“义”是为了在变化中达到“宜”而做出创造性的努力，如孔子被称为“圣之时者”，其“我则异于是，无可无不可”（《论语·微子》），及“（孔子）不曰‘如之何如之何’者，吾未知如之何也已矣”（《论语·卫灵公》），

① ［美］郝大维、安乐哲：《通过孔子而思》，第115页。
② ［美］郝大维、安乐哲：《通过孔子而思》，第107页
③ ［美］郝大维、安乐哲：《通过孔子而思》，详见第123、130、139页。
④ ［美］郝大维、安乐哲：《通过孔子而思》，第14－18页。
⑤ ［美］郝大维、安乐哲：《通过孔子而思》，第114页。

即体现孔子对“时”之变化的灵活应对与创新性[①]。由于与语境相结合，“义”作为意义的投注既是个体性的又是社会性的[②]。作者亦指出，孔子的创造不是“存在物”（实体）的创造，而是“意义”的创造[③]。既然是意义的创造，则非凭空而来，有具体产生意义的“物”或“事”，即为何者创造意义。这一事物，在孔子处自然是“礼”。

第三，“义”与“礼”、“仁”二概念相连，并处于核心地位。

作者将“礼”视为开放的资源。“礼”是传统文化的累积，既承载先人的伦理、智慧宝库，要求人的行为与礼仪相符合，同时也需要人的礼仪行为为“礼”赋予新意义[④]。“义”既是个体行为的得当与合宜，必定首先是遵守“礼”的。但人在语境之中，需要应对不断变化的动态环境，此时礼仪行为就由具有教诲意义的行为规范，转化为“作为获得和展现个体之义的形式化工具”，同时也作为“个人修身的创造性智慧的具体化手段”[⑤]。也就是说，“礼”作为一种固化的存在、机械化的模仿对象是没有意义的，“礼”需要人的传承，也需要人在礼仪活动中对其进行与语境相适应的改造或创造性诠释，这就是“义”，一种依于“礼”同时又合于时代变化的双重的“宜”[⑥]。不仅如此，作者认为从根源上来看，“义”建立了“礼”。“礼”从何而来？由于“内在宇宙论”的限定，我们不能给礼一个超验的解释，“礼”不是先在、超验的，那么“礼”的建立只能与人相关。正是因为人对神圣的敬畏，在协调个体与现象\语境的关系时，为寻求行为的“合

① ［美］郝大维、安乐哲：《通过孔子而思》，第114－115页。
② ［美］郝大维、安乐哲：《通过孔子而思》，第130页。
③ ［美］郝大维、安乐哲：《通过孔子而思》，第14－18页。
④ ［美］郝大维、安乐哲：《通过孔子而思》，第105页。
⑤ ［美］郝大维、安乐哲：《通过孔子而思》，第117－118页。
⑥ ［美］郝大维、安乐哲：《通过孔子而思》，第119页。

宜”（义）而累积了一些习俗与惯例，即“礼”[①]。由此可见，“礼”从产生到存续甚至重获生命，都依赖于“义”（人对“义”的追求)。“礼”与“义”结合产生的结果，则是“仁”。

中外学者在解释孔子的“仁”时，一般将其与“礼”相互关联，将“礼”与“仁”作外在与内在的区分。但《通过孔子而思》一书的作者则对“仁”有另外一番规定[②]：

1. “仁”与“人”有共同定义，“仁”字中的“二”意指“人”的两个不同层次[③]。或者说，“仁”作为“人”是复杂而多层面的。

2. “仁”是有具体情境性的，一种情况下为“仁”，另一情况则未必如此[④]。(作者在另一处以孔子对伯夷、叔齐的评价来说明这一问题：孔子认为伯夷、叔齐不拥护周王是义，同时又给武王很高的赞誉；孔子称颂伯夷、叔齐的人品，同时又因他们缺少灵活性而与之保持距离[⑤]。)

3. “仁”作为过程性术语没有特定的终极限定。孔子所诠释的过程性的“人”需要不断重铸过去，且永远自我超越；可用自由开放的性质术语评价，而不可根据“终结”或“完满”这样的术语定义。

由此可见，作者将“仁”视为与“人”相关，既是人之品格的“已得状态”，也是此一品格的实现过程，它与“礼”和“义”一致，都是动态而非固定的。“仁人乃可‘受’他‘我’之精华，努力磨炼自我之‘义’以努力最大限度‘博施于民’的人。”“仁”不仅关乎人，也与“语境”息息相关：“仁”是“个体之

① ［美］郝大维、安乐哲：《通过孔子而思》，第 127 页。
② ［美］郝大维、安乐哲：《通过孔子而思》，第 134—136 页。
③ ［美］郝大维、安乐哲：《通过孔子而思》，第 134 页。
④ ［美］郝大维、安乐哲：《通过孔子而思》，第 135 页。
⑤ ［美］郝大维、安乐哲：《通过孔子而思》，第 150 页。

‘义’在具体语境下的运用”，“‘仁’是发展和运用个体之‘义’的过程中，吸收、涵纳人类社会的诸条件和相关问题的整一化过程”[①]。作者将“仁”视为“礼”与“义”之间的动态关系的产品和目标[②]。在作者对“仁”的规定中，都与“义”有更多的相关性。可见，与我们通常的理解不同，作者不仅完全撇开将“义”与“利”捆绑的讨论，且认为“仁”与“义”的关系，远深于“仁”与“礼”的关系，“礼”与“仁”都依赖于“义”来完成。

二、成人与自我建构

以上三层含义，仅就书中专门讨论“义”之章节进行总结。“礼”、“义”、“仁”之间的关联是作者在解释“成人”时建构起来的。在作者看来，“成人”为何？成人即依于“礼”并创新礼之“义”，达致“仁”之品格。正如上文所分析的，“义”所表征的创新性在“成人”的过程中处于关键位置，没有“义”将无所谓“礼”的建立和传承，更无“仁”之达成。作者不认同芬格莱特和杜维明将“仁”仅从内在性进行理解的观点，认为“成仁”涉及整体的人：既关涉“私己”、“内省”和“内在”的自我，又涉及“社会”、“主动”和“外在的”自我。……这一仁“人”过程远非依赖什么“内在原理”，它需要参照个体语境[③]。也即是说，“成人”或“成仁”，是在个体语境中自我建构的过程及完成，在这一过程中，自我与他者、我与我们、主体与客体、此刻

① ［美］郝大维、安乐哲：《通过孔子而思》，第141—142页。
② ［美］郝大维、安乐哲：《通过孔子而思》，第130页。
③ ［美］郝大维、安乐哲：《通过孔子而思》，第148页。

与彼时之间的界线应该被模糊掉[①]。儒家要求“克己”，但要注意的是，“克己”之所克是一己的私欲而非“自我”的存在感。“这一行为的基础却始终是自我的‘义’感”，即“始终保有自我塑造的判断力和价值观”[②]。仁人通过培养自我之“义”（自己的判断力、适当感以及有选择地将己之价值投注到世界的能力），而从礼之规范的行为、风俗和习惯中发现和运用意义[③]。

作者将对“义”之重要性的强调视为孔子的原意：“我们所试图说明的孔子与许多儒家思想者不同：他站在‘义’的一边；而且正由其所‘立’，表达了对整个成人过程的意义和价值的一个最为深远的洞识。”[④] 在作者眼里，孔子并非一个保守主义者，而是一个创新者。事实上，代表着创新性的“义”贯穿于全书，是作者理解孔子的一个重要维度。“成人”其实就是在不断学习与适应语境的过程中进行自我建构，重视个体，重视个体的独特性与创新性。书中将“自我建构”区分为不同层次，从最初的学、思、知、觉，再到仁、君子、圣人，无一不与“义”相关。“成人”（self-realization）的概念在作者的理解中并非单一的，而是有“不同维度”，如“仁者”作为人际关系的成长，“君子”作为社会政治的成长，而“圣”则是其中最有涵容性的概念——“成人”的其他范畴描述了“成圣”（realizing sagehood）活动的独特焦点。这些不同维度的“成人”状态，都成为儒家的典范。典范“是历史中的圣人得以留存的一个手段，它也是激励创新的方法”[⑤]。作者认为，“对典范的反应根据个人独特的能力、环境

① ［美］郝大维、安乐哲：《通过孔子而思》，第140页。
② ［美］郝大维、安乐哲：《通过孔子而思》，第138、137页。
③ ［美］郝大维、安乐哲：《通过孔子而思》，第99页。
④ ［美］郝大维、安乐哲：《通过孔子而思》，第129页。
⑤ ［美］郝大维、安乐哲：《通过孔子而思》，第217页。

和兴趣而定”[1]。如上文提到的作者引孔子对伯夷、叔齐、柳下惠等人的评价，及“择其善者而从之，其不善者而改之”（《论语·述而》）的观点，指出个体会对历史上的典范的行为加以审慎的思考和评价，而且只应遵从那些与己相宜的行为。这成为《论语》中一个一再出现的主题：必须发挥批判能力（personal judgement）来运用榜样力量发展自我[2]。即是说，人们对典范的学习也应该有自己的判断力，保持个体的独特性，符合个体之义。

而个体的自主性不仅体现在对典范的学习上，也体现在与“命”、“道”的关系中。与我们一般所认为的“天命不可违”不同，作者认为“命”建构了存在的因果条件，但这些条件既不是先定的，也不是不可动摇的。也就是说，人是他自身在这个世界上存在的决定性力量，现有条件及其境遇都会因他的参与而改变[3]。即使天命，也有到底是“环境强加个人以意义”还是“个人主动为情境引入意义”这两个不同角度。人与天命之间，个体的自控力越强则主导作用越大，反之亦然[4]。由此看来，“命”也是与人互动、因人而变化，而非僵硬不变的。除“命”之外，书中对“道”的界定，亦从一开始就跟“创新”相关，从“道”的传承直至“道”的建立，都与人、人的创造性相关。作者指出，“‘道’在最根本的意义上，似乎意味着主动筹划以‘开创新路’（road making），进而通过意义扩展逐渐表示‘（筑好的）路’，因而可行于其上”，“道存在于人，由人发扬、习得。而且，每个人都是以绝无仅有和在质的意义上不同的方式接受和体现‘道’的”[5]。作者对“道”的解读与对“礼”的解读是一致的，认为人

① ［美］郝大维、安乐哲：《通过孔子而思》，第229页。
② ［美］郝大维、安乐哲：《通过孔子而思》，第230页。
③ ［美］郝大维、安乐哲：《通过孔子而思》，第263页。
④ ［美］郝大维、安乐哲：《通过孔子而思》，第265—266页。
⑤ ［美］郝大维、安乐哲：《通过孔子而思》，第279、280页。

不仅是“道”的传承者，而且事实上还是其最终的创造者。这种创新也同样源于人与环境的变动性，“道是由一个发展的人和一个变化的世界之间交流所决定的生死大道，‘道’根本上源于个体‘成人’的努力”[①]。作者甚至认为，“‘道’存在的意义不在于被遵守，而是被拓展”[②]。由此，书中弱化了“礼”、“道”与“君子”、“圣人”之类的道德典范的模范作用，强调了其激起创新和不断超越的另一用途。由于有“礼”、“道”与先贤的存在，这种创新既是持续的又是变动的，既是模仿的又是独特的。“成人”作为一个自我建构的过程，所有已有的存在都只是工具而非目的，目的只有一个，即自我之“义”的表达。不仅如此，这种“义”与个体的自我建构，同样体现在作者对古典儒家之宗教性的理解上。

首先，宗教和宗教性是两个必须区分的概念。哲学思想可以具有宗教性，但不会必然成为一种宗教。宗教有着更为严格的规定性。在《通过孔子而思》一书中，作者并不执着于孔子思想（或说古典儒家思想）是否是宗教的问题，而是着力于阐述孔子思想的“宗教性”，并与其他汉学家有着非常不一样的解读。郝大维和安乐哲认为，西方的宗教性，“在最根本的意义上，指个人完全投入到对万物所存在的整体之域的意义和价值的感知和理解。……或许，这一宗教直觉最深切的形式就是反思：人了悟到应敬畏个体之‘义’之于整体的价值。当个体将自身视为从其个体视角解读的整体的中心点时，这一了悟最为深刻”[③]。这种投入意味着人在行为（特别是道德行为）中，要体现对上帝的敬畏、崇拜和绝对遵从。其行为模式则是“感知”、“理解”和“反思”。

① ［美］郝大维、安乐哲：《通过孔子而思》，第 282 页。
② ［美］郝大维、安乐哲：《通过孔子而思》，第 279 页。
③ ［美］郝大维、安乐哲：《通过孔子而思》，第 299 页。

古典儒家体系的宗教性则根本不同："宗教不强加遵从或附属的命令。而是要求人像一个有权威的典范一样建构自我。这就是说，意义、价值和目的不是一个叫做上帝的人所给定的标准而存在的，而是创造于人与其语境，人与天的相互作用中。"① 作者肯定中国传统的宗教性首先是要求对传承的意义和价值的尊敬，这一点体现在对"礼"的依从上。但除此之外，"它要求个体之义（道德判断）能够为传承意义进行主动的赋值、改造和扩展"②。在这里，作者将孔子思想的创新性引入对宗教性的理解，并认为这才是"真正的宗教情怀"③。在中国古典意义中，宗教性并非仅体现在对"道"的追随，更要求能够"弘道"。因此，所谓的"建构自我"，就是在"天人合一"这一关系中，不仅体现了对天的依赖，更体现了人与天的相互限定。在行动模式上，区别于西方宗教的"感知"、"理解"和"反思"，中国人的"配天"不是一个单纯的依附性行为，而是一种积极的创造性行为，并需要付出坚持不懈的努力。"儒家感受性所需的'天人'之间独特的内在性关系不可能源自某种生命终结时的大彻大悟。宗教性（是）必须靠一生勤勉努力来感受和实现的人的意义。"④ 可见，作者对儒家宗教性的理解与"天"、"道"、"礼"等概念相关，并与理解这些概念的思路一致，即重视创新性。

三、教化：典范与唤起

正如上文提到的，汉学家们对孔子创新理念的重视，非唯

---

① ［美］郝大维、安乐哲：《通过孔子而思》，第 300 页。

② ［美］郝大维、安乐哲：《通过孔子而思》，第 300 页。

③ ［美］郝大维、安乐哲：《通过孔子而思》，第 301 页。

④ ［美］郝大维、安乐哲：《通过孔子而思》，第 301 页。

《通过孔子而思》一书作者所独有。但将创新作为理解孔子思想与形象的重要线索并贯穿全书、所有概念范畴都依于创新性的“义”而设，则并不多见。作者完全摒弃将“义”与“利”合并解释的传统，而是将“义”作为表达创新与自我建构的中心。学界一般认同孔子的“述而不作”并非纯粹的“述”而无丝毫的“作”（如对“仁”的阐发）；孔子之于“礼”，也并非恪守古仪礼而是根据时代需求而“从众”、“从今”（如对于帽子的用料问题，孔子明确表示“吾从今”）。然而在《通过孔子而思》一书中，作者重视“义”之创新性不仅在于个体对“语境”的适应，更在于个体本身的积极性、创造力的发挥，在于彰显个体的独特性。作者认为这是与孔子的原意相符合的解读，但在笔者看来，这更像是作者所说的“时代误植”，是典型的以西方哲学背景诠释中国哲学的一种尝试。这样的诠释虽有主观性，但也为我们诠释孔子思想注入了新的内容，特别是在“义”和自我建构的基础上所延伸出来的教化问题。

所谓“自我建构”，意味着将学习者之“自我”置于整个学习过程的首要位置，以“建构”为目标，既沿袭传统又发现自我并创新传统。依此一特点所进行的教育，绝非搬出一套教材、摆出几个典范来依样学习、简单模仿所能完成，而应是一种“唤起”式的教育。唤起体现在两个方面，一个是典范的作用，二是以“言”、“礼”、“乐”为教化方式。

1. 重新理解典范的作用

作者认为，自我建构有多种层级，依次而下大概为：圣人 sage、仁者 authoritative person、善人 good \ adept person、贤人 person of superior quality、成人 complete person、士 scholar-official、大人 great person。这些都是教化所能达到的不同目标，同

时也是一般人学习的榜样①。孔子的教化，首先求助于典范，如尧、舜、文、武、周公等。作者指出，理解儒家的典范需要强调两点：其一，“典范不仅是使历史中的圣人得以留存的一个手段，它也是激励创新的方法。对榜样的模仿不是复制，而毋宁是一种将新意义引入我们周围环境的实践”②；其二，“典范或许既有个人形式也间接带有礼（制度）形式。因此，孔子之吁求周礼，也是对人类适当典范行为的吁求”。即是说，典范既可体现为人，也可以是“礼”。如上文所提到的，作者强调对“典范”的学习并非简单的模仿，其最终目的是以典范为基点进行创新。“模仿行为不应当被解释为严格本质上的一致，……它更应当是借助榜样协调自己行为而竭力与之谐和的行为。”③ 因此，典范在发挥教化功能时，其表率作用更多体现在对学习者自我之能力的“唤起”，而非“模仿”。前者是灵动、有活力而富于创造性的，后者则是被动、僵硬、刻板的。唤起不是简单重复式的模仿，也不是强制性的规范。作者指出，孔子主张说服教育而非强制惩戒，如“君子之德风，小人之德草，草上之风，必偃”（《论语·颜渊》），君子教育未开化之人，在于唤起其整合和参与到百姓主体间性的“成人”行动中的潜能，其如春风般的影响力培养和激越百姓向一种无需“刑”即可获得理想社会秩序的状况发展④。“风”是化育而非强制，而“草”则是善于吸纳而非屈从。这就是说，它们会以一种自然互惠的方式彼此影响。

2. 以“言”、“礼”、“乐”为教化方式

作者认为，对孔子来说，言、礼和乐都是自我得以成长的形

① ［美］郝大维、安乐哲：《通过孔子而思》，第 224 页。
② ［美］郝大维、安乐哲：《通过孔子而思》，第 217—218 页。
③ ［美］郝大维、安乐哲：《通过孔子而思》，第 370 页。
④ ［美］郝大维、安乐哲：《通过孔子而思》，第 205—206 页。

式媒介[①]，它们都拥有“唤起”的品格[②]。作者指出，孔子的许多主要概念的词源都有指示人际沟通的成分，如名、知、信、君子、善人、命、和等，其词根都是“口”。“口”所意指的语言，不仅是口头的交流，且是述行性的。“通过语言诠释世界就是推动它趋向某特定现实，使其以某种方式被‘知’。”[③] 孔子对“正名”的重视也是语言述行性的体现：“故君子名之必可言也，言之必可行也”（《论语·子路》），“理论定义和实际行为之间有任何错离都将是不正之源”[④]。正是因其沟通意义与述行性特点，“言”为“唤起”教育的重要方式，对此《论语》文本可以印证——《论语》中多为孔子与弟子之间的对话，教与学的过程多是通过语言进行。六十岁的孔子自己已“耳顺”，他也希望用语言唤起人们心中和谐行动的禀赋[⑤]。“礼”之创新性及其与“义”的关系在上文已有论述，在作者看来，“名”和“礼”都是保存和传承“义”的形式，且只有作为“义”之独特个体性的展现才真正富有意义[⑥]。

语言和音乐二者都是产生深刻喜悦的沟通模式。作者指出，孔子将音乐（不仅指器乐也包括诗歌和舞蹈）看成为展现个人精神风貌和价值提供更大可能性的活动[⑦]。乐既需要连贯性也需要创造性。对孔子来说，音乐在严格意义上并非模仿性的，而是力图协调诸独特焦点以构成整个场域的和谐[⑧]。“音乐像‘礼’一样，最终的根源还是‘语境中的人’所奉献的‘义’。”孔子如此

① ［美］郝大维、安乐哲：《通过孔子而思》，第 338 页。
② ［美］郝大维、安乐哲：《通过孔子而思》，第 373 页。
③ ［美］郝大维、安乐哲：《通过孔子而思》，第 331、330 页。
④ ［美］郝大维、安乐哲：《通过孔子而思》，第 333 页。
⑤ ［美］郝大维、安乐哲：《通过孔子而思》，第 339 页。
⑥ ［美］郝大维、安乐哲：《通过孔子而思》，第 337 页。
⑦ ［美］郝大维、安乐哲：《通过孔子而思》，第 339 页。
⑧ ［美］郝大维、安乐哲：《通过孔子而思》，第 346 页。

强烈热爱韶乐的原因在于韶乐中有舜之“义”的积淀[1]。“乐”是极具感染力的表现形式，以其富于启发意义的教育形式而无可厚非。有意思的是，作者认为孔子在教育的过程中并不知道自己想教什么，并没有一个确定的目标。孔子遵从并援引传统之“义”，但又要吸收弟子的智巧，是一种不受限于某一理念或某一体系的联合探索。“他意在唤起弟子的独创智慧则说明他重视依靠弟子的新条件、新境况实现对传统的拥有”，而这种拥有会产生的东西将是传统与当下之“义”的结合，是变动的、待定的，因此并没有终极目标[2]。与柏拉图哲学希望通过推理性的深思发现可用之于一切情况的原则、规范不同，孔子的教育方式更直接，具有当下性，“他试图在沟通行为中通过敬意行为再现历史或当下美德。这一再现不是借助教义和信条，而更多依靠的是经验的古老资源——即行动及其情感氛围”[3]。

以自我建构为目标的教化，是将原来被动的受教与学习转化为自己主动的觉与行。这样一来，孔子的教化目的，其实是培养可以自教自化的人。因此，教育这一行为，就施教者而言是通过典范进行沟通与唤起，就受教者而言则是由“学”而“觉”。由繁体字的“學”与“覺”来看，二者在词源上是“直接关涉”的关系[4]。作者把“觉”翻译为 becoming aware，他们认为在先秦，“觉”的意思是力求学有所成的学者在教和学的双向过程中获得深刻认识。只是到后来，有可能随着文化传统更实际的发展，“学”的意义才侧重于“学习”。（事实上，即使在现代，“学”的目标也是与“觉”或致用相联的。）学的对象是传承“文”，拥有

① ［美］郝大维、安乐哲：《通过孔子而思》，第 343、344 页。

② ［美］郝大维、安乐哲：《通过孔子而思》，第 371 页。

③ ［美］郝大维、安乐哲：《通过孔子而思》，第 373 页。

④ ［美］郝大维、安乐哲：《通过孔子而思》，第 47 页。

文化与拥有功能性、工具性的知识是不同的，“孔子把通过文化提升获得生命的丰富性看作生命本身的目的。对孔子来说，‘学’不是谋生的手段，它是生命本身的目的，是生命的存在方式”①。学意味着获得和拥有先辈们投注到文化传统中的意义。在整个从“学”到“觉”的学习过程中，其创新性更充分地体现在中间阶段——“思”与“知”上。“‘学’与‘思’的相互作用——即广泛吸取传统文化与通过个体创造性对传统的诠释与发扬之间的相互影响——是《论语》的一个主旋律……”② 在作者看来，思不是简单的理解、思考，或者说，其思考的内容不是单纯指向文本，而是思考如何将学到的内容创造性地运用于新环境之中，“思”具批判性，而不仅仅是传承性的。就“知”而言，与将“知”翻译为“to know”、“to understand”不同，作者将“知”理解为具有较强烈行动意味的“to realize”③，同时，“知”是需要用行动来证明的④。“知”依其偏旁“口”与“言”联系起来，是一个阐明和限定这个世界的过程，而非被动地认识一个先定的实在⑤。

由此可见，作者以创新为要义解释孔子学说，而在教化上，则认为孔子及儒学是以“言”、“礼”、“乐”为基本内容、以典范为标杆的“唤起”式教育。此处的“唤起”可以与王庆节的“示范”作对比。在《道德感动与儒家示范伦理学》一书中，王庆节提出儒家为“示范伦理学”，并指出，在儒家伦理学背后支撑着的“科学”首先不是现代意义上的“逻辑学”、“经济学”，而更多的是靠近传统意义上的“教育学”。或者用儒家传统的话语说，儒家“伦理学”首先讲的是“立人极”，是一门成己成人的学问

① ［美］郝大维、安乐哲：《通过孔子而思》，第 49 页。
② ［美］郝大维、安乐哲：《通过孔子而思》，第 49 页。
③ ［美］郝大维、安乐哲：《通过孔子而思》，第 54 页。
④ ［美］郝大维、安乐哲：《通过孔子而思》，第 56 页。
⑤ ［美］郝大维、安乐哲：《通过孔子而思》，第 60 页。

与功夫[①]。也就是说，此处的“示范”既是伦理意义上的示范。也是教育意义上的示范，当然这种教育在儒家主要是德性的教育，以典范为示范，通过其德性魅力来感召从而感动甚至感化受教者，而非制定规则去强制、规范。单就词意上看，“示范”更多表达的是教育者的教化方式，更强调模仿；“唤起”则更强调在某种教育方式之下受教者身上所发生的作用，更强调创造。事实上，对于受教者的创新性，王庆节也一样强调道：“在生活中，我们每一个人都不仅仅是一个道德途中的跟随者，我们同时也是人生道路上的开辟者。”开辟则意味着不循旧，《论语》中“人能弘道，非道弘人”、“为仁由己，而由人乎哉”即是人的主动性与创造性的表现[②]。

结　语

笔者对《通过孔子而思》一书的兴趣，正是来自于上文所叙述的诠释方式：郝大维与安乐哲以“创新”为纲领，以“义”为核心范畴，不仅致力于阐发孔子思想中的创新性，还尝试着创造性解读孔子思想。如果我们回到经典来评价二位作者的诠释，首当其冲会受到质疑的问题将是：“义”是否为孔子思想的核心范畴？将“义”置于礼、仁、天命等概念之先并起统领作用，是否符合《论语》之表达？朱熹在《孟子序说》中引二程言：“孟子有功于圣门，不可胜言。仲尼只说一个仁字，孟子开口便说仁

① 王庆节：《道德感动与儒家示范伦理学》，北京：北京大学出版社，2016年，第6—7页。

② 王庆节：《道德感动与儒家示范伦理学》，第131页。

义。"[①]孔子重"仁"，至孟子才"仁义"并言——由二程到朱子的这一判断，同时也是后来之学者的共识，似乎不容置疑。在《论语》中"礼"出现75次，"仁"出现109次[②]，"义"则出现24次，由此已经基本可以作出判断了。另一质疑是，关于孔子思想中的创新性、对个体创造力的强调，是否如作者所言般突出。虽然孔子自认"述而不作"、"信而好古"，但由其对"仁"的重视及对"礼"的遵循与调整，众多诠释者都指出孔子尊古而不泥古，依时代而行并有所创获。但说孔子有自觉的创新意识并贯穿其思想之始终，则恐怕多数人不能同意。如此一来，若以经典为依据来质疑郝大维与安乐哲的相关探讨，不仅问题显而易见，答案也不言自明。因此这一评价方式恐怕并不合适。笔者阅读《通过孔子而思》一书的感受是，即便你并不接受作者的判断，但仍会欣赏作者的论证与逻辑：这是很吊诡的地方，亦说明其诠释的内在理路有其合理性。回到经典去评价的路既然不通，只能寻找别的路径。

郝大维与安乐哲的合作颇多，除本文考察之著作外，还有《期待中国：透过中西文化的叙事而思》、《由汉而思：中西文化中的自我、真理和超越性》以及《逝者的民主：孔子、杜威以及民主在中国的希望》等，在国际汉学界颇有影响。安氏近期的《儒家角色伦理学》一书，也引起不少讨论。他们在长期翻译或诠释儒家思想的过程中，有一些贯穿其中的宗旨。如孙周兴指出，安乐哲对中国哲学的理解为：关联性思维、关联性语言，一

① 朱熹：《孟子序说》，《四书章句集注》，上海：上海古籍出版社，2001年，第232页。

② 参看杨伯峻：《试论孔子》，《论语译注》，北京：中华书局，1998年，第16页。

切皆流，关注事物的过程、变化、特殊，而不是终极的存在[①]。史学冬总结安乐哲的诠释解读策略为三种原则：一是过程原则，二是创造性原则，三是实用性原则[②]。这些原则在早期的《通过孔子而思》一书中已经有突出的体现，在近期的《儒家角色伦理学》一书中同样被使用。学者们的评价褒贬不一，批评者如韩振华在评价“角色伦理”时指出，与“角色伦理”相关联的是绝对化了的文化相对主义，安乐哲始终关注具体性、特殊性，不寻求普遍性，对相对主义和普遍主义之间应有的张力视若不见[③]。这一批评虽是针对“角色伦理”概念，对《通过孔子而思》一书也可适用。在郝大维与安乐哲的理解中，情境、现象本体论为解释的根本，以此为前提，一切都是变动不居的。如上文所言，不仅“礼”与“仁”如此，甚至“道”与“天命”也是如此；甚至作为老师的孔子，其所教的内容也是不确定的。相对与变易似乎为创新提供了丰富的可能性与机会，但也导致了其他的后果：有没有什么是我们可以确定的？有没有一定的伦理标准？人的生命更渴求的是流变，还是不变？也许这是关注“人”的问题的郝大维与安乐哲需要面对的问题。

美国人孟巍隆（Ben K. Hammer）是另一个批评者，他指出近现代汉学家们希望将中国思想从西方文化框架中释放出来，提倡“以儒还儒”、“以孔注孔”。这样做的后果是，人为的将文化完全对立起来[④]。对此，金春峰早已指出，郝大维、安乐哲《通

---

① 孙周兴：《翻译的限度与译者的责任——由安乐哲的汉译翻译经验引发的若干思考》，《中国翻译》2008年第2期。

② 详见史学冬：《比较哲学视野中的〈论语〉研究》，《中华文化论坛》2015年第12期。

③ 韩振华：《早期儒家与德性伦理学：儒学研究中的相对主义话题——兼与安乐哲、罗思文商榷》，《伦理学研究》2012年5月。

④ 详见孟巍隆：《文化比较的思想误区——兼主安乐哲“儒家角色伦理”》，《文史哲》2016年第1期。

过孔子而思》一书把中西“哲学”彻底对立起来，论证中国思想是“内在宇宙论”、“反向性思维”、无超越观念、无形上思想、无“两个世界”思想[①]。但是在笔者看来，无论郝大维与安乐哲如何强调“以儒还儒”、“以孔注孔”，至少在《通过孔子而思》一书中，对创新的执着与个体创造力的彰显，恰是受西方哲学影响的结果。

对于种种评价，郝大维与安乐哲有正面的回应，也有一些观点可以当作间接回应，体现在他们对研究中国哲学的预设中。笔者认为可以用以下几点来概括：首先，他们有哲学家的自觉——“我们是哲学家，不要把自己混同于汉学家”。哲学家与汉学家的区别在于，哲学家承认中国传统思想的核心是哲学，了解形上实在论、超越等问题；汉学家在文字、版本等问题上具有权威，但对形上实在论、超越等问题完全不知所云。“汉学家们往往以西方思想文化的框架去解读中国经典，而我则要按照中国思想文化本有的框架来了解中国哲学。”正因如此，安氏认为他对于中国哲学的解读是保守而非激进的[②]。其次，他们有策略上的自觉——“我们翻译中国哲学经典时建立了一套策略性框架，旨在使读者重新检讨中国哲学中关键术语的本身之意并能适当运用这些术语”[③]。由此，他们形成了一套语义的关联结构，如本文所讨论的“义”，又如情境本体论、创造、角色伦理等，虽然他们在不同著作中有不同的表达，但其旨归则一。最后，他们有目标上的自觉——“我们要做的不只是研究中国传统，还要设法使之成为丰富和改造我们自己世界的一种文化资源”[④]；“我想我的责任就

---

① 金春峰：《中国哲学之与“两个世界”》，《湖南大学学报》（社会科学版）2006年第3期。

② 胡治洪、丁四新：《辨异观同论中西——安乐哲教授访谈录》，《中国哲学史》2006年第4期。

③ ［美］安乐哲：《我的哲学之路》，《东方论坛》（青岛大学学报），2006年12月。

④ ［美］郝大维、安乐哲：《可否通过孔子而思》，《读书》，1996年5月。

是了解中国哲学，并且将它传播到国外去，为发展变化中的世界文化提供资源”[①]。这一目标是郝大维与安乐哲在不同著作与场合中反复强调的。当然，对这一目标的乐观性也导致了另一个批评。孟巍隆指出，安氏“实际所做的是对两千多年以前理想型的儒学与当今西方社会的混乱状态加以比较，换言之，他比较的是儒学设想之美好和西方理念身陷之困境”。也就是说，安氏在用最好的儒学思想与最坏的西方困境作比较，“对两种文明的比较也包含着许多夸张和省略”，“没有考虑到今天绝大多数中国人仍在践行并经历的宗法性孝文化之沉重与压抑；同样没有考虑到两千多年前柏拉图、亚里士多德等西方哲学家即已宣扬的有关社会和谐、家庭和谐的理想”[②]。

无论褒贬，郝大维与安乐哲的儒学研究立足西方世界，对象则是“人”，是对人之现代生存境况的思考，并以儒学为突破口致力于寻求解决的途径。《通过孔子而思》中富于创造性的“人”，《儒家角色伦理学》中处于错综复杂关系中的人，都让人印象深刻。安氏在多处描述多面的孔子：他是慈父，严师，谨悫不阿的士，社群中的友邻，讽谏不已的政治顾问，感激先人的后代，热忱继承特定文化的人，更是在沂水边乐游一天之后咏而归的欢乐合唱队的一员[③]。其中，“欢乐合唱队”之说颇为有趣。这种对儒家的创造性解读，对人、对人与人之关系的洞察，无疑对理解与解决当代的社会难题有一定的助益。彭国翔（同时也是安乐哲部分著作的翻译者）在全球视野中看待安乐哲与郝大维对儒学的研究，他将安乐哲等的“由境而生”（creatio in situ）与南乐

① ［美］安乐哲：《人物专访：有哲学，很安乐》，《孔子学院》，2015 年 7 月。

② 孟巍隆：《文化比较的思想误区——兼主安乐哲“儒家角色伦理”》，《文史哲》，2016 年第 1 期。

③ ［美］安乐哲：《儒家伦理视域下的“人”论：由此开始甚善》，《华东师范大学学报》（哲学社会科学版）2016 年第 3 期。

山的“无中生有”相比较，认为“安乐哲所理解的创造性则更为重视创造过程当中每一个当下的价值与意义”，“在不认为价值创造的根源（不论称之为‘上帝’还是‘天道’）可以全然独立于世界以及人类的经验之外这一点上，与儒家传统更为接近的是安乐哲而不是南乐山”。彭还指出，也许安氏等所建构的理论系统不能称之为一种“新儒学”，但说他们的理论有“儒学色彩”、他们参与了当代儒学的重构，则不为过①。程志华概括了美国儒学发展之“汉学—儒学—哲学”的变化历程，并指出，“美国的儒学研究为面对现代化和后现代主义思潮的儒学的‘现代性转生’提供了一种参考路径”②。与安氏等强调儒学对美国、对世界的意义不同，彭国翔与程志华肯定了安氏的研究对儒学自身发展的意义。所谓的“转生”即转化与生存，这也是儒学在现代的发展需要面对的课题。或许我们回到郝大维与安乐哲所提出的“唤起式教育”也可以帮助解决问题：在孔子及儒学的作用下，唤起了郝大维与安乐哲的创造性思维；他们的解读，借用他们自己的界定，是一种“跨文化时代误植”③——借助当代西方哲学内部产生的问题来理解孔子的思想。这是一种创作，孔子和儒学则是其创作的灵感来源。撇开经典的本义不谈，这是一种有益的尝试，或者也是儒学的现代转折。

---

① 彭国翔：《全球视域中当代儒学的重构》，《中国哲学史》2006年第2期。

② 程志华：《由“儒学在美国”到“美国的儒学”：百年美国儒学发展脉络》，《深圳大学学报》（人文社会科学版）2017年第3期。

③ ［美］郝大维、安乐哲：《通过孔子而思》，第8—9页。

 “四书”系统下的儒家经学与政教秩序

四书学影响下的经学与政教

◎ 道德的现代视域与“五常”新解
◎ 朱熹《家礼》四书学理念探究
◎ 元代科考程式“兼用古注疏”考论
◎ 从《大学》论《诗经》
◎ 从经筵讲章到科举读本
◎ 康有为的《中庸注》与孔教

道德的现代视域与“五常”新解[①]

罗传芳（中国社会科学院哲学所）

董仲舒作为儒家历史上孔子与朱熹之间的一代大儒，在中国历史上的地位是非常重要的。能说明其重要性的一个简单事实就是：当一个新的政治共同体即大一统出现，需要理论建构时，儒者以一个知识思想影响政治的典型实现了士人与政治的联盟，而且这一政治结构一直延续到清末。所以从事实层面看，这个重要性怎么估计也不过分。但是，除了这一事实之外，还应有历史效果和价值的审视，这也应该是今天我们看待、研究和纪念董仲舒的一个重要维度，即反思的维度。最近哲学界热议一个话题，即我们现有的哲学研究往往只是对历史上某个对象、人物或文本的研究，这其实是“（哲学）史”的研究，而非真正属于原创性的哲学研究。这是很有现实针对性的一种批评[②]。那么，什么是原创性的研究呢？我想首先应该要有独立思考，要反思，要有问题意识，因为只有这样的哲学才是符合哲学“爱智”、“求真”内涵

① 本文是在“2018 中国·衡水董仲舒与儒家思想国际学术研讨会”上的主题发言，原刊于《衡水学院学报》2018 年第 5 期。

② 《访谈：国际哲学院院士陈波：中国哲学家要参与哲学的当代建构》，澎湃新闻“思想市场”，2018 年 8 月 30 日。

的。另外，退一步讲，即使是从传统历史学吸取经验教训的角度来看，反思也是很有必要的。

那么，具体到董仲舒研究，有哪些值得反思的呢？

首先，是其粗疏的理论模式。正如前面黄朴民教授在发言中所说，董仲舒当时所运用的理论具有某种原始性质，他用民间方术中的“天人感应”、“灾异遣告”构筑了一个“天道”、“天命”体系来制约王权，这从理念上当然是符合儒家“天听自我民听、天视自我民视”的朴素的民本思想，用心也是好的。但事实是，这种解释天道、天意的权力最终还在人，天又不会说话，于是要么是有话语权的人强说，要么是不负责任的人乱说，其负面效果很快就在西汉末年出现了。当时谣言四起，谶纬流行，社会陷入动荡之中。可见，这套理论即使在当时也不能说是成功、有效的。所以，只肯定董仲舒有制约王权的思想和某种理论预设，而不指出其有限性、局限性，是不够的。这种企图沿着天道收摄人道的思路一直延续下去，直到理学的“天理/人欲（性）”预设（不过更精致了），其共同特征都不是靠刚性的、可操作的、良性循环的制度方式来对治权力、落实儒家的仁政理想，而只是存在于某种理论预设之中，结果一再被历史证明无效，最终换来的是一代代破坏性的王朝更迭、推翻重来。这是今天要深刻反思的历史事实。

其次，是“以德治国”路径的局限。余治平教授在开幕式致辞中也提到这一点，即道德哲学对政治影响的限度。这就涉及如何理解道德的问题。按雅斯贝尔斯提出的公元前 5 世纪前后东西方出现的几大轴心文明，如希腊、希伯来、印度、中国，我们可以看出它们各自体现了不同的文化形态，或理性或宗教或道德；而道德或德性自觉，是中华文明的特征，儒学就是典型的道德哲学。

道德对人类来说当然非常重要，是人类作为高级群居动物发展起来的一种自觉意识。道德之所以发生，内在于人类自身的双重特性：一方面人类基于动物趋利避害的利己性而有攻击性和排他性；另一方面，人群又具有强烈合作共生的意愿和要求，于是又相应发展出友爱互助、合作共生的美德，这样才能保证人类的共同生活和繁衍。所以，道德一般是一个正面概念。如古希腊也有“四主德”——智慧、正义、勇敢、节制，而且亚里士多德有一句名言：过有道德的生活是一种幸福（德福一致）。但东西方不同的是，后者在道德之外同时还发展出实践理性和工具理性，致力于在制度上建立一套制约权力的体系，如英国 13 世纪就有了《大宪章》。但是儒家却一直执着于道德，强调从个人修身、伦理和教化上治理社会，具有泛道德化的倾向。如孔子说“道之以政，齐之以刑，民免而无耻；道之以德，齐之以礼，有耻且格”（《论语·为政》），对道德特别推崇。但事实证明，仅有道德而没有相应的政治、法律制度做保障是不够的，就连孟子也明白这个道理，他说：“徒善不足以为政，徒法不能以自行。”（《孟子·离娄上》）特别是在今天现代市场经济条件下，当你的个体权益受到侵害时，道德更是无力，这时总不能只说“亦有仁义而已”（《孟子·梁惠王上》）吧？

因此，现代社会与传统社会相比有一个最本质的不同，即社会的运行不能只靠道德起作用，而要以满足市场平等交换的原则即契约关系作为维系社会的根本保障，由此寻求建立一套与之配套的价值理念和制度规则，如自由、平等、公正、法制等这些核心价值观就是一种新道德。在此原则下，把公权力（power）关进笼子，保护个人权益（right），只有这样，市场才能良性运转而不至沦为腐败之地和强权强势者予取予夺的乐园。可见，道德的作用在今天虽然重要，但需要被重新定位，明确它与法治的关系，实现古今转换。

由董仲舒完善的儒家的“五常”（仁、义、礼、智、信）之德，在今天的现代视域下如何转换呢？

我们知道，儒家道德体系的建立有一个过程，发端于孔子，由一系列德目和对德目的解释组成，如“三达德”（仁、智、勇）和由“仁”统领的一个价值体系，包括忠、孝、信、悌、礼、义、廉、耻、温、良、恭、俭、让等。到孟子时，将此提炼为仁、义、礼、智“四德”，并为其找到了来源和根据，即“四心”和“四端”。到汉代董仲舒时，又增补了“信”。这样，儒家的“五常”之德便最终确立下来，与“三纲”一起，构成了日后两千多年政治文化的核心。

对待“三纲五常”，我同意牟钟鉴和李存山先生的意见，即“三纲”一个不能留，“五常”一个不能丢[①]。因为“三纲”（君为臣纲、父为子纲、夫为妻纲）具有强烈的不平等的压迫和宰制的性质，所以是必须要抛弃的；而“五常”，作为中国人传统交往伦理的一个基本框架，经过现代转换和重新阐释是可以用的。比如“仁”，当然很好，这也是儒家的核心价值，即“仁者爱人”，但是对何谓“仁”，首先要做符合现代价值的界定，即它不能再是以“亲亲”定位的差序，而必须在“一体之仁”的方向上推扩。因为今天是现代公民社会，连接人与人的更多是非血缘的关系，比如市场、组织、社区等，所以亲亲之爱也必须随之而转变成具有普遍意义的一体之爱。其次，如何实现仁呢？正如上面所说，制度保障极其重要，如果没有保障仁的制度，“人而不仁”的现象就会随时发生。这也是儒家历史上饱受诟病的短板。“礼”和“义”在今天也有时代隔膜，一些符合古代礼、义要求的东西

① 《三纲之辩》，《光明日报》2013 年 2 月 25 日。

不一定适合现代，如这些年关于“亲亲相隐”的争论关系到人情与法理、权利与义务的界限问题。“礼”在中国传统社会中地位很重要，不仅指礼仪（孔子时代更多是仪礼秩序——“礼作于情”，后世演变成与人欲对立的礼教），某种意义上还是法，对人有很强的禁锢和制约作用（人是关系中的角色、工具）。而今天，法尤其是宪法是最大的根本法，法不禁止即自由，礼在很大程度上被法消解和替代了，不应再有独立的地位。“义”，按孟子所说源于“羞恶之心”，是人自己为自己立法，但是在后世，义也变成外在的规范，特别是演变成小圈子的潜规则或者干脆就是“私义”（如江湖上“桃园三结义”），这一点即使在古代也遭到了批评。因此，从私义到公义和正义，是现代转换的方向。“智”的古今分别更明显，因为古代与现代的知识结构和认知方式（如哲学与经学）完全不同，不论过去的“尊德性”还是“道问学”（《礼记·中庸》），都是在道德工夫层面上，而不是在知识论意义上，超出的会被当做奇技淫巧和不务正业；而现在，不仅科技是生产力，而且已经发展到了人工智能时代，科学及科学方法成为认识和获取知识的主要途径。“信”在“五常”里好像最没有争议，但是由于传统农业社会缺乏契约精神，所以信的根基也是不牢固的。何况中国文化是基于宗法血缘建立的熟人文化、亲亲文化，所以“信”也往往具有由近及远的亲疏等差界限，这在现代社会和普遍法制条件下，同样是需要反思和矫正的。

朱熹《家礼》四书学理念探究①

毛国民（广东外语外贸大学政治与公共管理学院）

《家礼》作为朱熹即四书学奠基人的重要礼学代表作品，其中必然蕴含着诸多四书学理念。但是，以往的大多数研究让宋明理学“淹没”了宋明礼学，甚至这位四书学奠基人的“礼学”也得不到应有的重视。本文从四书学体用观出发，探讨《家礼》的“理”“礼”贯通；从四书学治道理论，去思考《家礼》如何从“国家制度构建”下移至“基层社会秩序构建”，如何实现“庶民化”和宗族自治；并从心灵塑造伦理层面，探析《家礼》如何“排佛”而塑造四书学所追求的理想人格。

一、“天理节文”、“人事仪则”贯通

四书学系统下，朱熹《家礼》使儒学的性命天道之说，从心性论落地或接轨到实际人生和社会的关怀上，使理学理论与人生

---

① 本文系2017年国家社科规划基金一般项目“关系与契约互补的乡村治理研究”（17BSH082）的阶段性成果。

实践紧密关联起来。他多次呼吁“这个礼是那天理节文，教人有准则处”[①]。“理”贯穿于“礼”，而“理”又外化为“仪则”之礼。礼是制度文节，理是根本原则，礼只是理的外在表现，是社会之准则。于是，在朱熹这里，“理”、“礼”是贯通的。

1. 渗理学之思并纳礼入理

礼亦理也。宋人特别重视理学，强调因儒道重视人伦，而人伦贯穿于行“礼”之中，礼行则人伦之序显。这样，天理贯乎其间，儒家之道和天道方立。于是，先王本乎天理而制礼，先贤因人心而为之节文，这样其大体才能根乎性命。这些便是礼与理的精义所在也。程子曰：

> 礼亦理也，有诸己则无不中于理。君子慎独，“敬以直内，义以方外”，所以为克己复礼也。克己复礼则事事皆仁，故曰“天下归仁”。人之视最先，非礼而视，则所谓开目便错了。次听，次言，次动，有先后之序。人能克己，则心广体胖，仰不愧，俯不怍，其乐可知，有息则馁矣[②]。
>
> 礼即理也，不是天理便是私欲。入于私欲，虽有意于为善，亦是非礼，无人欲即皆天理[③]。

可见，程子认为，“礼亦理也”、“礼即理也”，所谓“敬以直内，义以方外”也。后来，朱子给予了清晰解释，此礼“是天理

---

① 《朱子语类》卷四十一，载于《朱子全书》第15册，上海：上海古籍出版社；合肥：安徽教育出版社，2010年修订版，第1454页。

② （宋）朱熹编：《二程外书》卷三，载于《景印文渊阁四库全书》第698册，台湾：商务印书馆，1986年，第295页。

③ （宋）朱熹编：《二程外书》卷三，第295页。

之当然，欠他一毫不得，添他一毫不得”①。圣人践履此礼，必定出于本心，且合于天理，即与天合一，礼理通也。但是，如果天理就是礼，礼就是理，那么礼与理的区别是什么？朱子在《答曾择之》中答曰：“礼即理也，但谓之理，则疑若未有行迹之可言，制而为礼，则有品节文章之可见矣。”② 天理是内在蕴涵的抽象之理，形而上的，其须外化或具体化为形而下可行之礼，方能成为制约和规范人们行为的准则。因此，“只说理，却空去了。这个礼，是那天理节文，教人有准则处”③。可见，礼与理的区别即外化与内化的关系，礼义即是天理在现实中的贯通而已。礼的核心是礼义，即亲亲、尊尊之序，冠婚丧祭等礼只不过是亲亲、尊尊之天理外化的具体仪章度数。人们践履这些仪章度数，实际上人心中有天理支撑也。但万理不在他处，尽在具于心也。其未发时即为性，已发后即为情，那么合乎理者一定是合乎情的，而顺人性、缘人情却是圣人制礼的内在理路。正所谓“礼义之经也，非从天降也，非从地出也，人情而已矣”④。

礼与理是内在关联的。朱子明确提出“礼者，天理之节文，人事之仪则也”⑤。理贯穿于“礼”中，礼又将“理”外化为“仪则”。《书晦庵先生家礼》中，朱子高徒黄榦论证曰：

> 昔者闻诸先师（朱子）曰：礼者，天理之节文，人事之仪则也。盖自天高地下，万物散殊，礼之制已存乎其中矣。

① 《朱子语类》卷八十四《礼一》，前揭，第 2885 页。

② （宋）朱熹：《晦庵先生朱文公文集》卷六十《答曾择之》，载于《朱子全书》第 23 册，前揭，第 2893 页。

③ 《朱子语类》卷四十一《论语二十三》，载于《朱子全书》第 15 册，前揭，第 1454 页。

④ 《礼记·问丧》。

⑤ （宋）朱熹：《论语集注·学而第一》，载于《朱子全书》第 6 册，前揭，第 72 页。

于五行则为火，于四序则为夏，于四德则为亨，莫非天理之自然而不可易。人禀五常之性以生，则礼之体始具于有生之初。形而为恭敬辞逊，著而为威仪度数，则又皆人事之当然而不容已也。圣人沿人情而制礼，既本于天理之正，隆古之世，习俗醇厚，亦安行于是理之中[1]。

可见，在朱子语境中，圣人制礼既"沿人情"，"本于天理之正"，又行于天理之中，乃礼与理打通也。当然，礼学与理学是有区别的[2]，礼学重在外部的制度与规范、礼的相关思想研究、有社会秩序的构建功能等；但理学重在内省，属于君子学的相关研究，内化而不在于外部的强制，目的在于人的精神升华。这样，我们可以用"礼"去要求别人，用"理"去说服别人，可以将理学作为我们的学术来研究，而礼学则可以作为礼仪来教化。"万物本乎天，人本乎祖。"[3] 朱子《家礼》之祭祀、婚姻以及丧礼等，皆由此而发。而宋明理学，也希望祭祀发挥一种社会教化的功能，发挥凝聚共同体的凝聚作用，从二程到朱子都在努力针对社会转向下的"秩序"构建。他们制礼的哲学基础，首属"理一分殊"理念，其次他们主张的宗族制度，也"是以理学为哲学基础的，而且张载、程颐、朱熹一脉相承"[4]。

① （宋）黄榦：《书晦庵先生〈家礼〉后》，载于《朱子全书》第7册，前揭，第949—950页。

② 刘晓东：《礼学与理学》，《光明日报》2016年1月4日，第16版。按，刘晓东认为，"礼是外部对你言行的制约和限定，在这种制约和规范中，包含了很多礼的思想，形成了一种礼教，对人起到了教化的作用，从而能够使人产生君子意识。不是只求做良民，而是要做君子。理学，是一种精神的自我肯定，特别讲究内省的功夫，向内去观察自己，即化而不制。它只是教化，没有一些刑罚的手段来制约和规定。礼学的功效是巩固社会秩序；理学使人的精神得到了升华"。

③ 《礼记·郊特牲》。

④ 冯尔康：《中国宗族史》，前揭，第168页。

理学重“生命体验”，也推动了“礼之世俗化”。可以说，宋明理学“从来就不是枯燥的思辨概念，而是奠基于生命体验所展开的对话”[①]。因此，理学家们追寻一种更加顺应世俗人情、更加接近庶民生活实际、更加接近平民社会现实的礼仪。在此理学框架下，二程、横渠、司马光等理学家对“家礼”改革做出了重大贡献。朱子则本《仪礼》及程、张、司马诸礼书，而为《家礼》。其书盖参三家（司马、张、程）之说，而酌古今之宜者也，是此改革进程中的巅峰之作。正如朱子门人黄榦所言：

> 世降俗末，人心邪僻，天理埋晦，于是始以礼为强世之具矣。先儒取其施于家者，著为一家之书，为斯世虑至切也。晦庵朱先生以其本末详略犹有可疑，斟酌损益，更为《家礼》。务从本实，以惠后学。盖以天理不可一日而不存，则是礼亦不可一日而或缺也。先生教人，自格物、致知、诚意、正心，以修其身，皆所以正人心复天理也。则礼其可缓与？迨其晚年，讨论家、乡、侯国、王朝之礼，以复三代之坠典，未及脱稿而先生殁矣，此百世之遗恨也！则是书已就，而切于人伦日用之常，学者其可不尽心与[②]？

由上可知，因为唐宋社会秩序的巨大变迁，古代礼学已经无法解决当下的现实问题。我们既要“切于人伦日用之常”，学者也要尽心，因为此时的社会不仅需要革新的礼学来从外部治世，更需要宋明理学从人的内心反省。正所谓礼可以决事，但何以用

① 林月惠：《诠释与工夫：宋明理学的超越蕲向与内在辩证》（序言），台湾：“中研院”中国文哲研究所，2008年，第1页。

② （宋）黄榦：《书晦庵先生〈家礼〉后》，载于《朱子全书》第7册，前揭，第949—950页。

来制心？乃理学也。

2. 浮文务本且须熟讲而勉行

《家礼》从心性论落地或接轨到实际人生和社会的关怀上，理学理论与人生实践就紧密关联起来。因此，朱子为强调礼之本实和君子贵在礼之日用，从而既要具节文，又要能取本实。他在《家礼》序中云：“制礼应附先进之意，浮文务本，且熟讲而勉行。”[①] 当然，此处“附先进之意”，非《论语·先进》篇，而是孔子以古人为质朴，欲从古人之意也。

朱子制《家礼》，浮文务本。宋人建构宋代礼之秩序，需浮文务本，以人情趋于简便即可。例如，凶服古，而吉服今；国朝文德殿礼仪等。宋人只需抓住“本”即可，至于一些繁文缛节，不必细碎皆知，“笾豆之事，则有司存”也。今人须务本，否则易生私心。当然，务本而为，因人之材质不同也会有结果之差异。朱子曰：“须是先理会本领端正，其余事物渐渐理会到上面。若不理会本领了，假饶你百灵百会，若有些子私意，便粉碎了。只是这私意如何卒急除得！如颜子天资如此，孔子也只教他‘克己复礼’。其余弟子，告之虽不同，莫不以此意望之。公书所说冉求仲由，当初他是只要做到如此。圣人教由求之徒，莫不以曾颜望之，无奈何他才质只做到这里。如‘可使治其赋’，‘可使为之宰’，他当初也不止是要恁地。”[②] 如何“务本”？朱子曰：理会礼有次第，须从心处始。“今人须是理会身心，如一片地相似，须是用力仔细开垦。未能如此，只管说种东、种西，其实种得甚

---

① （宋）朱熹著，王燕均、王光照校点：《家礼》（序），前揭，第873页。按，朱子在《序》中指出：“大抵谨名分、崇爱敬，以为之本。至其施行之际则又略浮文务本实，以窃自附于孔子从先进之遗意。诚愿得与同志之士熟讲而勉行之。”

② 《朱子语类》卷八十四（礼一），前揭，第2880页。

么物事！"[①] 他进一步论证道："公今且收拾这心下，勿为事物所胜。且如一日全不得去讲明道理，不得读书，只去应事，也须使这心常常在这里。若不先去理会得这本领，只要去就事上理会，虽是理会得许多骨董，只是添得许多杂乱，只是添得许多骄吝。某这说的，定是恁地，虽孔子复生，不能易其说，这道理只一而已。"[②] 曾子临死曾叮咛说："君子所贵乎道者三，动容貌，斯远暴慢矣；正颜色，斯近信矣；出辞气，斯远鄙倍矣。笾豆之事，则有司存。"[③] 曾子将动容貌、正颜色和出辞气视为务本。而孟子说："诸侯之礼，吾未之学也。吾尝闻之矣，三年之丧，齐疏之服，飦粥之食，自天子达于庶人。"[④] 这三项，便是大本大原。以上诸人虽各自表达不同，但都强调遵礼必须务本，须从心处始，须从日用处着力。就家而言，当以"谨名分、崇爱敬"为本。朱子以"谨名分、崇爱敬"为本，认为"自其施于家者言之，则名分之守、爱敬之实"也[⑤]。

礼需被熟讲而勉行之。礼需要宣讲，熟讲而后才能勉行之，因"中庸之德，不可须臾离"[⑥] 也。我们可以将孝、悌、忠、信等事撰成文章或者告示，或半年或三月聚民而读之，或城市或农村而宣讲和解说，使城、乡士庶之民皆能通晓礼仪制度，"及所在立粉壁书写，亦须有益古"[⑦]。

可见，礼重"践履"，践履行为是达到善的唯一有效保证。

---

① 《朱子语类》卷八十四（礼一），前揭，第 2880 页。
② 《朱子语类》卷八十四（礼一），前揭，第 2881 页。
③ 《朱子语类》卷八十四（礼一），前揭，第 2878—2879 页。
④ 《朱子语类》卷八十四（礼一），前揭，第 2879 页。
⑤ （宋）朱熹著，王燕均、王光照校点：《家礼》（序），前揭，第 873 页。
⑥ （宋）朱熹编：《二程外书》卷六，前揭，第 306 页。
⑦ 《朱子语类》卷八十四（礼一），前揭，第 2877 页。按，朱子曰："《周礼》岁时属民读法，其当时所读者，不知云何。今若将孝弟忠信等事撰一文字，或半岁，或三月一次，或于城市，或于乡村聚民而读之，就为解说，令其通晓。"

礼乃践履也，其本于天而截于地，并最终达于人伦日用之间，行乎朋友、夫妇、父子之间也。礼须切身处理会，这才是本领。“某之诸生，度得他脚手，也未可与拈尽许多，只是且教他就切身处理会。如读虞夏商周之书，许多圣人亦有说赏罚，亦有说兵刑，只是这个不是本领。”① 因此，朱熹在《家礼序》中明确指出：

凡礼，有本有文。自其施于家者言之，则名分之守，爱敬之实，其本也；冠昏丧祭仪章度数者，其文也。其本者，有家日用之常礼，固不可以一日而不修；其文又皆所以纪纲人道之始终。虽其行之有时，施之有所，然非讲之素明，习之素熟，则其临事之际，亦无以合宜而应节。是亦不可一日而不讲且习焉者也②。

三代之际，礼经备矣。然其存于今者，宫庐器服之制，出入起居之节皆已不宜于世。世之君子，虽或酌以古今之变，更为一时之法，然亦或详或略，无所折衷。至或遗其本而务其末，缓于实而急于文③。

大抵谨名分、崇爱敬以为之本，至其施行之际，则又略浮文、敷本实，以窃自附于孔子从先进之遗意。诚愿得与同志之士熟讲而勉行之④。

这里，朱子明确强调礼之本实和君子贵在礼之日用，呼吁“具节文”而“取本实”，《家礼》须“熟讲而勉行之”。

① 《朱子语类》卷八十四（礼一），前揭，第2880－2881页。
② （宋）朱熹著，王燕均、王光照校点：《家礼》（序），前揭，第873页。
③ （宋）朱熹著，王燕均、王光照校点：《家礼》（序），前揭，第873页。
④ （宋）朱熹著，王燕均、王光照校点：《家礼》（序），前揭，第873页。

二、以基层秩序建构为基点

以《五经》为主演变为以《四书》为主，这一经典文本系统的变化，不只意味着思想和义理层面的变化，而且还对应着基于经典系统的政教秩序的转变。这些转变在朱子《家礼》中有着比较明显的体现。例如，《家礼》本于《仪礼》，而《仪礼》的解释路向在朱熹处发生了根本变化，即《仪礼》本为一种国家制度，转变为人一生的生活礼仪；基于五经系统的政教秩序（集权中央）转变为以《四书》为主之政教秩序（地方自治）。于是，《家礼》成为"庶民之礼"的标志，它不仅将礼学与理学关联起来，而且使理学之内省功夫"化而可制"为巩固社会秩序之手段，使本为人自身的一种修养手段成为了宗族礼序社会的建构纽带。

1. 四书学之《仪礼》诠释转向

朱熹极力反对王安石废除《仪礼》、将《礼记》作为考试科目的做法，强调《仪礼》乃为本、《礼记》乃为末，不可颠倒。礼有经，有变。经者，常也；变者，常之变也。然"先儒以《仪礼》为经礼。……《礼记》，圣人说礼及学者问答处，多是说礼之变"[①]。因而"《仪礼》是经，《礼记》是解《仪礼》。如《仪礼》有《冠礼》，《礼记》便有'冠义'；《仪礼》有《昏礼》，《礼记》便有'昏义'，以至燕射之类，莫不皆然"[②]。"三礼"之中只有《礼记》被认为重"言义理"，而受到当时（宋代）学者的重视。

---

① 《朱子语类》卷八十五（礼二），前揭，第2899页。当然，《仪礼》中亦自有变，变礼中又自有经，不可一律看也。

② 《朱子语类》卷八十五（礼二），前揭，第2889页。

特别是王安石，为了现实政治、思想的需要，通过解释《礼记》等礼书，附会时事为其变法服务。但是，《仪礼》因其“详于器数，略于义理”而遭遇漠视。朱子反对这种以“玄想心证”之法探知礼之真意，认为礼的价值意义如果在失去了“礼仪形式”之后，便无处着落了。实际上，义理与文皆不可废。

四书学系统下的《仪礼》，乃指人之生活礼仪。《仪礼》的解释，有两个主要路向，即以郑玄为代表的《仪礼》是“曲礼”；以朱熹为代表的《仪礼》乃“经礼”。朱熹对《仪礼》的重释与转向，与《家礼》主张的“庶民生活礼仪化”有着内在的一致性。朱熹以《仪礼》为基础，是以人的一生为核心、以人的各种关系为半径而形成的一种结构[①]。相比之下，两种结构之功能也截然不同，以《仪礼》为基础形成起来的结构，则体现宗权为上精神，重在齐家和统族；而以《周礼》与《仪礼》为“经纬”相结合之结构，则体现君权为上的指导原则，重心在治国理政[②]。

《仪礼》为“经礼”，乃《家礼》庶民化的理念基础。朱熹反转郑玄“《仪礼》为曲礼”观点，真正使具“人之生活礼仪”特征的《仪礼》占据社会主导地位，庶民化的《家礼》获得了合理的理念和“经学”基础。实际上，若按当下的理解看，将《仪礼》理解为“曲礼”也未为不可，因为《仪礼》所记之内容实属习俗一类，即人的生活礼仪。梁启超曾说：“无文字的信条，谓之习惯。习惯之合理者，儒家命之曰‘礼’。”[③] 李亚农也说：“‘礼’就是恩格斯所说的‘数百年来的习惯’。整整一部《仪礼》都是记载古代社会生活各方面的习惯的。”[④] 而《周礼》不同于

① 邹昌林：《中国古礼研究》，台北：文津出版社，1992 年，第 152 页。
② 邹昌林：《中国古礼研究》，前揭，第 158 页。
③ 梁启超：《先秦政治思想史》，北京：中华书局，1986 年，第 81 页。
④ 李亚农：《李亚农史论集》，上海：上海人民出版社，1978 年，第 232 页。

《仪礼》，虽也是从习俗起源的，但却经过了官府（政府）改造，法律化、制度化了，它属于“制礼”[1]，因而不能简单地归入习俗之列。作为文化来说，习俗（《仪礼》）固是其最深层的基础，但它不是制度的核心。而《周礼》是一种国家制度安排，应该更接近中国文化根本特征的古礼核心。《仪礼》和《周礼》孰重孰轻，谁是“经”谁是“曲”，确有争议空间。然而，朱子旗帜鲜明地做此“定位”转换，并彻底否定“郑论”，其目的无非是为了《家礼》能够“庶民化”。

2. 基于“四书”系统的《家礼》庶民化

唐宋之际，贵族社会已经转向平民社会。宋徽宗颁定《政和五礼新仪》，社会上开始渐次出现《唐开元礼》中没有的“士庶”礼仪，如“庶人冠仪”、“庶人婚仪”、“庶人丧仪”等。《宋史·礼志》也第一次在正史的“礼志”中记述士庶婚丧嫁娶的情况，但是仍没有形成“礼下庶人”的礼制，其真正的转折是在《家礼》问世之后。《家礼》为了平民社会的建构，设计了很多“庶民之礼”。

建祠堂：统宗聚族的场域。因科举而使士庶文化混同，家庙难以维持，古礼中大宗的特权地位和文化独特性受到严重冲击。其中，九品中正制的破坏使官僚阶层出现了，原有的大宗、士族的没落使得家庙制度受到不同程度的冲击。因血缘与地缘结构破坏而使士族分离，以血缘与地缘相结合为基础的古礼特别是家庙制度受到挑战。因为古礼家庙制度往往是同血缘与地缘密切结合的，且家庙不像人那样容易迁徙和流动。同时，因唐末的战争与战乱，出现大量流户，士族分离。人口流动逐渐增大，魏晋南北

① 李经纶：《礼经类编·四库提要》（江西巡抚采进本）。

朝的以宗族为单位遭到破坏，而继之以家庭为单位。正如邱濬所述，“古人庙以祀其先，因爵以定数，上下咸有定制。粤自封建之典不行，用人以能不以世，公卿以下有爵而无土。是故父为士而子或为大夫，父为大夫而子或为士，庙数不可为定制。且又仕止不常、迁徙无定，而庙祀不能有常所”[①]。如果“庙祀不能有常所”，那么宗族就失去了一起正常活动的场所，失去了宗族举行重要礼仪和族人之间连接的运作机制。这样，宗族的凝聚力在一定程度上会受到削弱。正是因为认识到问题的严重性、时代的需求性，为重新发挥宗族凝聚的功能，朱子结合宋代已转型的社会实际，在司马温公“影堂”的基础上提出了“祠堂”制度。明朝邱濬在其《南海亭岗黄氏祠堂记》中描述了岭南黄氏一族按照《家礼》所述建立祠堂的过程。他记述曰：“岭南僻在一隅，而尚礼之家不下于他方。南海亭岗黄氏，世有显宦。其先世在宋为奉朝大夫者，自凌江南徙以来，今若干世矣。其六世以前惟单传，六世以后支庶始繁衍。自是又若干世至处士洪僧者，为黄氏世嫡，乃谋于众曰：‘吾侪承先世贻谋以有今日，为子孙者人竞殖产以自私，顾使祖宗无栖神之所，于心安乎?’盍相与建祠堂，众曰：‘然。’于是择地于所居之东，如《家礼》制建屋一堂三室以为祠堂，堂之前有亭，翼以庖厨斋沐之所，外为三门缭以周垣树以松柏。专俾僮仆一人，司启闭焉。规制如《家礼》，而少异也。”[②] 从黄氏祠堂记中可知，其家族从凌江南徙而来，已历数世，虽然尚礼之家不下于他方，但是子孙者人竞殖产以自私，而祖宗却无栖神之所，心不安也。于是，开始建立祠堂，其规制一

① （明）丘濬：《重编琼台稿》卷十七《南海亭岗黄氏祠堂记》，前揭，第 346—347 页。

② （明）丘濬：《重编琼台稿》卷十七《南海亭岗黄氏祠堂记》，前揭，第 346—347 页。

如《家礼》，很少异。

置祭田：平民化之经济支柱。《家礼》卷二中写道："初立祠堂，则计见田。每龛取其二十之一，以为祭田，亲尽则以为墓田。后凡正位、祔位，皆放此。宗子主之，以给祭用。上世初未置田，则合墓下子孙之田，计数而割之，皆立约闻，官不得典卖。"[①] 因唐宋社会的巨大转型，均田制至唐已不能行，宋则无论矣。均田制被完全破坏，使得宗族的凝聚力大大削弱。同时，两税法的实行也加速了士族的分离，加速了贫富进一步分化，私有土地也进一步租佃化。原来通过宗族所维持的均平主义和宗族凝聚力被彻底打破，族内贫富差距也越来越大，使得以往南北朝时常见的宗族内部的经济互助现象很少出现，宗族的凝聚力也因而大大削弱。按古礼，大夫、士有田则祭，无田则荐。是有土者，乃得庙祀也。以前的士族一直拥有土地，但现在完全失去控制。古者有田则有爵，今有爵者未必有田，而有田者往往多在于编民。今世拔士于民，苟服章缝习诗礼亦古之士也。矧又时有掇科跻仕，虽比古之大夫亦未为过，既名为士大夫，而又有世业之田，则立祠以妥先灵，置田以给祭需，私家之事孰有先于此者[②]？然世人果于殖产，而不果于行礼；急于贻谋，而缓于报本。这种情况令朱子等人担忧，如何解决此类问题，让有能特然兴举古礼，以报先德，以训后昆；让家之孝子、族之精英者，能发挥凝聚家族的作用。让他们发挥手头田地的作用，能真正收族归心耳。祭田有着重要的作用。邱濬在其《南海亭岗黄氏祠堂记》中描述了岭南黄氏一族按照《家礼》，发挥"族之宗英"的作用，

① 《家礼》卷二《通礼》，《性理大全书》卷十九，载于《景印文渊阁四库全书》第710册，台湾：商务印书馆，1986年，第418页。

② （明）丘濬：《重编琼台稿》卷十七《南海亭岗黄氏祠堂记》，前揭，第346－347页。

从而“置祭田，具祭器，晨必谒，出入必告，面正至朔，望必参岁，时伏腊及有新物必荐，有事必以告，四仲之日及忌辰必有事于正寝，一一按《家礼》以行”[①]。

制木主：平民化之丧器。宋代，朱熹和程颐二人“留下了令人注目的言论”[②]，即唐代之前按礼只允许皇族及高官才能设置木主，当今（宋代）也应该适用于一般士人，并且他们还重新设计了新的木主形式。首先，是“木主”样式创新。伊川减杀古礼，“杀诸侯之制”而创新“牌子”。他认为，“士庶不用主，只用牌子”[③]。若遵照此礼，朱子认为会带来一些困境，特别是“科举制度”之后，原是平民阶层，后上升为“官僚”，难道又要更换“牌子”为“主”吗？朱子曰：“伊川制，士庶不用主，只用牌子。看来牌子当如古制，只不消二片相合，及窍其旁以通中。且如今人未仕只用牌子，到任后不中换了。”[④] 因而，他提议“若是士人只用主，亦无大利害”[⑤]。况且“主式乃伊川先生所制，初非朝廷立法，固无官品之限。万一继世无官，亦难遽易。但继此不当作耳，牌子亦无定制。窃意亦须似主之大小高下，但不为判合陷中可也。凡此皆是后贤义起之制，今复以意斟酌，于古礼未有考也”[⑥]。朱子还详考伊川主式书属、称。本注：属，谓高、曾祖考；称，谓官或号行，如处士秀才、几郎、几公之类。最后得出结论，“如此则士庶可通用”。其次，朱子还简化“木主”材料的

---

① （明）丘濬：《重编琼台稿》卷十七《南海亭岗黄氏祠堂记》，前揭，第 346—347 页。

② ［日］吾妻重二著，吴震译：《木主考：到朱子学为止》，《云南大学学报》（社会科学版）2011 年第 5 期。

③ 《家礼》卷三《丧礼》，《性理大全书》卷二十，前揭，第 449 页。

④ 《家礼》卷三《丧礼》，《性理大全书》卷二十，前揭，第 449 页。

⑤ 《家礼》卷三《丧礼》，《性理大全书》卷二十，前揭，第 449 页。

⑥ 《家礼》卷三《丧礼》，《性理大全书》卷二十，前揭，第 449 页。

使用程序。“古者虞主用桑，将练而后易之以栗。”[①] 也就是说，先用“桑”制木主，至“练”[②] 而后变成“栗”制的木主，礼之程序甚是繁琐。因而，《家礼》云：“今于此便作栗主，以从简便。或无栗，止用木之坚者。”[③] 也就是说，木主不需要在“练”的前后“更换”了。因为古者“虞主用桑练而后易之以栗”，此程序繁琐，因而《家礼》主张直接用栗或木之坚者制作，无需更换。

3. 从国家制度转向基层秩序建构

依据四书经典的宋明儒学心性论，也是地方自治的重要思想基础[④]。基于心性论，宋明儒者重教化而轻行政，特别强调地方自治。在宋明具体实践中，则以社仓取代常平仓和青苗法，以书院取代学校（官学），以家训、族规、乡约、书院学规等非行政力量约束民众行为，从而构建自治的基层秩序。四书系统下的《家礼》，融于朱子心性论体系，不主张从整体的国家层面和制度来构建制度，而是强调从每一个士人或民众“生老病死”之善来达到，因为整体国家的善主要取决于部分（宗族）的善，取决于每一个个体（士人或民众）的善。于是，《家礼》从收族敬宗的宗族（部分）自治出发，积极倡导庶民（个体民众）生活礼仪化，致力于塑造士人阶层和民众的存在理念与生活方式，从而达到或实现地方自治。

重教化而轻行政。宋以后的政治现实，是君主与科举出身的

---

① 《家礼》卷三《丧礼》，《性理大全书》卷二十，前揭，第449页。

② 练，祭名，于父母去世十三月时，戴练冠，祭于家庙而得名。《荀子·子道》：“鲁大夫练而床，礼邪？”《礼记·檀弓上》：“小祥而着练冠练中衣，故曰练也。”

③ 《家礼》卷三《丧礼》，《性理大全书》卷二十，前揭，第449页。

④ 地方自治的思想基础是：组成整体的部分能够自发地形成秩序，而且整体的善取决于部分善的达成。

文官阶层共治天下。在这种情况下，君主是天命的承担者和最高的统治权威这一意义逐渐弱化，相应地，君主被理解为士人阶层（文官阶层）的代表。《家礼》的“庶民化”，也开启了士人因其教养和知识，或者得“道”，而有对民众教化之职责，有“先觉觉后觉”的义务。乡绅自治和从道不从君的理念，使君主在义理上是一个道德楷模，这符合四书学的理念。同时，《家礼》也发挥着重塑儒家伦理精神、构建君子心灵家园等功能。因为家、国同构，朱子认为作《家礼》可重塑儒家伦理精神，激发君子道德力量，从而完善社会秩序。因为《大学》有云，古之欲明明德于天下者，先治其国；欲治其国者，先齐其家；欲齐其家者，先修其身；欲修其身者，先正其心；欲正其心者，先诚其意；欲诚其意者，先致其知。致知在格物，物格而后知至；知至而后意诚，意诚而后心正；心正而后身修身，修而后家齐；家齐而后国治，国治而后天下平。自天子以至于庶人，壹是皆以修身为本。其本乱而末治者，否矣。其所厚者薄，而其所薄者厚，未之有也。此谓知本，此谓知之至也。所谓治国，必先齐其家者，其家不可教而能教人者，无之。故君子不出家，而成教于国，孝者所以事君也。弟者所以事长也，慈者所以使众也①。因此，司马光在其《家范》的开篇第一条，就明确提出：“家人有严君焉，父母之谓也。父父、子子、兄兄、弟弟、夫夫、妇妇，而家道正，正家而天下定矣。”② 明于家道，天下莫不化也。

强调宗族自治。在郑玄《仪礼》解释体系下，国家礼制是主干，君权是制度的核心。而在朱熹《仪礼》解释体系下，则围绕宗子、男子一生活动展开，围绕“宗权”展开。宗权是仪礼的中

① （宋）司马光：《家范》卷一，载于《景印文渊阁四库全书》第696册，前揭，第659页。

② 《家范》卷一，前揭，第658页。

心，人与人之间的关系都是围绕宗权来展开的。"万物本乎天，人本乎祖。"① 宗法立，人知来处而不忘本；宗法立，则可和谐社会，管摄天下，保家国平安。世人若能明谱系世族、确立宗子法规，则可"管摄天下人心，收宗族，厚风俗，使人不忘本"②。对个人与家族来说，"若宗法不立，则人不知统系来处，既死遂族散，其家不传"③。此方面，朱子《家礼》基本沿袭程子和张子的立场。他认为，人伦纲常乃是礼之大体，自今以往或有继周而王者，虽百世之远，所因所革亦不过是坚守人伦纲常，坚守礼之大体而已。三代相继，也是此本；所因、所益，皆是此本；所损者，也只不过文章制度小过不及之间也④。"古者子弟从父兄，今父兄从子弟，由不知本也。"⑤ 因为礼之本即立宗子法，这样才能管摄天下人心、收宗族厚风俗，才能使人不忘其本，才能使人知来处，才能明谱系、收世族。否则，若宗子法坏，则人流转四方，往往亲未绝而不相识也⑥。因此，《家礼》中的宗子对内掌握宗族大权，对上协助君主治理国家，对外则主理所在地方的自治。对国家而言，如果宗子不能得到合法确立，那么朝廷就没有"世臣"，就很容易出现贫贱之人一日而飞黄腾达，成为一代公卿以至公相，这种没有经验和厚重积累就扶摇直上的情况，是非常危险的事。因此，朱熹认为如果宗法不立，就可能导致人死则族散，其家不传；宗法若立，则人们各自知道自己的来处，于是家

---

① 《礼记·郊特牲》。

② （宋）张载：《张子全书》卷四《宗法》，载于《景印文渊阁四库全书》第 697 册，台湾：商务印书馆，1986 年版，第 154 页。

③ （宋）张载：《张子全书》卷四《宗法》，载于《景印文渊阁四库全书》第 697 册，第 154 页。

④ 参看（宋）朱熹：《仪礼经传通解》，载于《朱子全书》第 2 册，第 31 页。

⑤ 《家礼》卷二《通礼》，《性理大全书》卷十九，前揭，第 417 页。

⑥ 《家礼》卷二《通礼》，《性理大全书》卷十九，前揭，第 417 页。

族稳定、社会秩序井然，朝廷也因此大有所益[1]。可见，朱子希望《家礼》能发挥一种社会教化的功能，发挥凝聚宗族共同体的作用。

以“五礼”约束民众行为，构建基层秩序。朱子《家礼》之“五礼”（通礼、冠礼、昏礼、丧礼和祭礼），从社会秩序构建上看，对古礼作从宜、从简之革新，从而引导和规范着人们日常生活秩序，发挥着稳定社会秩序、和谐家园等功能。

可见，《家礼》基于理学天理观和道德修养论的宗族教化，其着眼点只是在宗族每个社会成员的自我心性修持上。人人敬宗成为宗法血缘意识在现实生活中的完美展示。这样，一旦每个宗族内的全体成员都能自觉地服从宗子的教化管理，那么服从天下之大宗、天子之领导也就理所当然了，举国民众也将视之为当然的义务。如果再辅之以宗族组织的积极引导，将很容易实现社会关系的和谐以及政权的长治久安。可见，《家礼》的基层社会秩序构建和社会教化，虽然从基层社会秩序构建出发，但最终还是为了实现治国安邦的政治意图。

三、四书系统下以心性和实践积极排佛

朱熹的四书系统，率先从心性论和实践角度来论述儒家修身、持家、治国、平天下的世界观和人生理论，其《家礼》也深受影响。《家礼》从心性论出发，尊亲、顺人性人情而排佛家“不孝”之理念；《家礼》从实践出发，崇儒家入世之纲而反出世之佛家思想。

---

① 参看《家礼》卷二《通礼》，《性理大全书》卷十九，前揭，第417页。

1. 敬宗聚族而排佛老

朱子身处的时代，不但官、民之家都不行冠礼，连学者也不能详述冠礼施行仪节[①]。一些儒家士大夫深感佛老之说的冲击，严重影响了儒家学说的主流地位。宋儒迫切希望复兴“冠”、“婚”、“丧”、“祭”等礼，以此重拾并弘扬儒学的主流地位。四书学系统强调事亲以孝、事君以礼，为公义经世，反对为私利遁世。就此出发，朱子认为佛老之学“只是废三纲五常，这一件事已是罪名极大，其它不消说”[②]。于是，他极力排抵释、道，坚守并弘扬儒家的品性，坚守儒家之礼。他解释曰：“不能复礼者，佛老是也。佛老不可谓之有私欲，只是他元无这礼，克己私了，却空荡荡地。”[③]

可见，在朱子看来，宋代当时的民众已习染佛道，儒家学说已被严重削弱，急待重振古礼以匡正儒家社会秩序。实际上，在唐、五代以后，世俗民风已多为释、道二教所“浸淫”，儒学在民间的地位不免因之而大大削弱。因此，他迫切地想改变这种状况，当然也只有放弃“礼不下庶人”[④] 的古制，将原属上层贵族的儒家礼仪世俗化和平民化，最终推广至宋朝民间，方能抵御释、道二教的“浸淫”。

2. 尊儒入世之纲而反佛

四书学系统特别强调“入世”之纲，如孔子曰“知其不可为而为之”，《论语》曰“以仁为己任”、“士不可以不弘毅”，《孟

① 孙致文：《朱熹〈仪礼经传通解〉研究》第1章（第四节《践礼与治理：朱子礼学的两个面向》），台湾：大安出版社，2015年。

② 《朱子语类》卷一百二十六，前揭，第3932页。

③ 《朱子语类》卷四十一，前揭，第1454页。

④ 《礼记·曲礼》。

子》曰“如欲平天下，当今之世，舍我其谁也”（《孟子·公孙丑》），《大学》曰“修齐治平”等。这既体现了儒家敢于直面社会、直击现实，又体现其治国安邦的政治目的。

受此影响，《家礼》积极反佛，提倡入世，扬言“不作佛事”①。朱子反佛十分坚决，绝不允许丧礼中融入任何“异端”。在这一点上，司马温公也做了精彩论证，认为“不作佛事”乃是尊礼，否则即是被骗或违礼。他说：

> 世俗信浮屠诳诱，于始死及七七日、百日、朞年、再朞、除丧饭僧，设道场，或作水陆大会，写经造像，修建塔庙，云为死者灭弥天罪恶，必生天堂，受种种快乐，不为者必入地狱，剉烧舂磨，受无边波吒之苦。殊不知人生含气血，知痛养，或剪爪剃发从而烧斫之，已不知苦，况于死者，形神相离，形则入于黄壤，朽腐消灭，与木石等，神则飘若风火，不知何之，借使挫烧舂磨，岂复知之？且浮屠所谓天堂地狱者，计亦以劝善而惩恶也，苟不以至公行之，虽鬼可得而治乎？是以唐庐州刺史李舟《与妹书》曰：“天堂无则已，有则君子登。地狱无则已，有则小人入。”世人亲死而祷浮屠，是不以其亲为君子，而为积恶有罪之小人也。何待其亲之不厚哉，就使其亲实积恶有罪，岂赂浮屠所能免乎？此则中智所共知，而举世滔滔信奉之，何其易惑而难晓也。甚者至有倾家破产然后已，与其如此，曷若早卖田营墓而葬之乎？彼天堂地狱，若果有之，当与天地俱生，自佛法未入中国之前，人死而复生者，亦有之矣，何故无一人误入地狱，见阎罗等十王者耶？不学者固不足与言，读书知古者

① 《家礼》卷三《丧礼》，《性理大全书》卷二十，前揭，第437页。

亦可以少悟矣①。

从此段议论可知，在司马温公看来，死七七日和百日“饭僧”、“设道场”、“水陆大会”、“写经”等“佛事”，是不可信的。主要理由如下：一是人死后“形则入于黄壤”，“朽腐消灭与木石”，“神则飘若风火”，哪有“入地狱挫烧舂磨”、“受无边波咤之苦”之说呢？二是如果世人亲死，然后去“祷浮屠”，实际上是不“以其亲为君子”，而是将亲人作为“积恶有罪之小人”也。否则，如果视为“君子”，何必去“祷浮屠”？三是世俗之“佛事”导致大量浪费，甚至致人“倾家破产”。四是自佛法未入中国之前，人死而复生者，亦有之矣，何故无一人误入地狱见阎罗等十王者耶。《家礼》“三月而葬”，反对世俗信葬师之说。古礼有明确规定：天子七月必须下葬，诸侯五月必须下葬，大夫三月必须下葬，士逾月也必须而葬。司马温公曰：“世俗信葬师之说……至有终身不葬，或累世不葬……悖礼伤义，无过于此！”②与司马温公观点相同，朱子《家礼》也力排佛老。因世俗信奉佛老，相信葬师之说“择年月日时”，“择山水形势”以及“为子孙贫富”等，有的因此而“终身不葬”、“累世不葬”，甚至“弃捐不葬”，此乃大不孝也。

3. 尊亲人伦大节而反佛

“凡有血气者，莫不尊亲，故曰配天。”（《中庸》）于是，“尊

---

① 《家礼》卷三《丧礼》，《性理大全书》卷二十，前揭，第437—438页。

② 《家礼》卷三《丧礼》，《性理大全书》卷二十，前揭，第447页。按，司马氏论证曰：“世俗信葬师之说，既择年月日时，又择山水形势，以为子孙贫富、贵贱、贤愚、寿夭尽系于此。而其为术又多不同，争论纷纭，无时可决。至有终身不葬，或累世不葬，或子孙衰替忘失处所，遂弃捐不葬者。正使殡葬实能致人祸福，为子孙者，亦岂忍使其亲臭腐暴露，而自求其利邪？悖礼伤义，无过于此！”

亲之至，莫之乎以天下养”（《孟子·万章上》），“人人亲其亲、长其长，而天下平”（《孟子·离娄上》）。四书系统话语体系下，朱子《家礼》尤其强调尊亲、重孝。例如，在日常生活中，《家礼·司马氏居家杂仪》要求“凡父母、舅姑有疾，子妇无故不离侧，亲调尝药饵而供之。父母有疾，子色不满容，不戏笑，不宴游，舍置余事，专以迎医，检方、合药为务”，“凡子事父母，乐其心，不违其志，乐其耳目，安其寝处，以其饮食忠养之”。在丧祭礼中，朱子继承古礼精髓①，主张“事死如事生”。“古人不祭，则不敢以燕，况今于此俗节，既已据经而废祭，而生者则饮食宴乐，随俗自如，非事死如事生，事亡如事存之意也。”② “孝子之心，事死如事生，斯须不忘其亲也。”③

当然，尊亲的同时，朱子也极力反对佛教葬仪。因为世人受到浮屠诳诱，在人死后操办七七日、除丧饭僧等活动，有的还设立道场、作水陆大会等，浪费钱财，甚至还被欺骗，以为这样就能够为死者灭弥天罪恶、能生天堂等等④。朱子认为，这不是尊亲行为，这是误入歧途。朱子《家礼》反对佛教葬仪，影响很深远，它能够使城市士民多变善，使因袭之弊得以革除，使尊亲、重孝之古礼大意得以落实。《广西风俗》就记载了类似事件。

---

① 《大戴礼记·本命第八十》：“恩厚者，其服重；故为父斩衰三年，以恩制者。门内之治，恩掩义；门外之治，义断恩。资于事父以事君，而敬同，贵贵尊尊，义之大者也。故为君亦服斩衰三年，以义制者也。三日而食，三月而沐，期而练，毁不灭性，不以死伤生。丧不过三年，直衰不补，坟墓不坯，同于邱陵。除之日，鼓素琴，示民有终也，以节制者也。”

② 《家礼》卷二《通礼》，《性理大全书》卷十九。

③ 《家礼》卷三《丧礼》，《性理大全书》卷二十。

④ 参看《家礼》卷三《丧礼》，《性理大全书》卷二十，前揭，第437－438页。按，其条文有云：“世俗信浮屠诳诱，于始死及七七日、百日、期年、再期、除丧饭僧，设道场，或作水陆大会，写经造像，修建塔庙，云为此者灭弥天罪恶，必生天堂，受种种快乐，不为者必入地狱，剉烧舂磨，受无边波吒之苦。”

自唐宋时，颇多不美，如民之贫者，归罪坟墓不吉，掘棺栖寄他处，名曰出祖；生子不举，溺之于水，名淹儿；临丧破家，供佛盛馔待客，名曰斋筵；病不延医，杀牛赛鬼，名曰毛药；民多出外，他人略卖其妻，曰卷伴。本朝德化所敷文风益振旧所污染，日以维新，凡冠婚丧祭渐遵《文公家礼》，城市士民亦多丕变。惟穷乡下邑家，以巫邪而败，婚以歌唱而成。盖犹有之，可见因袭之弊久矣，久则难变也①。

唐宋以来有诸多陋俗，颇多不美，如民之贫者，归罪坟墓不吉，掘棺栖寄他处；临丧破家，供佛盛馔待客；病不延医，杀牛赛鬼。后冠、婚、丧、祭渐遵《文公家礼》，城市士民亦多丕变，日以维新。《钦定盛京通志》中也曰："王嵩，河南汲县人，成化进士，巡按辽东。举行朱文公《家礼》，丧禁佛事，遂至成俗云。"②《陕西通志》中也称：

近世居丧或轻或重，居处饮食出入之节多无所变，衰麻月筭虽有差等殆成空文。丧，缙绅家多行《文公家礼》，不作佛事。乡民杂用俳优屡禁少止，哭奠亲友给帽布至戚，或孝衣丧礼。明邵布政禁作佛事，省金置椁砖墓殊悖人心。近时殡仪多用剧尚花火，知州王廷伊以事不合礼，悉议革之③。

日本很早就受佛教影响，其丧葬礼仪一般都采用佛教的"火葬"仪式。但是，朱子《家礼》力排佛老影响，坚决反对"火

---

① （明）章潢撰：《图书编》卷四十（广西风俗），载于《景印文渊阁四库全书》第969册，前揭，第859页。

② （清）和珅等：《钦定盛京通志》卷五十六（名宦·明），载于《景印文渊阁四库全书》第502册，前揭，第285页。

③ （清）刘于义等：《陕西通志》卷四十五（风俗·礼仪）。

葬”。受其影响，山崎暗斋引《礼记·祭义》曰“父母全而生之，子全而归之，可谓孝”，主张在日本也禁止“火葬”，实行儒家式的“全身”土葬，强调“事死如事生”，力主“入土为安”。他说：“钦明时佛法来焉，文武时火葬始焉，自是以降，佛法日行，神道日废，其间又有入鹿之乱，旧记、古史报烬荡散，丧葬之礼，后世无闻其详。伊势之禁火葬，是犹隆古之遗风也。”① 再如，日本水户藩主德川光国，率先实行儒式葬礼。在他的影响下，水户藩历代藩主几乎都实行儒式葬礼。他也依《家礼》为夫人泰姬举行了儒家葬礼。其在《藤夫人病中葬礼事略》中指出：“今葬礼不作佛事，惟泰姬之素志也。往年余讲《礼记·丧礼》《文公家礼》，泰姬听之曰：妾闻本朝上古葬礼近儒礼，近代佛氏横驰，乱本朝之大礼，妾愿终命之后，不亲近僧侣，举本朝之礼，以兼儒礼。”② 德川光国不作佛事，不亲近僧侣，主张本朝之礼，当兼儒礼。这些理念都或多或少受到朱子《家礼》的影响。

《家礼》传入朝鲜半岛后，经高丽官方学者的大力倡导，取代了佛教生活仪式在家庭礼制中的作用，并发展成为规范的社会行为方式。

综上可知，《家礼》是一部较为典型的以四书学理念创作的经典著作。从宋代礼学史整体来看，它的地位举足轻重，因为它是朱子礼学最核心的文本之一（另一个是《仪礼经传通解》），也是四书学“庶民化”理念的标志性成果。它力主从宜、从简、从俗之可实践之风，在整个中国礼学史上的影响、意义与价值都很大。从四书学理论看，朱子提出“礼者，天理之节文，人事之仪则也”，将礼与理打通，使“理”贯穿于“礼”，礼又将“理”外

① ［日］山崎暗斋：《山崎暗斋全集》，东京：塘鹅出版社，1978 年，第 771 页。
② ［日］冈田庄司：《神代葬祭成立考》，东京：神道学，1986 年，第 1—12 页。

化为“仪则”；又将礼学与理学关联起来，使理学之内省功夫“化而可制”为巩固社会秩序之手段，使本为自身的一种修养手段成为礼序社会的建构纽带。再从四书学的礼学实践看，《家礼》的制定与刊行，确实使古礼“失灵”的社会变得有序良多，直至重新焕发儒学生命力，社会风气也日益纯正。特别值得一提的是，朱子更从儒学入手，反对佛教，从而收拾了人心，使儒家之礼找回其主流地位。这样的巨大贡献不能被磨灭。

元代科考程式“兼用古注疏”考论

周春健（中山大学哲学系）

一、元代科举恢复与“兼用古注疏”的提出

元朝（1271—1368）是一个由蒙古族建立起来的“征服王朝”，在政治和文化上都有其特殊性。元廷对待传统儒学的态度，经历了一个排斥、接受和反复的复杂过程[①]，宋、辽、金以来的科举制度在元朝也曾一度废弛。不过，在国子祭酒许衡（1209—1281）、丞相火鲁火孙（又译为和礼霍孙）、侍讲徒单公履以及翰林学士王鹗（1190—1273）、王恽（1227—1304）等不同群体的共同推进下，元仁宗于皇庆二年（1313）十一月颁布诏书，重开科举，规定曰：“其以皇庆三年八月，天下郡县，兴其贤者能者，充赋有司，次年二月会试京师，中选者朕将亲策焉。”[②] 这意味着，距离窝阔台时期戊戌选试（1238）长达75年的考试中断，

① 参周春健：《元代四书学研究》第一章第二节，上海：华东师范大学出版社，2008年，第30—45页。

② （明）宋濂等：《元史·选举志一·科目》，北京：中华书局，1976年，第2018页。

终于迎来了它的接续和重建。

在这次的诏书中，还详细规定了元代科举考试的基本程式：

> 蒙古、色目人，第一场经问五条，《大学》、《论语》、《孟子》、《中庸》内设问，用朱氏章句集注。其义理精明，文辞典雅者为中选。第二场策一道，以时务出题，限五百字以上。汉人、南人，第一场明经经疑二问，《大学》、《论语》、《孟子》、《中庸》内出题，并用朱氏章句集注，复以己意结之，限三百字以上；经义一道，各治一经，《诗》以朱氏为主，《尚书》以蔡氏为主，《周易》以程氏、朱氏为主，已上三经，兼用古注疏；《春秋》许用《三传》及胡氏《传》，《礼记》用古注疏，限五百字以上，不拘格律。第二场古赋诏诰章表内科一道，古赋诏诰用古体，章表四六，参用古体。第三场策一道，经史时务内出题，不矜浮藻，惟务直述，限一千字以上成。蒙古、色目人，愿试汉人、南人科目，中选者加一等注授。蒙古、色目人作一榜，汉人、南人作一榜。第一名赐进士及第，从六品，第二名以下及第二甲，皆正七品，第三甲以下，皆正八品，两榜并同①。

需要说明的是，皇庆二年的诏书颁布，可以视为元代恢复科举的正式启动，而首次开科取士的完成，则在两年以后的延祐二年（1315）——元仁宗“皇庆”的年号只维持了两年，其后便用“延祐”。延祐元年，正相当于诏书中的“皇庆三年”；延祐二年，则为诏书中的“次年”。是年三月，元朝首次廷试进士，共录取进士 56 人，分左、右榜。右榜状元为蒙古人护都答儿，左榜状

① （明）宋濂等：《元史·选举志一·科目》，第 2019 页。

元则为章丘汉儒张起岩（1285—1354）。

诏书关于科考程式的规定，涉及士子考试所依据的经书版本。这一规定，既关涉科举史上科考教材的历史沿革，又关涉元代特定历史条件下四书学与五经学的消长嬗变，因此是一个值得考察的学术问题。

皇庆二年诏书关于元代科举考试所据经书版本的规定，可以条列如下：

1. 蒙古人、色目人第一场之经问五条，汉人、南人第一场之明经经疑二问，皆考《四书》，并且所据版本皆为南宋朱熹（1130—1200）之《四书章句集注》。

2. 汉人、南人第一场“明经经疑”其后之“经义”一道，所考内容为《五经》，所据版本为：《诗》以朱氏为主，《书》以蔡氏为主，《易》以程氏、朱氏为主，并且规定此三经可以“兼用古注疏”；《春秋》许用《三传》及胡氏《传》，《礼记》则用“古注疏”。

从这一程式规定中，我们可以获知如下信息：

其一，在元代，无论蒙古人、色目人，还是汉人、南人，科举考试皆首试《四书》，汉人、南人另试《五经》。这是南宋末年以来朱子地位逐渐提升以及元代初年四书学随江汉先生赵复（1215—1306）北传带来的直接结果。元代科举程式的这一规定，也标志着四书学从元代开始真正“悬为令甲”①。

其二，无论《四书》还是《五经》，考试依据皆非只经书白文，而重在注疏之作。其中《四书》，明确规定用朱子之《四书章句集注》。至于《五经》，所谓“《诗》以朱氏为主”，乃指朱熹之《诗集传》；“《书》以蔡氏为主”，乃指蔡沈（1167—1230）之

① 参周春健：《元代四书学研究》第一章第一节，第15—20页。

《书集传》；“《易》以程氏、朱氏为主”，乃指程颐（1033—1107）之《程氏易传》、朱熹之《周易本义》；“《春秋》许用《三传》及胡氏《传》”，则分别指春秋战国时期左氏、公羊、穀梁三《传》以及两宋之际胡安国（1074—1138）之《春秋胡氏传》；《礼记》只言用“古注疏”，未曾明言具体所指。

其三，从《四书》、《五经》注疏的撰者来看，除程氏、朱氏本人外，蔡沈为朱熹弟子蔡元定（1135—1198）之次子，亦曾亲从朱熹问学；胡安国曾亲炙于二程弟子杨时（1053—1135），又私淑于二程。因此，元代科举考试作为依据的，无论《四书》还是《五经》，几乎都是程朱一派之学说。这是程朱学说深刻影响后世在国家制度层面的重要体现。

问题是，在元代科考程式中，为何规定《诗》、《书》、《易》三经可以“兼用古注疏”？为何规定《礼记》只用“古注疏”？这里提及的“古注疏”所指为何？“兼用”之举究竟有着怎样的用意及必要？元代科考程式在这一点上，与唐、宋及明、清相比有着怎样的分别？这些问题的解决，不仅具有科举史上的意义，还具有重要的思想史价值。

解决上述问题，需要先对元代以前科举考试对于经典依据的规定做一番考察。

二、唐、宋、辽、金科举考试对于经典依据的规定

中国科举始于隋朝，但因《隋书》未立《选举志》，我们无法得见关于隋代科举科目的具体规定。范文澜先生认为，大业三年（607）隋炀帝定十科举人，其中之“文才美秀”科即为进士科，且考试以诗赋为主；又有学者认为，炀帝创立进士科时只是

试策，至唐高宗永隆二年（681）才加试诗赋①。虽然试策亦涉经史，但与后世明经、进士诸科明确规定试考何种典籍大有不同。

唐代的常举科目，有秀才、明经、俊士、进士、明法、明字、明算诸科，其中以明经、进士二科最为重要。《新唐书·选举志上》载："明经之别，有五经，有三经，有二经，有学究一经，有三礼，有三传，有史科。"唐代科举所试经书，又有大经、中经、小经之分。《新唐书》又载：

> 凡《礼记》、《春秋左氏传》为大经，《诗》、《周礼》、《仪礼》为中经，《易》、《尚书》、《春秋公羊传》、《穀梁传》为小经。通二经者，大经、小经各一，若中经二。通三经者，大经、中经、小经各一。通五经者，大经皆通，余经各一，《孝经》、《论语》皆兼通之。凡治《孝经》、《论语》共限一岁，《尚书》、《公羊传》、《穀梁传》各一岁半，《易》、《诗》、《周礼》、《仪礼》各二岁，《礼记》、《左氏传》各三岁②。

需要注意的是，唐代唯有"十一经"，后世所说的"十三经"中，此时尚有《尔雅》与《孟子》未立为经书。而且，此处之规定仅及经书本经之名，未曾涉及注疏。不过，唐太宗时期所成之《五经正义》，曾经用于科举，体式便是注疏③，然而未能涵盖全

① 刘海峰、李兵：《中国科举史》第二章，上海：东方出版中心，2004年，第66页。

② （宋）欧阳修等：《新唐书·选举志上》，北京：中华书局，1975年，第1160页。

③ 《五经正义》所用诸家传注为：《周易》用魏王弼、晋韩康伯注，《尚书》用汉孔安国传，《诗经》用汉毛亨传、郑玄笺，《礼记》用汉郑玄注，《左传》用晋杜预注。唐代国子祭酒孔颖达主持《正义》之撰修，又分别为《五经》作疏，史称《孔疏》。

部十一经。另，从考试方式上来讲，唐代科举主要有帖经、墨义、口试、策问、诗赋诸种。其中的“帖经”，即将经书中一段文字掩盖首尾，中间留空，由考生补写，显然主要试考经文原文。而“墨义”，方指由考生笔答经文大义。

宋代之科目，“有进士，有诸科，有武举。常选之外，又有制科，有童子举，而进士得人为盛。神宗始罢诸科，而分经义、诗赋以取士，其后遵行，未之有改。自仁宗命郡县建学，而熙宁以来，其法浸备，学校之设遍天下，而海内文治彬彬矣”①。不过，宋代科举延续唐代风气，“经义”与“诗赋”之争依然十分激烈。譬如神宗年间，诗赋派的苏轼（1037—1101）曾上疏皇帝，言经义策论之弊甚于诗赋，经义派的王安石（1021—1086）则坚决主张诗赋“败坏人才”。神宗最终采纳了王安石的意见，改革科举，罢诗赋、帖经、墨义，士各占治《易》、《诗》、《书》、《周礼》、《礼记》一经，兼《论语》、《孟子》。每试四场，初大经，次兼经，大义凡十道，后改《论语》、《孟子》义各三道。次论一首，次策三道，礼部试即增二道。中书撰大义式颁行。试义者须通经、有文采乃为中格，不但如明经墨义粗解章句而已②。

这一规定，虽然依然是《五经》为主、《论孟》兼用的基本架构，但明显加强了《论语》、《孟子》二经的比重。而且《孟子》一书也正是在王安石为相时，最终升子为经，进入到“十三经”的行列。

需要注意的是，王安石曾以“新学”立场，重新训释《诗》、《书》、《周官》三经，撰成《三经新义》。神宗熙宁八年（1075），此书由朝廷颁布，在全国通行，并作为科举取士的基本依据，

① （元）脱脱等：《宋史·选举志一·科目上》，北京：中华书局，1977年，第3604页。

② （元）脱脱等：《宋史·选举志一·科目上》，第3618页。

“一时学者，无敢不传习，主司纯用以取士，士莫得自名一说，先儒传注，一切废不用”①。这一举动的经学史意义在于，“由此标志着汉唐经学的真正结束和宋学的全面展开”②。不过在哲宗时，左仆射司马光（1019—1086）曾表示强烈反对，称“王安石不当以一家私学，令天下学官讲解”③。于是，元祐四年（1089），朝廷重新修改了科考程式，规定曰：

> 乃立经义、诗赋两科，罢试律义。凡诗赋进士，于《易》、《诗》、《书》、《周礼》、《礼记》、《春秋左传》内听习一经。初试本经义二道，《语》、《孟》义各一道，次试赋及律诗各一首，次论一首，末试子、史、时务策二道。凡专经进士，须习两经，以《诗》、《礼记》、《周礼》、《左氏春秋》为大经，《书》、《易》、《公羊》、《穀梁》、《仪礼》为中经，《左氏春秋》得兼《公羊》、《穀梁》、《书》，《周礼》得兼《仪礼》或《易》，《礼记》、《诗》并兼《书》，愿习二大经者听，不得偏占两中经。初试本经义三道，《论语》义一道，次试本经义三道，《孟子》义一道，次论策，如诗赋科④。

这一修订，依然突显了唐代以来科举考试中“大、中、小经”的规定，《语》、《孟》二经依然得到了某种程度的重视。只是通观宋代科举，除去王安石当政时曾用《三经新义》，依然未曾在科考程式规定中明确涉及某经之注疏。而且自唐以来，即便是与经书关联至为密切的“明经”一科，亦“不过帖书、墨义，

---

① （元）脱脱等：《宋史·王安石传》，第10550页。

② 许道勋、徐洪兴：《中国经学史》第三章，上海：上海人民出版社，2006年，第209页。

③ （元）脱脱等：《宋史·选举志一·科目上》，第3620页。

④ （元）脱脱等：《宋史·选举志一·科目上》，第3620－3621页。

观其记诵而已”①，一方面表明该科在科举考试中地位并不甚高，另一方面，所重主要在经文白文而非注疏。

这一情形到了辽金时期有所改变。辽代曾实行科举，并为金代所因袭。金人李世弼《金登科记·序》言：

> 词赋之初，以经传子史内出题。次又令逐年改一经，亦许注内出题。以《书》、《诗》、《易》、《礼》、《春秋》为次，盖循辽旧也②。

可见到了辽金时期，科举考试便开始明确重视经书之注疏，这是辽金科举与唐宋时期的一个重要区别。至于诸经注疏之所指，《金史·选举志》更有确切说明：

> 凡经，《易》则用王弼、韩康伯注，《书》用孔安国注，《诗》用毛苌注、郑玄笺，《春秋左氏传》用杜预注，《礼记》用孔颖达疏，《周礼》用郑玄注、贾公彦疏，《论语》用何晏集注、邢昺疏，《孟子》用赵岐注、孙奭疏，《孝经》用唐玄宗注。……皆自国子监印之，授诸学校③。

从诸经之排列顺序看，《五经》在先，《论孟》在后；从诸经注疏撰者之所属年代看，《五经》、《周礼》、《孝经》皆为汉唐注疏，《论孟》二经则用汉魏之注、宋人之疏。而诸经注疏之选择，基本出于汇集于宋代的“十三经注疏”（唯《诗》用毛苌注，与

① （元）脱脱等：《宋史·选举志一·科目上》，第3605页。

② （元）王恽：《玉堂嘉话》，北京：中华书局，2006年，第129页。

③ （元）脱脱等：《金史·选举志一·序》，北京：中华书局，1977年，第1131—1132页。

“十三经注疏”之用毛亨传不同)。

简言之，从隋唐之初行科举，到六七百年后的辽金时期，科举考试对于经典依据的规定，经历了一个从仅及本经到重视注疏的嬗变。究其因，或许与经史典籍注疏在宋金时期有一个系统汇集有关（如《十三经注疏》），也与金代学校所用书籍即多此类注疏有关（如上引《金史·选举志》所言“皆自国子监印之，授诸学校”）。在这一过程中，《论》、《孟》这两部后来纳入《四书》的核心经典，地位也逐渐突显。而且，虽然此时尚未出现“四书学”的概念，但金代科举于《五经》重视汉唐注疏、于《论孟》重视宋代注疏（分别用邢昺、孙奭之疏），其实已经约略透露出时人观念中《四书》解释系统与《五经》解释系统的差异，这也是当时北方学风的实际表现。

三、元代科考《诗》、《书》、《易》“兼用古注疏”辨析

如前所述，元代中期恢复科举，规定先试《四书》，再试《五经》，并且《四书》须用朱子之《章句集注》，《五经》亦须用程朱一派注疏，但《诗》、《书》、《易》可“兼用古注疏”。这一规定显然不是突兀而来，而是受到了辽、金二代在科考程式规定中确切指明用何种注疏的影响。不过对于《诗》、《书》、《易》三经“兼用古注疏”之表述而言，我们还须做进一步辨析。

这一规定中，实际包含三个关键词：一是“古”，二是“兼用”，三是“道统”。

首先说“古”。“古”是相对于“今”而言。所谓“今”，所指当为宋代以来新说。程、朱等理学家对于《诗》、《书》、《易》三经的解说，便属“新说”。清代四库馆臣提到“延祐科举之制，

《易》、《书》、《诗》、《春秋》皆以宋儒新说与古注疏相参”[①]，说的正是这个意思。这里的“古注疏”未详具体所指，但毫无疑问是与宋代新说相对的汉唐旧说。醒目起见，我们可以拿宋人《十三经注疏》所收《诗》、《书》、《易》古注疏与金代科举所用版本及元代科考规定做一对比。列表如下：

经书名	朝代名	所用注疏版本
诗	宋	西汉·毛亨传、东汉·郑玄笺、唐·孔颖达正义
	金	西汉·毛苌传、东汉·郑玄笺
	元	南宋·朱熹《诗集传》+古注疏
书	宋	魏·伪孔安国传、唐·孔颖达正义
	金	魏·伪孔安国传
	元	南宋·蔡沈《书集传》+古注疏
易	宋	魏·王弼注、晋·韩康伯注、唐·孔颖达正义
	金	魏·王弼注、晋·韩康伯注
	元	北宋·程颐《程氏易传》、南宋·朱熹《周易正义》+古注疏

其次说“兼用”。既言“兼用”，则必有主次之分，所“兼用”者当为次。唐代科举曾专用《五经正义》，北宋一段时间曾专用《三经新义》，便都不曾“兼用”。元代在科举程式中明确规定先试《四书》后试《五经》，已表明宋代以来“四书系统”超越于“五经系统”之上；而《诗》、《书》、《易》三经又规定主采宋人新说、兼用汉唐古注疏，进一步体现出理学四书学时代的学术特色。另外，元代科举对于《春秋》的规定，“许用《三传》及胡氏《传》”，相对于《春秋》经而言，《三传》之地位一定意义上即相当于“古注”，而胡安国之《春秋胡氏传》则为宋代“新说”，因此亦是“兼用”的态度。

---

① （清）永瑢等：《四库全书总目》卷二十一《礼类三》，北京：中华书局，1965年，第170页。

最后说“道统”。这一关键词隐藏在字面背后，却也透露出别样的意义。自唐人韩愈（768—824）在《原道》中提出“尧－舜－禹－汤－文－武－周公－孔－孟”的道统说后，至于宋代，“孔－孟－程－朱”自然是极为重要的一派，但其时却也存在着“五子说”（孟轲、荀卿、扬雄、王通、韩愈）、“四子说”（孟、荀、扬、韩）等不同说法。按照周炽成先生的说法，“排挤荀、扬、韩的程朱道统从元代起影响越来越大，二程或二程老师周敦颐接孟子的说法得到广泛的接受。但是，这并不意味着元明道统说只剩下一种，而是仍然存在其多样性”①。这也体现出某种观念的兴衰与国家政治制度间的密切关联。不过，随着元代科举将程朱一脉《四书》、《五经》注说列为指定教材，天下举子趋之若鹜，“孔－孟－程－朱”的道统自然占据优势。

另外，与《诗》、《书》、《易》“兼用古注疏”的规定相关，元代科举规定《五经》中的《礼记》乃“用古注疏”。两处规定相同之处在于皆采“古注疏”，不同之处在于《礼记》于古注疏并非“兼用”，而是全采。那么，其原因何在？

杨天宇先生认为，这里的“古注疏”，即指宋人《十三经注疏》所用东汉郑玄之注、唐人孔颖达之疏，并称：“然因《礼记》朱熹无所作，故仍用古《注》《疏》。又所立考试科目，《三礼》亦仅用《礼记》，益可见自唐以来，统治者重《礼记》之学，远胜其他二《礼》。”② 也就是说，《礼记》未规定“兼用古注疏”，乃是因为朱子未给《礼记》作注疏，若有则可能会兼用之。然而，原因是否仅是如此？

四库馆臣在给元人陈澔（1260—1341）《云庄礼记集说》所

① 周炽成：《唐宋道统新探》，《哲学研究》2016 年第 3 期。

② 杨天宇：《礼记译注·前言》，上海：上海古籍出版社，2004 年，第 32 页。

撰提要中说：

> 延祐科举之制，《易》、《书》、《诗》、《春秋》皆以宋儒新说与古注疏相参，惟《礼记》则专用古注疏。盖其时老师宿儒犹有存者，知礼不可以空言解也①。

照此说法，则元代科考规定《礼记》专用“古注疏”，并非完全因为朱熹无有注疏，还因为当时的“老师宿儒”对于《五经》尤其是《礼》的重视，以及对于宋儒“空言”的反对。

四、朱子《四书章句集注》实亦“兼用古注疏”

在元代科考的程式规定中，对于“古注疏”的兼用或专用其实既有明线，又有暗线。于《诗》、《书》、《易》、《礼记》诸经而言，有明确文字规定，是明线；于朱子之《四书章句集注》而言，则是暗线。因为毕竟在程式规定中径言《四书》乃“用朱氏章句集注”，没有说“兼用古注疏”之类的话。不过若对《四书集注》之典籍征引作一考证，即可明白朱子《四书集注》的成书实际上正是一个“兼用古注疏”的过程，这也代表了元代科举对待考试经典依据的基本态度。

日本学者大槻信良曾撰《朱子四书集注典据考》一书（台北：学生书局，1976年），试图将朱子书中每一条注语都考证出其出处。但有学者认为这种做法未必可取，因为有些未交待作者及出处的类似“暗引”的文字，实际无法判定到底是引用他人还

① （清）永瑢等：《四库全书总目》卷二十一《礼类三》，第170页。

是朱子自己之断语。北京大学顾歆艺教授曾撰《朱注四书称引考》一文，对《四书集注》之“明引”文字做过统计与考证。她认为，《四书集注》中明确征引他人注说者，共计59家63人①。今按诸人年代顺序列表如下：

所属年代	所引之人姓名	家数人数
春秋战国	孔子、曾子、孟子、庄子	4家4人
汉魏	晁错、董子（董仲舒）、孔氏（孔安国）、太史公（司马迁）、兒宽、扬雄、许氏（许慎）、马氏（马融）、赵氏（赵岐）、郑氏（郑玄）、何氏（何晏）、王肃、诸葛武侯（诸葛亮）	13家 13人
唐代	陆氏（陆德明）、赵伯循（赵匡）、丁氏（丁公著）、韩子（韩愈）	4家4人
北宋	周子（周敦颐）、张子（张载）、子程子（程颢、程颐）、吕氏（吕大临）、杨氏（杨时）、游氏（游酢）、侯氏（侯仲良）、谢氏（谢良佐）、尹氏（尹焞）、范氏（范祖禹）、周氏（周孚先）、苏氏（苏轼、苏辙）、孔氏（孔文仲）②、王氏（王安石）、刘忠定公（刘安世）、晁氏（晁说之）、刘侍读（刘敞）、邢氏（邢昺）、邹氏（邹浩）、陈氏（陈旸）、潘兴嗣、张氏（张璪）、丰氏（丰稷）、吕侍讲（吕希哲）、沈括	25家 27人
南宋	胡氏（胡安国、胡寅）、洪氏（洪兴祖）、吴氏（吴棫）、张敬夫（张栻）、师（李侗）、李氏（李郁）、黄氏（黄祖舜）、刘聘君（刘勉之）、曾氏（曾几）、王勉、林氏（林之奇）、何叔京（何镐）、徐氏（徐度）、范浚	14家 15人

由上表可知，宋代“新说”的39家42人当然占据主导，不过宋代以前之“古注疏”也有21家21人，占到全部征引人数的

① 顾歆艺：《〈四书章句集注〉研究》，北京大学博士学位论文，1999年，第162—163页。

② 此“孔氏”与西汉孔安国之“孔氏”可视为一家，故总数仍为59家。

三分之一，应该算一个很大的比重。由此不难推论，朱子当年撰作《四书章句集注》时，无疑是“兼用古注疏”了的。元代科举规定《四书》只能依据朱子之章句集注，虽然表明了朱子四书学地位的提升，但另一方面也表明了对于“古注疏”一贯的“兼用”态度，这与明代永乐之后的风气大有不同。

其实不惟朱子之《四书集注》，即如朱子之《五经》注说，也都是本着兼用古注的严谨学术态度。比如在《诗集传》中，朱子于西汉毛亨《故训传》、东汉郑玄《毛诗笺》以及唐人孔颖达《毛诗正义》，均多有撷取，并且对于其弟子，亦教导他们多看古注，不可只取朱子一家之说。弟子沈僩曾记录朱子语录云：

> 先生谓学者曰：“公看《诗》，只看《集传》，全不看古注。”曰：“某意欲先看了先生《集传》，却看诸家解。”曰：“便是不如此，无却看底道理。才说却理会，便是悠悠语。今见看《诗》，不从头看一过，云，且等我看了一个了，却看那个，几时得再看？如厮杀相似，只是杀一阵便了，不成说今夜且如此厮杀，明日又重新杀一番。”①

弟子陈文蔚亦曾记录云：

> 文蔚泛看诸家《诗》说，先生曰：“某有《集传》。”后只看《集传》，先生又曰：“曾参看诸家否？”曰：“不曾。”曰：“却不可。”②

---

① （南宋）黎靖德编：《朱子语类》卷八十，北京：中华书局，1986 年，第 2088 页。

② （南宋）黎靖德编：《朱子语类》卷八十，第 2088—2089 页。

钱穆先生（1895—1990）认为，这两段语录都是朱子晚年之语，体现了朱子教人读书的态度。“既教人看《诗传》，又同时教人要兼看诸家解，正如教人看《论孟集注》，同时亦须看《精义》。朱子教人读书法，极精审，又极活泼。”①

如此，则元代科举规定《诗》、《书》、《易》三经以程朱新说为主而“兼用古注疏”，则可算作对于古注疏的双重“兼用”了。

五、元代科考何以“兼用古注疏”？

如前所言，隋、唐、辽、金诸代科举，都没有“兼用古注疏”这一提法，那么元代科举此说从何而来？如此规定乃是基于怎样的学术缘由？

元人程端礼（1271—7345）《读书分年日程》考证云：

> 方今科制，明经以一家之说为主，兼用古注疏，乃是用朱子《贡举私议》之说。按《贡举私议》云，令应举人各占两家以上，将来答意则以本说为主，而旁通他说，以辩其是非，则治经者不敢妄牵己意，而必有据依矣。又云，使治经者必守家法，命题者必依章句，答义者必通贯经文，条举众说，而断以己意。当更写卷之式，明著问目之文，而疏其上下文，通约三十字以上，次列所治之说，而论其意。次又旁引他说，而以己意反覆辨析，以求至当之归。但令直论圣贤本意，与其施用之实，不必如今日分段破题、对偶敷衍之

① 钱穆：《朱子新学案》册四《朱子之诗学》，北京：九州出版社，2012年，第74页。

体，每道只限五六百字以上。至于旧例，经义禁引史传，乃王氏末流之弊，皆当有以正之。此《私议》之说也[①]。

在元代当时人看来，科举程式规定“兼用古注疏”是受了朱子《学校贡举私议》的直接影响。而朱子《学校贡举私议》确是基于反对南宋科举之弊病而撰，其中之一便是举子忘却了先儒传注。朱子云：

> 近年以来，习俗苟偷，学无宗主。治经者不复读其经之本文与夫先儒之传注，但取近时科举中选之文讽诵摹仿，择取经中可为题目之句以意扭捏，妄作主张。明知不是经意，但取便于行文，不暇恤也。盖诸经皆然，而《春秋》为尤甚。主司不惟不知其缪，乃反以为工，而置之高等。习以成风，转相祖述，慢侮圣言，日以益甚。名为治经，而实为经学之贼；号为作文，而实为文字之妖，不可坐视而不之正也[②]。

而“正之”的方法，朱子以为首要的便是重视历代注疏：

> 今欲正之，莫若讨论诸经之说，各立家法，而皆以注疏为主。如《易》则兼取胡瑗、石介、欧阳修、王安石、邵雍、程颐、张载、吕大临、杨时；《书》则兼取刘敞、王安石、苏轼、程颐、杨时、晁说之、叶梦得、吴棫、薛季宣、

---

① （元）程端礼：《程氏家塾读书分年日程》，合肥：黄山书社，1992年，第54页。

② （南宋）朱熹：《晦庵朱文公文集》卷六十九《学校贡举私议》，朱杰人等主编：《朱子全书》册23，上海：上海古籍出版社；合肥：安徽教育出版社，2002年，第3360页。

吕祖谦；《诗》则兼取欧阳修、苏轼、程颐、张载、王安石、吕大临、杨时、吕祖谦；《周礼》则刘敞、王安石、杨时；《仪礼》则刘敞；二戴《礼记》则刘敞、程颐、张载、吕大临；《春秋》则啖助、赵匡、陆淳、孙明复、刘敞、程颐、胡安国。《大学》、《论语》、《中庸》、《孟子》则又皆有《集解》等书，而苏轼、王雱、吴棫、胡寅等说亦可采①。

当然，朱子在这里所举列的《五经》、《四书》之注疏，除《春秋》之“啖助、赵匡、陆淳”为唐代经学家外，其余皆为宋人。所列宋代经学家中，固然亦有王安石（新学）、苏轼（蜀学）等与程朱一派有别者，但皆属理学之分支，皆属“宋儒新说”。从这点上说，《贡举私议》中所谓的历代注疏，与辽金科举所试诸经之注疏并不相同，与元代科举所“兼用”的“古注疏”亦有差别。不过，在科举中重视古注疏这一精神及做法，无疑受朱子《贡举私议》的影响很大。对于元代科举而言，朱子当年批判南宋科举的诸多弊端，恰恰可以成为元代科举规定“兼用古注疏”的学术缘由。大端有三：

其一，兼用古注疏，可以使“治经者不敢妄牵己意，而必有据依”；其二，兼用古注疏，可以使“治经者必守家法，命题者必依章句，答义者必通贯经文，条举众说而断以己意”，并最终“以求至当之归”；其三，兼用古注疏，可以纠正旧例“经义禁引史传”的“王氏末流之弊”。这里所谓“王氏”，即指北宋王安石。朱子所反对的，也正是当年王安石规定科举考试只能依据他所撰著的《三经新义》作答的做法。

虽然朱子所谓“古注疏”与元代科考规定的未必相同，但

① （南宋）朱熹：《晦庵朱文公文集》卷六十九《学校贡举私议》，第3360页。

“兼用”之举，确实可以在很大程度上革除上述三项弊端，这是元代科举规定“兼用古注疏”的重要学术原因。

程端礼在《弋阳县薪修蓝山书院记》中将“兼用”之意义说得更为明白，云：

> 洪惟国朝，自许文正公以朱子学光辅世祖皇帝，肇开文运。百年之间，天下学者皆知尊朱子所注之经，以上溯孔孟，其功大矣！贡举之制，又用朱子《私议》。明经主程朱说，兼用古注疏，经义不拘格律，盖欲学者读经有沈潜自得之实，其所作经义，能条举程朱与注疏之说，辩汉儒传注之得失，一洗宋末反覆虚演文妖经贼之弊，俾经术、理学、举业合一，以便志道之士，岂汉唐宋科目所能睨其万一？士之学于今日者，岂非幸与[①]！

照程氏之说，元代科考中“兼用古注疏”，其意义至少体现在如下三个方面：一是可以使“学者读经有沈潜自得之实”，二是可以“一洗宋末反覆虚演文妖经贼之弊”，三是可以“俾经术、理学、举业合一”。如此规定，也是元代学者、政治家对于宋代以来学术思想发展新态势的自然回应，并且一定程度上可以体现出元代学术融合汉宋的学术品格。

六、明、清科举对待“古注疏”之态度

元代科举，在顺帝至元元年（1335），曾经经历过短暂的中

---

① （元）程端礼：《畏斋集》卷五，影印文渊阁四库全书本。

断，于至元六年（1340）重又恢复[①]。至于明初洪武年间，科举考试的规定基本沿袭元朝。《明史·选举志》载：

> 初设科举时，初场试经义二道，《四书》义一道；二场，论一道；三场，策一道。中式后十日，复以骑、射、书、算、律五事试之。后颁科举定式，初场试《四书》义三道，经义四道。《四书》主朱子《集注》，《易》主程《传》、朱子《本义》，《书》主蔡氏《传》及古注疏，《诗》主朱子《集传》，《春秋》主左氏、公羊、穀梁三传及胡安国、张洽《传》，《礼记》主古注疏[②]。

明初科举，虽然没有像元朝一样明确规定《诗》、《书》、《易》“兼用古注疏”，但《书》是规定了要及于“古注疏”的，《礼记》亦规定“主古注疏”，因此对待古注疏，基本还是一个“兼用”的态度。这一情形到明成祖永乐年间发生了巨大变化，一个重要表现就是大学士胡广（1370—1418）领衔主编的《四书五经大全》受到了极高重视，成为科举考试的唯一依据。

> 永乐间，颁《四书五经大全》，废注疏不用。其后，《春秋》亦不用张洽《传》，《礼记》止用陈浩《集说》。二场试论一道，判五道，诏、诰、表、内科一道。三场试经史时务策五道[③]。

① 参周春健：《元代科举之罢与蒙汉观念之“冲突”》，《安徽大学学报》2016年第6期。

② （清）张廷玉等：《明史·选举志二》，北京：中华书局，1974年，第1694页。

③ （清）张廷玉等：《明史·选举志二》，第1694页。

倘要考索《四书五经大全》的文献来源，可知《四书大全》是在元人倪士毅（1303—1348）《四书辑释》基础上修订而成，《四书辑释》则是对朱子《四书集注》众说的汇集，《宋明理学史》亦称"《四书大全》是《四书集注》的放大"[①]。《五经大全》之《周易传义大全》主要取材于董楷（1226—?）《周易传义附录》、董真卿《周易会通》、胡一桂（1247—1315）《周易本义附录纂疏》、胡炳文（1250—1333）《周易本义通释》；《书传大全》主要取材于陈栎（1252—1334）《尚书集传纂疏》和陈师凯《书蔡传旁通》；《诗经大全》主要取材于刘瑾《诗传通释》；《礼记大全》主要取材于陈澔（1260—1341）《礼记集说》；《春秋集传大全》主要取材于汪克宽（1301—1369）《胡传纂疏》。如此，则《五经大全》几乎全为宋元人之著述，已经无涉汉唐旧说。以此为标准科举取士，确乎是"废注疏不用"了，程朱理学成为明代以来科举考试的唯一声音。

《大全》的纂修与颁行，固然"标志着朱学统治的终于确立"[②]，却也带来了学术思想的禁锢与偏狭。清人顾炎武（1613—1682）即曾感慨："呜呼！经学之废，实自此始。"[③] 又言："自八股行而古学弃，《大全》出而经说亡，十族诛而臣节变，洪武、永乐之间，亦世道升降之一会矣。"[④] 清人孙星衍（1753—1818）亦认为永乐以来废弃汉唐传注带来了经学的衰微。

---

① 侯外庐、邱汉生、张岂之：《宋明理学史》（下）第一章，北京：人民出版社，1997年，第21页。

② 侯外庐、邱汉生、张岂之：《宋明理学史》（下）第一章，第53页。

③ （清）顾炎武著，黄汝成集释，栾保群校注：《日知录集释》卷十八《四书五经大全》，杭州：浙江古籍出版社，2013年，第1055页。

④ （清）顾炎武著，黄汝成集释，栾保群校注：《日知录》卷十八《书传会选》，第1057页。

然有元皇庆时，犹诏令《易》、《书》、《诗》、《礼》、《三传》用宋注之外，兼用古注疏。至明永乐间，胡广等《四书五经大全》出而经学遂微。自后掇科之士，率皆剿说雷同，习为应举之业。汉唐传注，从是束之高阁[1]。

孙氏还曾专门作《拟科场试士请兼用注疏折》，奏请皇上在科举考试中能“兼用注疏”，以为“宜振作科场风气，关系人才升降。但使人人争读注疏，则士尽通经，通经则通达朝章国典，经义遂为有用之学”[2]。这也是清代重视汉学，重视《五经》之“通经致用”功能之一例。

如此，则从南宋朱熹《学校贡举私议》提出重视古注疏，到元代科举正式规定诸经“兼用古注疏”，到明永乐年间独尊《四书五经大全》而废注疏不用，再到清代后期学者提议科场“兼用注疏”，在科场领域对待“古注疏”的态度似乎经历了一个轮回。不过清代提倡“兼用注疏”与元代规定“兼用古注疏”之学术背景并不相同——清代重视《五经》及汉唐注说，乃是基于对明代心学末流的反动和考据学的兴起，元代重视汉唐旧注，则一方面是出于对于宋代理学的某种反思，一方面因为元代的北方学风本来就有深厚质实的经学传统[3]，另一方面还因为在元朝中期，朱子的地位还没有像明代以来那样稳固。

① （清）孙星衍：《诂经精舍题名碑记》，《孙渊如先生全集》平津馆文稿卷下，《四部丛刊》景清嘉庆兰陵孙氏本。

② （清）孙星衍：《拟科场试士请兼用注疏折》，《孙渊如先生全集》平津馆文稿卷上。

③ 参周少川：《元初对宋末空疏风气的反正》，《北京师范大学学报》2003 年第 5 期。

七、“兼用古注疏”与元代学术之品格

反观元代科举“兼用古注疏”所造就的学术品格，从四书学的角度讲，正如清代四库馆臣在评述元代王充耘《四书经疑贯通》一书时称：“其书以《四书》同异参互比较，各设问答以明之。盖延祐科举，‘经义’之外有‘经疑’，此与袁俊翁书皆程试之式也。其间辨别疑似颇有发明，非‘经义’之循题衍说可以影响揣摩者比。故有元一代，士犹笃志于研经。”[①] “四书类案语”中又将元代学术与明清对比，称：

> 《四书》定于朱子《章句集注》，积平生之力为之，至垂没之日，犹改定《大学》“诚意”章注，凡以明圣学也。至元延祐中，用以取士，而阐明理道之书遂渐为弋取功名之路。然其时“经义”、“经疑”并用，故学者犹有研究古义之功。今所传袁俊翁《四书疑节》、王充耘《四书经疑贯通》、詹道传《四书纂笺》之类，犹可见其梗概。至明永乐中，《大全》出而捷径开，八比盛而俗学炽。科举之文，名为发挥《经》义，实则发挥《注》意，不问《经》义何如也。且所谓《注》意者，又不甚究其理，而惟揣测其虚字语气以备临文之摹拟，并不问《注》意何如也。盖自高头讲章一行，非惟孔、曾、思、孟之本旨亡，并朱子之《四书》亦亡矣[②]。

---

① （清）永瑢等：《四库全书总目》卷三十六，第 300 页。

② （清）永瑢等：《四库全书总目》卷三十六，第 307 页。

站在科举的视角，“犹笃志于研经”、“犹有研究古义之功”，而不完全逐于功令，这是元代四书学不同于明清四书学的一个重要特征，也正是其宝贵的学术品格。

从五经学角度讲，元代科举之“兼用古注疏”，亦使其保持了较高的学术品质。比如元人熊良辅（1310—1380）撰有《周易本义集成》十二卷，取材便多与朱子《周易本义》有别，四库馆臣评价云：

> 考《元史·选举志》，是时条制，汉人、南人试经疑二道、经义一道，《易》用程氏、朱氏，而亦兼用古注疏，不似明代之制，惟限以程朱，后并祧程而专尊朱。故其书大旨，虽主于羽翼《本义》，而与《本义》异者亦颇多也[①]。

四库馆臣之意，乃以为明代《易》学，因专用《周易大全》而使学术限于程朱门户。熊氏之作则能“兼用古注疏”，故注说材料虽与《本义》有异，亦多保存。

又论《毛诗正义》云：

> 元延祐科举条制，《诗》虽兼用古注疏，其时门户已成，讲学者迄不遵用。沿及明代，胡广等窃刘瑾之书，作《诗经大全》，著为令典，于是专宗《朱传》，汉学遂亡[②]。

四库馆臣在这里实际批评了元代《诗》学之“门户已成”，不过由于“兼用古注疏”，不似明代永乐以后之“专宗《朱传》，

① （清）永瑢等：《四库全书总目》卷四，第25页。
② （清）永瑢等：《四库全书总目》卷十五，第120页。

汉学遂亡”，因此相较于明代学术，元代学术依然有其值得肯定之处。

综言之，元代科举程式中“兼用古注疏”之规定，有其特殊的学术渊源及学术缘由，与唐、宋、明、清皆有不同。其重要意义在于，“兼用古注疏”可以使“治经者不敢妄牵己意而必有据依”，“使治经者必守家法”，“以求至当之归”。此一规定，一定程度上表明了程朱理学在元代的实际地位，也因此而保证了元代学术“犹有研究古义之功”的宝贵品格。

从《大学》论《诗经》

——刘玉汝《诗缵绪》研究

史甄陶（台湾大学中国文学系）

一、前言

元朝科举恢复之后，朱熹学说成为当时思想的主流，《诗经》研究也被笼罩其中，学者们几乎都以《诗集传》为注释的主要对象。朱熹在《诗集传》中，虽然不尽赞同《诗序》中所传达的诗教，然而并不代表他在解说《诗经》时，解消《诗经》的教化涵义，只是将其内容从政教的角度，转变为理学家的天道性命之学，特别是将《大学》八条目的框架，充分地利用在《诗经》的解释上，这点最明显地表现在二《南》的注释中①。同样，刘玉汝疏解朱熹《诗集传》时，最核心的思想就是来自于《大学》，但是他却更细致地将其书的理念，带入《诗经》多层次的解说之中，借以说明《诗经》的义理思想。本文以刘玉汝《诗缵绪》为研究中心，探究他如何继承与发展朱熹的学说，特别是《大学》

① 林庆彰：《朱子〈诗集传·二南〉的教化观》，载《朱子学的开展——学术篇》，台北：汉学中心，2002 年，第 53—68 页。

与《诗经》诠释的关系，借以了解《诗经》学在元代发展的特色。

刘玉汝，生卒年不详。《四库总目》说："玉汝始末未详，惟以周霆震《石初集》考之，知其为庐陵人，字成之，尝举乡贡进士，所作《石初集序》末题洪武癸丑，则明初尚存也。"[①] 可见这本书撰作成书于元代后期到明代初期，算是元代《诗经》著作中比较晚的作品。这部书虽然是从《永乐大典》辑出，并且因为较早失传，所以对后代的影响力不大，但是其讨论视角相当敏锐，分析的手法层次分明。从《诗缵绪》的内容来看，刘玉汝注释的特色之一，就是采取分章析句的方式，进行解说[②]。陈子展曾经说过："刘玉汝《诗缵绪》说明一诗章旨时，往往扣紧字句，逐步分析，有时不免烦琐，却肯细心寻绎，这也是前人读《诗》方法之一种。"[③] 不仅如此，陈子展也言及刘玉汝的讨论触及了《诗经》的艺术手法等相关问题[④]。但是，他并没有留意到，刘玉汝从理学的观点来解说章句字词。这也是笔者最感兴趣之处。因着过去对此问题触及较少，因此本文希望能进一步加以厘清。

二、二《南》的编排顺序

从《大学》修身、齐家、治国和平天下的观点解说二《南》，

① 纪昀等：《四库全书总目》卷十六《诗缵绪》，台湾：商务印书馆，1983 年，第 7 页。

② 刘玉汝说："凡读《诗》必先字求其义，句求其解，章求其法，合各章以玩一篇之意，会诸诗以观一国之风。"载氏著《诗缵绪》卷五，北京：北京师范大学出版社，2012 年，第 393 页。

③ 陈子展：《诗三百解题》卷五，上海：复旦大学出版社，2001 年，第 196 页。

④ 陈子展：《诗三百解题》卷八，第 366 页。

是朱熹赋予《诗经》王道教化意涵的重要起点[①]。但是朱熹并没有很明确地提出二《南》诸诗与《大学》后四条目的对应关系[②]，至于南宋以来的朱子学者，也注意到这个问题[③]，刘玉汝可以说是第一位有系统地将二《南》置入修、齐、治、平的框架中，进行讨论的学者。然而，二《南》之诗的编排顺序，原本并不是依照《大学》的概念而置入的，所以，这其中就可以看出刘玉汝如何将二《南》配合《大学》八条目的操作手法。以下从两个方面来谈。

首先，刘玉汝认为二《南》的篇章顺序具有典范的意义，这意义可以从《大学》和《周易》中找到根据。

1. 与《大学》修、齐、治、平条目的对应关系

朱熹主张二《南》诸诗呈现了《大学》八条目的概念，但是并没有对号入座，然而刘玉汝更规律地将二《南》各诗的编排顺序，置入《大学》的框架中。他曾说：

> 《诗》列风、雅、颂以寓修、齐、治、平之法，而二《南》诸诗之次第，已具此法于其中，此圣人之精意也[④]。

刘玉汝沿袭朱熹的观点，主张《大学》八条目的后四条——修身、齐家、治国和平天下，具体而微地表现在二《南》之中。

---

① 陈志信：《诗境想象、辞气讽咏与性情涵濡——〈诗集传〉展示的诗歌诠释进路》，载《汉学研究》第29卷第1期，第23页。姜龙翔：《论朱熹〈诗集传〉对〈二南〉修齐治平之道的开展》，载《清华中文学报》2012年第7期，第61—105页。

② 黄永武：《从诗经二南看修齐治平之道》，载《诗经论文集》，台北：黎明文化事业股份有限公司，1981年，第295—296页。

③ 南宋严粲曾说："《诗》皆自警之言，修身、治国、平天下之道，与《中庸》、《大学》相表里。"（《诗缉》卷十九，第7页。）

④ 刘玉汝：《诗缵绪》卷一，第347页。

刘玉汝是怎么看待二《南》各诗与《大学》修、齐、治、平的对应关系的呢？

第一，《周南》的编排顺序。

《周南》共有十一首诗。刘玉汝继承朱熹的观点，主张此篇直接反映文王后妃之德。其与《大学》的关系如下：

> 文王为家之主，后妃为家之内主，皆必身修而后家可得而齐，故《关雎》见文王之德，《葛覃》、《卷耳》见后妃之德，皆有以为齐家之本矣。故合此二篇与下二篇，皆见文王齐家之实焉①。

刘玉汝认为《诗经》第一首《关雎》的主题是文王之德，第二、三首《葛覃》和《卷耳》言及后妃之德，这些是“修身”的典范，也是“齐家”的根本。继而第四首《樛木》和第五首《螽斯》，便是“齐家”实际的表现。

从第六首《桃夭》、第七首《兔罝》至第八首《芣苢》，刘玉汝认为这些诗“皆见文王国治之实”②。并且这三首诗的排列顺序，也具有“国治皆由内而外”的含义。刘玉汝认为这正说明“明而诚之事”③。第九首《汉广》和第十首《汝坟》“皆见文王平天下之实”④。很可惜第十一首《麟之趾》的记载，在《永乐大典》中已经失传。不过，从以上的说明可以得知，刘玉汝将《周南》的十首诗，分别置于“修身”、“齐家”、“治国”和“平天下”的架构下理解。

---

① 刘玉汝：《诗缵绪》卷一，第342页。
② 刘玉汝：《诗缵绪》卷一，第345页。
③ 刘玉汝：《诗缵绪》卷一，第345页。
④ 刘玉汝：《诗缵绪》卷一，第347页。

第二，《召南》的编排问题。

至于《召南》讲述的重点是南国诸侯被文王之化。关于《召南》诗的编排顺序，刘玉汝有特别的观点。这与他考虑《召南》的叙事时间、空间的顺序以及欲陈述的义理有关，但朱熹并没有讨论这个问题。刘玉汝的看法是：

> 盖《鹊巢》以下四诗，为文王、后妃躬化之诗；《甘棠》以下五篇，为召伯宣化之诗。然皆南方之近国也。《小星》以下三诗，则为南方之远国，而《野有死麕》则为南方极远之地，自古难化之俗，至是而化亦及之矣。故《小星》承上更端，总以文王、后妃、召伯之化，继以远方诸侯之国，所以明德化极远，天下渐平之实效也。故以类言之，则《小星》与《鹊巢》同为诸侯夫人之诗，《江有汜》与《采蘋》、《草虫》同为大夫妻之诗，《野有死麕》与《摽有梅》同为庶人妇女之诗。然而不以类同列于前，而再以列国夫人起大夫士庶于后。盖王者之化，自近而远，得诗者近先远后，其序自然如此。传于《汉广》言文之化由近而远，即此意。又乾一坤二亦此意[①]。

他主张《召南》之诗的编排中，《鹊巢》、《采蘩》、《草虫》和《采蘋》是文王以自身的德行感化他人的成果，而《甘棠》、《行露》、《羔羊》、《殷其靁》和《摽有梅》是南方近国受到召伯感化而有的诗，《小星》、《江有汜》和《野有死麕》是南方远国之诗。刘玉汝以距离文王之德传播的远近，作为解释《召南》各诗排列顺序的根据，以凸显出“平天下”的概念。同时，他也主

① 刘玉汝：《诗缵绪》卷二，第354页。

张这与《周易》“乾一坤二”的意思一致。

除此以外，刘玉汝认为《召南》同样也要符合《大学》的架构。为了达到这个条件，他主张更动《召南》诗篇的排列顺序。针对《草虫》这篇，他说：

> 按此篇当从《仪礼》及孔《疏》，移置于《采蘋》后，则《采蘩》、《采蘋》处其常，《草虫》处其变，尤与《周南》之三诗相对而相似。按，《鹊巢》见诸侯身修而得贤妃，《采蘩》见夫人身修而诸侯之家齐，《采蘋》、《草虫》见大夫身修而得贤妻，《行露》听讼见大夫之身修，《羔羊》退食见大夫之家齐，《殷靁》、《摽梅》见士庶之家齐，而诸侯之国治矣①。

由于《鹊巢》、《采蘩》、《草虫》和《采蘋》被刘玉汝视为“文王、后妃躬化之诗”②，他主张将《草虫》这篇安置在《采蘋》之后。这样安排的原因，虽然说要以《仪礼》和孔《疏》作为根据，但明显是为了配合《大学》修、齐、治、平的架构，以及《周南》的《关雎》、《葛覃》和《卷耳》三诗的对应。这与朱熹的看法不同。不仅如此，就刘玉汝看来，《召南》第一首到第九首诗的排列，不仅是身修、家齐以至于国治的说明，同时也蕴藏着诗中主角身份从诸侯到大夫的等次。由此可见，刘玉汝虽然以朱熹《诗集传》的意见为主，但是更重视《大学》的理念。

《召南》最后两诗《何彼襛矣》和《驺虞》的位置，对刘玉汝而言也饶有深意。《何彼襛矣》主要是称美周朝王室的女儿出

① 刘玉汝：《诗缵绪》卷二，第351页。
② 刘玉汝：《诗缵绪》卷二，第354页。

嫁，那为何不是说明“齐家”而是“平天下”？刘玉汝认为：“女子能执妇道，以成肃雝之德，久而人犹师法之。……称肃雝，故知其化天下。”[1] 也就是说，刘玉汝认为周朝王室嫁出去的女儿的妇德，能成为天下人的典范。至于《驺虞》与“平天下”的关系，刘玉汝的解释是，作者在诗中举出“葭、蓬、豝、豵”四物，凸显出“天下万物与吾一体”的意思[2]。在刘玉汝看来，这些都是指出文王的教化不仅能影响其后人，同时普及万物，所以都与“平天下”相关。

至于作者的身份、地位和各诗所产生的历史时代，刘玉汝并不将之视为排列各诗顺序的因素。这点可由《甘棠》的位置来看。他说：

> （甘棠）此篇为武王时所作，盖文正时召公未称伯，武王克商，分周、召左右，而后称伯。今称召伯，故知其作于武王时。然《周南》《召南》皆著明文王之德，《甘棠》所言为文王时事，所以列于《召南》之中。今按此诗与《何彼襛矣》皆为武王时所作，必当与《何彼襛矣》同列于后，而此诗乃移而升居于前者。意者《采蘋》、《草虫》以上为文王躬化南国之诗，《行露》以下为召伯布文王德教所致之诗，其以《甘棠》升居于此者，欲以明《行露》以下为召伯布政所致。《召南》之所以为《召南》者以此，非《何彼襛矣》所可同。故特移而居于《采蘋》、《草虫》之后，《行露》之前也[3]。

① 刘玉汝：《诗缵绪》卷二，第356页。
② 刘玉汝：《诗缵绪》卷二，第357页。
③ 刘玉汝：《诗缵绪》卷一，第351—352页。

刘玉汝从《甘棠》中对“召伯”的称呼，判断此诗作于周武王之时，理应与《何彼襛矣》一样，放在《召南》的后面，但是此诗的内容主要是讲述文王时事，所以该放置在《草虫》与《行露》之间，以作为召伯传衍文王德政的首篇，也就是标榜《召南》之所以为《召南》的重要象征。由此可见，《甘棠》之所以列居于《草虫》之后，刘玉汝最主要的考虑在于召伯与文王的关系，而不是其出现的时代。

2. 与乾、坤二卦的对应关系

刘玉汝在篇章次序所表现的义理上，不仅从《大学》的角度解说二《南》诸篇顺序的理由，同时也由《周易》加以说明。然而他最巧妙的手法，是将《大学》与《周易》的关系结合起来。对于二《南》与乾、坤的关系，他的看法如下：

> 程子谓二《南》犹《易》“乾”、“坤”，乾统坤，坤承乾。窃谓二卦不特见统承，虽全《易》不出此，二《南》亦然①。

程颐提出《周南》和《召南》如同《易》之乾、坤，朱熹将乾、坤的关系解释为“统”与“承”的概念②。刘玉汝则在这基本的架构上，再加以引申道：

---

① 刘玉汝：《诗缵绪》卷一，第347页。《二程遗书》卷二：“《周南》、《召南》如乾坤。”

② 朱熹：《诗序辨说》，《朱子全书》第一册，上海：上海古籍出版社；合肥：安徽教育出版社，2002年，第356页。虽然程颐将二《南》比拟为乾、坤，但是由“统”与“承”的概念解说二《南》是由朱熹开始的。朱鉴《诗传遗说》载：“问：《周南》、《召南》。程子曰：‘《周南》《召南》如乾坤。《诗传》注云“乾统坤，坤承乾”之意，恐是必先有周南之化，然后有召南之德?’曰：‘然，但程子只说如乾坤，未知其意是与不是，如此乃熹之意。’”（《诗传遗说》卷四，第2页。）

《传》谓《鹊巢》犹《周南》之有《关雎》，《采蘩》犹《葛覃》，《草虫》若《卷耳》。窃以此意推之，谓《采蘩》、《采蘋》犹《葛覃》，《草虫》若《卷耳》，《小星》、《江有汜》犹《樛木》，《螽斯》、《行露》犹《桃夭》，而《甘棠》、《羔羊》犹《兔罝》，《摽有梅》犹《芣苢》，《野有死麕》若《汉广》，《殷其靁》若《汝坟》，《何彼襛矣》、《驺虞》若《麟趾》。盖内以是施之，则外以是应之；上以是行之，则下以是效之，故二《南》诸诗相似而相对，有乾统坤承之义焉。然其相似者不必真相似，相对者不必真相对，又有乾一坤二、乾纯坤杂之义焉。皆可以意观之①。

刘玉汝在这段话中，对于朱熹之意的发挥有两部分：一是朱熹只有简单举例《周南》《召南》之诗对应的构想，刘玉汝进而建立出二《南》的整体架构，并且明确指出两者之间的关联；一是提出乾、坤两种交涉的模式——“乾统坤承”和“乾一坤二”(乾纯坤杂)。“乾统坤承”的思维主要是继承朱熹的观点，“乾一坤二”则是刘玉汝自身的理会。至于二《南》各诗之间的对应关系如下：

周南	召南
《关雎》	《鹊巢》
《卷耳》	《草虫》
《樛木》	《小星》、《江有汜》
《螽斯》	
《桃夭》	《行露》
《兔罝》	《甘棠》、《羔羊》

① 刘玉汝：《诗缵绪》卷二，第357页。

续表

《芣苢》	《摽有梅》
《汉广》	《野有死麕》
《汝坟》	《殷其靁》
《麟之趾》	《何彼襛矣》、《驺虞》

从"乾统坤承"的概念来看，刘玉汝主要发挥了朱熹"乾统坤，坤承乾"的概念。然而以"统"与"承"来说明"乾"与"坤"的关系，显然"乾"、"坤"并非是平行或并列的，而是"体"与"用"的关系。在这样的思维下，《周南》和《召南》的关系，在刘玉汝看来是"内以是施之，则外以是应之；上以是行之，则下以是效之"[①]，也同样是纵向连结的关系。除此之外，刘玉汝在探讨二《南》对应的关系中，也提到《召南》较《周南》复杂，最明显的就是《周南》与《召南》并非一对一的排列，一共出现四次一对二的排列，所以他又从"乾一坤二"的角度，理解"一"与"多"的关系。但这种说法，或许也是同样运用了朱熹的观点[②]。

在"乾一坤二"的对应关系中，有两个层面的作用：一是以修身、齐家、治国和平天下为共同的主题，一是更细致地区分其中所涉及的范围或对象。例如以《麟之趾》对照《何彼襛矣》、《驺虞》。他说：

《麟趾》见文王后妃子孙宗族之仁厚，《何彼襛矣》见文

① 刘玉汝：《诗缵绪》卷二，第357页。

② 《朱子语类》记载：问："'《乾》一画，《坤》两画'，如何？"曰："观'《乾》一而实，与《坤》二而虚'之说，可见。《乾》只是一个物事，充实遍满，《坤》便有开阖。《乾》气上来时，《坤》便开从两边去，如两扇门相似，正如扇之运风，甑之蒸饭。扇、甑是坤，风与蒸，则乾之气也。"（黎靖德编：《朱子语类》卷六十七，北京：中华书局，1994年，第1665页。）

王后妃孙女之肃雝。言化不特被当时，而且及后人矣。《麟》与《驺虞》皆王者之瑞。一彼一此，言此不特及人，而且及物矣。子孙孙女以人而类，麟与驺虞以物而类，《麟趾》兼二义，此二诗各一义，故合二诗对《麟趾》，为《鹊巢》之应，为《召南》之终[1]。

三首诗同样都是在陈述平天下的情境，然而《麟趾》对应于《何彼襛矣》，强调文王泽被后人；对应于《驺虞》，强调文王泽被万物。由此可知，这样的对应关系仍然是以《大学》的概念为基础，同时再依循亲疏远近加以细分。这在《召南》的编排顺序上，也可以看见。

综上所述，从刘玉汝对二《南》的编排考虑以及条件取舍，可以得知结合《大学》和《周易》来赋予二《南》篇章架构在义理上的含义。从刘玉汝的解说中，可以得知他判定教化的范围是由近及远，而作品本身的创作时间不是他考虑的重点。但是《乾》、《坤》的象征，凸显出刘玉汝所关心的是二《南》所展现的先天与后天的关系。虽然刘玉汝的观点基本上证据不足，甚至有些说法是他个人的见解，但是他试图找出篇章形式的意义，这的确将朱熹对《诗经》的构想做了更彻底的发挥。

三、变《风》的警戒之意与导正之道

朱熹视二《南》为“《风》诗之正经”[2]，其余诸《风》则有

① 刘玉汝：《诗缵绪》卷二，第357页。

② 朱熹：《诗集传·序》，《朱子全书》第一册，第351页。

所偏颇。从以上的讨论可以得知，刘玉汝认为，二《南》之所以为“正”的准则，其实是由《大学》修、齐、治、平的概念所决定的。那么，刘玉汝解释“变《风》”的问题时，又是如何看待《大学》与《诗经》的关系呢？首先，以《王风》为例。刘玉汝说：

> 《国风》以修身齐家为主，《王风》二篇之妇人，其贤如此，叹美其夫又如此，则此君子其亦有得于修齐之道者欤？以此而观《王风》之始，何尝不美文王、后妃之余化？周公治洛之余泽，何尝不存？故《传》谓“岂非先王之泽”。而说者乃谓《王风》之变，乃商顽余俗，是徒见《王风》之末，而不究《王风》之始。使先王之泽，人莫知之，而欲修身齐家治国者，谓世已衰而不复用其力，岂足与论诗哉？卫、郑、齐、唐之风，皆当以是观之①。

刘玉汝认为修身齐家是《国风》的重点，因此观察《王风》的关键，不该只停留在检讨商代遗俗的影响上，而该转移到诗人在文王和周公之德的影响下所展现的情性之正，并且从《王风》前后的对照中，看见“修身、齐家、治国”的重要性。这才是论诗的重点所在。卫风、郑风、齐风与唐风也当如此解读②。由此可见，刘玉汝主张读者阅读“变《风》”诗的重心，不应只停留在了解世道衰微而已，而是要反求诸己，并贯彻《大学》的精神。

刘玉汝在这里所强调的“修身”重点为何呢？以《蝃蝀》第

① 刘玉汝：《诗缵绪》卷五，第 390－391 页。

② 除此之外，刘玉汝也以同样的观点解读《秦风》与《豳风》。

三章“乃如之人，怀昏姻也，大无信也，不知命也”为例，朱熹认为此章的重点是“言此淫奔之人，但知思念男女之欲，是不能自守其贞信之节，而不知天理之正也”[①]。刘玉汝继而解释：

末章言“之人”所以纵欲者，由失其本心也。盖天理之正，人心所固有，不以男女间也。循天理而行，则能守贞信之节，而无纵欲之患。惟不知此理，故不贞信；不贞信，故纵欲。诗人推其本心而言其所以失者，以此不特使人知义理之正，而且知用力之序；非徒刺其恶，而且有以进其德[②]。

很显然，刘玉汝将人之所以会纵欲变恶，归咎于“失其本心”。“本心”这个词汇仅在朱熹《诗集传·常棣》中出现了两次，没有进一步的发挥。刘玉汝则着重探讨人的“本心”何以建立，为何会失去“本心”，以及诗人强调“本心”的用意等等，不仅厘清义理的内容，同时也指出工夫须兼具知与行两方面的必要性。以其对《郑风·出其东门》的说明为例：

乐，我自乐也；与娱，与家人同乐也。众人皆好彼，而我独好此，故曰自好。自好而有得于身心，则不为习俗所移矣。夫当淫俗大行之时，而己之家人独能安于贫陋者，岂家人所能自为哉？由己能安于贫陋，所思不在彼，而所乐惟在此也。心不在彼，身惟安此，于是家人亦相与安之。我固聊可自乐，而家人亦聊可与同乐焉。聊者，自卑之词。词虽自卑，而实过于人也远。非有得于身心者能之乎？故正心、修

① 朱熹：《诗集传》卷三，上海：上海古籍出版社，2010年，第447页。
② 刘玉汝：《诗缵绪》卷四，第378—379页。

身、齐家之道，人皆知验之于治平之时，而不知行乎衰乱之世，其效尤可验也。人亦何苦不自立，而失其所可乐者哉[①]？

朱熹主张此诗为“恶淫奔者之词”[②]，刘玉汝却以此说明作者修身的意义。他从朱熹提到“自好”二字切入，继而说明诗人之所以能“自好”，是因为他能够正心修身，继而才能做到齐家，使诗人的家人相安无事。刘玉汝很显然转移了此诗的诠释方向，将朱熹眼中的淫奔诗，转变为歌颂作者身心修养之诗。与此同样的思维，也展现在刘玉汝对《秦风》的疏解中。刘玉汝说：

> 盖是时西都虽已陷戎，而先王之遗泽，二《南》之余风，《草虫》、《汝坟》、《殷靁》之正义，犹有隐然于人心者。故《小戎》、《无衣》之形于歌咏，亦不自知。其适于义，特昔为和平之音，而今则变为刚烈之气耳。故尝以为秦襄公有周八百里之地，虽曰习戎攻伐，专尚勇力，而实借先王之德泽在人心，而得以成其功耳。使平王能因是人心以返故都，秦襄亦能因人心而迎王归京师，则《崧高》、《烝民》、《江汉》、《常武》当再见于平王、襄公，而宣王与申、甫、方、召不得专美，而《王风》、《秦风》不作矣[③]。

周幽王被西戎、犬戎所杀，周平王迁到王城，是时秦襄公兴兵讨伐西戎，护送平王。周平王不仅封秦襄公为诸侯，并且赐他周朝西都王畿八百里[④]。刘玉汝认为，《秦风》当中的《小戎》、

① 刘玉汝：《诗缵绪》卷五，第 403 页。

② 朱熹：《诗序辨说》，第 373 页。

③ 刘玉汝：《诗缵绪》卷一，第 422—423 页。

④ 吴宏一：《白话诗经》第三册，台北：联经出版社，2009 年，第 103—104 页。

《无衣》虽然展现出刚烈之气，却有二《南》遗风，这是文王之德影响人心所致。他乐观地推测，若文王德化人心的功效能扩大且持续，那么周平王就可以回到镐京，秦襄公也能辅佐王业，同时《大雅》等诗所述之重点将会有所不同，而《王风》、《秦风》也不会出现。刘玉汝的推断之词，虽然与实际情况相差甚远，但正反映出他对文王之德的尊崇，并对人之正心修身可以完成治国平天下的信心。因此，刘玉汝很重视在上位者的角色。以《王风·大车》为例，朱熹的解读是："周衰，大夫犹有能以刑政治其私邑者，故淫奔者畏而歌之如此。然其去二南之化则远矣。此可以观世变也。"[①] 朱熹很明显地将重点放在淫奔者，陈明周朝衰微的迹象。但刘玉汝的解说是：

> 大夫之私邑有欲淫奔者，畏大夫之刑政而不敢，大夫可谓贤矣。惟私邑之人独然，则王国之民其敢者多矣。王朝非无大夫，而有政刑者，惟此私邑之大夫，则王朝之无臣可知。……夫王非无贤大夫也，王国之民亦非无羞恶之心也，而善邑治者不得施于国，善国治者仅得施于邑，则国人之不幸，有不如一邑之幸矣，此谁之咎哉？使王果能尽得贤大夫而用于王朝，则转移之机，虽由邑而国，由国而天下可也。岂患二《南》之远哉？然二《南》之化虽远，而大夫犹有贤者，岂非成王、周公治洛之泽，犹有存乎[②]？

他将重点转换到淫奔者所畏惧的大夫身上，认为此地虽然远离二《南》之化，但是有此贤大夫，便知仍有成王和周公治理的

① 朱熹：《诗集传》卷四，第467－468页。
② 刘玉汝：《诗缵绪》卷五，第395页。

遗风，借此强调君主若能重用此类大夫，则平治天下指日可待。

综上所述，刘玉汝《诗缵绪》虽然以解说朱熹《诗集传》为主，但是他刻意想从变《风》诗中读出《大学》八条目的意义，也就是从衰乱之世看到修齐治平之道。这是将朱熹解释二《南》的体系，更进一步置入各国国风之中。其中最特别的，是转变阅读朱熹淫奔诗的焦点，强调反求诸已的一面。此外，刘玉汝也提出变《风》问题的关键在于各国君主身上，而各国君主要效法的对象就是受到文王之德影响的诗人，借以领略平治天下之道。于是，《大学》的条目，又成为转变各国风气的重要方向。

四、《雅》中所传达的义理思想

刘玉汝疏解朱熹《诗集传》大小《雅》的部分，同样也依循《大学》的概念。然而两者的区别，不仅是用途上的差异——前者是燕飨之乐，而后者是会朝之乐。刘玉汝提出《大雅》的重点，大体在“治平天下”，是《小雅》中所欠缺的。以下分别就刘玉汝对《小雅》及《大雅》的观点进行解说。

1.《小雅》

如果要理解《小雅》所传达的观点，首先便要确定“正小雅”的篇章有哪些？“变小雅”的篇章又是哪些？《诗序》主张《鹿鸣》至《菁菁者莪》，属于“正小雅”①。但是朱熹却有不同的观点，他认为除了上述的二十二篇之外②，《楚茨》到《车舝》这

① 孔颖达：《毛诗注疏》卷九，第767页。

② 这二十二首诗中，其中六首有目无辞，是故实际有内容的诗篇仅有十六首。

十篇应该也要归于“正雅”[①]。同时，《鱼藻》和《采菽》两篇，也“与《楚茨》等篇相类”[②]。刘玉汝根据朱熹的说法，主张诗篇的排列顺序应该有所调整。他说：

> 愚按，毛《传》《菁莪》后为《六月》，以《六月》为变雅之首。《集传》谓《楚茨》而下十篇，疑正雅错脱在变雅；又谓《鱼藻》、《采菽》与《楚茨》等相类。按，《楚茨》十篇元在《鼓钟》后，《青蝇》前，《鱼藻》二篇在《宾筵》后，《角弓》前，今若从《传》，移置此十二篇于《菁莪》之后，不惟可复正雅之全，且使武、成、康之际，祭祀、朝会、田猎、燕飨、务农、讲武之典，略备于正雅之中，而一代之盛治为可考说者，不必曲说而辞意自明白，岂不韪欤[③]？

朱熹主张“正小雅”应增列入的十二首诗，再加上原本的二十二首诗，那么“正小雅”一共有三十四首诗。扣掉其中六首诗是有目无辞，这些诗在所述时代上，符合周朝的治国的典范——武王、成王和康王时期，并且在记述的主题上，诸如祭祀、朝会、田猎、燕飨、务农和讲武之事，较《毛传》言及之范围更为丰富[④]。同时，这样的调整，势必也会移动《小雅》整体的篇章排列顺序。

刘玉汝更动的重点有以下三方面：第一，他主张将《楚茨》

---

① 朱熹：《诗序辩说》，第387页。

② 朱熹：《诗序辩说》，第389页。

③ 刘玉汝：《诗缵绪》卷九，第458页。

④ 刘玉汝说：“正雅诸诗未有言农事者，岂非正雅之缺乎？今《楚茨》四诗美公卿力田以奉祀，《楚茨》述礼乐之节最详，《信南山》次之，至于《甫田》、《大田》述农事之勤、民俗之厚，蔼然《豳·七月》之风行乎天下矣。非在上躬行而身教，何以能此哉？谓此十篇当为正雅，又据《籥章》疑此四篇当为《豳雅》。《豳雅》即正雅也，其作于成王周公时，尤可无疑矣。”（《诗缵绪》卷十一，第495页。）

到《隰桑》这二十首诗，移动到《菁菁者莪》的后面，因为这“二十篇本相连”[①]；第二，这二十首诗中，《鱼藻》和《采菽》原本在《宾之初筵》和《角弓》之间，但是由于《鱼藻》及《采菽》为“正雅”，所以移至《车舝》之后、《青蝇》之前，于是《青蝇》便成为“变雅”之始[②]；第三，《毛传》中，“变雅”是从《六月》起始，因为刘玉汝的调整，《六月》至《鼓钟》共三十二首诗，被刘玉汝置于《隰桑》之后[③]。针对这些调整，刘玉汝说：

> 凡诗中篇次之移置，或依《仪礼》、《周礼》，或仍毛《传》，或主《集传》，或用孔《疏》，各有所据，玉汝何敢以私意臆说僭移妄易，以乱圣经哉[④]？

他强调篇次的移动并非出于他个人的意见，乃是跟从前人的观点。其中最关键的部分是依循朱熹《诗集传》，将《楚茨》以下十首诗以及《鱼藻》、《采菽》置于“正小雅”之列。比较次要的部分则是根据《毛传》，例如《青蝇》到《隰桑》的顺序。至于《周礼》则提供了《楚茨》、《信南山》、《甫田》和《大田》可能隶属于《豳雅》的根据[⑤]。刘玉汝要强调的是，他之所以更动《诗经》的篇次，皆言之有据。

至于在《小雅》的内容上，朱熹主张“正小雅，燕飨之乐也”，主要是言及这些诗使用的场合与功能，但是对刘玉汝而言，

---

① 刘玉汝：《诗缵绪》卷十二，第 506 页。

② 刘玉汝：《诗缵绪》卷十二，第 501 页。

③ 刘玉汝：《诗缵绪》卷十二，第 501 页。

④ 刘玉汝：《诗缵绪》卷十二，第 506 页。

⑤ 刘玉汝解说《大田》时，说：“据《籥章》疑此四篇当为豳雅。豳雅即正雅也。其作于成王、周公时，尤可无疑矣。”（《诗缵绪》，第 495 页。）此四篇即为《楚茨》、《信南山》、《甫田》和《大田》。

这些诗篇更重要的是说明“君臣和乐之情”、“礼乐宴饮之意”、“兄弟昏姻”和“以下保上”[1]，并且富有性理之学的含义。以《伐木》第一章“相彼鸟矣，犹求友声。矧伊人矣，不求友生?神之听之，终和且平”为例，朱熹仅就字面上解说道：“以鸟之求友，喻人之不可无友也。人能笃朋友之好，则神之听之，终和且平矣。”[2] 刘玉汝则说：

> “相彼”者触物而有感于外，“矧伊”者反己而有动于中。“犹”者相形之辞，以彼形此，以见己求友之本心。朋友以义合，以信交，人能笃信义，则神听之而和平。所以质诸神者，欲朋友知己好友之诚意[3]。

此诗首句描述的是人听见鸟的叫声，触动内心的感受，然而刘玉汝诠释的重点在于人被触动的是“本心”，并强调这才是朋友之间交往的基础。很显然，这是从性理之学的角度解释“相彼”、“矧引”等词汇，并且以“本心”的概念，说明燕饮和乐之情的根据。至于刘玉汝对《鹤鸣》的解说，更能看出他在诠释《诗经》时对《大学》的重视。朱熹对《鹤鸣》的解说为：

> 此诗之作，不可知其所由然，必陈善纳诲之词也。盖“鹤鸣于九皋”，而“声闻于野”，言诚之不可掩也；“鱼潜在渊”，而“或在于渚”，言理之无定在也；“园有树檀”，而“其下维萚”，言爱当知其恶也；“他山之石”，而“可以为错”，言憎当知其善也。由是四者引而伸之，触类而长之，

① 刘玉汝：《诗缵绪》卷一，第501—502页。
② 朱熹：《诗集传》卷九，第550页。
③ 刘玉汝：《诗缵绪》卷九，第447—448页。

天下之理其庶几乎[1]。

刘玉汝同样也接受此诗为“陈善纳诲之词”，然而他更进一步诠释朱熹的重点，强调此诗在修养工夫上的意义。他说：

> 陈善纳诲，或于君，或于友，不可知也。不直言明告而托物为比者，物显理隐，即物观理而易晓也。诚不可掩者，知其存诚也；理无定在者，欲其穷理也；爱当知恶、憎当知善者，欲其正心、修身也。所以知为正心、修身者，《大学》以忿懥、好乐为正心，以爱知其恶、恶知其美为修身也。程子言“先立诚意以格之”，朱子言“存心而后能致知”，故彼存诚在穷理之前；又言“致知而后能力行”，故此正心、修身在穷理之后。朱子又尝言“穷理修身，斯学之大”，即此意也。辅氏之说非也。由是四者谓四物，天下之理谓四事[2]。

刘玉汝在此提出了与辅广不同的观点。辅广主张朱熹以“诚之不可掩”言“诚身”、“理之无定在”言“明善”、“爱当知其恶”与“憎当知其善”言“力去私欲之弊”[3]。但是，刘玉汝认为这“四者”指的是“存诚”、“穷理”、“正心”和“修身”四事，特别是“正心”、“修身”的解释显然出于《大学》。至于“存诚”在“穷理”之前，看似与《大学》不合，但刘玉汝特别说明这要从程颐和朱熹的观点来看。程颐说“但立诚意去格物”，朱熹的解释是“立诚意，只是朴实下工夫，与经文‘诚意’之说不

---

① 朱熹：《诗集传》卷十，第575页。

② 刘玉汝：《诗缵绪》卷十，第465页。

③ 辅广：《诗童子问》卷四，台北：台湾商务印书馆，四库全书珍本，1973年，第20页。

同”[1]，又说“存心而后能致知”。因此，此诗所说的“存诚”，并不是《大学》所说的“诚意”，而是“存心”。由此可见，《大学》八条目的架构，仍是刘玉汝诠释《小雅》的重要依据。

总而言之，朱熹主张《小雅》多是燕飨之乐，刘玉汝继承此说，然而却刻意重新安排其“正”、“变”的篇章，并且以“本心”及《大学》的概念，重新诠释燕饮之诗的内容，凸显其理学的含意。

2.《大雅》

至于《大雅》，刘玉汝同样以《大学》的概念阐述其义理。他认为“平天下”是《大雅》所要表达的核心思想。他说：

> 文武君臣以德化政，治平天下，《大雅》诸诗，以其大体言之。其后衰微，君臣之所为不一，皆不与治同道，故《民劳》诸诗亦以其大体言之。周之兴也，君圣臣贤，而其得人也盛；君仁臣忠，而其为谋也敬。及其衰也，君昏而臣诡随矣，君臣自圣而谋不远矣。方其治也，天命人归而天下和平；及其乱也，民劳民怨而帝疾威矣。此其相反者，其大体皆如此。至其所以救，则惟惠民敬天，而鉴殷终不出于《大雅》之正道。此又《小雅》之所未备者也。故即此而论二《雅》之正变大小，岂不尤可叹乎[2]。

刘玉汝以“文武君臣以德化政，治平天下”为《大雅》的主要内容。在“平天下”的概念下，他认为周代兴盛之际，君主既

① 黎靖德编：《朱子语类》卷十八，第二册，第401页。
② 刘玉汝：《诗缵绪》卷十五，第542页。

圣且仁，臣子又贤又忠，人民在治世之中安和乐利，最明显的例证就是文王、武王统治的世代；但是等到周室衰微，与前述情况相反，其转折的关键在《民劳》一诗，在此之后便是“变大雅”。至于《大雅》由乱转治的关键，就在于“惠民敬天”，然而“小雅”并没有提出救治的方法，这是大小《雅》不同之处。

至于《大雅》的篇章架构，刘玉汝针对《文王》第一章提出了具体的看法。他说：

> 此为是诗之首章，中含三意：一见文王有显德，上帝有成命，故子孙蒙其福泽以有天下；二见文王与天同其体用而无间；三则此诗为戒成王而作。首章虽未有戒辞，而已含戒意，故极言文王如在，欲成王思慕感发不能自已，先有是心而后可进其言，亦作诗陈戒之微意也。大抵读《诗》者，既观本章之旨，又当观一篇之旨，以求作者之意。如此章为一篇之首章，其起意发辞广大精微如此，即可以见《大雅》之“正体”矣[①]。

他认为这诗涉及三个层面：第一层表现文王之德；第二层说明文王为何有德；第三层以此诗戒成王。刘玉汝认为，这个架构是《大雅》最重要的表现形态。同时，他也以类似的模式解说其他诗篇，以此作为组诗成立的条件。例如他主张《文王》的重点在追述文王之德，《大明》则是追述武王之功，而《绵》则是追述大王、文王之事，这三首诗皆蕴含“戒”意[②]。或者，《皇矣》叙述大王、王季、文王，《灵台》咏文王，《下武》咏武王，后篇

---

① 刘玉汝：《诗缵绪》卷十三，第514页。

② 刘玉汝：《诗缵绪》卷十三，第519—520页。

《文王有声》又兼咏文王、武王之德。按照刘玉汝的推测，这三首诗可能是“周公戒成王”之诗，也蕴含“戒”意①。刘玉汝借由这个架构，也就是所谓的“正体”，呈现出平治天下的典范意义。

此外，刘玉汝在《大雅》中，特别重视“修德”的概念②。什么是“德”呢？刘玉汝说：“人道原于天，而德得于己，故行道而有得于心之谓德，非有二致也。”③ 所以，“修德”的重点主要是对自身道德生命的体验，而非仅止于认识客观可模仿的对象。这在他对《文王》六章“无念尔祖，聿修厥德。永言配命，自求多福。殷之未丧师，克配上帝。宜鉴于殷，骏命不易”的解释中，表现得格外明显。他说：

> 六章言“无念尔祖”，惟在于修德。前后无非言文王之德，然不说出，至此方说一“德”字，盖特为成王言之，见我之德即文王之德，不待他求。故下言“永言配命”即修德之功，“自求多福”即修德之效。“永言”则不息矣，“配命”则无间矣。“命”则天之与我，而我所以为德者，德之本也。“配命”则德既成，而即文王矣；“多福”则福在我，而无殷祸矣。修德之本效，二语尽之，可谓简而要矣，非周公孰能之？法文王以自修，监殷道以自省，亦承前章周兴殷亡之意，而反复丁宁之也④。

此章的重点在劝勉成王重视“修德”。刘玉汝特别强调，

---

① 刘玉汝：《诗缵绪》卷十四，第531页。
② “修德”这个词汇，刘玉汝仅在《诗缵绪·大雅》中使用。
③ 刘玉汝：《诗缵绪》卷十五，第547页。
④ 刘玉汝：《诗缵绪》卷十三，第513页。

"德"是成王与文王所共有的，因此修德重在见贤思齐并反求诸己，其根源本于天与我之"命"，其成效见于文王远避殷祸，这是周代兴盛的关键，因此需要对成王反复叮咛。然而修德工夫的实践，对刘玉汝而言，并不玄虚高远，而是在日用常行之间便可做到极致，其带来的成效却相当广大。这在他对《抑》的疏解中可以得知。刘玉汝认为《抑》第六章"专言慎言"；下一章"相在尔室，尚不媿于屋漏"的重点则是"七章专言修德之功夫。言敬其仪而修之于外者，既常戒惧自省，惟恐有过矣，尤必于不睹不闻之地而致其戒谨恐惧，则修德工夫极致矣"；针对第八章则说："慎止而不愆于仪，不差于理，不害于义，则民之法之，真如投桃报李之必然矣。此极言修德之效"[①]。也就是说，修德工夫便是在动作仪节之中小心翼翼，特别是在他人不见之处，格外需要戒慎恐惧，这便是修德工夫的极致。同时，修德工夫不仅有益于自身，更会影响他人。刘玉汝在批注《既醉》"介尔昭明"时说："昭明，兼内外德业言，身心、家国、天下皆在其中。"[②] 由此可见，"修德"对刘玉汝而言，可说是实践《大学》理念最重要的工夫。

六、结　论

从刘玉汝对于朱熹《诗集传》的解说当中，可以发现他的重点不只是疏解朱熹《诗集传》，同时他也关心如何赋予《诗经》更深入的理学含义。于是，刘玉汝在多方面运用《大学》的架

① 刘玉汝：《诗缵绪》卷十五，第548页。
② 刘玉汝：《诗缵绪》卷十四，第534页。

构，使得《大学》的解释效应扩大。根据本文的研究，刘玉汝主要是从三个层面链接《大学》与《诗经》的关系。首先，刘玉汝延续了朱熹对二《南》的解说，借由《大学》树立正《风》的标准，所以《大学》思想在朱熹和刘玉汝的手中，成为新诗教的核心内容，更成熟地取代了原本汉唐《诗经》的政教之学；其次，刘玉汝将《大学》的概念作为变《风》警戒之意和导正之法，希望在上位者能够执行修齐治平之道，以端正国风；第三，刘玉汝依循朱熹的说法，调整《正小雅》与《变小雅》的篇章架构，并且按照新的秩序排列，同时以《大学》的观点赋予“燕飨之乐”理学上的意义。至于《大雅》的结构，也分为三个层次，不仅关注周初诸王为何会具备“德”，同时也强化了对成王的警戒之意。由此可见，《大学》对于刘玉汝疏解朱熹《诗集传》的工作而言，具有多层面的作用：在树立《诗经》新的价值标准上、在警戒和导正变《风》、变《雅》的方向上，都赋予天道性命之学的概念。

刘玉汝以《大学》疏解《诗集传》的做法，从经学的角度来看，最大的问题就是义理先行，将《诗经》变成《四书》概念的附庸，失去了出于《诗经》本身的意见。但是从思想史和学术史的角度来说，刘玉汝的解说为《诗经》的发展提供了一个新的视角——如何从章句的架构中，找到性理之学的概念，让《诗经》的理学含意，不仅在内容文字上，而且在篇章结构上呈现。他的作法扩大了朱熹的观点，在朱熹没有涉及之处更进一步地发挥其见解，这便是他传承朱学的主要关怀。

从经筵讲章到科举读本

——以张居正辑《四书直解》的刊行和文本变动为例[①]

刘　勇（中山大学历史学系）

一、引　言

作为皇帝与朝臣定期讲论经史的组织化活动，经筵从北宋确立以来，一直延续到清朝结束。这项制度所具有的持久吸引力，由此可见。其中，培养或标举皇帝与高级文武朝臣分享共同价值理念，促使皇帝进学不懈、帝德臻美、亲近贤臣，乃至君臣共同商讨和处理具体政事，均是这项制度显而易见的功能。透过定期举行的、仪式化的活动，经筵清晰展示出儒学的制度化特征，有助于儒学发挥政治和文化功能、巩固其意识形态上的正统地位。

明代由翰林儒臣进讲经史之举，明太祖时期已有之[②]，但进

---

① 本文系“中山大学高校基本科研业务费专项资金资助”（17wkzd04）及教育部哲学社会科学研究重大课题攻关项目“古代环南海开发与地域社会变迁研究”（16JZD034）的成果之一。本文是在拙作《变动不居的经典：明代〈大学〉改本研究》（北京：生活·读书·新知三联书店，2016年）第六章第四、五节的基础上增补、改写而成。

② 朱鸿林：《明太祖的经史讲论情形》，《中国文化研究所学报》第45期，2005年，第141—172页。

讲活动以大型的经筵和小型的日讲形式出现，则始于英宗正统元年（1436）。经筵和日讲均设有相应的讲官，其中例行性地包括大学士、翰林学士和国子监祭酒。具体而言，经筵是隆重的大型进讲盛会，朝中的高阶文武朝臣皆需参与，并在肃穆的氛围中听讲官讲说经史。日讲较为轻松，只有两名讲官在大学士的督导下进讲。进讲所依据的讲章，通常由轮值讲官提前撰写，经内阁大学士事先看定，在进讲之前进呈。

到了明代中期的正德、嘉靖年间，经筵分为春、秋两季，通常在每年二至四月和八至十月的上、中、下三旬的第二日举行；日讲则在上述月份的其余日子举行。除非有特别的理由，皇帝往往会被期望出席所有经筵和日讲。但实际上，经筵通常只在皇帝即位的头几年被认真执行，此后则经常被暂免，尽管朝臣总是坚持不懈地促请皇帝出席①。

在明代面向皇帝进讲的经筵和日讲，以及以皇太子为对象的东宫讲读活动中，所讲书籍涵盖了四部分类法中的经、史、子三部。其中以经部《四书》、《五经》为主，《四书》尤其是重中之重。以翰林院和詹事府为主的儒臣讲官，透过这些书籍向皇帝和皇太子讲论修身、齐家、治国、平天下的道理，倡导儒家的政治观和价值观，有时还会明确触及当代政治和社会问题的处理原则，乃至具体政务的应对之策。

在明代的经筵、日讲和东宫讲读活动中，《四书》无一例外地采用作为官方标准读本的朱熹《四书章句集注》。对于本文的讨论而言，由于经筵、日讲和东宫讲读所留下的讲章性质相近，

---

① 参 Hung-lam Chu. "The Jiajing Emperor's Interaction with His Lecturers." Chapter in David Robinson, ed., *Culture, Courtiers, and Competition: The Ming Court (1368—1644)* (Cambridge, Mass: Harvard University Asia Center, 2008), pp. 186－230. 间野潜龙：《明代の进讲》，《明代文化史研究》，京都：同朋舍，1979年，第162－182页。

故下文除具体情景外，概以“经筵讲章”称之。

尽管现存的明代经筵讲章为数不少，但其中有关《大学》的却并不多。这个现象，可能与《大学》本身篇幅过小有关。此外，在留下《大学》讲章的同时，还留有其他情境下对《大学》文本的看法的讲官，更是少之又少①。有些明代经筵讲章在当时或稍后就结集成书，单独付刻流传，而有些却是由于收进讲官的个人文集才得以流传下来。后者通常不是围绕某种典籍的完整讲章，而只是包括讲官本人负责的一种或几种典籍中的某些篇章，这个情形更增加了搜集和对比讨论的难度。较为完整的明代经筵讲章目录，还有待于后续的搜集和研究工作。本文主要以明神宗万历初年张居正领衔主导的经筵和日讲活动所产生的《四书》讲章结集而成的《四书直解》一书为例，观察在晚明“出版大爆炸”的助推下，经筵讲章与科举读本之间的转换和互动情形。

二、明神宗的进讲活动与讲章编刊

万历初年，内阁首辅张居正、申时行等先后主持明神宗的经筵和日讲活动。从万历元年（1573）开始，一个例行做法由张居正主导建立起来：每年年底，内阁将该年进讲过的讲章汇编、校阅、增删，然后装潢进呈，并由内府刊刻，供年轻的神宗不时温习。最终，在长达二十年的《四书》讲读活动结束后，这些陆续

---

① 仅存《大学》讲章，而缺乏其他场合中关于《大学》的有效论说以资比勘之例有：程敏政《篁墩文集》卷1《青宫直讲·大学》、费宏《太保费文宪公摘稿》卷7《讲章类》、郭正域《合并黄离草》卷3《太学讲章》、陆简《龙皋文稿》卷3《经筵讲章·四书》和《青宫直讲·四书》、倪岳《青溪漫稿》卷10《大学讲章》。

编刻过的讲章，以题为张居正“辑”《四书直解》的形式汇刻成书，很快流出宫廷，在社会上广泛传播，并且从晚明至清末反复被改编成各种《四书》科举读本，流行三百余年[①]。

《四书》和《书经》是万历初年经筵日讲的常讲典籍。其中几位讲官撰写的未经内阁看定的讲章初稿，还保存在各自的文集中[②]。进讲活动结束之后，由单篇讲章汇编成书籍形式刊行的，都被类别性地称作“直解”，有些刊本至今仍存，其中就包括《四书直解》[③]。

万历朝经筵和日讲活动的轮廓，得益于《万历起居注》和《明神宗实录》的记录，可以比较清晰地勾勒出来。从隆庆六年（1572）秋到万历十年（1582）夏，在外廷首辅张居正、内宫神宗生母慈圣皇太后和司礼监掌印太监冯保三股力量的配合下，经筵和日讲活动经常而认真地举行。万历十年六月张居正去世后，情况开始逐渐恶化。从万历十三年（1585）起，进讲活动只是间歇举行。随着神宗与廷臣之间由于“国本”争议导致关系日趋紧张，进讲活动渐趋停顿。万历十六年闰六月，首辅申时行鉴于神宗缺席讲筵已久，请求在免除讲读活动时，容许讲官继续撰写讲章，进呈阅览。此请获得神宗同意，嗣后的讲读活动基本上便只

① 从晚明迄民国初，由《四书直解》改装而成的文本，几乎可以用“不计其数”来形容。至清末宣统元年九月，学部图书局还将题为“太岳张居正著、岩叟顾宗孟阅”的《四书集注阐微直解》加以印行（北京中国国家图书馆藏）；晚清民初随着石印技术的引进和流行，短期内也产生了大量此书的石印本。因此，对于此书的刊刻流传情形，难以仅仅用传统“版本”观念视之，也不易以现有目录书治之，如《中国古籍总目》对此的著录数量就非常有限。见《中国古籍总目·索引》第4册，第180页。

② 参潘小滴：《明神宗经筵日讲讲章的撰写与结集成书：以〈四书直解〉为中心》，中山大学历史学系硕士学位论文，2015年，第9—10页。

③ 朱鸿林：《明神宗经筵进讲书考》，载《华学》第九、十合辑，上海：上海古籍出版社，2008年，第1367—1378页。宦官刘若愚记录内府所存书板，就包括《女诫直解》、《忠经直解》、《孝经直解》、《四书直解》、《书经直解》、《通鉴直解》等书，见《酌中志》卷18，北京：北京古籍出版社，2001年，第160—161页。

是以进呈讲章的形式进行。这种情形，至少要到万历四十三年(1615)，才不了了之地彻底停止[①]。

隆庆六年二月，神宗以皇太子身份出阁讲学，按照此前的传统先讲读《大学》和《书经》。数月后神宗登基，根据张居正拟订的日讲仪注，继续讲读《大学》和《尚书》："先《大学》十遍，次读《尚书》十遍，讲官各随即进讲。"[②] 万历元年正月，张居正上疏说《大学》和《尧典》即将讲完，但建议让讲官再通讲一遍，每章内容较长的分为几篇，短的一次讲完[③]。

万历元年十二月十九日乙丑，张居正上《进讲章疏》，为讲章的汇编和刊刻奠定了例行性做法，并且与此后所有这类文字的结集、刊刻和流传高度相关，因此值得全文引述在此：

> 臣等一岁之间，日侍皇上讲读。伏见圣修日懋，圣志弥坚，盛暑隆寒，缉熙罔间。臣等备员辅导，不胜庆幸。但惟义理必时习而后能悦，学问必温故而后知新。况今皇上睿明日开，若将平日讲过经书，再加寻绎，则其融会悟入，又必有出乎旧闻之外者。臣等谨将今岁所进讲章，重复校阅，或有训解未莹者，增改数语；支蔓不切者，即行删除。编成《大学》一本、《虞书》一本、《通鉴》四本，装潢进呈。伏望皇上万几有暇，时加温习，庶旧闻不至遗忘，新知日益开豁，其于圣功，实为有补。以后仍容臣等接续编辑，进呈御

---

① 详参朱鸿林：《明神宗经筵进讲书考》，《华学》第九、十合辑，第1367－1378页。

② 《明神宗实录》卷4，隆庆六年八月丙寅，台北："中研院"历史语言研究所，1984年缩印再版，第151－152页。嘉靖朝的情形参朱鸿林：《高拱与明穆宗的经筵讲读初探》，《中国史研究》2009年第1期，第131－147页。

③ 南炳文、吴彦玲：《辑校万历起居注》第1册，天津：天津古籍出版社，2010年，第6页。

览。仍乞敕下司礼监，镂板印行，用垂永久。虽章句浅近之言，不足以仰窥圣学精微之奥，然行远升高，或亦一助云尔。

上答曰："卿等启沃忠爱之诚，惓惓恳至，朕深喜悦。讲章留览，以后接续编进，刊板留传。该衙门知道。"①

从神宗讲读的进度来看，这里的"《大学》一本"，很可能已经包括了《大学》讲章的全部。

《四书》中接续《大学》之后进讲的是《中庸》，时间大约在万历二年（1574）左右。至迟到三年十二月，《大学》和《中庸》均已讲完，其讲章也已结集刻成："以刻定《大学》、《中庸》、《尚书》典谟、《通鉴》盘古至汉平帝各《直解》十五册，赐辅臣张居正三部，吕调阳、张四维各二部，讲官申时行等六员各一部。"② 接着进讲《论语》，至九年底讲完。最后讲《孟子》，从万历十年二月开始进讲，至二十年（1592）十月讲完。至此，《四

① 南炳文、吴彦玲：《辑校万历起居注》第1册，万历元年十二月十九日乙丑，第38—39页；《明神宗实录》卷20同日，"大学士张居正等题：义理必时习而后能悦，学问必温故而后知新。皇上睿明日开，若将讲过经书，再加寻绎，则其融会悟入，必又有出旧闻之外者。臣等谨将今岁所进讲章，重复较阅，训解未莹者，增改数语；支蔓不切者，即行删除，编成《大学》一本、《虞书》一本、《通鉴》四本，装演（潢）进呈。伏望皇上万几有暇，时加温习，庶旧闻不至遗忘，新知日益开豁，其于圣躬贯为有补。上留览，仍命接续编进，刊板流传"，第549页。亦载张居正：《张太岳先生文集》卷38，《续修四库全书》第1346册影印明万历四十年唐国达刻本，第329页，惟"装演"作"装潢"、"圣修日懋"作"圣修益懋"，及文末无"上答曰"以下文字。

② 《明神宗实录》卷45，万历三年十二月乙丑朔，第1001页。

书》全部进讲完毕①。

从上述有关《四书》的进讲活动和讲章的汇刻情形可知，这是一个漫长而持续进行的工程。从最先进讲《大学》，到最后讲完《孟子》，前后历时二十年。题为“直解”的讲章汇编，也是在这二十年间，由司礼监陆续刊刻而成。这个情形，正如朱鸿林教授研究题为张居正撰辑《书经直解》时所指出的，“全书作‘万历元年’刻本是不可能的，应该理解作万历元年起的‘递刻本’”②。因此，刻成完整的全套《四书直解》一书，必须是在《四书》全部进讲完毕之后，也就是万历二十年底以后。

经筵日讲的讲章以“直解”形式在朝野内外被结集刊刻，万历朝之前已有先例。高拱就将自己在嘉靖后期担任准储君裕王讲官期间，进讲《四书》的讲章编辑成《日进直讲》，并在结束讲官职务后不久予以出版③。先后在嘉靖和隆庆两朝任讲官的殷士儋，也将自己进讲《四书》、《尚书》、《通鉴》的讲章，结集为

① 关于神宗讲读《四书》的详细历程，参潘小滴：《明神宗经筵日讲讲章的撰写与结集成书：以〈四书直解〉为中心》，第 17－22 页。值得注意的是，作者以具体实例指出经筵和日讲的进度既有同步进行的情况，但也存在“经筵和日讲的内容进度并非完全同步，在日讲《论语》的时间里，经筵的进讲内容也会选择《论语》的条目，但可以选择篇章跨度很大的条目进讲，甚至比日讲内容提前”的情况（第 18－20 页）。由于起居注和实录并未详细区分经筵和日讲，故作者的这个提示非常重要。还可补充的是，从郭正域指出“《四书》凡日讲讲且遍，而经筵又讲且遍，并历代所希有也。……日讲讲章刊布已久，臣今复刊经筵《四书》讲章，自某年至某年，凡几帙”来看，《四书》在经筵与日讲活动中的内容和进度异同，以及二者的讲章刊布具体细节，仍有继续探讨的空间。见郭正域《拟经筵四书讲章序（代）》，《合并黄离草》卷 18，《四库禁毁书丛刊》集部第 14 册影印明万历刻本，第 57－58 页。

② 朱鸿林：《申时行的经筵讲章》，《致君与化俗：明代经筵乡约研究文选》，香港：生活·读书·新知三联书店，2013 年，第 69－116 页。

③ 朱鸿林：《高拱经筵内外的经说异同》，载曾一民编：《林天蔚教授纪念文集》，台北：文史哲出版社，2010 年，第 127－138 页。

《经史直解》刊行[①]。隆庆初掌国子监事并担任日讲官的赵贞吉，则把自己的经筵和日讲讲章结集成《进讲录》付梓[②]。同样，皇帝将内府刻成的讲章赐予讲官之举，也有先例可考[③]。

晚明和清初的目录书，为了解明代讲章的刊行提供了更多线索。祁承㸁《澹生堂藏书目》经部“经总解”类，专门著录了“经筵讲章”系列藏品：从早期讲官陈循、商辂，到万历后期讲官冯琦等共二十人的二十三种经筵讲义或讲章。其中包括了高拱《高文襄经筵讲义》二卷一册、殷士儋《经筵经史直解》六卷四册，以及张居正《四书直解》。从祁氏特别注明其中部分讲义讲章“俱见本集”，亦即见于讲官的个人文集来看，另外一些讲义讲章则应该是单行本[④]。清初黄虞稷在《千顷堂书目》的多个分类体系下，也著录了数量可观的这类讲章，以经部“经解类”著录最多，同样包括了高拱《日进直解》十卷、殷士儋《经筵经史直解》六卷，以及“张居正《尚书直解》十三卷”、“张居正《四书直解》二十六卷，万历元年进呈”、“张居正《通鉴直解》二十五卷，万历初年讲筵所编进”[⑤]。其中，黄虞稷所谓万历元年“进

① 殷士儋：《经史直解序》，《金舆山房稿》卷5，《四库全书存目丛书》集部第115册影印明万历十七年姚江邵陛刊本，第707－708页。据殷序所述，该书尚未刊行，但其门人于慎行撰《太保殷文庄公文集叙》中指出“先生所著，其要者，金华启沃之篇，有《经史直解》别行于世”，见《谷城山馆文集》卷10，《四库全书存目丛书》集部第147册影印明万历于纬刻本，第401页。如下文所示，书目著录也显示此书曾刊行于世。

② 赵贞吉：《进讲录》五卷附录一卷，台北：台湾“国家”图书馆藏明文曲山堂刻本。其中附录一卷包括“国学讲章”及其家居诸生会讲的“正学书社讲章”。

③ 于慎行：《赐内府新刻经史直解》，《谷城山馆诗集》卷16，影印《文渊阁四库全书》第1291册，第153页。

④ 祁承㸁：《澹生堂藏书目》卷2“经部·经总解类·经筵”，《丛书集成续编》第3册影印《绍兴先哲遗书》本，台北：新文丰出版公司，1989年，第625－626页；另参《续修四库全书》第919册影印宋氏漫堂抄本，第571－572页。

⑤ 黄虞稷：《千顷堂书目》卷3“经解类”，瞿凤起、潘景郑整理，上海：上海古籍出版社，2001年，第85页。

呈"或万历初年"编进"的表述，显然是不准确的。如前所述，仅《四书直解》一书就需要长达二十年才能完成。黄氏的失误，很可能只是根据书前张居正撰写《进讲章疏》的落款时间为据所致。

在首辅张居正主导下形成由司礼监刊刻年终讲章汇编的传统，在后张居正时代经筵日讲时辍时续的情形下，并没有完全中断。而且，这些讲章看来很快就流传到宫外，被官僚士大夫们收集起来，在出版业尤其是商业出版繁荣的地区予以刊行。万历二十一年（1593），福建巡按御史陈子贞"裒辑"成《经筵讲章》一书，收录神宗"临御以来，先后经筵讲官所进讲章若干篇"，请福建巡抚许孚远（1535—1604）作序，"命工锓梓以传"。他的公开理据是"鸣我皇上稽古典学之勤，诸臣纳诲辅德之义"；同时，刻此"冲龄初服典学亲贤之功"，也是为了在"迩岁天子倦御经筵，深具邃密"的现状下，希望唤起皇帝的向学之心，从而"再举盛典，以终大业"[①]。不过，这些仅仅针对皇帝一人的冠冕堂皇说辞，明显完全不能适用于讲章刊刻后将实际面对的最大多数受众。事实上，在内府已有刻本的情形下，深处宫中的皇帝很可能根本看不到福建这个商业出版中心刊刻的同样的读物，更遑论因此回心转意，"典学亲贤"。

这些由宫廷讲章汇编而成的"直解"，看来当时确实被当作流行读本而随编随刻，因此，随着卷数的陆续递增，市面上可以买到不同卷数的同一种"直解"书。文学家钟惺（1574—1624）的亲身体验为此提供了例证。他在天启元年（1621）指出："张

① 许孚远：《经筵讲章序》，《敬和堂集》卷1，《四库全书存目丛书》集部136册影印明万历二十二年序刊本，第500页。由于神宗实际上已经多年没有"临御"经筵，故汇集刊刻经筵讲章之举就有"当今之时，中外臣工仰冀圣明再举盛典，以终大业"的用意。

文忠公（张居正）《四书、五经直解》，凡敷陈于经筵，其于圣学，故大有裨补，而誉髦英俊，亦靡不家社而户稷之。及阅笔记，文忠公尚有《通鉴》、《性理》二书《直解》各二十八卷进呈。余方以闻其名而不见其书，怅然者久矣。及初得《通鉴直解》，乃二十五卷。余已恨见之晚，而又恨五代与宋高宗至元顺为阙文也。未几，又得全本二十八卷。余又恨见之晚，而又恨后学见全书之晚也。”①

既然如此，在宫廷之外的广大世界中，在编辑者、出版者、贩售者、购买者、藏读者以及诸如此类的人群中流传的讲章和直解文字，其具体情况又是如何？对他们而言，这些文字分别意味着什么？

三、从版刻角度看《四书直解》的举业化倾向

全面跟踪讲章流出宫廷后的情状，非本文所能胜任。本文着重讨论其中的《四书直解》，其他讲章则只在作为旁证时提及。为了避免泛滥无归，本文结合《四书直解》的刊行历程，从两个角度观察其文本变动情形：一是张居正《进讲章疏》的文本篡改问题，二是书名和各卷卷题下的题名情况。对于观察书籍版刻这个主题而言，现存文献实物及其影印本，具有无可替代的直观效

① 钟惺：《通鉴直解叙》，载陈生玺整理：《张居正讲评资治通鉴》（即题为张居正辑《通鉴直解》）附录，上海：上海古籍出版社，2011 年，第 611－612 页。末署“天启辛酉（元年）小春既望楚钟惺题于金陵之公署”。又，是否有《性理直解》，目前尚不能肯定，实录仅记载了万历二十五年“大学士赵志皋等请以《性理大全》接续进讲，不报”。刘若愚《酌中志》记录内府司礼监刻有《四书》、《书经》、《通鉴》，乃至《女诫》、《忠经》、《孝经》等 6 种《直解》，也没有《性理大全》的直解。参《明神宗实录》卷 308，万历二十五年三月辛亥，第 5767 页；刘若愚：《酌中志》卷 5“三朝典礼之臣纪略”、卷 18“内板经书纪略”，第 27－32 页、157－164 页。

果，因此本文在条件允许的情况下，尽可能辅以书影进行讨论。

1. 张居正《进讲章疏》的文本篡改

张居正的奏疏上于万历元年十二月十九日，亦即神宗改元后的第一年年底。由于该疏确立起将每年所讲讲章于年底“接续编辑，进呈御览”，然后“敕下司礼监，镂板印行”这个例行性做法，是这一延续性行为的合法性依据，因此经常被置于那些由单篇讲章汇刻成的“直解”书籍卷首，例如《四书直解》和《书经直解》（见图 1、2）。然而，由于“直解”书籍是经“接续编辑”刊刻而成的，因此，张居正疏文中描述万历元年底“直解”实际情况的“编成《大学》一本、《虞书》一本、《通鉴》四本”一句[①]，随着进讲活动的持续进行和讲章汇编而成的“直解”逐年递增，变得与实际情况不相吻合了。不过，明代内府司礼监经厂看来没有做过改动张疏语句，以迎合实际正文内容变化之举。因此，现存完整的《四书直解》、《书经直解》，其卷首张居正疏文仍然是“编成《大学》一本、《虞书》一本、《通鉴》四本”，而且两篇疏文的版式、行款和字体完全一致。据此推测，它们仍然保留了万历元年底或二年初司礼监“镂板印行”时的原貌。张疏中的这个表述，在万历三十五年（1607）瀛洲馆重订本、万历三十九年（1611）和天启元年长庚馆的反复重订本中，以及清代顺治十五年（1642）蒋先庚注疏本中，均没有发生变化（见图 3、4、5、7）。

目前所知，篡改张居正《四书直解》卷首《进讲章疏》表述之举，至迟在崇祯四年（1631）以前已经发生。关键性的篡改，在于将原文“《大学》一本”的“《大学》”二字，改为“《四

① 如前所述，《万历起居注》、《明神宗实录》、张居正文集所记均同。

书》”。至于原文随后的“《虞书》一本、《通鉴》四本”，则仍旧保留[①]。此后，在崇祯七年出版的题为“相国太岳张居正直解、龙江沈鲤正字，后学滇南陶珙订、新安方奇峋梓”的《新订四书直解正字全编》中，卷首张疏也被改作“《四书》一部”（见图6），文末无时间落款。此书是陶珙在南京任官时主持刊刻，大概具体刻书事务由方奇峋负责。体例上以《四书直解》为正，每章或每册之后附录沈鲤所撰《义学正字》。沈书成书于万历三十二年（1604），是取朱熹《四书章句集注》“遍与音释”而成，以为塾师生徒字学不明之助[②]。在清康熙十一年（1672）朱凤台订本张居正《经筵进讲原本》中，张居正疏文亦遭改动。具体的改动情形，除了个别不影响文意之字，如“支蔓不切者，即行删除”句中的“删”字被改为“芟”，以及版式变动，尤其因改朝换代后表敬称的挪抬变动外，最值得注意的一处改动，是“《大学》一本”被改成“《四书》一部”（见图8）。

显而易见，上述对张疏的篡改，是为了与该书正文“四书直解”相吻合。可惜的是，改动者只考虑到使疏文所说与全书正文相符，却没有顾及实际情况。第一，《进讲章疏》落款时间是“万历元年十二月　日”，而如前所述，此时进讲《四书》的活动才刚刚开始，仅仅只讲了《大学》，因此不可能有整部《四书》的“直解”。第二，张疏提到的三种讲章汇编，所用单位均是“本”，与《大学》相应的是“一本”。当“《大学》”被改成“《四书》”后，由于部头增大许多倍，以内府刻书的版式和装帧，再

① 高兆麟《重刻通鉴直解序》有云：“江陵相公《四书直解》，神庙初年进讲后即梓行海内……余读先生进呈之疏，《四书》之外，有《虞书》一本，《通鉴》四本。”载陈生玺整理：《张居正讲评资治通鉴》，第612页。高序全文，见本文下文的讨论。

② 张居正直解、沈鲤正字：《新订四书直解正字全编》，《中国古籍珍本丛刊·广东省立中山图书馆卷》第6册影印广东省立中山图书馆藏明崇祯七年方奇峋刻本，第109—116页。

不可能是“一本”能够容纳的了，因此，相应的单位也被换作“部”这个代表书籍种数而非册数之词了。但是，“部”这个量词，显然又与紧接着下文的“《虞书》一本、《通鉴》四本”不一致。第三，张疏原文称“《大学》一本”，改动者改为“《四书》一部”，后者的表述可以包括或等同于前者，似乎并不必定表示全部、完整的“四书”。然而，张疏紧接着用“《虞书》一本”，没有使用“《尚书》一本/部”，尽管后者亦可包括或等同于前者（《尚书》包括虞、夏、商、周之书）。因此，从同一句中前后文表述一致的角度来看，这种模糊表述策略也是不成立的。

由于资料的限制，目前还不能确定张居正疏文中的关键性变动，最早是在何时由何人篡改的？但可以肯定的是，这个变动绝非张居正本人所为，因为直到万历十年六月张居正去世时，《四书》中《孟子》才刚开始进讲，而张氏实际上在该年春就已病重。更为关键的是，若是张氏所改，则其下文断然不可能仍作“《虞书》一本、《通鉴》四本”。而且，在前举内府刻本和万历三十五年本、三十九年本、天启元年本中，张疏也没有遭到篡改。崇祯四年高兆麟序表明，在他所见的本子中，张疏已被改动。篡改者充分注意到了万历元年十二月张疏所述“《大学》一本”，与日后以完整形态刊刻流传的《四书直解》之间，存在数量上的巨大落差，所以试图加以弥缝。可惜他采取了最简单省事的做法，即以最小幅度的改动来改变张疏原文的表述，以便与内容完整的《四书直解》吻合。今日看来，这当然是拙劣的举动：只要对万历朝经筵日讲的运作情形有所了解，就能肯定万历元年底不可能有由张居正编成的讲章“《四书》一部”。可是，对于此书的绝大多数明清读者而言，他们几乎不可能掌握明神宗经筵日讲的具体进度，因此也就不会轻易质疑此说的合理性。再者，对于篡改者而言，由于“《大学》一本”与“《四书》一部”字数相同，所以这个改动在技术上简单易行——直接在底版上挖补即可。因此，康熙十一年朱凤台订本《经筵进讲原本》卷首遭篡改的张疏，被康熙十六年（1677）由徐乾学作序并经八旗经正书院刊刻的《四书集注阐微直解》和康熙三十一年（1692）崇善堂刊本《汇镌经筵进讲四书直解》继承了；但与此同时，此前诸版本的张疏中“装演进呈”之误，则在后两者中得到了纠正，改为“装潢进呈”（见图 9、10）。

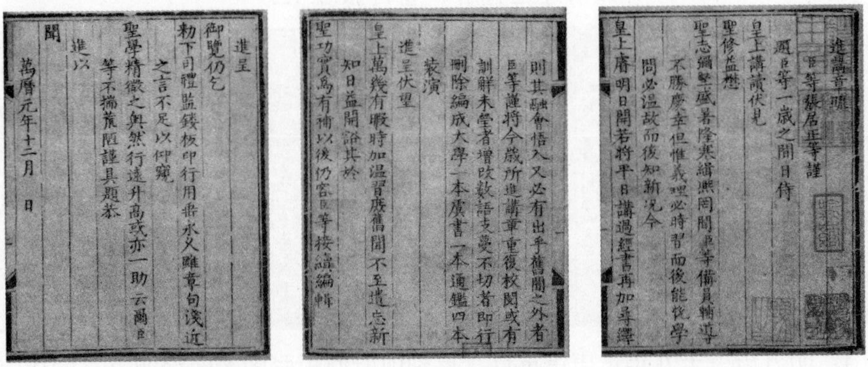
進講章疏
臣等張居正等謹
題 臣等一歲之間日侍
皇上講讀伏見
聖修益懋
聖志彌堅盛暑隆寒緝熙罔間臣等備員輔導
不勝慶幸但惟義理必時習而後能悅學
問必温故而後知新況今
皇上睿明日開若將平日講過經書再加尋繹
則其融會悟入又必有出乎舊聞之外者
臣等謹將今歲所進講章重復校閱或有
訓解未瑩者增改數語支蔓不切者即行
刪除編成大學一本虞書一本通鑑四本
裝演
進呈伏望
皇上萬幾有暇時加温習庶舊聞不至遺忘新
知日益聞豁其於
聖功實爲有補以後仍容臣等接續編輯
進呈
御覽仍乞
勅下司禮監發板印行用垂永久雖章句淺近
之言不足以仰窺
聖學精微之奧然行遠升高或亦一助云爾臣
等不揣荒陋謹具題奉
進以
聞
萬曆元年十二月　日

图 1：明万历内府刻本《四书直解》卷首张疏书影①

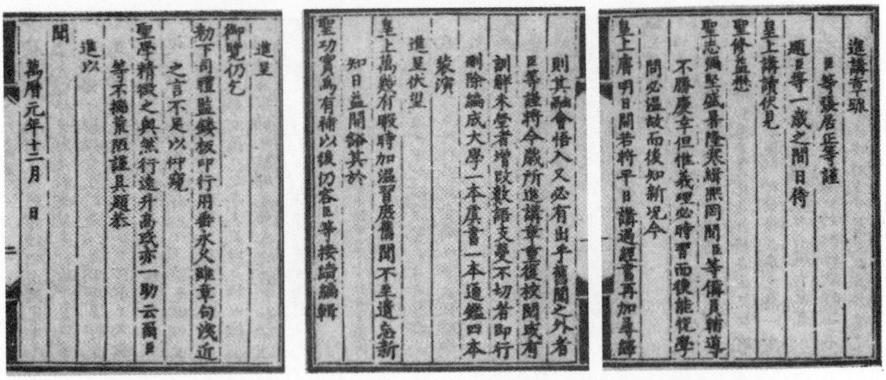
進講章疏
臣等張居正等謹
題 臣等一歲之間日侍
皇上講讀伏見
聖修益懋
聖志彌堅盛暑隆寒緝熙罔間臣等備員輔導
不勝慶幸但惟義理必時習而後能悅學
問必温故而後知新況今
皇上睿明日開若將平日講過經書再加尋繹
則其融會悟入又必有出乎舊聞之外者
臣等謹將今歲所進講章重復校閱或有
訓解未瑩者增改數語支蔓不切者即行
刪除編成大學一本虞書一本通鑑四本
裝演
進呈伏望
皇上萬幾有暇時加温習庶舊聞不至遺忘新
知日益聞豁其於
聖功實爲有補以後仍容臣等接續編輯
進呈
御覽仍乞
勅下司禮監發板印行用垂永久雖章句淺近
之言不足以仰窺
聖學精微之奧然行遠升高或亦一助云爾臣
等不揣荒陋謹具題奉
進以
聞
萬曆元年十二月　日

图 2：明万历内府刻本《书经直解》卷首张疏书影②

① 题张居正等：《四书直解》卷首，台北故宫博物院藏明万历内府刻本，第 1—2 页。

② 题张居正等：《书经直解》卷首，《故宫珍本丛刊》第 7 册影印北京故宫博物院藏明万历内府刻本，第 47 页。

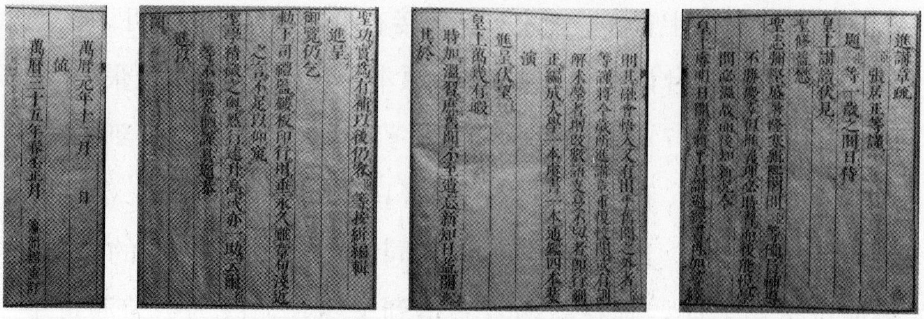
進講章疏
臣張居正等謹
題 臣等一歲之間日侍
皇上講讀伏見
聖修益懋
聖志彌堅盛暑隆寒罔閒 臣等備員輔導
不勝慶幸但惟義理必時習而後能悅學
問必溫故而後知新況今
皇上聰明日開若將平日講過經書再加尋繹
則其融會悟入又有出乎舊聞之外者 臣
等謹將今歲所進講章重復校閱或有訓
解未瑩者增改數語文意不切者即行刪
正編成大學一本虞書一本通鑑四本裝
演
進呈伏望
皇上萬幾有暇
時加溫習庶舊聞不至遺忘新知日益開豁
其於
聖功實爲有補以後仍容 臣等接續編輯
進呈
御覽仍乞
勑下司禮監鏤板印行用垂永久雖章句淺近
之言不足以仰窺
聖學精微之奧然行遠升高或亦一助云爾 臣
等不揣荒陋謹具題奉
進以
聞
萬曆元年十二月 日
值
萬曆三十五年春壬正月
瀛洲館重訂

图 3：日本江户时代翻刻明万历三十五年瀛洲馆重订《四书经筵直解》卷首张疏书影①

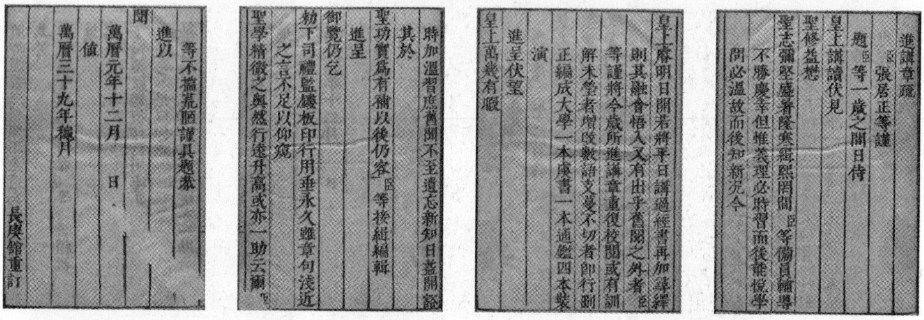
進講章疏
臣張居正等謹
題 臣等一歲之間日侍
皇上講讀伏見
聖修益懋
聖志彌堅盛暑隆寒罔閒 臣等備員輔導
不勝慶幸但惟義理必時習而後能悅學
問必溫故而後知新況今
皇上聰明日開若將平日講過經書再加尋繹
則其融會悟入又有出乎舊聞之外者 臣
等謹將今歲所進講章重復校閱或有訓
解未瑩者增改數語文意不切者即行刪
正編成大學一本虞書一本通鑑四本裝
演
進呈伏望
皇上萬幾有暇
時加溫習庶舊聞不至遺忘新知日益開豁
其於
聖功實爲有補以後仍容 臣等接續編輯
進呈
御覽仍乞
勑下司禮監鏤板印行用垂永久雖章句淺近
之言不足以仰窺
聖學精微之奧然行遠升高或亦一助云爾 臣
等不揣荒陋謹具題奉
進以
聞
萬曆元年十二月 日
值
萬曆三十九年穐月
長庚館重訂

图 4：明万历三十九年长庚馆重订《重刻内府原板张阁老经筵四书直解指南》卷首张疏书影②

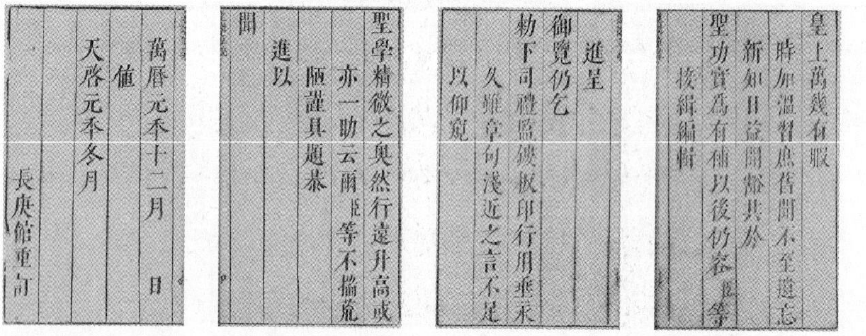
皇上萬幾有暇
時加溫習庶舊聞不至遺忘
新知日益開豁其於
聖功實爲有補以後仍容 臣等
接續編輯
進呈
御覽仍乞
勑下司禮監鏤板印行用垂永
久雖章句淺近之言不足
以仰窺
聖學精微之奧然行遠升高或
亦一助云爾 臣等不揣荒
陋謹具題奉
進以
聞
萬曆元年十二月 日
值
天啓元年冬月
長庚館重訂

① 题李春芳总裁、郭朴讨论、高拱修饰、张居正润色、瞿景淳编辑、汪旦校□：《四书经筵直解》卷首，北京：中国国家图书馆藏日本江户时代翻刻明万历三十五年瀛洲馆重订本。按：明万历三十五年瀛洲馆重订《四书经筵直解》二十卷，于日本桃园天皇宝历四年（1754）由中国商船“志字号”载抵日本，大约在江户前期由京都出云寺和泉掾松柏堂翻刻。参严绍璗：《日藏汉籍善本书录》，第1册，第226页；并参日本所藏中文古籍数据库，网址：http：//kanji. zinbun. kyoto-u. ac. jp/kanseki，检索词：“四书经筵直解”，检索日期：2015. 12. 30。

② 题张居正等：《重刻内府原板张阁老经筵四书直解指南》卷首，日本内阁文库藏高野山积迦文院旧藏万历卅九年长庚馆重订本，第1—2页。

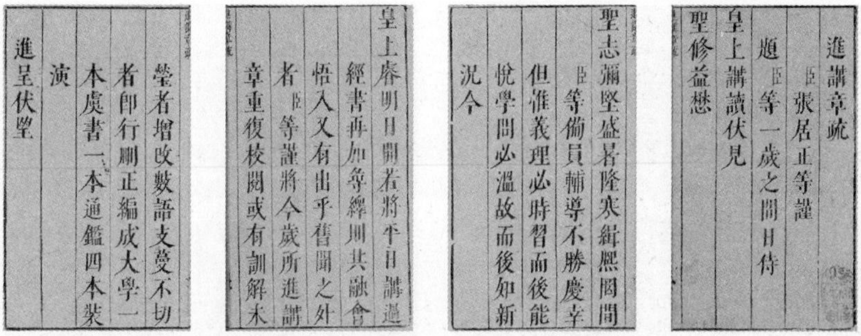
進講章疏
臣張居正等謹
題臣等一歲之間日侍
皇上講讀伏見
聖修益懋
聖志彌堅盛暑隆寒緝熙罔間
臣等備員輔導不勝慶幸
但惟義理必時習而後能
悅學問必溫故而後知新
況今
皇上睿明日開若將平日講過
經書再加尋繹則其融會
悟入又有出乎舊聞之外
者臣等謹將今歲所進講
章重復校閱或有訓解未
瑩者增改數語支蔓不切
者即行刪正編成大學一
本虞書一本通鑑四本裝
演
進呈伏望

图 5：明天启元年长庚馆重订《重刻辩真内府原板张阁老经筵四书直解指南》卷首张疏书影①

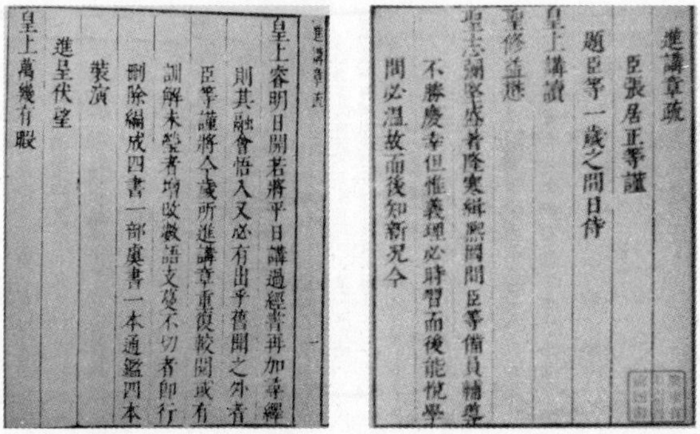
進講章疏
臣張居正等謹
題臣等一歲之間日侍
皇上講讀
聖修益懋
聖志彌堅盛暑隆寒緝熙罔間臣等備員輔導
不勝慶幸但惟義理必時習而後能悅學
問必溫故而後知新況今
皇上睿明日開若將平日講過經書再加尋繹
則其融會悟入又必有出乎舊聞之外者
臣等謹將今歲所進講章重復校閱或有
訓解未瑩者增改數語支蔓不切者即行
刪除編成四書一部虞書一本通鑑四本
裝演
進呈伏望
皇上萬幾有暇

图 6：明崇祯七年方奇峋刻本《新订四书直解正字全编》卷首张疏书影②

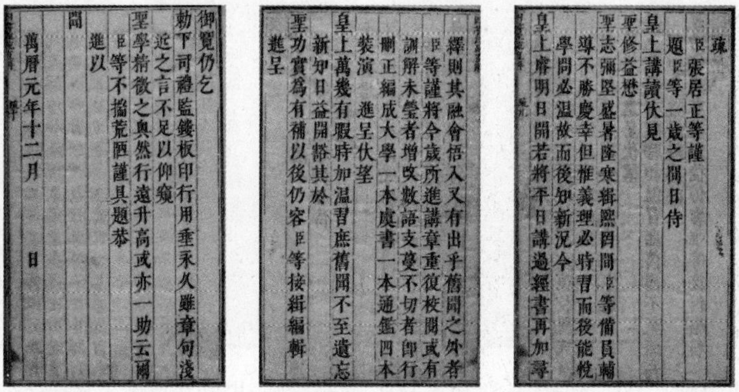
疏
臣張居正等謹
題臣等一歲之間日侍
皇上講讀伏見
聖修益懋
聖志彌堅盛暑隆寒緝熙罔間臣等備員輔
導不勝慶幸但惟義理必時習而後能悅
學問必溫故而後知新況今
皇上睿明日開若將平日講過經書再加尋
繹則其融會悟入又有出乎舊聞之外者
臣等謹將今歲所進講章重復校閱或有
訓解未瑩者增改數語支蔓不切者即行
刪正編成大學一本虞書一本通鑑四本
裝演　進呈伏望
皇上萬幾有暇時加溫習庶舊聞不至遺忘
新知日益開豁其於
聖功實為有補以後仍容臣等接緝編輯
進呈
御覽仍乞
勅下司禮監鏤板印行用垂永久雖章句淺
近之言不足以仰窺
聖學精微之奧然行遠升高或亦一助云爾
臣等不揣荒陋謹具題恭
進以
聞
萬曆元年十二月　日

图 7：清顺治十五年蒋先庚注疏本《四书注疏直解》卷首张疏书影③

---

① 题张居正等：《重刻辩真内府原板张阁老经筵四书直解指南》卷首，日本龙谷大学大宫图书馆藏明天启元年长庚馆重订刻本，第 1—4 页。

② 张居正直解、沈鲤正字：《新订四书直解正字全编》，第 116—117 页。

③ 题张居正直解、蒋先庚注疏：《四书注疏直解》卷首，日本内阁文库藏清顺治十五年刻本，第 9—10 页。

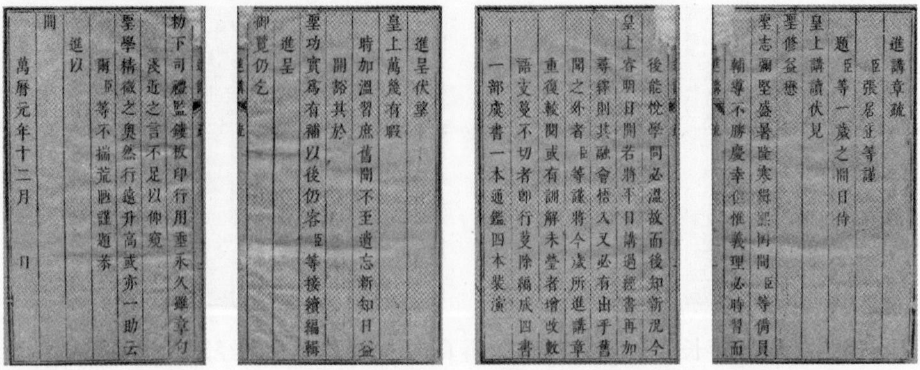
進講章疏
臣張居正等謹
題臣等一歲之間日侍
皇上講讀伏見
聖修益懋
聖志彌堅盛暑隆寒緝熙罔間臣等備員
輔導不勝慶幸但惟義理必時習而
後能悅學問必溫故而後知新況今
皇上睿明日開若將平日講過經書再加
尋繹則其融會悟入又必有出乎舊
聞之外者臣等謹將今歲所進講章
重復校閱或有訓解未瑩者增改數
語支蔓不切者即行芟除編成四書
一部虞書一本通鑑四本裝潢
進呈伏望
皇上萬幾有暇
時加溫習庶舊聞不至遺忘新知日益
開豁其於
聖功實為有補以後仍容臣等接續編輯
進呈
御覽仍乞
勅下司禮監鋟板印行用垂永久雖章句
淺近之言不足以仰窺
聖學精微之奧然行遠升高或亦一助云
爾臣等不揣荒陋謹題恭
進以
聞
萬曆元年十二月　日

图 8：清康熙十一年朱凤台订本《经筵进讲原本》卷首张疏书影①

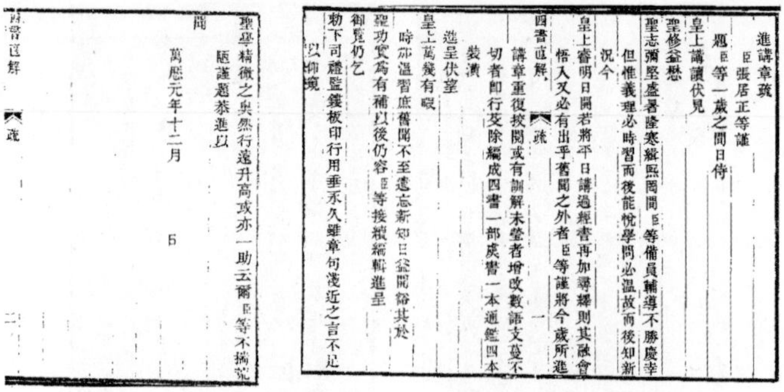
進講章疏
臣張居正等謹
題臣等一歲之間日侍
皇上講讀伏見
聖修益懋
聖志彌堅盛暑隆寒緝熙罔間臣等備員輔導不勝慶幸
但惟義理必時習而後能悅學問必溫故而後知新
況今
皇上睿明日開若將平日講過經書再加尋繹則其融會
悟入又必有出乎舊聞之外者臣等謹將今歲所進
講章重復校閱或有訓解未瑩者增改數語支蔓不
切者即行芟除編成四書一部虞書一本通鑑四本
裝潢
進呈伏望
皇上萬幾有暇
時加溫習庶舊聞不至遺忘新知日益開豁其於
聖功實為有補以後仍容臣等接續編輯進呈
御覽仍乞
勅下司禮監鋟板印行用垂永久雖章句淺近之言不足
以仰窺
四書直解　疏　一
聖學精微之奧然行遠升高或亦一助云爾臣等不揣荒
陋謹題恭進以
聞
萬歷元年十二月　日
四書直解　疏　二

图 9：清康熙十六年八旗经正书院本《四书集注阐微直解》卷首张疏书影②

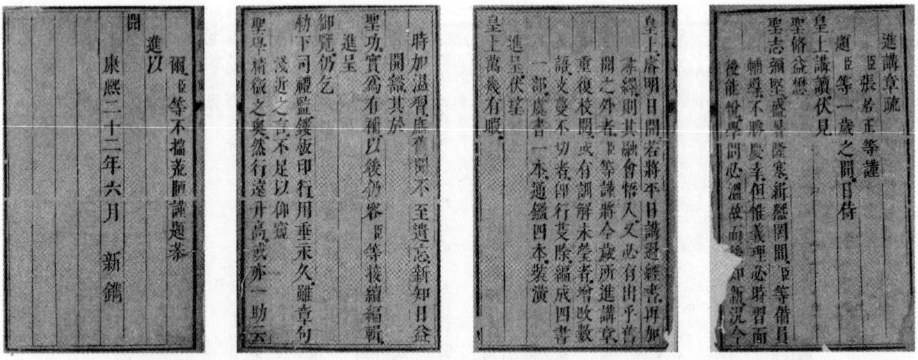
進講章疏
臣張居正等謹
題臣等一歲之間日侍
皇上講讀伏見
聖修益懋
聖志彌堅盛暑隆寒緝熙罔間臣等備員
輔導不勝慶幸但惟義理必時習而
後能悅學問必溫故而[illegible]知新況今
皇上睿明日開若將平日講過經書再加
尋繹則其融會悟入又必有出乎舊
聞之外者臣等謹將今歲所進講章
重復校閱或有訓解未瑩者增改數
語支蔓不切者即行芟除編成四書
一部虞書一本通鑑四本裝潢
進呈伏望
皇上萬幾有暇
時加溫習庶舊聞不至遺忘新知日益
開豁其於
聖功實為有補以後仍容臣等接續編輯
進呈
御覽仍乞
勅下司禮監鋟板印行用垂永久雖章句
淺近之言不足以仰窺
聖學精微之奧然行遠升高或亦一助云
爾臣等不揣荒陋謹題恭
進以
聞
康熙二十二年六月　新鐫

图 10：清康熙三十一年崇善堂刊本《汇镌经筵进讲四书直解》卷首张疏书影③

---

① 题张居正直解、朱凤台订：《经筵进讲原本》卷首，日本内阁文库藏昌平坂学问所旧藏清康熙十一年刻本，第 1—2 页。

② 题张居正等：《四书集注阐微直解》卷首，《四库未收书辑刊》第 2 辑第 12 册影印清八旗经正书院刻本，第 181—182 页。

③ 题张居正等：《汇镌经筵进讲四书直解》卷首，日本早稻田大学图书馆藏清康熙三十一年崇善堂刊本，扉页及第 1—2 页。

2. 书名和各卷题名的变动

第二类需要注意的变动情形，是各种《四书直解》的书名和各卷题名。中国台北“故宫博物院”藏明内府刻本《四书直解》廿六卷，廿六册[①]，每半页九行，行十八字，黑口，四周双边。卷端书名均题为“四书直解卷之几”。全书仅两处题名，一是卷一《大学》题“少师兼太子太师吏部尚书中极殿大学士臣张居正等谨辑”，二是卷十三《孟子》题“少师兼太子太师吏部尚书中极殿大学士臣申时行等谨辑”（见图 11）。这是因为，《大学》、《中庸》、《论语》最初进讲时为首辅张居正领衔，至进讲《孟子》时张居正已卒，改由时任首辅申时行领衔。结合前述明神宗初年进讲《四书》的进度来看，这两处题名与《四书直解》的成书过程完全吻合[②]。此本似与日本东北大学附属图书馆藏明万历间刊本《四书直解》廿七卷，廿六册，版式、行款皆同[③]。这部《四书直解》的题名，与现存明内府刊行的《书经直解》完全一致，而后者仅卷一有题名：“少师兼太子太师吏部尚书中极殿大学士

---

① 王重民辑：《国会图书馆藏中国善本书录》，Washington D. C.：Library of Congress，1957 年，第 46 页；王重民：《中国善本书提要》，上海：上海古籍出版社，1983 年，第 44 页；故宫博物院编印：《故宫博物院善本旧籍总目》，台北：故宫博物院，1983 年，第 141 页。均著录为廿六卷，廿六册，惟王氏称“明万历间刻本”，但引述刘若愚《内板经书纪略》的记载以相印证；故宫书目则直称“明万历间内府刊本”。

② 但其卷数、册数，与刘若愚《酌中志》卷 18《内板经书纪略》所记内板经书“《四书直解》二十五本，一千零四十二页”（第 161 页），略有所出入，未知刘氏所记是否为最完整版本？抑或记载有误？摘录《酌中志》卷 16－20 而成的《明宫史》，其卷 5 则著录为“《四书直解》二十六本，一千八百四十页”，影印《文渊阁四库全书》第 651 册，第 665 页。

③ 严绍璗：《日藏汉籍善本书录》，第 1 册，第 225 页。据其描述，此本《学》、《庸》、《论》皆题“少师兼太子太师吏部尚书中极殿大学士臣张居正等谨辑”，唯《孟子》题“少师兼太子太师吏部尚书中极殿大学士臣申时行等谨辑”，未知是否《学》、《庸》、《论》题下皆有张居正题名？抑或仅《大学》题下有张氏题名，而著录者据以推知《庸》、《论》皆同？又，此本为二十七卷，未知何故？

臣张居正等谨辑。”（见图 12）

明万历三十五年正月瀛洲馆重订本《四书经筵直解》的坊刻科举读本色彩非常明显。此书封面签题上有小字“经筵校阅”，首卷题为“大学经筵直解卷之一”，版心上题“直解”，中题“大学”。最堪注意的，是此书卷题之下的题名：

少保兼太子太保礼部尚书武英殿大学士兴化李春芳 总裁

少傅兼太子太傅吏部尚书武英殿大学士安阳郭　朴 讨论

少师兼太子太师吏部尚书中极殿大学士新郑高　拱 修饰

少师兼太子太师吏部尚书中极殿大学士江陵张居正 润色

礼部左侍郎兼翰林院学士掌詹事府詹事昆山瞿景淳 编辑

皇　明　后　学新安汪　[旦 校□]（见图 13）

这个题名阵容豪华得简直令人目眩，反而轻易暴露了其虚夸不实的本质。从书中《大学》部分来看，除了书名、题名和开篇，其正文内容与明内府刻本《四书直解》同。由此可知，这正是万历初年张居正主政时的讲章汇编。既然如此，当时已在政治斗争中败给张居正并因此赋闲家居的高拱，如何可能参与此书的“修饰”，而且还和负责“润色”的张居正合作，和和气气地联袂打造此书？仅此一端，其余李春芳、郭朴等名号已不足置辩。更能说明问题的是瞿景淳（1507—1569）。他早已于隆庆三年去世，根本不可能“编辑”这部在其身后三年才开始启动并持续了近二十年才最终完成的讲章汇编。如果此书的炮制者愿意仔细一些的话，就会发现瞿景淳其实是常熟（虞山）人，而非题名中的昆山人。

尽管如此，对于此书的实际编刊者和预期中的读者而言，由地位尊崇的大学士们，以及当代最负盛誉的制艺名家兼高官瞿景淳共同组成的这个豪华阵容，其吸引力是不言而喻的——既有足够使人掏口袋的权威性，也带有保证受众举业成功的承诺。这种情形，酷似蒋士铨（1725—1785）《临川梦》讥讽晚明出版名人陈继儒（1558—1639）炮制各式举业读物的描写：“吓得那一班鼠目寸光的时文朋友，拜倒辕门，盲目瞎赞。”[1] 实际上，很可能只有敬陪豪华阵容末座，而仅有“后学”身份、负责“校□”（校订或校阅）工作的新安人汪旦，才与此书的编辑出版具有实质性的关系[2]。

---

① 蒋士铨：《临川梦》第二出，《续修四库全书》第1776册影印清乾隆蒋氏刻红雪楼九种曲本，第161页。

② 与明嘉靖、万历间汪旦有关的出版讯息，检得如下几种：（1）宋赵抃《赵清献公文集》十卷《附录》一卷，明嘉靖四十一年衢州西安县刻本。卷首衢州知府杨准序称：“属西安邑庠训导汪旦厘正续梓。”各卷卷末有“浙江衢州府西安县儒学训导汪旦校刊”一行。见《原国立北平图书馆甲库善本丛书》第659册，第1页；并参杨绳信：《增订中国版刻综录》，西安：陕西人民出版社，2014年，第291页。（2）明徐元太辑：《喻林》一百二十卷，刻工汪旦出现在万历四十三年宣城徐氏刻本中，刊刻其中的卷1、卷13；但此书最早为八十卷本，明万历十七年何氏刻本，故未知刻工汪旦参与哪次刊刻？参李国庆：《明代刊工姓名全录》下册，上海：上海古籍出版社，2014年，第921－924页。（3）唐陆淳《春秋啖赵二先生集传纂例》十卷《辨疑》十卷《附录》一卷，台北“国家”图书馆藏明嘉靖十九年吴县知县汪旦刊本，详参“国家”图书馆特藏组编：《“国家”图书馆善本书志初稿·经部》，台北：“国家”图书馆，1996年，第181页。（4）《新刊翰林考正纲目通鉴玉台青史》二十八卷，题刘基纂集、商辂编续、汪旦校正，北京中国国家图书馆、芝加哥大学图书馆藏明万历刻本。（5）汪旦《黄庭内景玉经注解》二卷，北京中国国家图书馆藏明嘉靖刻本。第（4）、（5）两种的资讯，据台北“国家”图书馆“古籍特藏文献资源·中文古籍联合目录”，网址：http：//rbook2.ncl.edu.tw/Search/Index/2，检索日期：2015.12.31。

从内容来看，瀛洲馆重订本正文开篇的段落，已经足够说明其编刊者和预期读者的知识水准了。与《四书直解》相比，此书在解释“大学”书名时，额外赠送了读者如下这段显然水准有限的介绍孔子的文字：

> 孔圣名丘，字仲尼，其先宋人，鲁襄公二十二年十一月庚子生。为儿嬉戏，常陈俎豆，设礼容。及长，问礼于老子。历仕鲁，为仲都宰，为司空，为大司寇，摄行相事，与闻国政，鲁国大治。齐人沮之，复周游列国。归鲁，终不能用。乃叙《书》，传《礼记》，删《诗》，正《乐》，序《易》，彖、系、象、说卦、文言，因获麟，作《春秋》。弟子盖三千焉，通六艺者七十二人。哀公十六年壬戌四月己丑卒，享年七十三，葬鲁城北泗上。历朝上徽号，为大成至圣文宣师①。

随着商业运作的介入，至迟在万历三十九年长庚馆重订本《重刻内府原板张阁老经筵四书直解指南》中，书名产生了重要变化，举业取向显著增强。此书皆分上下栏。其中，《大学》下栏每半页十四行，行廿三字，版心题“长庚馆藏板”；上栏廿六行，行十二字，版心题“四书指南直解”；下栏卷端题“中极殿大学士泰岳张居正辑著、状元澹园焦竑增校、书林易斋詹亮刊行”；上栏卷端题“解元李光缙重校、后学杨文奎重著、后学黄

① 《四书经筵直解》卷1，第1页。按：末句称孔子徽号为“大成至圣文宣师”，是受到嘉靖九年明世宗改革孔庙祀典过程中，去其“王”号的影响。参朱鸿林：《儒者从祀孔庙的学术与政治问题》，《朱鸿林明史研究系列·孔庙从祀与乡约》，北京：三联书店，2015年，第11页。

金铉、后学庄□□仝编”[1]。不过，其余《庸》、《论》、《孟》首卷卷端题名各有差异（见图 14），而最堪注意的是《孟子》卷端题名首行仍作“中极殿大学士泰岳张居正辑著”，这显然是错误的。如前所述，进讲《孟子》时张居正早已去世，应该题时任首辅申时行之名才对。

长庚馆重订本嗣后经过反复修订、重刊。现存天启元年刻本，名为《重刻辩真内府原板张阁老经筵四书直解指南》（见图 15）[2]。全书版心题“经筵进讲”，鱼尾下署“直解”及卷次。其版式亦分上、下栏，下栏为《四书直解》，首卷卷题为“重刻辩真内府原板张阁老经筵四书直解大学卷之一”，次行以下题“中极殿大学士泰岳张居正辑著、状元澹园焦竑编次[3]、会元霍林汤宾尹订正[4]、闽中后学见宇杨文奎校讹、秣陵敬怡土永晟重写、书林易斋詹亮重梓”。值得注意的是，题名中“写”和“梓”，均特别强调是“重”新为之。首卷上栏，首行题“附辩真删补邹鲁指南主意”，次行以下题“温陵衷一李光缙三校、见宇杨文奎三著”[5]。“校”、“著”而称“三”，也表明经过了反复修订。从其后

---

① 题张居正等：《重刻内府原板张阁老经筵四书直解指南》卷 1，日本内阁文库藏高野山积迦文院旧藏万历卅九年长庚馆重订本，第 1 页。此本与现存日本米泽市立图书馆和静嘉堂文库的本子，看来应该是同一版本。后两种本子的详细著录，参严绍璗：《日藏汉籍善本书录》，第 1 册，第 225—226 页。

② 题张居正等：《重刻辩真内府原板张阁老经筵四书直解指南》，日本龙谷大学大宫图书馆藏明天启元年长庚馆刊本。

③ 焦竑的《大学》见解，集中见于其《焦氏四书讲录》卷 1—2，《续修四库全书》第 162 册影印明万历二十一年书林郑望云刻本，第 5—26 页。

④ 会元汤宾尹是晚明商业出版中非常好用的金字招牌，参金文京：《汤宾尹与晚明商业出版》，载胡晓真主编：《世变与维新：晚明与晚清的文学艺术》，台北：“中研院”中国文哲研究所筹备处，2001 年，第 79—100 页；章宏伟：《明代科举、党争与出版业的关系——以汤宾尹为例》，《十六——十九世纪中国出版研究》，上海：上海人民出版社，2011 年，第 29—53 页。

⑤ 卷 2 下栏卷题作“重刻辩真内府原板张阁老经筵进讲四书直解中庸卷之一”，题名无“闽中后学见宇杨文奎校讹、秣陵敬怡土永晟重写”；上栏首行作“附删补邹鲁指南主意”；卷 4《论语》、卷 14《孟子》首卷卷题及题名，均大体同此。

的正文来看，内容方面确实有所修订。此书卷首亦载张居正《进讲章疏》，而且仍作“编成《大学》一本、《虞书》一本、《通鉴》四本”；其疏末次行以下题“值天启元年冬月长庚馆重订”。由此可见，长庚馆主人也并不认为有必要篡改张疏以与全书正文相吻合。但就全书题名来看，《学》、《庸》、《论》、《孟》首卷，均题“中极殿大学士泰岳张居正辑著”，显然亦非事实。

到崇祯年间，又出现了与张居正撰、焦竑增补、顾宗孟订正的《四书直解》相辅而行的《四书指南纂序合参》，后者题为李光缙撰、刘日珩纂订、陈恒吉合纂。题为张居正、申时行撰的《四书直解》，在天启、崇祯年间也被反复刊刻[①]，前述崇祯七年版题“相国太岳张居正直解、龙江沈鲤正字”的《新订四书直解正字全编》自是其中一例（见图 16）。

西班牙国家图书馆塞万提斯阅览室藏金阊书林刻本《汇镌经筵直解四书集注》，大概也是晚明末或清初刻本。此书一函五册，扉页上题“张阁老进呈原本”，中右部题“汇镌经筵直/解四书集注”，有“徐台锡发兑”长方印。左部为书坊识语：

> 《四书》遵注尚矣。然遵注莫详于《直解》，则江陵（张居正）之功，不减晦庵（朱熹）。《直解》并尊久矣，然疏点最精于《鼎峙》，则岩叟（顾宗孟）之功，何殊太岳（张居正）。但各自成书，斧柯两列，未免有执伐睨睇之劳。今汇为一编，上下参观，竟可作一目十行之快。后之学者，不烦离注索解，而浅深并得、博约兼收矣。岂非圣门之第一书

① 严绍璗：《日藏汉籍善本书录》，第 1 册，第 225—226 页。

哉！金阊书林仝梓（见图17）[①]。

所谓“汇为一编，上下参观”，是指将顾宗孟所撰《四书》注释，与张居正所辑《四书直解》合成一书，分为上下两栏，上栏为顾氏所注，而下栏为《直解》原文。

从上述几种读本可以看出，《四书直解》在晚明以来的显著文本变动之一，就是与其他《四书》注解书组合，从而构成新的文本形态。上、下两栏的版式，极为直观地传达了这个动向。那些深负时名的举业名家，不断对《四书直解》进行评阅、校订等加工。同时，他们自己的《四书》注解作品，往往跟《直解》进行各种纠缠难分的结合和重组。其中，经苏州顾宗孟（1619年进士）“阅”过的《四书直解》（见图18）[②]，以及明末声震天下的应社骨干、太仓顾梦麟（1585—1653）所著畅销书《四书说约》[③]，均被整合进《四书直解》的出版行列，进而形成新的文本组合《四书集注阐微直解》，并在康熙十六年（1677）由名臣徐

① 见杜文彬：《西班牙藏中国古籍书录》，北京：国家图书馆出版社，2015年，第39—40页。按：由于笔者未见原书，其正文内容不得而知。又，未知此书于何时在何种情形下传入西班牙？但明末清初传教士在翻译儒家经典过程中，通常就是根据张居正辑《四书直解》而非朱熹《四书章句集注》进行翻译的，详参李新德：《明清时期西方传教士中国儒道释典籍之翻译与诠释》，北京：商务印书馆，2015年，第118—123、132—133页。

② 冯桂芬：《（同治）苏州府志》卷87《顾宗孟传》，第11—12页。传文称其“当时与文震孟、姚希孟称‘吴中三孟’”。

③ 顾梦麟《四书说约》二十卷，《四库未收书辑刊》第5辑第3册影印明崇祯十三年织帘居刻本。张溥《顾麟士四书说约序》开篇即称：“海内善说经者，并推杨子常（杨彝）、顾麟士（顾梦麟）两公，一出门走，问经义者牵挽相属，四方之士赫蹏质疑，裁对不休。”张溥：《七录斋合集》卷21，曾肖点校，济南：齐鲁书社，2015年，第381页。并参王昶：《（嘉庆）直隶太仓州志》卷27《顾梦麟传》，第23页。顾氏同时还是《诗经》专家，应社之中有所谓“五经应社”，其中《诗经》就由杨彝和顾梦麟负责。见王应奎：《柳南随笔》卷3，王彬、严英俊点校，北京：中华书局，1997年，第51—52页。顾梦麟《诗经说约》二十八卷，《续修四库全书》第60册影印明崇祯织帘居刻本；此书传到日本也颇受欢迎，日本有宽文九年翻刻本，台北“中研院”中国文哲研究所筹备处1996年据以影印，作为《珍本古籍丛刊》第4种。

乾学作序、八旗经正书院刊行（见图 18）。或许由于几年后《四书直解》受到康熙皇帝的明确称赞①，包括《四书集注阐微直解》在内的相关出版物在清代极为盛行，稍后崇善堂刊刻的《汇镌经筵进讲四书直解》，就仍然选择了顾宗孟的“批评”（见图 19）。

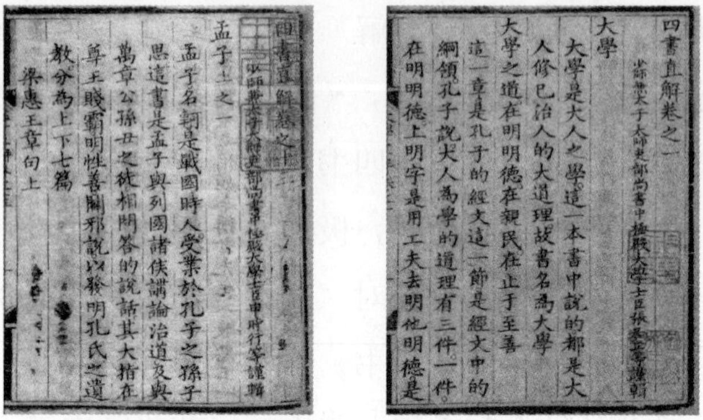
四書直解卷之一

大學

大學是大人之學。這一本書中說的都是大人修己治人的大道理，故書名為大學。

大學之道在明明德在親民在止於至善

這一章是孔子的經文，這一節是經文中的綱領。孔子說大人為學的道理有三件。一件在明明德。上明字是用工夫去明他，明德是

孟子上之一

孟子名軻，是戰國時人，受業於孔子之孫子思。這書是孟子與列國諸侯講論治道，及與萬章公孫丑之徒相問答的說話。其大指在尊王賤霸，明性善，闢邪說，以發明孔氏之道。教分為上下七篇。

梁惠王章句上

图 11：明万历内府刻本《四书直解》题名书影②

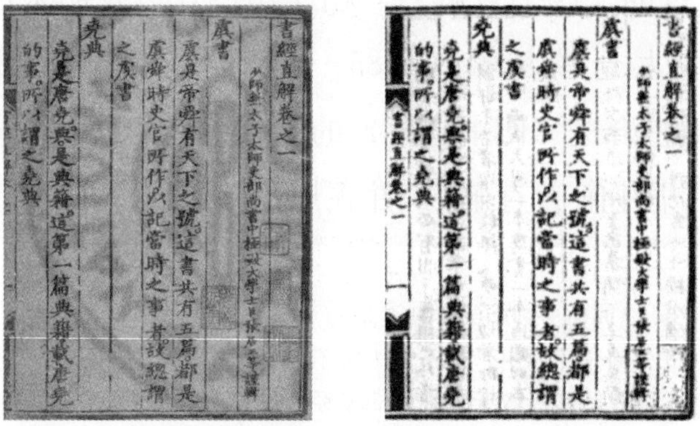
書經直解卷之一

虞書

虞是帝舜有天下之號。這書共有五篇，都是虞舜時史官所作，以記當時之事者，故總謂之虞書。

堯典

堯是唐堯。典是典籍。這第一篇典籍載唐堯的事，所以謂之堯典。

图 12：明万历内府刻本《书经直解》题名书影③

① 康熙二十三年四月乙丑，“上谕讲官牛钮等曰：‘讲章辞取达意，以确切明晰为尚，如本文敷衍太多，则篇末未免重复，大约诠次本文，原在了彻圣贤意旨，而篇末该括数语，又贵阐明理道，务去陈言。朕阅张居正《尚书、四书直解》，篇末俱精实之义，无泛设之词。今后所撰《诗经》讲章，亦须体要备举，期于尽善。’”见《清圣祖实录》卷 115，第 10 页。

② 题张居正等：《四书直解》卷 1 首页、卷 13 首页，台北故宫博物院藏明万历内府刻本。

③ 题张居正等：《书经直解》卷 1 首页，右页为《故宫珍本丛刊》第 7 册影印北京故宫博物院藏明万历间内府刻本，左页为台湾“国家”图书馆藏明万历间内府刻本（此本卷首缺张居正《进讲章疏》）。按：全书十三卷，仅有这一处题署。

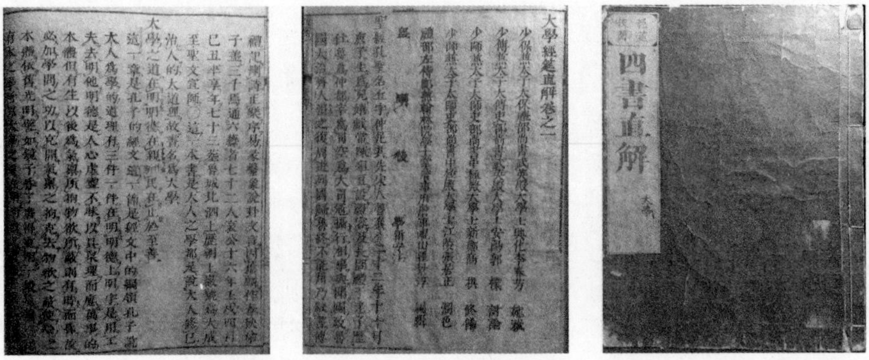

图 13：日本江户时代翻刻明万历三十五年瀛洲馆重订

《四书经筵直解》扉页及题名书影①

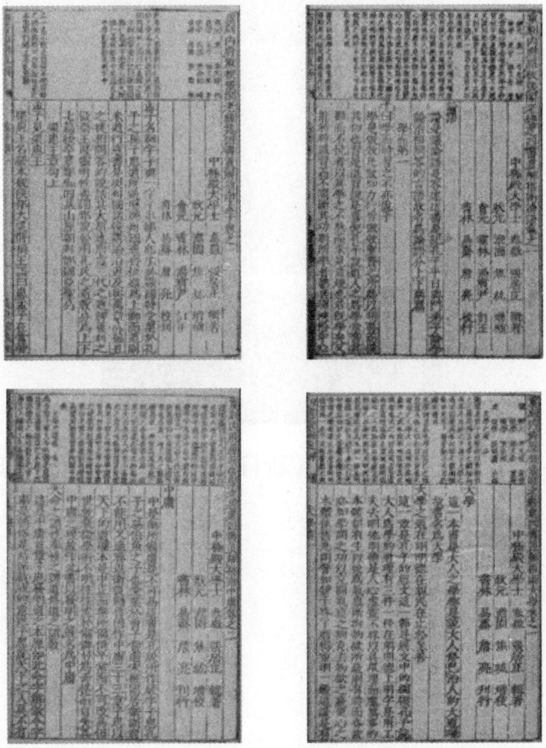

图 14：明万历三十九年长庚馆重订《重刻内府原板张阁老经筵四书直解指南》

题名书影②

① 题李春芳总裁、郭朴讨论、高拱修饰、张居正润色、瞿景淳编辑、汪旦校□：《四书直解》卷 1 首页，北京：中国国家图书馆藏日本江户时代翻刻明万历三十五年瀛洲馆重订本。

② 题张居正等：《重刻内府原板张阁老经筵四书直解指南》，各书首卷首页。

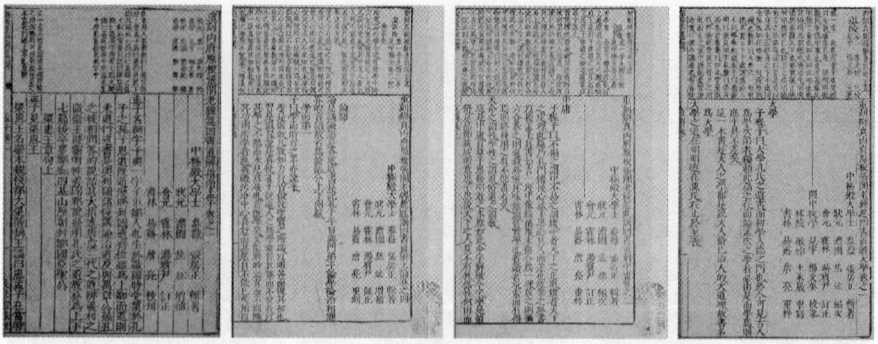

图 15：明天启元年长庚馆重订《重刻辩真内府原板张阁老经筵四书直解指南》题名书影①

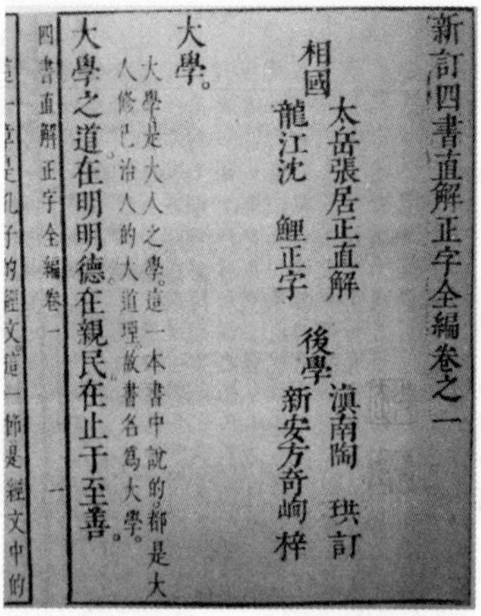

新訂四書直解正字全編卷之一
相國 太岳張居正直解
龍江沈 鯉正字
後學 滇南陶 珙訂
新安方奇峋梓
大學。
大學是大人之學。這一本書中說的，都是大人修己治人的大道理，故書名為大學。
大學之道在明明德在親民在止于至善。
四書直解正字全編卷一

图 16：明崇祯七年方奇峋刻本《新订四书直解正字全编》题名书影②

① 题张居正等：《重刻辩真内府原板张阁老经筵四书直解指南》，卷 1，第 1 页；卷 2，第 1 页；卷 4，第 1 页；卷 14，第 1 页。

② 张居正直解、沈鲤正字：《新订四书直解正字全编》，第 116－117 页。

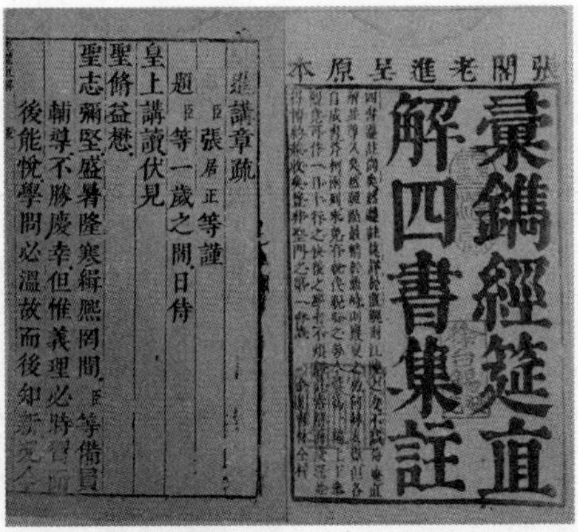

图 17：金阊书林《汇镌经筵直解四书集注》扉页书影①

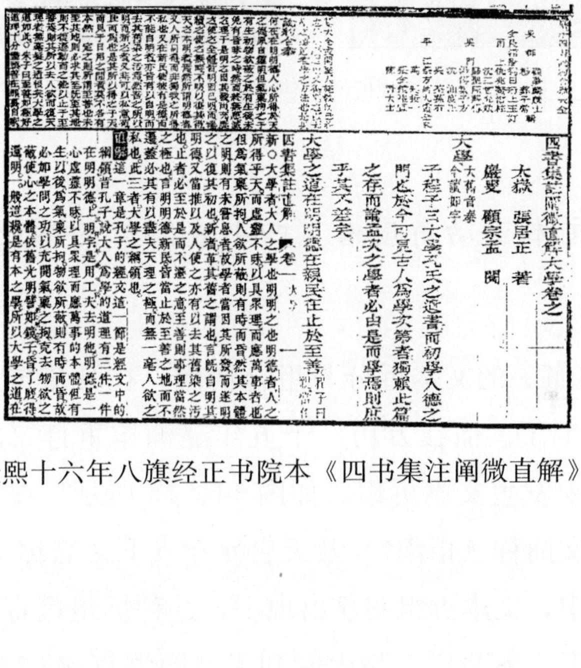

图 18：清康熙十六年八旗经正书院本《四书集注阐微直解》题名书影②

① 杜文彬：《西班牙藏中国古籍书录》，卷首彩页。

② 题张居正等：《四书集注阐微直解》卷 1 首页，《四库未收书辑刊》第 2 辑第 12 册影印清八旗经正书院刻本，第 183 页。

张閣老進呈原本
四書經筵
日講直解
康熙壬申年新梓
崇善堂藏板

图 19：清康熙三十一年崇善堂藏板《汇镌经筵进讲四书直解》扉页及题名书影①

四、从文本变动角度看《四书直解》的举业化倾向

《四书直解》的文本拆分与组合情形，在其流传到宫廷外不久之后就产生了。但在万历三十五年瀛洲馆重订《四书经筵直解》中，尚未发生文本拆组。如图 14、15 所示，在现存万历三十九年（下文简称《指南》）及天启元年（下文简称《辩真》）长庚馆重订本中，文本拆组明显出现了，这种拆组最直观的体现就是版式分为上、下两栏。与内府刊本《四书直解》相比勘可知，下栏主要是在遵循原文的基础上，稍微增删字句，变动不大②；而上栏则是对相应内容的补充、挑战、更改。由此可见，书名中

① 题张居正等：《汇镌经筵进讲四书直解》卷首，扉页；卷 1，第 1 页。

② 如卷 1 开篇解释“大学”书名时，与内府刻本《四书直解》相比，《指南》文字不变，而《辩真》增加“子程子曰大学孔氏之遗书……则庶乎其不差矣”一段文字；又如对《大学》正文首句“大学之道”节的解释，内府刻本共 386 字，而《指南》、《辩真》均只有 337 字，删去或漏刻 49 字。

出现的所谓“指南”、“辩真”，应该主要是指上栏的这些内容而言。因此，本文着重以两种版本的上栏内容为基础，对各自的上、下栏之间和两种上栏之间展开比较探讨。

在形式上，上栏的《指南》和《辩真》都分为“经一章”、“传首章”至“传十章”，沿袭了朱子《章句》的“经－传”划分。这显然是为了配合（当然也是受限于）下栏经筵讲章的顺序，因为讲章严格遵照了朱子《章句》本的编排。上栏在每章章题下，首先总说此章主旨，然后分节进行分说，相关文字均顶格排版。其间多有版式低一格的补语或按语：段前加“补”字（有时省略）者，通常是引用新近某家之说；段前加“按”字者，则往往是对顶格的章、节解说进行补充或修订；另外，文中有时也在所“补”新近某家之说之末，以“〇”作区隔，再加“按”字。

正是上栏的这些补语和按语，对下栏的经筵讲章构成了文本和解释两方面的挑战。本文接下来以上栏《指南》与《辩真》开篇经一章的总说和第一节“大学之道”的分说为例，来观察上栏是如何挑战下栏，以及上栏的《指南》与《辩真》之间的异同。

首先，《指南》与《辩真》在这部分的结构上有明显差异。《指南》用单独一行“大学之道　全”来引出总说，随后是两段顶格排列的总说/分说文字，紧接着是两段低一格排列的补说和按语。《辩真》则以“经一章”然后空一字格来引出顶格排列的总说文字，然后是两段低一格排列的补说和按语；接着是以“大学节”三字提示解说第一节“大学之道”的、顶格排列的分说文字，然后又是两段低一格排列的补说和按语。显然，《辩真》在结构上更为合理，可以视为一种改进和提升。原因在于，这部分的解释主体有两个：一是“经一章”全文，二是“经一章”之中的第一节“大学之道”节。《辩真》以“总说＋补＋按”对应“经一章”，以“分说＋补＋按”对应第一节“大学之道”，令读者清晰区分出哪些文字是针对“经一章”全文而发，哪些文字仅仅是针对“经一章”之中的第一节“大学之道”而发。而在《指南》中，却未能有效地作出这种区分，对章与节的解释被混淆在一起了。

其次，需要详细讨论的是《指南》与《辩真》在内容上的异同及其与下栏的关系。兹先罗列《指南》的总说、分说、补语、按语等四段文字如下（段首字母及数字为引者所加，下同）：

A1 此章是曾子述圣经以垂教也。上三节是揭言大学之纲领，而推其序以结之。下详言大学之条目，而要其本以结之。然纲领、条目，是朱子解书新法，只宜于讲末补出。

A2 “大学”何以名也？学以尽已之性，以尽人物之性，而赞化育、参天地，谓之大学。“大”云者，明非异端曲学之流也。“在明明德”，明其在我者也。天之所以与我者，至虚而灵，万理咸备，是谓明德。明德而明之，不为物欲所昏蔽，完其初而已。“在新民”，与民共明其明德也。明德在人，本同一体，而明明德之教，必自君子身之，以先知觉后知，以先觉觉后觉，作君作师之□也。“在止于至善”，明明德、新民，一止于天性当然之明而已焉。天性本来□□至□，学以尽性为期，而无有过、无有不及，所以止之也□是君心不□也。禹之告舜曰“安所止”，周公之称文王曰“缉熙敬止”，孔子之赞《易》曰“艮其止”，止其所也。而《大学》括之曰“止至善”，尽之矣。明明德须新民乃完全，须止至善乃尽。虽然连提三“在”字，其实只一□明明德焉耳。改原刻。

A3 一说〇苏紫溪（苏濬）《解醒》曰：“明明德者，明之又明也。《易》曰‘□明’，汤曰日新、又新，《孟》曰‘昭昭’，宋人曰‘惺惺’，皆明明德意。”按：此亦一见。但观下引《书》曰“明命”，曰“峻德”，亦即所谓明德也。只依注□□。

A4 补〇李袁一（李光缙）《要旨》曰：“作新民，程子曰当作‘新’，王文成（王阳明）驳之，从亲，以亲字有万物一体之义。”又云：“明德之功，全在亲民。许敬庵（许孚远）谓其说因用求体，于理未当。且下文有‘明明德于天下’句，亲字只□如注作新看，新与明德相合，许敬庵之论当矣。”按：袁一此评良是。近郑孩如《日录》、张君一《笺说》并主文成说，还未当。

以下结合《辩真》的相应各部分内容进行分析。《辩真》首段针对“经一章”顶格排列的总说文字如下：

B1 此章是曾子述圣经以垂教。通章只是一个明明德。亲民，明德中事也；止至善，满此明德之量也；知止，知此明德也；能得，得此明德也；齐、治、平，明明德于家、国、天下也；格、致、诚、正、修，明明德于己也。精言之为明德，约言之为修身，故曰“壹是皆以修身为本”，而修身下手处，则全属“致知在格物”一句。改原刻[①]。

值得特别注意的是段末“改原刻”三字。所谓“原刻”，自然是指天启元年长庚馆“重订”成《辩真》之时所根据的原有刻

① 题张居正等：《重刻辩真内府原板张阁老经筵四书直解指南》，卷1，第1页上栏。

本，这里应该就是指万历三十九年本《指南》，而非在此之后的某个重订本。理由有二：第一，《指南》上栏题名有“重校”、“重著”字样，而《辩真》上栏题名正好有“三校”、“三著”字样，由“重”而“三”，前者自然是后者的“原刻”。第二，从下文对《辩真》所“改”的具体分析中，凡能据以反推其“原刻”内容之处，均与《指南》的表述吻合。因此，这两段总说（A1、B1）的异同，就正好为长庚馆在“重订”时如何“改原刻”提供了一个非常具体的例证。

简言之，《辩真》的“改”，最关键的是其背离朱熹解释的倾向比《指南》更加突出。在《指南》的总说文字（A1）中，几乎完全遵循朱熹对经文的纲领、条目解释，在相当于“大学之道”节分说的第二段文字（A2）中，绝大部分也是遵循朱熹之说，只是在结束时才以一种不那么肯定的语气点出作者与朱熹的不同观点：“连提三‘在’字，其实只一□明明德焉耳。”与此不同的是，《辩真》开篇就斩钉截铁地抛出对经文全章的总括性看法：“通章只是一个明明德。”虽然既没有提到“纲领”字眼，也没有明确驳斥“‘三’纲领”说，但毫无疑义地，这是对朱子“三纲领”说的明确背离。所谓“通章只是一个明明德”，即认定“经一章”的核心要旨只是“明明德”，这才是全章的纲领。由此，上栏的《辩真》彻底否定了朱子的“‘三’纲领”说：如果说《大学》经文部分有所谓“纲领”的话，也只能是一个，而非三个，这个纲领就是“明明德”；朱子的所谓新民、止至善“纲领”也好，格、致、诚、正、修、齐、治、平的所谓“八条目”也好，都只是阐释“明明德”而已。

紧接着《辩真》“经一章”的总说之后，是连续两段低一格的补语和按语：

B2补：沈无回（沈守正）曰：《大学》只一明明德。其实在下手处，诸儒纷纷不同，略举数端：朱子曰“敬”，阳明曰“致良知”，李见罗（李材）曰“修身为本”，许敬庵（许孚远）曰“知止”，管东溟（管志道）曰“格物”。此皆就其资力之所近而言之，就中斟酌，觉管说近实。〇按：今讲学者，每每独标一宗旨，互不相下，肤见沈评自确[①]。

B3补：王观涛（王纳谏）曰：前面说“物有本末”，后面说“修身为本”，二“本”字正相同。前面虽以“事有终始”配说，而事即物中之事，对物不过；后面虽以“所厚者薄”陪说，而家即观化于身，对身不过。可见前后俱是重本之意。旧以前重序，后重本者，欠融。〇此说亦确，予原刻犹不免有序与本之说，今削之[②]。

拙作的研究已揭示出，在中晚明理学精英群体中流行一种创立新学说的重要模式：“讲学需有宗旨，宗旨源于《大学》。”[③] 首段补语（B2）正是对该模式的绝佳描述。此处的重点在于，这段文字补充指出了前引“改原刻”而成的总说之中，诸如“通章只是一个明明德”和“下手处则全属‘致知在格物’一句”诸说的提出者是沈守正，而沈氏又有取于管志道之说。沈守正（1572—1623）字无回，钱塘人，万历三十一年（1603）举人，署教谕，“淹达于《四子》，多所发明，著《四书说丛》、《诗经说通》，行

① 题张居正等：《重刻辩真内府原板张阁老经筵四书直解指南》，卷1，第1页上栏。

② 题张居正等：《重刻辩真内府原板张阁老经筵四书直解指南》，卷1，第1页上栏。

③ 刘勇：《中晚明士人的讲学活动与学派建构——以李材（1529—1607）为中心的研究》，北京：商务印书馆，2015年，第27－91页。

于世”[①]。《辩真》反复引用了沈氏《四书说丛》卷1《大学大意》中的内容[②]。

第二段补语（B3）重在交代前引“改原刻”而成的总说之中，“精言之为明德，约言之为修身”的来源，是出自王纳谏。王纳谏字圣俞、观涛，江都人，万历三十一年解元，三十五年进士，历官多任，“所注《四书翼注》，学者皆宗之”[③]。所谓“前重序”、“后重本”，是指《大学》“物有本末”后所讲的格、致、诚、正、修、齐、治、平八条目。朱子认为，八者在认知上是先后递进的顺序；但王氏认为“物有本末”之“本”，与后文“修身为本”之“本”，同样都是指修身而言，是故以“自天子以至于庶人壹是皆以修身为本”一句作总结。所谓“予原刻犹不免有序与本之说”，正是指前引《指南》总说（A1）“上三节是揭言大学之纲领，而推其序以结之；下详言大学之条目，而要其本以结之”。这个看法被天启元年的《辩真》放弃，后者转而采纳王纳谏的见解，前后俱重“本”，“本”即“修身”，而修身就是明德。

《辩真》随后是对经一章的第一节即“大学之道”节的分说：

B4 大学节：“大学”是极大的学术，可以希贤而希圣，可以骤帝而驰王。故曰：大学不必添“人”字。“道”还是道理，勿作方法说。明德者，此心之灵明也。新，对旧看。民德亦本明，一昏则旧矣。去其旧汙，则昏者复明，又成一个新底。至善，是明德、新民恰好处。心体原有天理，精微

① 陈宝善：《（光绪）黄岩县志》卷11《沈守正传》，第20—21页。

② 沈守正：《四书说丛》卷1，《四库全书存目丛书》经部第163册影印明万历四十三年刻本，第357—375页；沈守正：《重订四书说丛》卷1，《续修四库全书》第163册影印明刻本，第483—502页。

③ 五格、黄湘纂修：《（乾隆）江都县志》卷15，清乾隆八年刊光绪七年重刊本，第28—29页。

之极，“在止”者，复却本体之故耳。学到至善，如旅客归家，方有歇泊。虽提说三“在”字，其实只一明明德便了。明明德须新民乃完全，须止至善乃极妙，观下文“欲明明德于天下”语可见①。

所谓“不必添‘人’字”，是针对朱子将“大学”解释为“大人之学”而发；“勿作方法说”，也是批评朱子“古人为学次第”、“古人为学之大方”等看法②。随后，分说对明明德、新民、止至善加以解释，最后则如同总说那样，彻底否定朱子的所谓“三纲领”，主张全章的核心只是明明德。

《辩真》的这段分说（B4），大体上对应于前引《指南》第二段文字（A2），此点尤其可以从两段文字几乎完全相同的末尾部分看出来。后者段末也有“改原刻”三字，可惜我们无法看到万历三十九年本《指南》所依据的原刻本，因此也就无法获悉具体“改”动了哪些内容。推测起来，很可能重要改动之一是提出了段末“虽然连提三‘在’字，其实只一□明明德”。另外，从《辩真》这段分说（B4）大部分篇幅都不同于《指南》来看，则其末尾也应该有“改原刻”三字才更为合理。

《辩真》随后的两段补语和按语如下：

B5 补：徐自溟（徐奋鹏）曰：“大学之道，只明明德便该括得。……是可见新民、止至善乃明明德内事。按：此段说明德字，与新民、止至善处，极为停妥。较□迩来诸说，

① 题张居正等：《重刻辩真内府原板张阁老经筵四书直解指南》，卷1，第1—2页上栏。

② 以上分别见朱熹：《四书章句集注》，北京：中华书局，1996年，第3页；赵顺孙：《大学纂疏》，上海：华东师范大学出版社，1992年点校本，第13页，引据《朱子语类》。

最好参阅录之。”

B6 此中原刻，附载苏紫溪说“明明”二字，及李衷一辨“亲民”二段。想来同志者已耳而目之熟矣。今无余地，姑汰之。宁录其新解之的者，以便参互。此后仿此[①]。

显然，首段补语（B5）重在指出，“虽然连提三‘在’字，其实只一□明明德”这个重要观点源于颇有时名的流行读物编纂者徐奋鹏（约1560—1642）。随后的按语，则在进一步肯定徐氏的基础上，建议读者广泛参考近期的流行看法。

第二段补语（B6）则明确针对前引《指南》的第三、四两段文字（A3、A4）而发。苏濬（1542—1599）字君禹，号紫溪，福建晋江人，万历元年解元，五年进士。在中进士后不久，他便撰成《四书儿说》，“祖蔡［清］、陈［琛］遗旨而衍明之，浅能使之深，显能使之微。是书出，与［蔡清《四书］蒙引》、［陈琛《四书］浅说》并行于世”。大约十年后，时任陕西参议的苏濬又作《四书解醒》：“要以补考亭之所未尽，而发蔡、陈两先生之所不及，非故相抵牾也。”[②] 前述《指南》补语（A3）所引苏氏《解醒》中语，正好是所谓“补考亭之所未尽”的一例。李衷一，即《辩真》题名中的“温陵衷一李光缙（1549—1623）”，别字宗谦，泉州人。他是苏濬的同乡亲密高弟，并且与苏氏同样有解元（万历十三年，1585）身份。可惜李氏此后没能考中进士，最终

① 题张居正等：《重刻辩真内府原板张阁老经筵四书直解指南》，卷1，第2页上栏。

② 李光缙：《苏紫溪先生传》、《祭紫溪苏老师文》，《景璧集》卷12、18，曾祥波点校，福州：福建人民出版社，2012年，第570－572、874－875页；李清馥：《闽中理学渊源考》卷70《按察苏紫溪先生浚学派》，影印《文渊阁四库全书》第460册，第680－682页。按：清华大学图书馆藏明万历八年何伦刻本苏濬《重刻晋江紫溪苏先生四书儿说》八卷，日本静嘉堂文库藏明刻本苏濬撰、王衡补《四书大魁儿说·学庸》二卷。苏濬的《易经儿说》，同样是与蔡清、林希元、陈琛《易》学著作齐名之作。

成为负有时名的八股文选家[1]。

由此书版面可以非常直观地看出，引文所称“今无余地”，并非全为托辞。上栏文字数量多、小而密，空间紧缺。尽管如此，编刻者删去原刻中“想来同志者已耳而目之熟矣”的内容，显然预设“同志”已经拥有此书原刻本了；如果还没有，最好赶快觅购。当然，对于“宁录其新解之的者”的这个新版本，无需辞费，“同志”也不容错过；否则，便谈不上原刻和新刻“参互”了。末句明确提醒，这种情形在书中不只此例，“此后仿此”。

从上述讨论可知，“重订”本的内容的确与原刻本有所不同，这印证了两书反复标明的“改原刻”字样并非向壁虚构。当然，同样可以从举业市场对此进行解读：无论是从商业出版者的角度，还是从潜在的读者和受众角度来看，都意味着宣示“重订”本是在继承原刻本基础上的修订本、改进本、最新本。如此一来，那些已经购买原刻本者，就有必要再拥有此本；对于尚未购买原刻本者而言，在拥有此本的同时，仍有觅购原刻本的必要。

总之，长庚馆出版的万历三十九年和天启元年《四书直解》改装本，通过采用文本组合的方式，其上栏《指南》和《辩真》的解释，往往背离以朱子《大学章句》为依据的下栏《大学直解》。编刻者固化下栏的正统文本和解释，不对它进行直接的大改动；但通过上、下栏文本组合的方式，在由下栏的“原貌”与上栏的批判共同整合而成的文本中，重点借助上栏提供的多元解读，稀释、疏离、批判下栏内容，使得上、下栏之间形成张力，冲击、改变读者对下栏单一论调的看法，最终使得表面上仍然保持原貌的下栏《大学》文本和解释，被极大地相对化了。同样重

① 李光缙：《景璧集》卷7所收六十余篇“制义序”，可资大略说明他在当时举业出版市场上的位置，第287—341页。

要的是，在上栏的不同版本中，内容随时加以修订，删除某些部分，有时甚至是重要关节点，同时增加一些新信息；偶尔以新版本否定旧版本，偶尔又建议新旧版本相互参看。诸如此类的种种举动，既有助于减少炮制和出版“新书”时的投入，又可以吸引更多受众，并且就像连续剧或升级版那样，牢牢套住他们——因为科举是每三年一次持续进行的，所以这种号称紧跟不断变化着的新形势而实则只是稍事增删的读物，也可随之初刻、再刻、三刻，以至无穷刻①。

值得注意的是，作为经筵讲章汇编的《四书直解》不仅被坊刻出版者施以种种拆分和组合的改装，使其文本形制和内容更能迎合科举读本市场的需要，在支持刊刻这类“直解”书籍的士大夫官僚的认知中，它同样也明确地被举业化了。崇祯四年，南京工部官员高兆麟在任上重刻了题为张居正辑的《通鉴直解》，所撰自序云：

> 江陵相公《四书直解》，神庙初年进讲后，即梓行海内。后生小子，谁不持诵？人第知为蒙养不可少之书，不知为举业家吃紧之书也。显明直截，义理昭然，于“直解”二字之义，极其切当。上关圣学，下益举子，意甚深远。余读先生进呈之疏，“《四书》”之外，有“《虞书》一本，《通鉴》四本”，求一见而不可得。戊辰（崇祯元年，1628）之冬，于都门杂书坊中，见《通鉴直解》二十五卷，系旧板，即当日进呈之原刻也。语句寻常，著释精简，尽洗宋儒习套，读之甚畅，不忍释手。有过我而见之者，无不称快。惜无多本可

① 长庚馆在晚明时期刻印了不少流行的举业读物，而且惯于运用上、下栏文本组合的刊刻手法，详参刘勇：《变动不居的经典：明代〈大学〉改本研究》，北京：三联书店，2016年，第247—250页。

以分好，嘱余重梓。余唯先生此书删削较正，逐段发明……乃先生《四书》则流传如此久远，而《通鉴》则有目未曾经见者，何欤？岂古今治乱，后生小子所不必闻，而制举家唯当沿习宋儒陈腐之说，以成沉痼不可起之疾？则先生此书，未必非解毒之良剂。余是以复梓而与《四书直解》并行，以为我朝一代之书也。崇祯辛未（四年）中秋日，高兆麟题于水署之醉衣堂①。

文中指出，《四书直解》在进讲后即“梓行海内”，被时人当作“蒙养不可少之书”。所谓“蒙养”，因《四书》乃神宗即位之初就开始进讲，其时神宗年幼，故其讲章汇编成“直解”书籍刊行后，被理所当然地当做蒙书。所谓“不知为举业家吃紧之书”，若非高氏信息不足，便是旨在诱人购买的广告语。因为前举长庚馆刻本表明，此书至迟在万历三十九年就已被“举业化”，而且被一再修订和刊刻。综观全序，后者的可能性更高：自序下文便为了凸显“《通鉴［直解］》则有目未曾经见者”的稀缺性，特别强调“《四书［直解］》则流传如此久远”。事实上，高氏获得《通鉴直解》，也是在“都门杂书坊中”。此外，序中也不忘批评通行的“宋儒陈腐之说”，用以衬托此书“尽洗宋儒习套”，为“解毒之良剂”的优越性。此序的自相矛盾之处还在于，前文强调《四书直解》“为举业家吃紧之书”，后面却又宣传《通鉴直解》是“解［举业］毒之良剂”。

当然，这些由讲章汇编而成的“直解”文字，尽管直接的目

① 高兆麟：《重刻通鉴直解序》，载陈生玺整理《张居正讲评资治通鉴》附录，第612页。缪咏禾《明代出版史稿》云：《通鉴直解》二十五卷，明张居正撰，明崇祯四年（1631）高兆麟刊，扉页题“南京工部藏板”。南京：江苏人民出版社，2000年，第395页。

的并非举业，但其本身确与科举经义有相近和相通之处。正如朱鸿林教授在研究高拱的讲章时指出，高氏的重要"敷陈"方式之一，是被称为"原故"的作法，即推演经文"为何如此说"、"为何是这样"。当采用这种方式时，讲官高拱可以、也不得不赋予经文以具体内容，但这些内容既非圣人所说，也不必定是圣人本意，而是讲官自己的推理所致。讲官的这种"敷陈"方式，实际上与科举经义的"代圣立言"非常相近，只是在表达上少了八股文的"口气"而已①。

经筵讲章与科举经义相通并互相发明的一个实例，是万历二十五年（1597）刊刻的申时行撰《书经讲义会编》。其时申氏六十三岁，已经致仕六年。在此之前，他长期担任神宗的讲官，在经筵和日讲活动中与同僚负责撰进《尚书》讲章。并且，由于申氏在科举中专精《书经》，因此不仅在自己担任讲官期间亲自撰写，同时还在多年担任内阁首辅期间负责"删订"其他讲官撰进的《尚书》讲章。这些讲章，最终被汇编成"内府所刊《书经直解》"。后来申氏女婿从申家获读《书经直解》，便与申氏二子申用懋、申用嘉一起，将申时行多年前在准备科举考试时"从书肆中遍求名人达士所为疏解训义及帖括制举之文"，"共加裒辑"，成为《书经讲义会编》一书，然后交由"家世受《书》"的徐铨付梓刊行。事实上，那些由申时行"手自采录"的应试枕中秘宝，在他高中进士后，就有"好事者谬有称述，颇流传四方"，至此被整合到《书经直解》中来。值得注意的是，科举经义与经筵讲章分别被拆分，然后再组合成新文本的情形，清楚地体现在《书经讲义会编》的形式上：此书每题之下都有两篇文字，前者

① 朱鸿林：《高拱经筵内外的经说异同》，载曾一民编：《林天蔚教授纪念文集》，第127—138页。

是经过删订的《书经直解》文字，后者就是申时行“手自采录”的应试经义[①]。帝王讲章和经生时义，既独立又相互倚赖地共处一个文本之中，情形如同本文讨论过的那些上、下栏《四书直解》文本组合，相得益彰，抢占市场。

五、经筵内外：一元框架与多元实践

既有研究表明，在经筵、日讲以及东宫讲读这类高度仪式化的、展现朝廷意识形态的场合，所有讲官都严格遵循功令要求。其中最明显的表现，便是在《大学》文本上，讲官们完全遵照正统的朱熹《大学章句》，不敢稍越雷池。因此，从“经筵内”这个角度来看，《大学》文本从未发生过任何问题。早已在理学精英、朝廷命官、低阶士人中吵吵嚷嚷的《大学》文本竞争运动，在仪式化的进讲活动中却丝毫不见踪迹。从“经筵内”这个特定角度进行观察，《大学》文本和解释完全呈现出一元化取向。不过，只需稍稍转换视角，就会发现已经激烈异常的《大学》文本竞争喧哗[②]。

尤堪注意的是，一部分讲官在“经筵外”的《大学》文本表现，与其“经筵内”的表现形成非常强烈的二元对比。简言之，这些讲官在讲读场域之外，对《大学》文本具有多样化主张，有些甚至不惮于付诸实践，明确批判自己在经筵讲读中严格遵循的

① 本段中的引文，见申时行：《刻书经讲义会编引》，《书经讲义会编》卷首，《四库全书存目丛书》经部第50册影印明万历二十五年徐铨刻本，第388－390页。申氏此书出版后，在很短时间内被反复重刊，当然也被施以各种拆分和组合。详参前引朱鸿林：《申时行的经筵讲章》，《致君与化俗：明代经筵乡约研究文选》，第69－116页。

② 参刘勇：《明代中后期的〈大学〉文本改订竞争运动》，《中国史研究》2018年第3期，第149－162页。

朱子文本，转而信从古本等其他《大学》文本。从《大学》文本角度可以明显观察到，在经筵内和经筵外，部分讲官呈现出完全不同的两张面孔。对于这种差异，我们可以从制度规范与自我主张之间的落差来加以审视。如同许多在学士子和举业成功者那样，这些讲官早在求学和应试阶段，就不得不面对科举制度规范与理学精英理念之间的紧张。事实上，儒学教官、书院山长、理学精英以及举业名家对此提出的应对之策，早已充斥着两张面孔。例如，既担任过官学教官，同时还是私人讲学名家的湛若水，其教导士子之语就十分贴切地传达了这个讯息："诸生读《大学》，须读文公《章句》应试；至于切己用功，更须玩味《古本大学》。"[①] 前者是为了应付科举制度的要求，后者才能满足自我价值需求，其中的两面性一览无余。

不待皇帝的诏令，也无需讲官们充当两面派，正统文本及其意识形态同样也会被转化。由讲章汇编而成的《四书直解》，被晚明的商业出版力量花样百出地拆分和组合，同时对官定文本和解释做针锋相对的挑战和批判。而且，这些经过改装后的《大学》文本，目标相当明确——重新回到制度的渠道，借助科举之途，回馈给那些未来的朝廷官僚和社会文化精英。

在这个过程中，精英思想提供原动力，商业市场提供催化剂，雕版印刷贡献技术手段。至于人，那些参与编辑、修饰、润色、校订之士，那些书坊主、书贩、书商、写手，乃至不识字的刻工、装订工……总之，所有参与拆分、组合、炮制这些读本之人，都是《大学》文本较量的亲身参与者，而作为关键性沟通渠道的教育和科举，则是各方重点博弈的制度规范。

① 湛若水：《大科训规》，《湛甘泉先生文集》卷 6，《四库全书存目丛书》集部第 57 册影印清康熙二十年黄楷刻本，第 554、558 页；及同书卷 7《答聂文蔚侍御》、《答黄孟善》，第 573—574、577 页。

康有为的《中庸注》与孔教

马永康（中山大学哲学系）

康有为于流亡海外的1900—1902年间集中注解了一批儒学经典，“四书”就在其中[①]。康氏后来屡次提到这批注解，特别是在1912年致信陈焕章并鼓动他主持孔教会时说“吾注有《礼运》、《中庸》、‘四书’、《春秋》及《礼记》选，可以宣讲，发明升平、太平、大同之义，令人不以君臣道息而疑孔教之不可行”[②]，自信其注解可在君主制已废除的新形势下宣讲孔教。康氏的自信源于他相信其对儒学的重建可使儒学获得新的生命力。萧公权也指出，这批注解是“康氏经由研治古经、佛学、西学以及改革与流亡之余而想重建儒学的一个结果”[③]。因此，深入研究康氏的这批注解，对于把握其孔教思想非常重要。

本文无意于全面考察这批注解，仅以康有为的《中庸注》为对象，从其注解意图出发，分析其引进《中庸》的新内容及其目

① 除《大学注》现仅存序外，其他三部均已出版。

② 姜义华、张荣华编校：《康有为全集》第9集，北京：中国人民大学出版社，2007年，第337页。引用时标点有改动。此信将《中庸》与“四书”并列，可能是笔误。

③ 萧公权著、汪荣祖译：《康有为思想研究》，北京：新星出版社，2005年，第53页。

的，以此探讨其重建儒学的一些努力。

一、注解意图

对于康有为此期注解大批儒经的目的，有论者断定康氏是为了使“他的论点可以更加突出和可信”[①]，或者“乃是要缓解他与普通士林文化之间的紧张”等[②]。这些论断似乎忽略了一个史实：除了《孟子微》的部分篇章外，其他注解均在民国后出版。如果康氏仅是要使人相信其学说，按理来说应该尽快出版这批注解，但康氏有此条件却没有这样做。同时，这种理解是偏于消极面来理解康氏的。揆之撰注时的处境及其蓄意，康氏应含有积极的深意。《中庸注》就是如此。

康有为注解《中庸》，自言始于“孔子生二千四百五十一年”（1900），成于“光绪二十七年”（1901）。当时康氏流亡到槟榔屿，自言“蒙难艰贞”[③]。康氏此时处境确实不佳。据其女康同璧记载，“先君经戊戌、庚子之难，积忧多病”，身体不佳，因而她“闻讯特来槟侍膳”[④]，稍后还因槟榔屿不适养病而陪赴印度。在这种情况下，康氏执意注解《中庸》，如果没有强烈的动机支撑，恐难以想象。

而且，康有为自言在广州讲学期间曾注解《中庸》[⑤]。这是否

① 萧公权著、汪荣祖译：《康有为思想研究》，第 55 页。

② 吴义雄：《理学与戊戌前后康有为的思想体系》，王晓秋主编：《戊戌维新与近代中国的改革：戊戌维新一百周年国际学术讨论会论文集》，北京：社会科学文献出版社，2000 年，第 533 页。

③ 康有为：《中庸注》，姜义华、张荣华编校：《康有为全集》第 5 集，第 369 页。

④ 康同璧：《南海康先生年谱续编》，楼宇烈整理：《康南海自编年谱（外二种）》，北京：中华书局，1992 年，第 85 页。

⑤ 康有为：《中庸注》，姜义华、张荣华编校：《康有为全集》第 5 集，第 369 页。

确实，由于康氏戊戌前的注解未见，难以确证。从现存的广州讲学笔记来看，康氏曾专门论及《中庸》，内容与后来的《中庸注》有一致之处，如将《中庸》看作孔子行状等，但相异之处甚多，如“三世”、“三统”、鬼神等问题[①]。两相比较，不管此前有否注解，后来的《中庸注》远非简单的“润色夙昔所论思，写付于世”[②]，不妨将它视为新作。

虽然康有为对《中庸》的看法前后有变，但从中可以看出他对传统的《中庸》注解不满已久。虽然如此，如果从经学立场来看，康氏不一定非注解《中庸》不可。康氏 1890 年后宗今文经学，在中学方面主要得益于《春秋》和《易》。《中庸》虽是《礼记》中的一篇，但由于理学的表彰，已脱离《礼记》单行，成为“四书”之一。尽管“四书”与今文经学不必河水不犯井水，康氏也不必急于非在此时注解《中庸》。对此，康氏提供的解释是：《中庸》是孔子学说的精华所在，是子思所作的“孔子之行状”，关系到“孔子之大道”、“生民之大泽”。尽管前人有注，但“恨大义未光，微言不著”，因此要用“孔子改制之盛德大仁”阐发《中庸》[③]。这一解释未必具有很强的说服力。《中庸》固然重要，《五经》也非常重要，特别是康氏多次提到《易》，也认为《礼记》中的《王制》、《儒行》非常重要，但都未作注[④]。如此看来，《中庸》的重要性仅是其中一个因素。如果联系其稍后注《孟子》、《大学》、《论语》，康氏以“四书”为目标的意图清晰可见。《中庸》是作为“四书”之一而被注解。显然，康氏的矛头直指

① 参见《康有为全集》第 2 集《万木草堂口说》及《万木草堂讲义》等。另可参阅楼宇烈整理：《长兴学记 桂学答问 万木草堂口说》，北京：中华书局，1988 年。

② 康有为：《中庸注》，姜义华、张荣华编校：《康有为全集》第 5 集，第 369 页。

③ 康有为：《中庸注》，姜义华、张荣华编校：《康有为全集》第 5 集，第 369 页。

④ “能传孔子之学者，《戴记》、《中庸》、《大学》、《王制》、《礼运》、《儒行》。”（姜义华、张荣华编校：《康有为全集》第 2 集，第 293 页。）

朱子。

康有为早就对朱子有所不满：早期的《教学通义》就批评朱子“惟于孔子改制之学，未之深思，析义过微，而经世之业少，注解过多”[①]，万木草堂讲学时批评朱子“不治《春秋》，而但言义理，于孔子之道，只得一半”、“少言制度”、“得经学尚少”等[②]。具体到《中庸》，康氏认为“宋儒发挥《中庸》最透，然于孔子之道无焉”，“宋儒言《大学》最有功。言《中庸》、《系辞》已入佛理”[③] 等。这些都表明康氏认为以朱子为代表的宋儒并未深解“孔子之道”。《中庸注》沿袭了相关批评，指出“宋、明以来，言者虽多，则又皆向壁虚造，仅知存诚明善之一旨，而遂割弃孔子大统之地，僻陋偏安于一隅”[④]。以朱子为代表的心性义理之学只抓住了“存诚明善”，不明孔子改制，故而未能使孔子之道发扬光大。但“僻陋偏安”并非一无是处，“大统之地”当然包括宋明理学的“一隅”。这透露出康氏并不准备全盘反对朱子，故而注中沿用不少朱注，但其进路与朱子有很大差别。这突显出康氏要重建儒学的意图。

事实上，康有为很早就有重建儒学的想法，早年与朱一新论学时已提出了一个卫教计划。计划分三步走，首先辟伪经，其次阐明孔子改制，再次发孔子微言大义，其中包括“七十子后学记”[⑤]。第一步对应于《新学伪经考》，第二步对应于《孔子改制考》，这两步在戊戌前已经完成；而第三步则大致对应于注解其他儒家经典。康氏当时并未言及“四书”。而以“四书”为目标，

---

① 康有为：《教学通义》，姜义华、张荣华编校：《康有为全集》第 1 集，第 46 页。

② 姜义华、张荣华编校：《康有为全集》第 2 集，第 136、146、288 页。

③ 姜义华、张荣华编校：《康有为全集》第 2 集，第 166、245 页。

④ 康有为：《中庸注》，姜义华、张荣华编校：《康有为全集》第 5 集，第 369 页。

⑤ 姜义华、张荣华编校：《康有为全集》第 1 集，第 325 页。

主要是因为“四书”“元、明至今，立于学官”[①]，属官定科举教材，已成为一般士人的必读书目，其影响非同一般。

康有为在民国后也一再申明重建儒学之意。如：与日本人的笔谈中，康氏说：“吾所著发明孔教之书，有《孔子改制考》、《伪经考》、《论语注》、《中庸注》、《孟子微》，又《春秋微言大义考》，又《春秋董子学》。”[②] 又如：在长安讲演中，康氏说：“然则虽知孔子之教，当知《春秋》三世之义，当知《礼运》大同之说。……吾有《伪经考》、《孔子改制考》、《春秋笔削微言大义考》、《论语注》、《中庸注》、《孟子微》，皆发此义。庶几孔教可兴，大同之治可睹，而诸君尊孔之心为之大慰。”[③] 虽然这些撰述在前，但康氏自信其重建工作能超越形势的变化，故而在科举被废除、民国成立的形势下仍能发挥宣扬孔教的作用。当然，由于民国后经学失去了制度支撑，“四书”的作用也不如往昔[④]，但作为孔教思想的阐发，仍具有重要的意义。

由上可见，康有为此期注解儒经（包括《中庸》）的意图并不消极，而是要重建儒学，“复明”孔教的“大统之地”。这一强烈的动机支撑着康氏在策划庚子勤王失败后迅速投入到注解儒经的大业中。

康有为重建儒学，其理论支柱无疑是孔子改制。但这只是总宗旨，落实到具体文本，阐述重点并不相同。在《中庸注》中，康氏认为子思阐述了孔子的“盛德至道之全体”，也就是“原于

---

① 康有为：《中庸注》，姜义华、张荣华编校：《康有为全集》第5集，第369页。

② 姜义华、张荣华编校：《康有为全集》第11集，第118页。

③ 康有为：《长安讲演录》，姜义华、张荣华编校：《康有为全集》第11集，第285页。

④ 康氏在1910年致梁启超的信中，根据当时的社会情况，提出用《儒行》、《大学》、《礼运》、《中庸》“四记”代替“四书”等方案。（参见姜义华、张荣华编校：《康有为全集》第9集，第166页。）

天命，发为人道，本于至诚之性，发为大教之化，穷鬼神万物之微，著三世三统之变”[1]。康氏对《中庸》的概括，正是其在注解中特意要阐明的内容。其中，“人道”、鬼神、“三世三统之变”最能反映康氏孔教的理论特色，故而值得关注。

二、“人道”

康有为关于孔教是“人道”的阐述，主要集中在《中庸注》的前半部分，主旨是将孔教立基于“人道”之上。康氏所说的“人道”，并非现代意义上的人道价值，而是指顺应自然人性的世俗生活。

对于开篇的“天命之谓性，率性之谓道，修道之谓教”句，朱子在《中庸章句》中用理来贯通天—性—道—教。在形式上，康氏也贯通四者，认为“孔子教之始于人道，孔子道之出于人性，而人性之本于天生，以明孔教之原于天，而宜于人也”[2]。但是，在性、道的理解上，康有为与朱子的心性进路差距甚远。

对于性，康有为认为其是“生之质也，禀于天气以为神明，非传于父母以为体魄者，故本之于天”[3]。康氏持灵魂、形体二分的观念[4]，性即指由“天气”构成的“神明”。此处的“天”不是道德修养的最终依据，没有道德意味，而只是指向人天生具有的相同本质，亦即相同的行为、欲求等。在此解释下，性是人的自

---

① 康有为：《中庸注》，姜义华、张荣华编校：《康有为全集》第5集，第369页。

② 康有为：《中庸注》，姜义华、张荣华编校：《康有为全集》第5集，第369—370页。

③ 康有为：《中庸注》，姜义华、张荣华编校：《康有为全集》第5集，第369页。

④ 早期的《实理公法全书》已经体现出这一想法。

然本质，没有善恶之分。性“未有善恶”是康氏一直坚守的立场[1]。这一立场从训诂看性，大体是受乾嘉汉学与西方自然人性论的影响，近于董仲舒，而远于宋明理学。

对于道，康有为注为“可行之谓，尚多粗而未精”，但在稍后的注中补充道：“犹路也，人身出入动作由之，无离乎路者。”这是从人的世俗生活需遵循的角度来解说道，因而“非人所共由，不谓之道”。这是为随后的排斥外教作准备。由性、道出发，“人道”就成了“人性之有交接云为无离之者”[2]。“人道”基于人性，涵括人的活动范围，“无离”源于道的可行、必行。这是从人的自然本性来看，并非着眼于道德价值。

顺应着道是人性的交接。“人道”的具体内容就是：

> 自形上言之则为阴阳，自继成言之则为善性，自形下言之则为夫妇、父子、兄弟、君臣、朋友，皆人道之不可离也[3]。

形上的“阴阳”取自《易》，不涉善恶问题；“自继成言之则为善性”，这是要导引人向善；形下内容则是儒家的五伦。为强调儒家伦常关系，康有为在注解中不惜采用变更经文顺序的办法来配齐五伦。经文“亦勿施于人”后原接“君子之道四”，但只讲了父子、君臣、兄弟、朋友四伦，缺少了人类生活最重要的夫妻伦常。而在康氏眼中，夫妻是人道之始，“孔子之道，造端乎男女饮食”[4]，不可或缺。因此，康氏将“君子之道，辟如行远

---

① 姜义华、张荣华编校：《康有为全集》第 2 集，第 166 页。

② 康有为：《中庸注》，姜义华、张荣华编校：《康有为全集》第 5 集，第 369—370 页。

③ 康有为：《中庸注》，姜义华、张荣华编校：《康有为全集》第 5 集，第 370 页。

④ 康有为：《中庸注》，姜义华、张荣华编校：《康有为全集》第 5 集，第 373 页。

……父母其顺矣乎”提前，给出的理由是这章“在‘素位’章下，‘鬼神’章上，于义不伦”①。实际上，康氏看中的是经文中所引的《诗》提及夫妻关系，提前后就能凑足五伦，使儒家的“人道”圆满。这是康氏《中庸注》中变更经文的唯一一处。但是，康氏避开了“三纲”，这是因其持强烈的平等观念②，而“三纲”毕竟是王朝的核心纲常，不宜公开抨击，故避而不谈。在后续的注文中，康氏所说的“人道”形下内容更宽，把饮食、日用都囊括在内，泛指一般的世俗生活③。尽管“人道”所指范围宽窄不同，但都以儒学作为范本。由此，越出儒学伦常范围之外的就是“非人道”：“故舍阴阳、善性、父子、夫妇、君臣、兄弟、朋友，亦有以为教者矣。然或爱奇好癖之人，行之非人人所共由，即非人道也。”④ 这样处理的目的之一，就是确立儒学，排斥异教。

康有为用是否顺应人的世俗生活来判分教派，可追溯至早年的《康子内外篇》。当时，康氏根据阴阳将世界各种不同的教分为阴教和阳教两种：阳教指“孔氏之教”，特点是“顺人之情”，与世俗生活紧密联系；阴教指“佛氏之教”及耶稣、马哈麻、一切杂教，特点是“逆人之情”，有戒肉、不娶、反对鬼神、崇拜教主的行为⑤。《中庸注》中的“人道”承接早期的“阳教”而来。

然而，何以孔教是“人道”并且要独尊？康有为对此进行了解释。他将教的性质与创教者直接联系起来，认定创教者的性情决定了教是否偏失：“创制者喜怒哀乐之本性有偏，则喜怒哀乐

① 康有为：《中庸注》，姜义华、张荣华编校：《康有为全集》第5集，第374页。
② 康氏在早年的《实理公法全书》中即持强烈的平等观。
③ 康有为：《中庸注》，姜义华、张荣华编校：《康有为全集》第5集，第373页。
④ 康有为：《中庸注》，姜义华、张荣华编校：《康有为全集》第5集，第370页。
⑤ 姜义华、张荣华编校：《康有为全集》第1集，第103页。

之发情有戾。于是施行之而为道教，即不能无畸轻畸重、毗刚毗柔之失。”“故君子欲为道教之发施，先养性情之本原。”① 这样，问题就转向阐述创教者孔子的品性。

但是，《中庸》里论述了孔子品性吗？按照通常理解，《中庸》讲修德问题，并非专述孔子的品性。但是，康有为认为《中庸》集中论述了孔子的品性，其切入借助于郑玄的注。郑注在解题时说，《中庸》是“孔子之孙子思作之，以昭明圣祖之德也”②。依此，康氏将《中庸》看作“孔子之行状”，将文本中的“君子”看作专指孔子③。这样，经文便变成了孔子品性的记述。如“是故君子戒慎乎其所不睹”句，康氏注为“此孔子保合天生之性，洗藏于密，养成神明，以为发教之本也”④。通过这一定位，孔子就具有了《中庸》所说的“戒慎恐慎”、“慎独”、“中和”等品性，因而“惟孔子之性情能得中和之极，故孔子之道教亦得中和之极，而可配天地、本神明、育万物”⑤。这样，孔教就由于创始人孔子的品性而超拔于诸子所创的教派之上。

确立了孔教的地位后，康有为对诸子等外教进行了批评。如以“中庸”为据，批评外教“偏邪”。但这些批评是通过曲解经文来实现的，如“君子中庸，小人反中庸”的“君子”被定位为“从儒教中人，履中庸之道者”，“小人”则为“背儒教之徒”；

---

① 康有为：《中庸注》，姜义华、张荣华编校：《康有为全集》第5集，第370、371页。

② 李学勤主编：《十三经注疏·礼记正义》，北京：北京大学出版社，2000年，第1661页。

③ 《万木草堂口说》等在述及《中庸》时说：“君子，指孔子，非泛指后贤。”（姜义华、张荣华编校：《康有为全集》第2集，第166页。）这些讲义记载得比较简单，难以断定康氏此时是否认定经文中所有的“君子”都特指孔子。《中庸注》则基本上认定“君子”特指孔子。

④ 康有为：《中庸注》，姜义华、张荣华编校：《康有为全集》第5集，第370页。

⑤ 康有为：《中庸注》，姜义华、张荣华编校：《康有为全集》第5集，第371页。

"民鲜能久矣"的"民"被曲解为"当时诸子之徒"。由于教派很多，康氏提请要用智来"辨道教之美"，遵行中庸之道，不为异教所诱①。在另一处注解中，康氏注："故孔子之道，因于人性有男女、饮食、伦常、日用而修治品节之。虽有高深之理、卓绝之行，如禁肉去妻，苦行练神，如婆罗门九十六道者，然远于人道，人情不堪，只可一二畸行为之，不能为人人共行者，即不可以为人人共行之道，孔子不以为教也。"② 从中可见康氏借"人道"来排斥外教、独尊孔教之意。

康有为要判分孔教、诸子等外教，有其特有的问题背景。在《孔子改制考》中，康氏以上古"茫昧无稽"为起点，让诸子和孔子一起托古创教改制，形成了教派竞争的局面。这与廖平等今文学者专断地认定只有孔子有创制立法的资质不同③。按照康氏的解释，孔子失去了创教立制的专权，这使独尊孔子成为问题。尽管在《孔子改制考》中对此曾有所解释，如诸子"各因其受天之质，生人之遇，树论语，聚徒众，改制立度，思易天下。惟其质毗于阴阳，故其说亦多偏蔽，各明一义，如耳、目、鼻、口不能相通"，而孔子"积诸子之盛，其尤神圣者，众人归之，集大一统，遂范万世"④，也提及"然圣道至中，人所归往，偏蔽之道，人焉而败"⑤，但并不集中。康氏在《中庸注》中重新处理这一问题，一方面是企图借助《中庸》文本来完善他的理论，使人

---

① 康有为：《中庸注》，姜义华、张荣华编校：《康有为全集》第5集，第371页。

② 康有为：《中庸注》，姜义华、张荣华编校：《康有为全集》第5集，第373页。

③ 廖平《知圣篇》对此曾有批评："或云：自孔子后，诸贤各思改制立教。最为谬妄！制度之事，惟孔子一人可言之，非诸贤所得言也。"（李耀仙主编：《廖平选集》（上），成都：巴蜀书社，1998年，第183页。）廖平此言直指康有为。

④ 康有为：《孔子改制考》，姜义华、张荣华编校：《康有为全集》第3集，第8页。

⑤ 康有为：《孔子改制考》，姜义华、张荣华编校：《康有为全集》第3集，第164页。

信服；另一方面则在于“四书”毕竟自成一系统，需要在此系统内加以阐明。这就使《中庸注》呈现出既正面肯定孔子的品性又强烈排斥外教的特点。

康有为为了阐发孔教是“人道”，以致《中庸注》思路奇特。康氏何以要选择“人道”来提升孔教、排斥外教？儒学本身重视世俗生活是其中一大原因。儒学的这一特点，易于将它与其他教区别开来。但是，仅据此来理解康氏，可能还不够。康氏要以“人道”作为基础，还涉及其“不忍之心”、去苦求乐的人性观以及对历史发展趋势的看法。“不忍之心”使康氏确立了救助世人的宏大目标；而去苦求乐的人性观使康氏深悉普通人更乐于接受顺应自然人性的生活；从《公羊传》悟出的“三世”说，使康氏认定未来社会的发展趋向是顺应“人道”，亦即满足人的自然欲求。这些因素使康氏作出判断，只有“循人之性以为道，故人人所乐行而不可去”①。如果将孔教深植于“人道”，显然符合历史的发展趋势，能使它在未来继续范导人们的现实生活。

三、鬼 神

康有为将儒学立基于“人道”的同时，也从报应的角度突显了儒学的鬼神。

康有为的逻辑是借助于《中庸》的命引出“报”，由“报”再引出鬼神。“君子素其位而行”章的注文就体现了这一逻辑。康氏从“君子素位而行”入手，得出富贵贫贱皆有命，而命有其造因。康氏引用《孝经纬》指出，命是出于善恶的报应。而报应

① 康有为：《中庸注》，姜义华、张荣华编校：《康有为全集》第5集，第374页。

可分为两类："《京氏易说》有一世、二世、三世、四世、五世、六世归魂游魂，故宿世造善恶之因，而今世受报。此传于魂者也。《系辞》曰：积善之家，必有余庆。积不善之家，必有余殃。祖宗善恶之因，而子孙受报。此传于气者。"[①] 前者是通过魂报应于现世的个人；后者借助于气报应到子孙。在这两类报应中，康氏最重视前者。

由于"君子之道，辟如行远……父母其顺矣乎"章被提前，康有为便可以借紧接着的"鬼神之为德"章来说明魂的问题。康氏从文字学的角度说"鬼从人从脑，魂气上升之形"，再引用《礼记》为据，将魂分为神、鬼两类。大体而言，鬼是一般的魂气，而神则是其中的精气[②]。这样，《中庸》中的鬼神被突显出来。康氏进一步阐明鬼神、命、"报"之间的机制：一方面，受报、受禄的轻重有不同，这由天来决定；另一方面，又借用所获得的科学知识，断定鬼神、命、"报"之间由于电的吸引作用而联系。前者是为了解决具有大德之人在当世何以有圣人、天子的不同受命；后者则是一般机制，借助于电的作用来说明"报"的真实性。不过，康氏本人对这些问题的看法并不清晰，只笼统地说："其理虽玄冥，而电气魂知相引相感，其来极远，皆有所因。虽迟速有时，错综不同，而为善必报，大德必受命。不于一世、二世、三世、四世、五世、六世而报之，亦必于十、百、千、万世而受之。至于报时，前因尽发。故合而算之，大德亦无不受命，大恶无不受报者。"[③]

康有为在《中庸注》中对鬼神及报应的说法只是借用了电的作用，使报应机制带有一丝科学的味道。从今天的角度来看，则

---

① 康有为：《中庸注》，姜义华、张荣华编校：《康有为全集》第5集，第375页。
② 康有为：《中庸注》，姜义华、张荣华编校：《康有为全集》第5集，第376页。
③ 康有为：《中庸注》，姜义华、张荣华编校：《康有为全集》第5集，第377页。

十分牵强，很难让人信服。在此不讨论其细节，但其动机值得探讨。

就文本而言，《中庸》的鬼神与“报”、慎独等相联，带有较强的实存意味。但宋明理学基本立足于哲理来解释鬼神，抹去了鬼神的存在及其报应作用。如朱子在《中庸章句》就说：“愚谓以二气言，则鬼者阴之灵也，神者阳之灵也。以一气言，则至而伸者为神，反而归者为鬼，其实一物而已。”[①] 鬼神主要被看成气的功能。但《中庸章句》未对“大德必受命”下断语。不过，在《朱子语类》中，朱子并不认为“大德必受命”具有必然性，而是以“常理”与“非常理”的区分来化解受命带有偶然性，不需借助鬼神的报应作用[②]。从经文的脉络来看，朱子的解释不算圆融。康氏突显鬼神的报应作用，可能更符合经文的意思。但康有为的目的并非仅为了使解释更加圆融。在一段注文中康氏引用《礼记·祭义》透露了其用意：

> 孔子曰：“气也者，神之盛也。魂也者，鬼之盛也。合鬼与神，教之至也。”“因物之精，制为之极，明命鬼神，以为黔首则。百众以畏，万民以服。”孔子意也。佛氏专言鬼，耶氏专言神，孔子兼言鬼神，而盛称其德。惟程、朱以为天地之功用，张子以为二气之良能，由于阮瞻《无鬼论》来，于是鬼神道息，非孔子神道设教意也。太古多鬼，中古少神。人愈智，则鬼神愈少，固由造化，然其实终不可灭也[③]。

① （南宋）朱熹：《四书章句集注》，北京：中华书局，1983年，第25页。

② （南宋）朱熹：《朱子语类》，北京：中华书局，1986年，第1584页。

③ 康有为：《中庸注》，姜义华、张荣华编校：《康有为全集》第5集，第376页。引用时标点符号有改动。

康氏的用意有二：

第一，在康氏看来，圆满意义上的“教”，应该讲“鬼与神”。就此而言，佛、耶均有所偏蔽，只有孔子兼言两者，表明儒学高于二者。康氏无疑欲借鬼神问题贬抑佛、耶，突显孔教的圆满。这种想法在其万木草堂讲学时期就已经提及[①]。

第二，重申“百众以畏，万民以服”这一神道设教的用意。康氏在注中说：“故人生世世，当慎其造因之微，而积其仁德之诚也。”[②] 用鬼神来约束人的行为，贯穿于此期康氏的注解。如《礼运注》说：“至山川五祀，孔子何为不除去之？盖山川为怪物所聚，门、户、溜、灶、行，为人身所切，耸以鬼神，著其监司功过，而后动人知畏敬，不敢妄为，以迁善远罪。”[③]《论语注》也说：“如以神道设教，则民以畏服。若明言鬼神无灵，大破迷信，则民无所忌惮，惟有纵欲作恶而已。故可使民重祭祀，而鬼神之有无生死，不必使人人知之。”[④] 基于此，康氏批评宋儒从哲理上处理鬼神是不明孔子神道设教的用意。然而，康氏也知道迷信会带来害处，所以对此作了限制，提出以实据作为根据：“谶记之说，灾祥之论，卜相之事，窈异恍惚，不尽可信。而前知之理，盖实有之。经史传记，繁不胜征。”[⑤] 这与早年《万身公法书籍目录提要》以“实测”作为是否可信的标准一致[⑥]。这一标准显得颇为奇特。而且，如果要让鬼神起作用，需要预设鬼神的存在。引文中说“人愈智，则鬼神愈少，固由造化，然其实终不可

① “佛言鬼不言神，耶稣言神不言鬼，惟孔子兼言鬼神。”（姜义华、张荣华编校：《康有为全集》第 2 集，第 175 页。）然而在早期的《康子内外篇》中，康氏说佛教是“去鬼神之治”，与此处不同。

② 康有为：《中庸注》，姜义华、张荣华编校：《康有为全集》第 5 集，第 376 页。

③ 姜义华、张荣华编校：《康有为全集》第 5 集，第 565 页。

④ 姜义华、张荣华编校：《康有为全集》第 6 集，第 439 页。

⑤ 康有为：《中庸注》，姜义华、张荣华编校：《康有为全集》第 5 集，第 383 页。

⑥ 姜义华、张荣华编校：《康有为全集》第 1 集，第 143 页。

灭也”，这是偏于承认鬼神的实存，尽管鬼神会随着人智力的提高而变少。但《论语注》却一反此调，认为“盖怪、力、乱、神者，皆乱世之事，至太平之世，则不独怪、力、乱无，即神亦不神也”[①]，又偏向于鬼神的不存在。这种暧昧不清，反映出康氏的理性与鬼神迷信的矛盾心态。

除了“迁善远罪”等劝善作用外，康有为突显儒学的鬼神还有一层考虑，就是儒学的传播问题。《孔子改制考》曾说：“角祖张道陵者也，为老学一变。有跪拜，有符咒，有疗病，变老子之虚而为实，遂大盛于晋世。……盖言术而不言道，故不光大，否则为中国之天主矣。张角于老学化精为粗，而老学强；慧能于佛学撇粗归精，而佛学衰。何哉？盖人为血气之躯，本不能与于精绝之道，故诸教之大行者，莫不精粗并举，而粗者乃最盛行，亦可推其故矣。”[②] 康氏观察到普通民众对鬼神等具有实际功用的“粗者”更上心。这一观察无疑有事实依据，哲理化的解读更多的是引起精英分子的兴趣，但普通民众更加在意“效验”与“灵验”问题[③]。康氏的目的是希望借助突显鬼神，让儒学对普通民众更具号召力，使它能对抗基督宗教。这并非康氏的独创，至迟晚明时已有人作过这种尝试[④]。康氏只是在新的历史条件下重作尝试。

---

① 姜义华、张荣华编校：《康有为全集》第6集，第430页。

② 姜义华、张荣华编校：《康有为全集》第3集，第80页。

③ 黄进兴：《从理学到伦理学：清末民初道德意识的转化》，台北：允晨文化实业股份有限公司，2013年，第241页。

④ 参见王汎森：《晚明清初思想十论》，上海：复旦大学出版社，2004年。

四、“三世三统之变”

“三世三统”说是康有为颇为自得的创见，《中庸注》对此着力颇多。叙中说“后进承流守旧，画地自甘，不知孔子三重之道通变因时、并行不悖之妙”，他本人要阐明“三重之圣德”①。康氏此处用“三重”而不用“三世三统”，不只是用词的变化，而是受经文启发所作的理论深化。

“三重”来自于《中庸》“王天下有三重焉”。康有为对这段经文的注解别出心裁：

> 孔子世，为天下所归往者，有三重之道焉。重，复也。……三重者，三世之统也。有拨乱世，有升平世，有太平世。拨乱世，内其国而外诸夏；升平世，内诸夏而外夷狄；太平时，内外远近大小若一。每世之中，又有三世焉。则据乱亦有乱世之升平、太平焉，太平世之始亦有其据乱、升平之别。每小三世中，又有三世焉；于大三世中，又有三世焉：故三世而三重之，为九世；九世而三重之，为八十一世。展【辗】转三重，可至无量数，以待世运之变，而为进化之法。此孔子制作所以大也。盖世运既变，则旧法皆弊而生过矣，故必进化而后寡过也②。

在传统注解中，“三重”主要有两种解释：第一，以郑玄、

① 康有为：《中庸注》，姜义华、张荣华编校：《康有为全集》第5集，第369页。
② 康有为：《中庸注》，姜义华、张荣华编校：《康有为全集》第5集，第387页。

孔颖达为代表，指三王之礼[①]；第二，以朱子为代表，指议礼、制度、考文[②]。康氏对“三重”的注解，既有继承又有创新。继承之处是采纳了第一种注释，将“三重”看作三统，这与其万木草堂讲学时期盛赞郑注相同[③]；创新之处是在此基础上，借助于“重”的多义，将它释为“复”。而“复”有两种不同的方式：一是时间的纵向重叠，亦即每一世下再不断地用三世来重叠划分，这样可以形成“无量数”的世态；二是空间的横向重叠，即同一时间内，可以有不同的世态并存。经过两种重叠之后，“三世”说就从原来三阶段的机械系统变成一个开放的系统，具有了更强的解释力：纵向重叠形成不同的更小世态，可以更加细化地说明各国发展程度的具体差别，这在原来简单的“三世”说里无法做到；横向重叠使得不同的世态可以并存，可以说明各国及其内部发展的不平衡，如注文中用以说明苗、猺、黎、狪等少数民族和汉民族的文明程度不同但在中国并存。“三世”说深化为“三世三重”后，更易于解释世界历史发展的复杂性，但“三统”的作用也被削弱了。尽管注文仍强调“三统”的作用，但就理论而言，“三统”已属多余。因此，康氏后来的重心就偏向单言“三世”说[④]。伴随着“三世三重”的出现，社会进化的进程被减缓，康氏可以随心所欲运用这一历史观对现实加以说明。这也成为后来康氏既反对革命派又反对保守派的理论武器。

由此看来，康有为将“三世三统”说发展为“三世三重”，是在自觉地完善其历史观。

“三世”说作为康有为的自得之学，被用来重建孔教实属必

---

① 李学勤主编：《十三经注疏·礼记正义》，第1701—1702页。

② （南宋）朱熹：《四书章句集注》，第36—37页。

③ 姜义华、张荣华编校：《康有为全集》第2集，第172、174页。

④ 参见马永康：《从“三统”、“三世”到“三世三重”——论康有为的思想》，《华东师范大学学报（哲学社会科学版）》2010年第3期。

然。但仅仅如此理解，实未能体会其用心。康氏深明世界不断进化，如果孔教没法跟上发展，就不能指导现实生活，衰微将不可避免。这是康氏不想看到的局面。因此，康氏要使孔教能跟上历史发展过程，就必须要使孔教笼罩整个人类历史发展。这样，孔教就需要包容"三世"说并以此为框架进行重建，因为"三世"说是对人类社会发展进程的概括。基于此，就可以明白何以后来康氏一直强调"三世"说是孔教命脉所在。如：1913 年底致信廖平说"仆……既信史公而知古文之伪，即信今文之为真，于是推得《春秋》由董、何而大明三世之旨，于是孔子之道四通六辟焉"①；1920 年与日本人的笔谈中，康氏说"今所最要明者，是三世之义"②。只有容纳了"三世"说的孔教，才可以做到"四通六辟"，不用担忧其衰微。而到了太平世，"至于是时，孔子三世之说已尽行，惟《易》言阴阳消息，可传而不显矣。盖病已除矣，无所用药，岸已登矣，筏亦当舍。故大同之世，惟神仙与佛学二者大行。盖大同者，世间法之极，而仙学者长生不死，尤世间法之极也"③。人类社会政制到了大同就到了终点，孔教需让位给仙、佛学及所谓的天游之学。从中可以看出，康氏将儒学定位为"世间法"，偏重于儒学维系社会政治秩序的功能。从终极意义上看，康氏似乎很难说是一位虔诚的儒学信徒，其内心深处更信奉仙、佛之类学说。

---

① 姜义华、张荣华编校：《康有为全集》第 10 集，第 19 页。
② 姜义华、张荣华编校：《康有为全集》第 11 集，第 118 页。
③ 姜义华、张荣华编校：《康有为全集》第 7 集，第 188 页。

结　语

康有为经常引用《庄子·天下》“六通四辟，小大精粗，其运无乎不在”[①] 来描述孔教。对康氏而言，这不是语词修饰，而是真实地描述了孔教的“大统”状态。康氏的儒学重建，就朝着这个目标进行。这个目标包括横向和纵向两个维度：横向要弥纶整个人类社会，纵向则要涵括当下与未来。从这两个维度看《中庸注》，可以发现：将孔教植根于人性，强调其“人道”意义，是使孔教能面向人智渐开的当下及未来；突显鬼神，是要表明孔教优于耶、佛，同时提升儒学的号召力，使普通民众信奉与敬畏；阐发“三世三重”则在于让孔教能笼罩整个人类历史，避免儒学跟不上社会发展的步伐而衰微。

康有为的苦心孤诣体现了其思索儒学如何应对近代生活的焦灼。不过，要建构一个无所不包的孔教，这一目标过于庞大，也无法现实。儒家经典有自身的限制，不可能容纳康氏的庞杂想法。为此，康氏不惜歪曲经文，过度诠释。《中庸注》就体现了康氏的这些特点。这一做法显然难以让人接受。同时，康氏所要阐明的孔教内容也颇值得商榷。但是，从康氏对儒学的重建，可以看到其目的是要走出宋明儒学心性修养的限制，让儒学积极介入社会政治，并持续地范导现实社会生活。这一思考方向无疑有其意义。从当下的儒学发展来看，儒学只是固守心性修养，似乎还不足以焕发其生命力，毕竟心性修养多限于精英分子，难以推广到普通民众中。儒学要保持活力，应该进入普通民众的日用生活中，在心性修养以外的领域发挥它的作用。

① 康有为有时将“六通四辟”写作“四通六辟”。